"十四五"国家重点出版物规划项目

国家通用手语系列
中国残疾人联合会 组编

体育和律动常用词通用手语

中国聋人协会
国家手语和盲文研究中心 编

华夏出版社
HUAXIA PUBLISHING HOUSE

再版前言

体育和律动通过各种体育项目和韵律性的肢体活动增进聋生的身心健康,对引导他们积极参加体育活动和艺术活动,形成体育锻炼的意识与艺术鉴赏、艺术表达和艺术创造的能力,从而促进聋生的全面发展,有着非常重要的意义和作用。

2018年3月《体育和律动常用词通用手语》出版后,一些新的情况出现:一是2019年10月起,《国家通用手语词典》及其他"国家通用手语系列"工具书相继出版,凡同一词目,若图文存在不同之处,需要统一;二是2022年北京冬奥会和冬残奥会成功举办,冰雪运动在国内迅速发展,有关冰雪项目的常用词亟需补充;三是聋校义务教育"体育与健康"和"律动"课程各年级教材陆续出版,一些专业术语和教学用语过去未被收入原书中,也需要补充;四是原书在使用过程中发现有的手语动作不够准确,需要修正。为此,2021年12月,《体育和律动常用词通用手语》修订工作启动。在修订过程中,中国聋人协会手语研究与推广委员会徐聪、胡晓云,中国残疾人特殊艺术指导中心邰丽华、黑虹,北京市聋人协会成海,北京市手语研究会胡可,北京手语信息采集点核心组员周旋,北京市残疾人文化体育指导中心赵晓东,北京启喑实验学校孙联群、刘可研、房彪,北京市健翔学校廖茜,人民教育出版社体育编辑室、音乐编辑室等提出了中肯的建议。在此一并表示衷心的感谢!

新版《体育和律动常用词通用手语》共收入词目1639个(含列在括号中的同义词、近义词)。其中,❶❷为词目相同、词义不同的词;①②为词目和词义相同,但手语动作有差异的词。

限于我们的专业水平和能力,本书难免存在不完善之处,希望广大读者提出意见,以便今后进一步完善。

编者
2023年12月

前　言

2010年3月《体育专业手语》出版以后，对聋人学习体育知识、开展体育活动，规范聋校体育课程的专业术语手语动作、顺利开展教学，发挥了积极作用。与此同时，我国通用手语方案和聋校义务教育课程标准的研究也在进行。随着对聋人手语表达特点研究的不断深入和通用手语词汇方案的形成，需要使体育手语与通用手语方案相衔接，保持相同词目手语动作的一致性。同时，对原体育手语中不符合手语形象性、空间性、简约性等特点的手势进行修改，删除过时或词义重复的词；并根据我国聋校体育课与律动课教学内容相互衔接的特点，按照2016年12月教育部颁发的聋校义务教育体育与健康课程标准和律动课程标准，在体育手语的基础上将律动课的常用词补充进来，以更好地适应聋人教育机构的教学工作和聋人参与文体活动的需要。

在中国残疾人联合会的支持下，自2014年起，中国聋人协会与国家手语和盲文研究中心共同组织了对原《体育专业手语》一书的全面修订，整个修订工作历时3年。在修订过程中，为尽可能体现手语重在表意表形的特点，编写组广泛听取国家通用手语词汇研究课题组成员、聋人运动员、聋校体育课和律动课专业教师的意见，大量参照与体育项目、律动教学相关的影像资料，通过反复讨论、比较，选取聋人或聋校体育课和律动课专业教师使用的形象、简洁的手语，作为聋校体育与健康课、律动课教学，社会公共体育活动，电视体育节目手语翻译使用的通用性、规范性手语。需要指出的是，这些手语仅是表示词目的名称，或是模仿体育项目、律动教学中的一些动作，不能将手语动作等同于标准的体育和律动技术动作。在教学中，教师还应给聋生示范具体、规范的相关技术动作。

修订后的新书更名为《体育和律动常用词通用手语》。全书正文部分共收入词目1422个（含列在括号中的135个同义词、近义词和以①②标出的66个名称相同而手语动作不同的词），新增词目330个。与原《体育专业手语》相对照，词目未变而手语动作完全改变或部分改变的有414个，可见修订力度很大，这也是原《体育专业手语》使用者应该特别注意的。

参加修订编写工作的人员有：中国聋人协会手语研究和推广委员会副主任、天津市聋人协会主席陈华铭，北京市聋人协会委员成海，江西省聋人协会副主席胡晓云，国家手语和盲文研究中心顾定倩、王晨华、于缘缘、高辉、乌永胜，北京联合大学特殊教育学院冯希杰，原天津体育学院教育与心理学院金梅，山东体育学院运动与健康学院张珺，武汉音乐学院张鹏，武汉市教育科学研究院基础教育研究所文洁，北京启喑实验学校鞠晨、刘可研、李晓民、孙联群，北京市健翔学校（原北京市第三聋人学校）廖茜、孙桂芝，天津聋人学校王健，北京市残疾人文化体育指导中心、原聋人运动员赵晓东，华夏出版社徐聪。

全书文字说明和统稿由顾定倩负责，绘图由孙联群负责。

修订编写工作始终得到中国残疾人联合会主席团副主席吕世明、副理事长程凯，中国残疾人联合会教育就业部副主任李东梅、教育处处长韩咏梅、教育处副主任科员林帅华，中国聋人协会主席杨洋，华夏出版社社长黄金山、副总编辑曾令真的关心；得到中国聋人协会手语研究和推广委员会、北京市聋人协会、天津市聋人协会、江西省聋人协会、北京联合大学特殊教育学院、天津体育学院教育与心理学院、山东体育学院运动与健康学院、武汉音乐学院、武汉市教育科学研究院基础教育研究所、北京启喑实验学校、北京市健翔学校、天津聋人学校、北京市残疾人文化体育指导中心等单位的大力支持。华夏出版社特殊教育编辑部刘娲、徐聪、王一博为此书的编辑加工付出了辛勤的努力。在此，谨向所有关心、支持此书出版的单位和人士表示衷心的感谢！

体育运动的发展无止境，特殊教育的发展无止境，手语的发展也无止境，体育和律动常用词通用手语的修订工作永远在路上。限于我们的专业水平和能力，本书难免有不完善之处，希望广大读者提出意见以便今后进一步完善。

《体育和律动常用词通用手语》编写组

2017 年 12 月

原《体育专业手语》前言

残疾人体育是残疾人事业的重要组成部分，参加体育活动，是残疾人依法享有的权利，是残疾人康复健身、增强体质、融入社会、实现自身价值的一个重要途径。改革开放以来，我国残疾人体育工作不断发展，残疾人群众体育活动日趋活跃。我国分别成功举办了2007年上海世界特殊奥林匹克运动会、北京2008年残奥会，并于2009年参加了第21届听障奥运会，这集中体现了残疾人体育工作取得的辉煌成就，充分展示了残疾人超越自我、顽强拼搏的精神，他们为祖国赢得了荣誉，鼓舞了全国各族人民。广大聋人朋友热爱体育运动，聋人体育已成为残疾人体育运动的重要内容之一。为进一步推动聋人体育运动，满足广大聋人学习和工作的需要，促进聋健交流，中国残联教育就业部和中国聋人协会委托天津体育学院编写《体育专业手语》，作为《中国手语》系列丛书之一，以进一步丰富和完善《中国手语》。

研究编写工作历时四年，大致分为编写初稿和修改审定两个阶段。编写初稿阶段（2006年5月—2007年9月），编写组向全国相关的体育运动机构的运动员和教练员，专门从事体育教育的老师以及手语研究工作者广泛征求体育手语术语的词目和手势动作的设计意见，并在此基础上编撰出《体育专业手语》的初稿。修改审定阶段（2007年9月—2009年5月）由中国残联教育就业部组织了三次审稿会议，最终交付出版。

本书在选词方面照顾到不同程度学习者的需要，以在体育专项比赛中使用频率高和重要程度作为选词的依据，确定将体育专业常用术语为主要内容，以便初学的体育爱好者和聋人朋友学习，并且根据体育竞技的发展和奥林匹克比赛项目的变化，适当补充了一些体育专业术语，方便从事残疾人体育运动的教练员、运动员等有关人士学习、使用。

本书在词目手势动作选择和设计方面，依据中国手语手势动作的设计及其规范。编写体例与绘画风格与《中国手语（修订版）》保持一致。本书秉承了常用性、通用性、规范性的原则，统一了基本的手势，保留了手势的形象化，并且在同字异义作了区别，适量地使用了手指字母。本书词目部分分为正文和附录两个部分，正文部分包括体育运动常用词汇、体育运动项目词汇、体育运动裁判术语和聋校体育教学常用词汇四部分；附录部分收入数字手语。本书词目的英文术语或英文缩略语以《英汉体育名词辞典》等工具书为依据。

全书共有词目1092个；其中正文部分1069个，附录部分23个。

本书由天津体育学院特殊教育专业金梅副教授主持编写。于善旭副院长任编写组组长，教务处吉承恕处长任副组长。编写组成员有孙延林、苏连勇、金宗强、魏祝颖、朱越彤。笔画索引、拼音索引和英文索引由徐芳负责，孙联群、王昆负责全书的绘图。

北京师范大学中国手语和盲文研究中心顾定倩教授对本书进行了统稿，并主持了全部审定工作。蒋斌、张建军、张珺、陈卫、冯希杰、李新荣、韩磊先后参与了该书的编写工作。教育部基础教育二司特殊教育处周德茂，辽宁省聋人协会邱丽君，长春大学张晓梅，北京第二聋校陈师坤，长春聋校高军，南京聋校刘国平，广州聋校冷静，苏州盲聋校谭京生，济南特殊教育中心学校周宏伟，手语研究人员宋晓华、于缘缘，华夏出版社徐聪、刘娲参与了本书的审稿工作。

教育部语言文字应用管理司、中国残联体育部、中国残疾人奥林匹克运动管理中心、天津市残疾人联合会、天津体育学院、天津市聋人篮球队及新疆聋人篮球队全体成员、原中国聋人协会主席富志伟对本书的编写给予了大力支持。天津体育学院研究生马丽娜，2005级特殊教育专业曾祥卉、孟幻、林瑾莹、徐芳、秦洁、周芋宏等同学参与手语的整理工作。本书的出版得到了华夏出版社的大力支持，刘娲同志为本书做了大量精心的编辑工作。在此一并表示感谢。

《体育专业手语》对于广大聋人群众及其亲属，广大聋人体育工作者和教育工作者，社会各界爱心人士和手语爱好者，都是一部重要的工具书。它的出版，对于帮助聋人群众了解体育运动，增进各地区聋人之间以及聋健之间以体育为媒介的社会交往，开展聋人工作，促进聋人融入主流社会，具有重要的意义。

限于我们的工作水平且经验不足，书中难免有不妥之处，同时随着残疾人体育的发展，肯定还会不断出现新的词汇。敬请广大读者提出意见，以便今后进行修订和补充。

《体育手语专业词汇》编写组

2009 年 5 月

目 录

汉语手指字母方案 ··· 1
手势动作图解符号说明 ·· 11
手位和朝向图示说明 ··· 13

一、一般词汇
1.常用词汇
体育（锻炼❶） 体育界 竞技 锻炼❷ 运动 ··· 1
活动 练习（训练） 运动技能 运动技术 基本技术 一般训练 ··················· 2
专项训练 战术训练 技术训练 强化训练 间歇训练 调整训练 ··················· 3
过度训练 准备活动 整理活动 身体素质 体形① 体形② ···························· 4
体质 体能① 体力（体能②） 耐力 速度① 速度② ·································· 5
强度 爆发力 运动生理 运动心理 运动量 负荷量 ····································· 6
运动周期 休整期 疲劳（累） 恢复 体育锻炼标准 等级制度 ····················· 7
医学分级 体育疗法 体育康复 体育道德 军事体育 残疾人体育 ·················· 8
战术 突破 移动 补位 过人 掌控 ··· 9
抢断 假动作 配合 掩护 合理冲撞 阵式 ·· 10
进攻 攻方 快攻 助攻 防守（阻拦） 守方 ·· 11
盯人防守（人盯人） 全攻全守 后撤防守 身体接触 ·································· 12

2.竞赛类别 人员
运动会 ··· 12
奥林匹克 奥林匹克运动会（奥运会） 冬季奥林匹克运动会（冬奥会） 奥林匹克格言
更快 更高 更强 更团结 残奥会① ··· 13
残奥会② 冬残奥会 残奥会价值观 勇气 决心 激励 平等 特殊奥林匹克运动会（特奥会）
聋奥会 ··· 14
世界大学生运动会 世界中学生运动会 世界杯 亚洲杯 欧洲杯
全国运动会（全运会） ··· 15
联赛 锦标赛 公开赛 邀请赛 对抗赛 通讯赛 ·· 16
巡回赛 大奖赛 申办城市 奥运村 冬奥村 残奥村 ··································· 17
冬残奥村 公寓 信息中心 新闻中心 票务中心 注册和制服中心 ················ 18
吉祥物 特许商品 火炬①（火炬手） 火炬② 火炬传递 圣火采集（火种采集） ······· 19
开幕式 闭幕式 入场式 会徽① 会徽② 会旗 ·· 20
会歌 宣誓 会旗交接 国家队 俱乐部队 主队 ··· 21
客队 强队（劲旅） 种子队 体育代表团 团长 领队 ································ 22

教练　旗手　队医　助理　工作人员　运动员 ································· 23
职业运动员　业余运动员　替补队员　运动健将　种子选手　优秀选手 ············ 24
纪录创造者　纪录保持者　对手　引导员　领跑员　计时员 ······················· 25
裁判长　裁判员　主裁判　副裁判　边线裁判①　边线裁判② ···················· 26
巡边员　技术官员　观众　东道主　啦啦队　志愿者① ··························· 27
志愿者②　球童　赞助商　供应商 ··· 28

3. 竞赛制度

竞赛制度 ··· 28
竞赛规程　报名①　登记（注册、报名②）　检录　抽签　挑边① ················ 29
挑边②　秩序册　项目　男子项目　女子项目　团体项目 ·························· 30
全能　单项　比赛　比赛地点　预赛　复赛 ······································ 31
半决赛　决赛　总决赛　职业赛　常规赛　测试赛 ································ 32
选拔赛　团体赛　循环赛　加时赛　拉力赛　积分赛 ······························ 33
计分赛　争先赛　追逐赛　局　盘　上半时 ······································ 34
下半时　开始　结束　放弃　弃权　领先 ·· 35
爆冷门①　爆冷门②　胜利①（赢①）　胜利②（赢②）　失败①（输①）
　　失败②（输②、失利） ·· 36
淘汰（出局）　反常（失常）　失误　规则　犯规①　犯规② ······················ 37
违例（违规）　罚球　出界①　出界②　无效　有效① ··························· 38
有效②　红牌　黄牌　兴奋剂　药检　禁赛 ······································ 39
申诉　分数（成绩）　比分①　比分②　积分　平分 ······························ 40
平局　级别　名次　冠军（第一名①）　第一名②　亚军（第二名） ·············· 41
季军（第三名）　夺魁　卫冕　纪录　打破纪录（破纪录）　颁奖 ················· 42
金牌　银牌　铜牌 ·· 43

4. 场地　器具

场地　体育场（操场） ··· 43
体育馆　运动场　训练基地　训练场　国家体育场（鸟巢①）　鸟巢② ············ 44
国家游泳中心（水立方①、冰立方①）　水立方②　冰立方②　国家速滑馆（冰丝带①）
　　冰丝带②　国家体育馆（冰之帆） ·· 45
奥体中心　五棵松体育中心　首都体育馆　首钢滑雪大跳台（雪飞天）
　　国家高山滑雪中心（雪飞燕①）　雪飞燕② ································ 46
国家雪车雪橇中心（雪游龙①）　雪游龙②　国家跳台滑雪中心（雪如意①、冰玉环①）
　　雪如意②　冰玉环②　国家越野滑雪中心 ·································· 47
国家冬季两项中心　云顶滑雪公园　接驳车①　接驳车②　主席台　裁判台 ······· 48
裁判席　显示屏　秒表　计时器　鹰眼　盲道 ···································· 49
坡道　无障碍　体育器械　体育用品　护具　头盔 ································ 50
护帽　护头　护面　护颈　护肩　护肘 ··· 51
护腕　护胸　护腰　护裆　护臀　护腿① ·· 52
护腿②　护膝　号码布　义肢（假肢）　眼罩　手杖 ······························ 53
拐杖 ··· 54

5. 组织　机构　人物
　　国际奥委会　国际残奥委会　中国奥委会　中国残奥委员会⋯⋯⋯⋯⋯⋯ 54
　　奥组委　国家体育总局　中华全国体育总会　体育协会　中国残疾人体育运动管理中心⋯⋯ 55
　　执委会　技术委员会　仲裁委员会　反兴奋剂中心　顾拜旦⋯⋯⋯⋯⋯⋯ 56

二、体操运动

　　体操　广播体操　课间操　扩胸运动　伸展运动⋯⋯⋯⋯⋯⋯⋯⋯⋯⋯ 57
　　体侧运动　体转运动　踢腿运动　腹背运动　下蹲运动　全身运动⋯⋯⋯ 58
　　跳跃运动　团体操　自由体操　单杠①（大回环）　单杠②（引体向上）　双杠①⋯⋯ 59
　　双杠②（双杠臂屈伸）　吊环　鞍马　高低杠　平衡木　跳马⋯⋯⋯⋯⋯ 60
　　艺术体操　棒操　带操　球操　圈操　绳操⋯⋯⋯⋯⋯⋯⋯⋯⋯⋯⋯⋯ 61
　　蹦床　健美操　啦啦操　踏板操　技巧　倒立❶⋯⋯⋯⋯⋯⋯⋯⋯⋯⋯ 62
　　跪立　侧立　俯卧撑　立卧撑　前滚翻　鱼跃前滚翻⋯⋯⋯⋯⋯⋯⋯⋯⋯ 63
　　后滚翻　前空翻　后空翻　侧手翻　软翻　手翻⋯⋯⋯⋯⋯⋯⋯⋯⋯⋯⋯ 64
　　支撑　换撑　斜身引体　横叉（分腿①）　纵叉（分腿②）　肩肘倒立⋯⋯ 65
　　头手倒立　垂悬　挂臂　转体①　转体②　转身①⋯⋯⋯⋯⋯⋯⋯⋯⋯⋯ 66
　　弧度　平衡①　平衡②　单腿平衡　跨跳　腾跃⋯⋯⋯⋯⋯⋯⋯⋯⋯⋯⋯ 67
　　跳上　跳下　幅度　垫上动作　难度系数⋯⋯⋯⋯⋯⋯⋯⋯⋯⋯⋯⋯⋯⋯ 68

三、田径运动

1. 项目名称和技术动作

　　田径　田赛　跳高（跨越式跳高、过杆）　背越式跳高　俯卧式跳高⋯⋯ 69
　　撑杆跳高　跳远（立定跳远）　三级跳远　单腿跳①　单腿跳②　屈腿跳⋯⋯ 70
　　起跳　试跳　腾空　高抬腿　标枪　铅球⋯⋯⋯⋯⋯⋯⋯⋯⋯⋯⋯⋯⋯⋯ 71
　　铁饼　链球　实心球　径赛　轮椅竞速　竞走⋯⋯⋯⋯⋯⋯⋯⋯⋯⋯⋯⋯ 72
　　步点　步幅　步频　摆臂　摆腿　跑（跑步）⋯⋯⋯⋯⋯⋯⋯⋯⋯⋯⋯⋯ 73
　　短距离跑（短跑）　中长距离跑（中长跑）　障碍跑　接力　马拉松　现代五项⋯⋯ 74
　　铁人三项　跨栏　攻栏　起动　起跑　蹲踞式起跑⋯⋯⋯⋯⋯⋯⋯⋯⋯⋯ 75
　　站立式起跑　抢跑　途中跑　抢道　踩线　跑姿⋯⋯⋯⋯⋯⋯⋯⋯⋯⋯⋯ 76
　　蹬地　冲刺①　撞线（冲刺②）　超风速⋯⋯⋯⋯⋯⋯⋯⋯⋯⋯⋯⋯⋯⋯ 77

2. 场地　器材

　　跑道⋯⋯⋯⋯⋯⋯⋯⋯⋯⋯⋯⋯⋯⋯⋯⋯⋯⋯⋯⋯⋯⋯⋯⋯⋯⋯⋯⋯⋯ 77
　　直道　弯道　助跑道　位置区　限制区　换道区⋯⋯⋯⋯⋯⋯⋯⋯⋯⋯⋯ 78
　　圈　起点　终点　标志牌　发令枪（信号枪）　信号旗⋯⋯⋯⋯⋯⋯⋯⋯ 79
　　接力棒　钉鞋　起跑器　跳高杆　跳高架　垫子（海绵垫）⋯⋯⋯⋯⋯⋯ 80
　　沙坑　踏板　投掷圈　投掷区域　抵趾板⋯⋯⋯⋯⋯⋯⋯⋯⋯⋯⋯⋯⋯⋯ 81

四、球类运动

1. 篮球

　　篮球①（单手投篮）　篮球②　轮椅篮球　双中锋　双手投篮⋯⋯⋯⋯⋯ 82
　　原地投篮　跳起投篮　三步上篮（三步跨篮）　扣篮（灌篮）　补篮　擦板球⋯⋯ 83

篮板球　运球　转身运球　交替运球　变向运球　传球（胸前传球）……………… 84
反弹传球　断球　封盖（盖帽）　策应　夹击　切入 ……………………………… 85
卡位　补防　内线　外线　定位掩护　交叉掩护 …………………………………… 86
交叉换位　全场紧逼　半场紧逼　区域联防　滑步①　滑步② ……………………… 87
后撤步（倒步）　交叉步（侧交叉步）　篮架　篮板　篮框　篮筐（篮圈）………… 88
篮球网　罚球线　三分线 ……………………………………………………………… 89

2. 排球

排球①（垫球）　排球② …………………………………………………………… 89
沙滩排球　坐式排球　主攻手　副攻手　二传手　自由人 ………………………… 90
一传　二传　背传　前排　后排　一号位 …………………………………………… 91
跳发球　发球①（勾手飘球）　扣球　拦网　救球　背飞 …………………………… 92
时间差　二次球　进攻线（三米线）………………………………………………… 93

3. 足球

足球①　足球② ……………………………………………………………………… 93
盲人足球　脑瘫足球　前锋　边前锋　边锋　中锋 ………………………………… 94
后卫　中后卫　边后卫　守门员　4-2-4阵式　开球 ……………………………… 95
控球　盘球（带球）　颠球　拖球　头球　跳起顶球 ……………………………… 96
铲球　地滚球　腾空球　平直球（平胸球）　停球　胸部停球 ……………………… 97
掷界外球　倒钩球　短传球（短传）　长传球（长传）　连续传球　交叉传球 …… 98
三角传球　高吊传球（过顶传球）　边线球　任意球　点球①　托球 ……………… 99
射门　射入（进球①）　凌空射门　远射　近射　拉开 …………………………… 100
人墙　守门①　守门②　越位①　造越位　足球场 ………………………………… 101
草坪　全场　半场　前场　中场　中线 ……………………………………………… 102
中圈　边线　后场　球门线　端线（底线①）　底线② …………………………… 103
角球区　球门区　罚球区　禁区　小禁区　大禁区 ………………………………… 104
罚球点　罚球弧 ……………………………………………………………………… 105

4. 乒乓球

乒乓球①　乒乓球②　轮椅乒乓球 ………………………………………………… 105
盲人乒乓球　单打　双打　混合双打　正手　反手 ………………………………… 106
对攻　抢攻　两面攻　高抛发球　上旋球　下旋球 ………………………………… 107
侧旋球　弧圈球　抽球　搓球　削球　提拉 ………………………………………… 108
推挡　擦边球①　近台　远台　乒乓球台　乒乓球拍 ……………………………… 109
直拍　横拍　正胶　反胶 ……………………………………………………………… 110

5. 羽毛球

羽毛球① ……………………………………………………………………………… 110
羽毛球②　高远球　挑球　落网球（吊球）　勾对角球　压线球 …………………… 111
近网　封网　扣杀　羽毛球拍　汤姆斯杯　尤伯杯 ………………………………… 112

6. 网球

网球①　网球②　草地网球　轮椅网球　软式网球（软网）……………………… 113
直线球　斜线球　旋转球　抽低球　平击球　高压球 ……………………………… 114

机会球　长球　短球　高球　低球　底线球 ·················· 115
　　上网　截击　一发（第一次发球）　二发（第二次发球）　重发　双误 ········ 116
　　加赛　占先　两跳　握法　东方式　西方式 ·················· 117
  ### 7.棒球　垒球
　　棒球①（垒球①）　棒球②（垒球②）　本垒　一垒①　投手 ·········· 118
　　接手　守场员　守垒员　击球员　内场手　外场手 ················ 119
　　安打　本垒打　全垒打　牺牲打　跑垒　滑垒 ·················· 120
　　偷垒　安全上垒　触击　封杀　双杀　拦接 ···················· 121
　　好球　坏球　投手板　投手圈　投手土墩　垒包（垒垫） ············ 122
　　球棒　内场　外场　准备区　防守区　好球区 ·················· 123
  ### 8.橄榄球
　　橄榄球　轮椅橄榄球　持球触地　落踢　自由踢 ·················· 124
　　定踢　罚踢　对阵　达阵　肩甲　面罩 ························ 125
  ### 9.其他球类运动
　　手球①　手球②　台球　高尔夫球①　高尔夫球② ················ 126
　　曲棍球①　曲棍球②　壁球　马球　门球①　门球② ·············· 127
　　盲人门球　扑挡　投球　硬地滚球　目标球　红色球 ·············· 128
　　蓝色球　斜板　U形滑道　投掷区　得分区　无效区 ·············· 129
　　V字线　藤球　保龄球①　保龄球②　柔力球 ···················· 130

五、水上运动
  ### 1.游泳
　　游泳（蛙泳）　自由泳（爬泳）　仰泳　蝶泳　混合泳 ·············· 131
　　侧泳　蹼泳　潜泳　冬泳　花样游泳（艺术游泳）　入池 ············ 132
　　上岸　踩水　蹬水　划臂　换气　触壁 ························ 133
　　转身②　下沉 ·· 134
  ### 2.跳水
　　跳水（跳台跳水）　跳板跳水　双人跳水 ························ 134
　　规定动作　自选动作　直体　反身　翻转　身体打开 ·············· 135
　　入水　压水花 ·· 136
  ### 3.其他水上运动
　　水球①　水球②　滑水 ······································ 136
　　冲浪　帆船　摩托艇　皮划艇　赛艇　赛龙舟 ···················· 137
  ### 4.场地器材和其他
　　游泳池　短池　浅水池　深水池　泳池壁 ························ 138
　　出发台　跳水池　水线　泳道　泳帽　泳衣 ······················ 139
　　泳裤　泳镜　脚蹼　耳塞　鼻夹　救生圈 ························ 140
　　桅杆　主帆　前帆　三角帆　扬帆　左舷 ························ 141
　　右舷　桨　航标　航向　航线　起航 ···························· 142
　　顺风　迎风　风向　转向　排水量 ······························ 143

六、摔跤　柔道运动

1. 摔跤

摔跤　古典式　自由式　反抱　相抱 ··· 144
跪撑摔　过胸摔　拦腿摔　站立摔　抱摔　抱臂摔 ···················· 145
抱腿摔　摔倒　锁臂缠腿　里勾腿　外抱腿　握踝 ······················ 146
相持　顶桥 ·· 147

2. 柔道

柔道　盲人柔道　背负投 ·· 147
抓领　手技　腰技　足技（出足扫）　舍身技　固技 ················· 148
绞技　关节技　寝技（压技）　柔道服　腰带 ····························· 149

七、举重运动

举重　抓举　挺举　蹲举　试举 ··· 150
力量举　卧推　仰卧　放下　静止姿势　深呼吸 ·························· 151
闭气　杠铃　杠铃片　加重员　公斤级　力举凳 ·························· 152
壶铃　哑铃　拉力器 ··· 153

八、射击　射箭运动

1. 射击

射击①（步枪）　气步枪　自选步枪　射击②（手枪、扳机）　气手枪 ····· 154
标准手枪　运动手枪　猎枪　立射　跪射　卧射 ·························· 155
前托　发射　连发　慢射　速射　射程 ··· 156
命中　命中率　故障　卡弹　小口径　枪栓 ································· 157
护板　射击服　射击台　射击场（靶场）　移动靶　飞碟 ··········· 158
双向飞碟　双多向飞碟　多向飞碟 ··· 159

2. 射箭

射箭（勾弦）　弓箭 ··· 159
反曲弓　复合弓　箭头　箭杆　瞄准器　搭箭（上弓） ··············· 160
离弦　射箭靶　靶位　靶垫　靶纸　靶心 ···································· 161
中靶点　黑环　红环　内环　外环　射偏 ···································· 162
脱靶　风向旗 ··· 163

九、击剑运动

击剑　轮椅击剑　佩剑　重剑　花剑 ·· 164
直刺　长刺　闪躲　近身战　连续进攻　主动进攻 ······················ 165
击剑服　击剑鞋　剑道　记分灯 ··· 166

十、车类运动

自行车①　自行车②　小轮车①　小轮车②　摩托车 ················· 167
赛车①　赛车②　山地赛车①　山地赛车②　变速　尾随 ··········· 168
刹车①　刹车②　超越　超车　上坡①　上坡② ······················· 169
下坡①　下坡②　车轮①　车轮②　领骑员　路标 ····················· 170
路线　赛车场　场地赛　公路赛　室内赛车场　F1（世界一级方程式赛车） ····· 171

十一、拳击 跆拳道运动

拳击 拳术 直拳 勾拳 摆拳……………………………………………………172

跆拳道 拳击台 拳击手套 拳击鞋 沙袋 围绳……………………………173

十二、马术运动

马术① 马术②（骑术） 骑马 赛马 慢步……………………………………174

寻常慢步 寻常快步 三日赛 障碍赛 超越障碍 盛装舞步………………175

回转① 勒马 骑装 马具 马刺 马镫………………………………………176

十三、冰上 雪上运动

1.滑冰

滑冰 速度滑冰（速滑） 短道速滑 接力滑 蹬冰…………………………177

下刀 抢滑 脱离滑道 降速 踢人出局 花样滑冰…………………………178

双人滑①（冰上舞蹈①、冰上表演①） 双人滑②（冰上舞蹈②、冰上表演②）

单人滑①（冰上舞蹈③、冰上表演③） 单人滑② 短节目 自由滑………179

自编动作 自由舞 规定图形 创编舞 造型动作 步法…………………180

压步 横一字步 鲍步 接续步 燕式接续步 阿克塞尔跳……………181

鲁兹跳（后外勾手跳） 鲁卜跳（后外结环跳） 抛跳 托举 一周半 螺旋线…182

燕式旋转 蹲式旋转 直立旋转 蝴蝶旋转 倒滑 冰鞋…………………183

花样刀 速滑刀 刀长 刀刃 内刃 外刃…………………………………184

锯齿 刀托 冰刀套 滑冰场………………………………………………185

2.冰球

冰球…………………………………………………………………………185

残奥冰球 冰上雪橇球（冰雪橇曲棍球） 高杆击球 推球 拉射（平射） 击射……186

弹射 挑射 垫射 勾球 死球 急停①……………………………………187

急停② 臀部冲撞 肩部冲撞 球杆打人 身体阻截 蝶式跪挡……………188

侧躺挡球 冰球刀 冰球场 争球点 争球圈 开球点………………………189

受罚席 全护面罩 坐式冰橇……………………………………………190

3.冰壶

冰壶 轮椅冰壶……………………………………………………………190

擦冰（刷冰） 进营 占位 旋球 打定 打甩………………………………191

双飞 粘球 偷分 空局 先手 后手………………………………………192

后手掷壶权（LSD） 一垒② 冰壶石 冰壶刷 投壶手杖 起滑器………193

大本营（营垒） 圆心 圆心线 前掷线 栏线 底线③……………………194

自由防守区（FGZ）………………………………………………………195

4.滑雪

滑雪（双板滑雪、双杖推撑滑行） 高山滑雪 残奥高山滑雪

　速降滑雪（滑降①、回转②）………………………………………195

大回转 超级大回转 滑降② 直滑降 犁式滑降 横滑降…………………196

坐式滑雪双板 坐式滑雪单板 自由式滑雪① 自由式滑雪② 自由式滑雪空中技巧

　横一字跳……………………………………………………………197

哥萨克式跳　纵一字跳　挺身后曲小腿90度　直体翻腾　自由式滑雪雪上技巧
　　自由式滑雪坡面障碍技巧⋯⋯⋯⋯⋯⋯⋯⋯⋯⋯⋯⋯⋯⋯⋯⋯⋯⋯⋯⋯⋯⋯⋯　198
自由式滑雪U型场地　自由式滑雪U型场地技巧　自由式滑雪障碍追逐　单板滑雪①
　　单板滑雪②　残奥单板滑雪⋯⋯⋯⋯⋯⋯⋯⋯⋯⋯⋯⋯⋯⋯⋯⋯⋯⋯⋯⋯⋯⋯　199
单板滑雪平行大回转　单板滑雪障碍追逐　单板滑雪U型场地　单板滑雪U型场地技巧
　　跃起非抓板　跃起倒立⋯⋯⋯⋯⋯⋯⋯⋯⋯⋯⋯⋯⋯⋯⋯⋯⋯⋯⋯⋯⋯⋯⋯⋯　200
倒立❷　抓板旋转　单板滑雪坡面障碍技巧　道具杆技巧段　坡面跳跃段　飞行⋯⋯　201
跳跃　翻腾　滑雪单板　竞速滑雪板　自由式滑雪板　自由技巧板⋯⋯⋯⋯⋯⋯⋯　202
跳台滑雪　标准跳台　大跳台　助滑　空中飞行　着陆⋯⋯⋯⋯⋯⋯⋯⋯⋯⋯⋯⋯　203
越野滑雪　残奥越野滑雪　换板区　八字踏步　北欧两项　冬季两项⋯⋯⋯⋯⋯⋯⋯　204
残奥冬季两项　有声瞄准电子气枪　坐射　校枪　滑雪场　滑雪靴⋯⋯⋯⋯⋯⋯⋯⋯　205
滑雪鞋　滑雪板（滑雪双板）　固定器　滑雪杖　滑雪头盔　滑雪护目镜⋯⋯⋯⋯⋯　206
领滑员　障碍物⋯⋯⋯⋯⋯⋯⋯⋯⋯⋯⋯⋯⋯⋯⋯⋯⋯⋯⋯⋯⋯⋯⋯⋯⋯⋯⋯⋯⋯　207

5.雪车　雪橇

雪车　双人雪车①　双人雪车②⋯⋯⋯⋯⋯⋯⋯⋯⋯⋯⋯⋯⋯⋯⋯⋯⋯⋯⋯⋯⋯⋯　207
四人雪车①　四人雪车②　舵手　刹车手　制动器　推杆⋯⋯⋯⋯⋯⋯⋯⋯⋯⋯⋯　208
全旋弯道　欧米茄弯道　曲径弯道　钢架雪车（雪橇①）　雪橇②　缓冲器⋯⋯⋯⋯　209

6.其他

风向标　打蜡室　起滑门　旗门①　旗门②⋯⋯⋯⋯⋯⋯⋯⋯⋯⋯⋯⋯⋯⋯⋯⋯⋯　210
三角旗　旗门杆（回旋杆）　造雪机　杆式拖牵　履带式索道　吊椅⋯⋯⋯⋯⋯⋯⋯　211
有轨缆车　雪地摩托车⋯⋯⋯⋯⋯⋯⋯⋯⋯⋯⋯⋯⋯⋯⋯⋯⋯⋯⋯⋯⋯⋯⋯⋯⋯⋯　212

十四、棋牌运动

象棋　国际象棋　围棋　五子棋　军棋⋯⋯⋯⋯⋯⋯⋯⋯⋯⋯⋯⋯⋯⋯⋯⋯⋯⋯⋯　213
跳棋　飞行棋　色子（骰子）　桥牌　段　特级大师⋯⋯⋯⋯⋯⋯⋯⋯⋯⋯⋯⋯⋯　214

十五、其他运动项目

武术　刀术　枪术　剑术　棍术⋯⋯⋯⋯⋯⋯⋯⋯⋯⋯⋯⋯⋯⋯⋯⋯⋯⋯⋯⋯⋯⋯　215
太极拳　五禽戏　抱拳　徒手　弓步（弓箭步）　马步⋯⋯⋯⋯⋯⋯⋯⋯⋯⋯⋯⋯　216
蹬腿　格挡　推掌①　挺身　气功　攀岩⋯⋯⋯⋯⋯⋯⋯⋯⋯⋯⋯⋯⋯⋯⋯⋯⋯⋯　217
登山　漂流　拔河　舞龙　钓鱼　飞镖⋯⋯⋯⋯⋯⋯⋯⋯⋯⋯⋯⋯⋯⋯⋯⋯⋯⋯⋯　218
轮滑　健美运动　航海模型运动　航空模型运动　斗牛舞　古典舞⋯⋯⋯⋯⋯⋯⋯⋯　219
广场舞　国际标准舞　狐步舞　华尔兹　街舞　快步舞⋯⋯⋯⋯⋯⋯⋯⋯⋯⋯⋯⋯⋯　220
拉丁舞　伦巴　轮椅舞　民族舞　摩登舞　牛仔舞⋯⋯⋯⋯⋯⋯⋯⋯⋯⋯⋯⋯⋯⋯　221
恰恰舞　桑巴舞　探戈　踢踏舞　现代舞⋯⋯⋯⋯⋯⋯⋯⋯⋯⋯⋯⋯⋯⋯⋯⋯⋯⋯　222

十六、体育教学手势

稍息①　稍息②　立正①　立正②　向左看齐⋯⋯⋯⋯⋯⋯⋯⋯⋯⋯⋯⋯⋯⋯⋯⋯　223
向右看齐　向前看　向左转　向右转　向左向右转　向后转⋯⋯⋯⋯⋯⋯⋯⋯⋯⋯⋯　224
半臂间隔　向前看齐　两臂前平举　向前看齐（一臂间隔　向前看齐）　两臂侧平举　向中看齐
　　两臂侧平举　向左看齐　两臂侧平举　向右看齐　报数⋯⋯⋯⋯⋯⋯⋯⋯⋯⋯⋯　225

横队　纵队　变换队形　原地踏步走　原地跑步走　齐步走············ 226
立定　解散　蛙跳　跪跳起　跳上成跪撑　向前跳下　仰卧起坐········· 227
跪坐后躺下　双人背靠背下蹲起立　仰卧推起成桥　握杆转肩　8字跑　持物跑··· 228
合作跑　耐久跑　曲线跑　绕杆跑　往返跑　两人三足跑·············· 229
十字象限跳　迎面接力　换位扶棒　三点移动　纵跳摸高
跳山羊①（山羊分腿腾跃①）·································· 230
跳山羊②（山羊分腿腾跃②）　眼保健操　跳绳（向前摇）　交叉跳　向后摇
前摇交臂·································· 231
双摇　双人摇　爬竿　爬绳　抽陀螺　荡秋千（秋千）·············· 232
扔沙包　踢毽子　跳皮筋儿　滚铁环　滚雪球　打雪仗·············· 233
斗鸡平衡　小篮球　小足球　珍珠球　三门球　手扑球·············· 234
颠球比多　端球比稳····························· 235

十七、律动教学手势

1. 课名和手部动作
律动　方位　手型（手形）　手位　兰花掌············ 236
虎口掌　兰花指　剑指　按掌　端掌　山膀················ 237
托掌　提襟　扬掌　双按掌　双山膀　双托掌················ 238
双提襟　双扬掌（斜托掌）　山膀按掌　山膀托掌（顺风旗）　托按掌　盖掌··· 239
撩掌　切掌　摊掌　推掌②　冲掌　勒马手··············· 240
扬鞭手······························· 241

2. 腿部动作
脚位　勾脚　绷脚　压腿······················ 241
开胯　高吸腿　后吸腿　抬腿　踢腿　弹腿·············· 242
屈伸腿　半蹲　全蹲　盘坐　双跪坐　直腿坐·············· 243
正步　小八字步　大八字步　丁字步　踏步（小踏步）　点步······ 244
前点步　旁点步　后点步　大掖步　后踢步　踵趾步··········· 245
旁踵步　前踵步　十字步（秧歌步）　进退步　平踏步　退踏步····· 246
踮脚步　小碎步　蹦跳步　跑跳步　踏点步　踏跳步·········· 247
吸跳步　三步一抬　三步一撩　圆场步　矮子步　跑马步········ 248
摇篮步································ 249

3. 乐器　节奏
钢琴　鼓　小鼓　大鼓························ 249
小军鼓　大军鼓　花盆鼓　排鼓　腰鼓　长鼓············· 250
铃鼓　鼓板　镲　锣　铙钹　木鱼····················· 251
沙槌　碰铃　三角铁　铝片琴　响板①　响板②·············· 252
手串铃　双响筒　节奏　鼓点　合奏　四二拍①············· 253
四二拍②　四三拍①　四三拍②　四四拍①　四四拍②　音符··········· 254
全音符①　全音符②　二分音符①　二分音符②　四分音符①　四分音符②······ 255
八分音符①　八分音符②　附点音符　切分节奏（切分音）　休止符　全休止符①··· 256

全休止符②　二分休止符①　二分休止符②　四分休止符①　四分休止符②
八分休止符①ᐧᐧ　257
八分休止符②　小节　小节线　终止线ᐧᐧᐧᐧᐧᐧᐧᐧᐧᐧᐧᐧᐧᐧᐧᐧᐧᐧᐧᐧᐧᐧᐧᐧᐧᐧᐧᐧᐧᐧᐧᐧ　258
4.京剧角色
生ᐧᐧ　258
旦　净　丑ᐧᐧ　259

十八、部分体育项目裁判手势

1.田径裁判手势
各就位　预备ᐧᐧ　260

2.篮球裁判手势
计时开始　停止计时①ᐧᐧᐧ　260
犯规③（犯规停止计时）　24秒计时复位　跳球（争球）　1分　2分　3分试投ᐧᐧᐧᐧᐧ　261
3分投篮成功　取消得分（取消比赛）　替换　暂停①　相互联系　带球走步ᐧᐧᐧᐧᐧᐧᐧᐧ　262
两次运球（非法运球①）　携带球（非法运球②）　3秒违例　5秒违例　8秒违例
24秒违例ᐧᐧ　263
回场球（球回后场）　比赛方向（出界方向）　故意脚球　非法用手　非法接触
用手推挡ᐧᐧ　264
阻挡　过分挥肘　拉人　推人（徒手撞人）　带球撞人　勾人犯规ᐧᐧᐧᐧᐧᐧᐧᐧᐧᐧᐧᐧᐧᐧᐧᐧᐧᐧ　265
击头　控球队犯规　双方犯规　技术犯规　对投篮动作的犯规　对非投篮动作的犯规ᐧᐧᐧ　266
违反体育道德的犯规　取消比赛资格的犯规　两次罚球　三次罚球ᐧᐧᐧᐧᐧᐧᐧᐧᐧᐧᐧᐧᐧᐧᐧᐧ　267

3.排球裁判手势
指示球队发球ᐧᐧᐧ　267
发球②　即行发球　延误发球　延误警告　驱逐出场　取消资格ᐧᐧᐧᐧᐧᐧᐧᐧᐧᐧᐧᐧᐧᐧᐧᐧᐧᐧᐧᐧ　268
界内球　界外球　持球①　连击①　触网　四次击球ᐧᐧᐧᐧᐧᐧᐧᐧᐧᐧᐧᐧᐧᐧᐧᐧᐧᐧᐧᐧᐧᐧᐧᐧᐧᐧᐧᐧᐧᐧᐧᐧ　269
后排队员过线扣球　过网击球①　越过中线　拦网犯规　位置错误（轮次错误）
打手出界ᐧᐧ　270
换人　一局结束（一场结束）　交换场地①　回放ᐧᐧᐧᐧᐧᐧᐧᐧᐧᐧᐧᐧᐧᐧᐧᐧᐧᐧᐧᐧᐧᐧᐧᐧᐧᐧᐧᐧᐧᐧᐧᐧ　271

4.足球裁判手势
直接任意球ᐧᐧ　271
间接任意球　球门球　角球　点球②　继续比赛①　越位②ᐧᐧᐧᐧᐧᐧᐧᐧᐧᐧᐧᐧᐧᐧᐧᐧᐧᐧᐧᐧᐧᐧᐧᐧ　272

5.羽毛球裁判手势
换发球　第二发球（连击②）　持球②（拖带）　过网击球②　方位错误ᐧᐧᐧᐧᐧᐧᐧᐧᐧ　273
发球违例①　发球违例②　发球违例③　发球违例④　发球违例⑤　界外ᐧᐧᐧᐧᐧᐧᐧᐧᐧ　274
界内　视线遮挡ᐧᐧᐧ　275

6.乒乓球裁判手势
练习两分钟　停止练习　发球③ᐧᐧ　275
擦边球②　得分　交换场地②ᐧᐧᐧ　276

7.柔道裁判手势
邀请运动员入场　提示运动员致礼ᐧᐧ　276

暂停② 一本 一本取消 技有 技有取消 两次技有合并一本 …………… 277
　　指导 犯规输 消极比赛或无战意 压制开始计时 压制无效 更正判决 ………… 278
　　宣告胜方 整理服装 ………………………………………………………………… 279
8. 跆拳道裁判手势
　　运动员上场 立正③ 敬礼 …………………………………………………………… 279
　　准备 开始比赛 暂停③ 停止计时② 扣分 继续比赛② …………………………… 280
　　读秒（数秒） 宣布胜方 …………………………………………………………… 281
9. 轮椅橄榄球裁判手势
　　准备比赛 出入界 四人进入禁区 ………………………………………………… 281
　　离场 哨前冲撞 冲撞旋转 故意犯规 取消资格的犯规 进攻犯规 ……………… 282
　　一米犯规 出界违例 裁判暂停 进球② 取消进球 10秒手势 …………………… 283

附录 …………………………………………………………………………………… 285
汉语拼音索引 ………………………………………………………………………… 287
笔画索引 ……………………………………………………………………………… 300

语言文字规范 GF 0021—2019

汉语手指字母方案

（中华人民共和国教育部、国家语言文字工作委员会、中国残疾人联合会
2019年7月15日发布，2019年11月1日实施）

前　　言

本规范按照 GB/T1.1—2009 给出的规则起草。
本规范遵循下列原则起草：
　　稳定性原则。汉语手指字母在我国聋人教育和通用手语中已使用半个多世纪，影响深远。其简单、清楚、象形、通俗的设计原则和手指字母图示风格具有中国特色，被使用者熟识和接受。本规范保持原方案的设计原则、内容框架和图示风格。
　　实践性原则。本规范所作的所有修订均来自汉语手指字母使用过程中发现的问题。
　　时代性原则。本规范吸收现代语言学和手语语言学理论的最新成果。
　　规范性原则。本规范力求全面、准确地图示和说明每个手指字母的指式、位置、朝向及附加动作，图文体例、风格与 GF0020—2018《国家通用手语常用词表》保持一致。
本规范代替1963年12月29日中华人民共和国内务部、中华人民共和国教育部、中国文字改革委员会公布施行的《汉语手指字母方案》，与原《汉语手指字母方案》相比，主要变化如下：
　　——根据语言文字规范编写规则，采用新的编排体例；
　　——调整了术语"汉语手指字母"的定义；
　　——调整了字母"CH"的指式；
　　——调整了字母"A、B、C、D、H、I、L、Q、U"指式的呈现角度；
　　——增加了术语"远节指""近节指""中节指""书空"的定义；
　　——增加了表示每个汉语手指字母指式的位置说明；
　　——增加了《汉语拼音方案》规定的两个加符字母"Ê、Ü"指式的图示和"Ü"指式的使用说明。
本规范由中国残疾人联合会教育就业部提出。
本规范由国家语言文字工作委员会语言文字规范标准审定委员会审定。
本规范起草单位：北京师范大学、国家手语和盲文研究中心。
本规范起草人：顾定倩、魏丹、王晨华、高辉、于缘缘、恒淼、仇冰、乌永胜。

汉语手指字母方案

1 范围

本规范规定了代表汉语拼音字母的指式和表示规则。适用于全国范围内的公务活动、各级各类教育、电视和网络媒体、图书出版、公共服务、信息处理中的汉语手指字母的使用以及手语水平等级考试。

2 规范性引用文件

下列注日期的引用文件均适用于本规范。

《汉语拼音方案》（1958年2月11日第一届全国人民代表大会第五次会议批准）

GF0020—2018《国家通用手语常用词表》（2018年3月9日中华人民共和国教育部、国家语言文字工作委员会、中国残疾人联合会发布，2018年7月1日实施）

3 术语和定义

下列术语和定义适用于本规范。

3.1

汉语拼音方案 scheme for the Chinese phonetic alphabet

给汉字注音和拼写普通话语音的方案。1958年2月11日第一届全国人民代表大会第五次会议批准。采用拉丁字母，并用附加符号表示声调，是帮助学习汉字和推广普通话的工具。

3.2

手形 handshape

表达汉语手指字母时手指的屈、伸、开、合的形状。

3.3

位置 location

表达汉语手指字母时手的空间位置。

3.4

朝向 orientation

表达汉语手指字母时手指所指的方向和掌心（手背、虎口）所对的方向。

3.5

动作 movement

表达加符字母 Ê、Ü 时手的晃动动作。

3.6

指式 finger shape

含有位置、朝向和附加动作的代表拼音字母的手形。

3.7

汉语手指字母 Chinese manual alphabet

用指式代表汉语拼音字母，按照《汉语拼音方案》拼成普通话；也可构成手语词或充当手语词的语素，是手语的组成部分。

3.8

远节指 distal phalanx

带有指甲的手指节。

3.9

近节指 proximal phalanx

靠近手掌的手指节。

3.10

中节指 middle phalanx

远节指与近节指之间的手指节。

3.11

书空 tracing the character in the air

用手指在空中比画汉语拼音声调符号或隔音符号。

4 汉语手指字母指式

4.1

单字母指式

《汉语拼音方案》所规定的二十六个字母，用下列指式表示：

Aa	右手伸拇指，指尖朝上，食、中、无名、小指弯曲，指尖抵于掌心，手背向右。
Bb	右手拇指向掌心弯曲，食、中、无名、小指并拢直立，掌心向前偏左。
Cc	右手拇指向上弯曲，食、中、无名、小指并拢向下弯曲，指尖相对成C形，虎口朝内。

D d		右手握拳，拇指搭在中指中节指上，虎口朝后上方。
E e		右手拇、食指搭成圆形，中、无名、小指横伸，稍分开，指尖朝左，手背向外。
F f		右手食、中指横伸，稍分开，指尖朝左，拇、无名、小指弯曲，拇指搭在无名指远节指上，手背向外。
G g		右手食指横伸，指尖朝左，中、无名、小指弯曲，指尖抵于掌心，拇指搭在中指中节指上，手背向外。
H h		右手食、中指并拢直立，拇、无名、小指弯曲，拇指搭在无名指远节指上，掌心向前偏左。
I i		右手食指直立，中、无名、小指弯曲，指尖抵于掌心，拇指搭在中指中节指上，掌心向前偏左。
J j		右手食指弯曲，中节指指背向上，中、无名、小指弯曲，指尖抵于掌心，拇指搭在中指中节指上，虎口朝内。

K k	右手食指直立,中指横伸,拇指搭在中指中节指上,无名、小指弯曲,指尖抵于掌心,虎口朝内。
L l	右手拇、食指张开,食指指尖朝上,中、无名、小指弯曲,指尖抵于掌心,掌心向前偏左。
M m	右手拇、小指弯曲,拇指搭在小指中节指上,食、中、无名指并拢弯曲搭在拇指上,指尖朝前下方,掌心向前偏左。
N n	右手拇、无名、小指弯曲,拇指搭在无名指中节指上,食、中指并拢弯曲搭在拇指上,指尖朝前下方,掌心向前偏左。
O o	右手拇指向上弯曲,食、中、无名、小指并拢向下弯曲,拇、食、中指指尖相抵成O形,虎口朝内。
P p	右手拇、食指搭成圆形,中、无名、小指并拢伸直,指尖朝下,虎口朝前偏左。
Q q	右手拇指在下,食、中指并拢在上,拇、食、中指指尖相捏,指尖朝前偏左,无名、小指弯曲,指尖抵于掌心。

R r	右手拇、食指张开，食指指尖朝左，拇指指尖朝上，中、无名、小指弯曲，指尖抵于掌心，手背向外。
S s	右手拇指贴近手掌，食、中、无名、小指并拢微曲与手掌成 90 度角，掌心向前偏左。
T t	右手拇、中、无名指指尖相抵，食、小指直立，掌心向前偏左。
U u	右手拇指贴近手掌，食、中、无名、小指并拢直立，掌心向前偏左。
V v	右手食、中指直立分开成 V 形，拇、无名、小指弯曲，拇指搭在无名指远节指上，掌心向前偏左。
W w	右手食、中、无名指直立分开成 W 形，拇、小指弯曲，拇指搭在小指远节指上，掌心向前偏左。
X x	右手食、中指直立，中指搭在食指上，拇、无名、小指弯曲，拇指搭在无名指远节指上，掌心向前偏左。

Y y	右手伸拇、小指，指尖朝上，食、中、无名指弯曲，掌心向前偏左。
Z z	右手食、小指横伸，指尖朝左，拇、中、无名指弯曲，拇指搭在中、无名指远节指上，手背向外。

4.2

双字母指式

《汉语拼音方案》所规定的四组双字母（ZH，CH，SH，NG），用下列指式表示：

ZH zh	右手食、中、小指横伸，食、中指并拢，指尖朝左，拇、无名指弯曲，拇指搭在无名指远节指上，手背向外。
CH ch	右手拇指在下，食、中、无名、小指并拢在上，指尖朝左成扁"⊃"形，虎口朝内。
SH sh	右手拇指贴近手掌，食、中指并拢微曲与手掌成 90 度角，无名、小指弯曲，指尖抵于掌心，掌心向前偏左。
NG ng	右手小指横伸，指尖朝左，拇、食、中、无名指弯曲，拇指搭在食、中、无名指上，手背向外。

4.3 加符字母指式

《汉语拼音方案》所规定的两个加符字母（Ê、Ü）用原字母（E、U）指式附加如下动作表示：

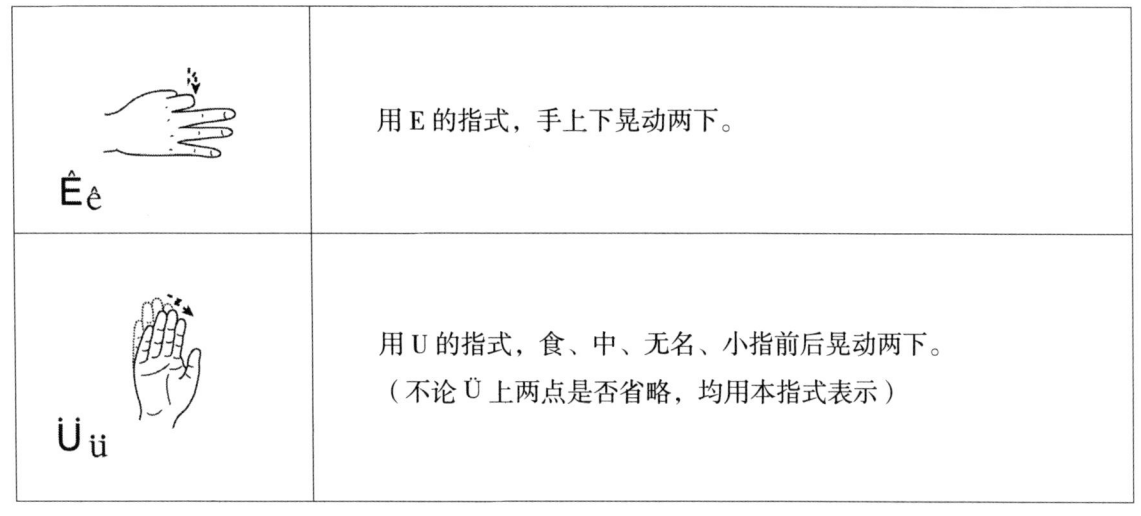

Ê ê	用 E 的指式，手上下晃动两下。
Ü ü	用 U 的指式，食、中、无名、小指前后晃动两下。（不论 Ü 上两点是否省略，均用本指式表示）

4.4 声调符号和隔音符号表示方式

阴平（ˉ）、阳平（ˊ）、上声（ˇ）、去声（ˋ）四种声调符号，用书空方式表示。隔音符号"'"也用书空方式表示。

5 使用规则

5.1 使用手

汉语手指字母、声调符号和隔音符号一般用右手表示；如用左手表示，方向作相应的改变。

5.2 手的位置

表示汉语手指字母时，手自然抬起，不超过肩宽。

表示手指字母"A、B、C、D、H、I、J、K、L、M、N、O、Q、S、T、U、V、W、X、Y、SH"时，手的位置在同侧胸前；表示手指字母"E、F、G、R、Z、ZH、CH、NG"时，手的位置在胸前正中；表示手指字母"P"时，手的位置在同侧腹部前。

5.3 图示角度

本规范的汉语手指字母图为平视图，以观看者的角度呈现。

手势动作图解符号说明

	表示沿箭头方向做直线、弧线移动,或圆形、螺旋形转动。
	表示沿箭头方向做曲线或折线移动。
	表示向同一方向重复移动。
	表示双手或双指同时向相反方向交替或交错移动。
	表示上下或左右、前后来回移动。
	表示沿箭头方向反复转动。
	表示沿箭头方向一顿,或到此终止。
	表示沿箭头方向一顿一顿移动。
	表示手指交替点动、手掌抖动或手臂颤动。
	表示双手先相碰再分开。
	表示拇指与其他手指互捻。
	表示手指沿箭头方向边移动边捏合。
	表示手指沿箭头方向收拢,但不捏合。
	表示双手沿箭头方向同时向相反方向拧动,并向两侧拉开。
	表示握拳的手按顺序依次伸出手指。

手位和朝向图示说明

	手侧立，手指指尖朝前，掌心向左或向右。
	手横立，手指指尖朝左或朝右，掌心向前或向后。
	手直立，手指指尖朝上，掌心向前或向后、向左、向右。
	手斜立，手指指尖朝左前方或右前方，掌心向左前方或右前方、左后方、右后方。
	手垂立，手指指尖朝下，掌心向前或向后、向左、向右。

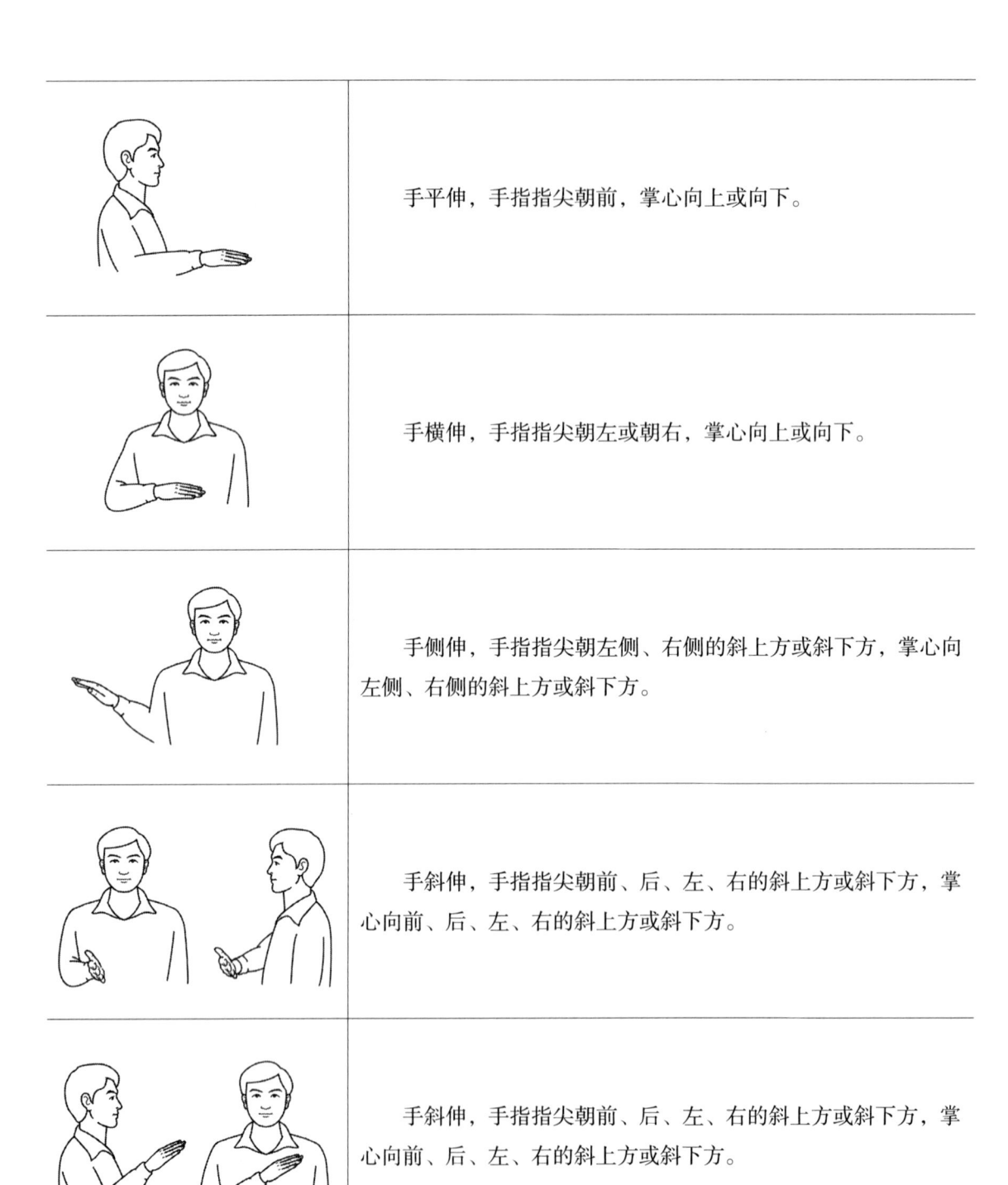

	手平伸，手指指尖朝前，掌心向上或向下。
	手横伸，手指指尖朝左或朝右，掌心向上或向下。
	手侧伸，手指指尖朝左侧、右侧的斜上方或斜下方，掌心向左侧、右侧的斜上方或斜下方。
	手斜伸，手指指尖朝前、后、左、右的斜上方或斜下方，掌心向前、后、左、右的斜上方或斜下方。
	手斜伸，手指指尖朝前、后、左、右的斜上方或斜下方，掌心向前、后、左、右的斜上方或斜下方。

一、一般词汇

1. 常用词汇

体育（锻炼❶） tǐyù (duànliàn ❶)
　　双手握拳屈肘，手背向上，在胸前做两下扩胸的动作。

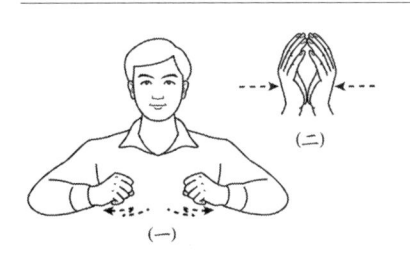

体育界 tǐyùjiè
　　（一）双手握拳屈肘，手背向上，在胸前做两下扩胸的动作。
　　（二）双手直立，掌心左右相对，五指微曲，从两侧向中间移动。

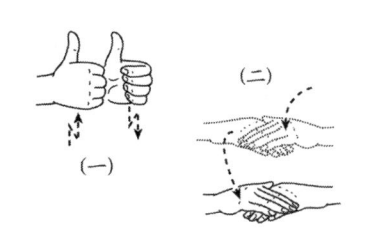

竞技 jìngjì
　　（一）双手伸拇指，上下交替动两下。
　　（二）双手横伸，掌心向下，互拍手背。

锻炼❷ duànliàn ❷
　　双手食指横伸，手背向外，甩动两下，表示将筋骨抻开，引申为锻炼。

运动 yùndòng
　　双手握拳屈肘，手背向上，虎口朝内，用力向后移动两下。

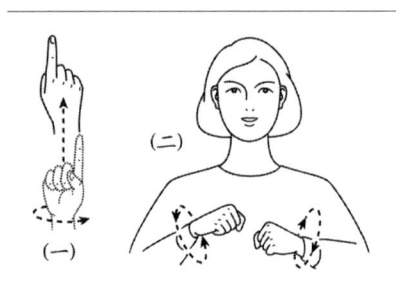

活动 huódòng
（一）一手食指直立，边转动手腕边向上移动。
（二）双手握拳屈肘，前后交替转动两下。

练习（训练） liànxí (xùnliàn)
左手横伸；右手平伸，掌心、手背在左手掌心上交替蹭一下。

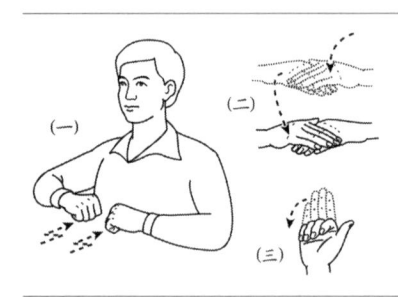

运动技能 yùndòng jìnéng
（一）双手握拳屈肘，手背向上，虎口朝内，用力向后移动两下。
（二）双手横伸，掌心向下，互拍手背。
（三）一手直立，掌心向外，然后食、中、无名、小指弯动一下。

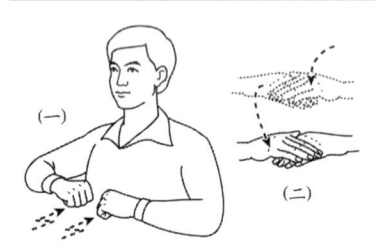

运动技术 yùndòng jìshù
（一）双手握拳屈肘，手背向上，虎口朝内，用力向后移动两下。
（二）双手横伸，掌心向下，互拍手背。

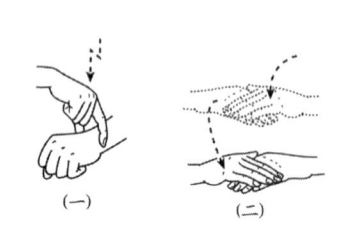

基本技术 jīběn jìshù
（一）左手握拳，手背向上；右手拇、食指张开，指尖朝下，朝左手腕两侧插两下。
（二）双手横伸，掌心向下，互拍手背。

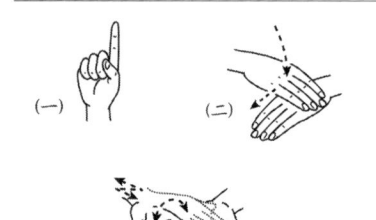

一般训练 yībān xùnliàn
（一）一手食指直立，掌心向外。
（二）左手横伸；右手平伸，掌心向下，边拍一下左手背边向右移动。
（三）左手横伸；右手平伸，掌心、手背在左手掌心上交替蹭一下。

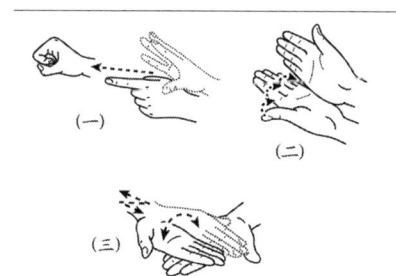

一、一般词汇　3

专项训练　zhuānxiàng xùnliàn

（一）左手伸食指，指尖朝前，虎口朝上；右手五指张开，掌心向前下方，置于左手食指根部，然后边向前移动边握拳。

（二）左手平伸；右手斜立于左手掌心上，然后向右一顿一顿做弧形移动。

（三）左手横伸；右手平伸，掌心、手背在左手掌心上交替蹭一下。

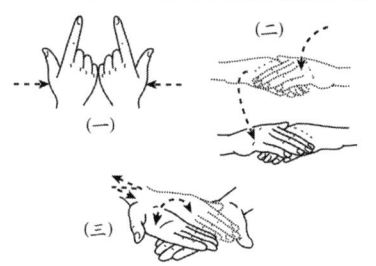

战术训练　zhànshù xùnliàn

（一）双手伸拇、食指，食指尖朝上，掌心向内，小指下缘互碰一下。

（二）双手横伸，掌心向下，互拍手背。

（三）左手横伸；右手平伸，掌心、手背在左手掌心上交替蹭一下。

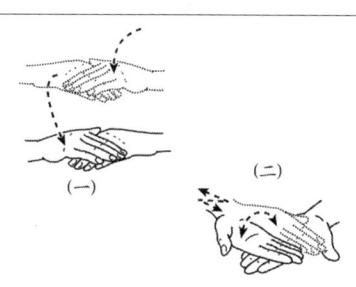

技术训练　jìshù xùnliàn

（一）双手横伸，掌心向下，互拍手背。

（二）左手横伸；右手平伸，掌心、手背在左手掌心上交替蹭一下。

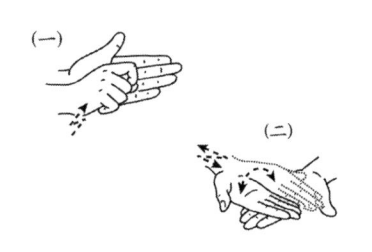

强化训练　qiánghuà xùnliàn

（一）左手侧立；右手拇、食指捏成圆形，虎口朝左，向左手掌心贴几下，表示不断增加的意思。

（二）左手横伸；右手平伸，掌心、手背在左手掌心上交替蹭一下。

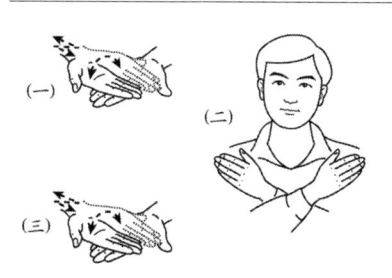

间歇训练　jiànxiē xùnliàn

（一）左手横伸；右手平伸，掌心、手背在左手掌心上交替蹭一下。

（二）双手交叉，手背向外，贴于胸部，表示休息的意思。

（三）左手横伸；右手平伸，掌心、手背在左手掌心上交替蹭一下。

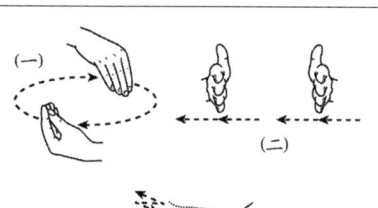

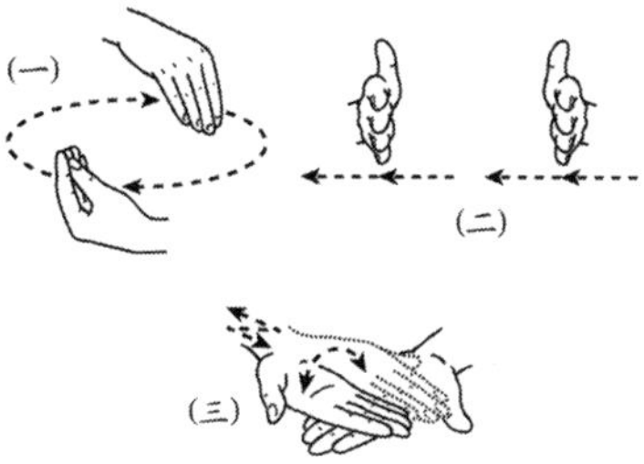

调整训练　tiáozhěng xùnliàn

（一）双手五指撮合，指尖上下相对，交替平行转动两下。

（二）双手侧立，掌心相对，向一侧一顿一顿移动几下。

（三）左手横伸；右手平伸，掌心、手背在左手掌心上交替蹭一下。

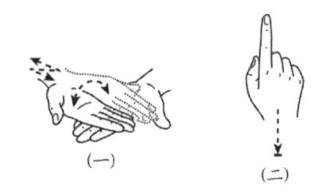

过度训练　guòdù xùnliàn
（一）左手横伸；右手平伸，掌心、手背在左手掌心上交替蹭一下。
（二）一手食指直立（或横伸），拇指尖按于食指根部，向下一顿。

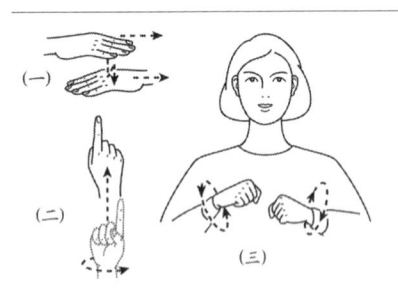

准备活动　zhǔnbèi huódòng
（一）双手横伸，掌心向下，边右手掌拍左手背边双手同时向左移动。
（二）一手食指直立，边转动手腕边向上移动。
（三）双手握拳屈肘，前后交替转动两下。

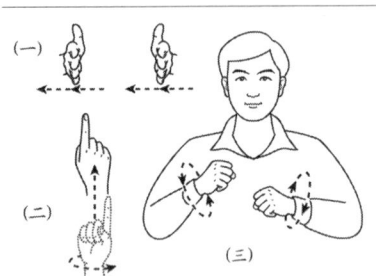

整理活动　zhěnglǐ huódòng
（一）双手侧立，掌心相对，向一侧一顿一顿移动几下。
（二）一手食指直立，边转动手腕边向上移动。
（三）双手握拳屈肘，前后交替转动两下。

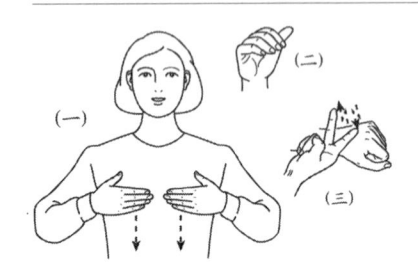

身体素质　shēntǐ sùzhì
（一）双手掌心贴于胸部，向下移动一下。
（二）一手打手指字母"S"的指式。
（三）左手握拳；右手食、中指横伸，指背交替弹左手背。

体形①　tǐxíng ①
（一）一手掌心贴于胸部，向下移动一下。
（二）双手拇、食指成"⌐⌐"形，置于脸颊两侧，上下交替动两下。

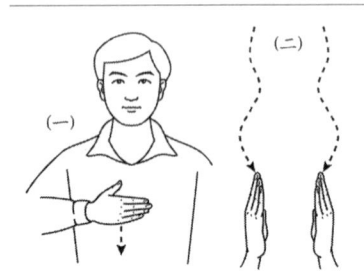

体形②　tǐxíng ②
（一）一手掌心贴于胸部，向下移动一下。
（二）双手直立，掌心左右相对，从上向下做曲线形移动，如女性身体的曲线形。
（可根据实际表示人的体形）

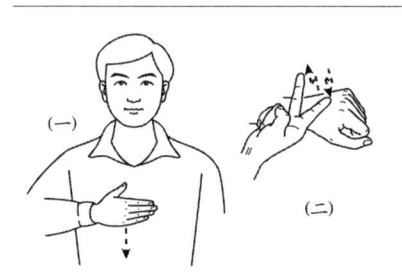

体质　tǐzhì
（一）一手掌心贴于胸部，向下移动一下。
（二）左手握拳；右手食、中指横伸，指背交替弹左手背。

体能①　tǐnéng①
（一）一手掌心贴于胸部，向下移动一下。
（二）一手直立，掌心向外，然后食、中、无名、小指弯动一下。

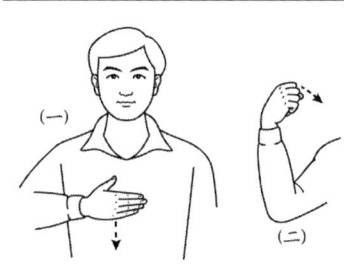

体力（体能②）　tǐlì（tǐnéng②）
（一）一手掌心贴于胸部，向下移动一下。
（二）一手握拳屈肘，用力向内弯动一下。

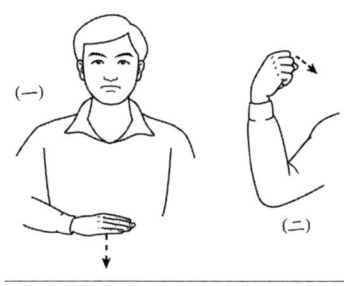

耐力　nàilì
（一）一手横伸，掌心向下，自腹部缓慢向下一按。
（二）一手握拳屈肘，用力向内弯动一下。

速度①　sùdù①
一手拇、食指捏成圆形，向一侧微晃几下。

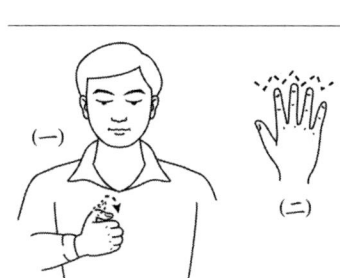

速度②　sùdù②
（一）一手虚握，拇指向下做按秒表的动作，眼睛注视手的动作。
（二）一手直立，掌心向内，五指张开，交替点动几下。

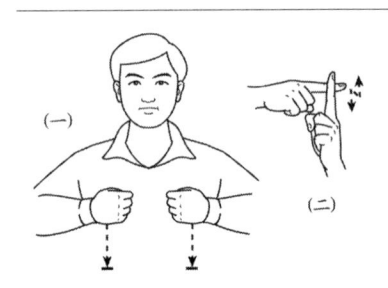

强度 qiángdù
（一）双手握拳屈肘，同时用力向下一顿。
（二）左手食指直立；右手食指横贴在左手食指上，然后上下微动几下。

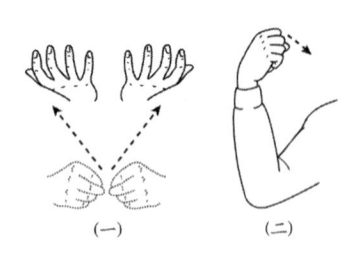

爆发力 bàofālì
（一）双手虚握，虎口朝上，然后迅速向上弹起并张开五指。
（二）一手握拳屈肘，用力向内弯动一下。

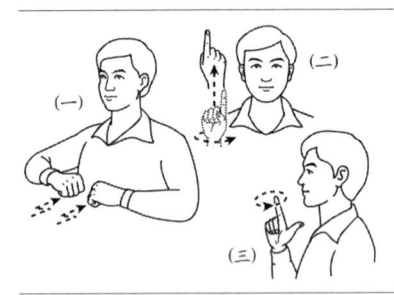

运动生理 yùndòng shēnglǐ
（一）双手握拳屈肘，手背向上，虎口朝内，用力向后移动两下。
（二）一手食指直立，边转动手腕边向上移动。
（三）一手打手指字母"L"的指式，逆时针平行转动一下。

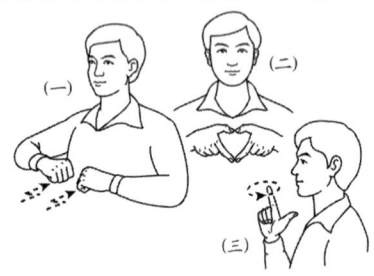

运动心理 yùndòng xīnlǐ
（一）双手握拳屈肘，手背向上，虎口朝内，用力向后移动两下。
（二）双手拇、食指张开仿"♡"形，手背向外，置于胸部。
（三）一手打手指字母"L"的指式，逆时针平行转动一下。

运动量 yùndòngliàng
（一）双手握拳屈肘，手背向上，虎口朝内，用力向后移动两下。
（二）一手直立，掌心向内，五指张开，交替点动几下。

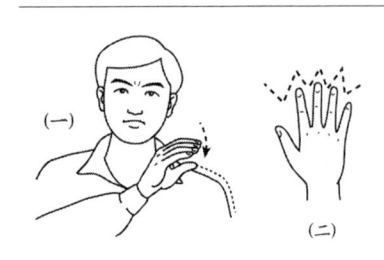

负荷量 fùhèliàng
（一）右手五指成"⊐"形，压向左肩，左肩随之向左一歪。
（二）一手直立，掌心向内，五指张开，交替点动几下。

运动周期　yùndòng zhōuqī

（一）双手握拳屈肘，手背向上，虎口朝内，用力向后移动两下。

（二）左手食指横伸，手背向外；右手打手指字母"ZH"的指式，绕左手食指前后转动一圈，再回到初始位置，表示循环一周。

（三）双手直立，掌心左右相对。

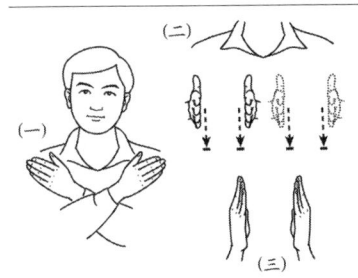

休整期　xiūzhěngqī

（一）双手交叉，手背向外，贴于胸部，表示休息的意思。

（二）双手侧立，掌心相对，先在左侧向下一顿，再在右侧向下一顿。

（三）双手直立，掌心左右相对。

疲劳（累）　píláo（lèi）

右手握拳，手背向上，捶一下左肘窝处，面露疲劳的表情。

恢复　huīfù

双手直立，掌心向外，然后边向前做弧形移动边翻转为掌心向内。

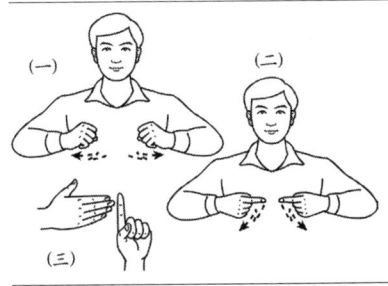

体育锻炼标准　tǐyù duànliàn biāozhǔn

（一）双手握拳屈肘，手背向上，在胸前做两下扩胸的动作。

（二）双手食指横伸，手背向外，甩动两下，表示将筋骨抻开，引申为锻炼。

（三）左手食指直立；右手侧立，指向左手食指。

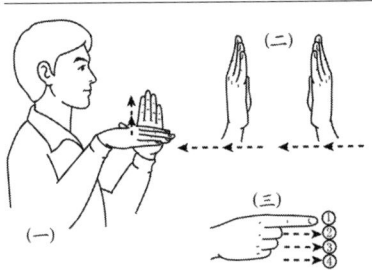

等级制度　děngjí zhìdù

（一）左手直立，掌心向右；右手平伸，掌心向下，在左手掌心上向上一顿一顿移动两下。

（二）双手直立，掌心左右相对，向一侧一顿一顿移动几下。

（三）一手握拳，手背向外，虎口朝上，依次伸出食、中、无名、小指。

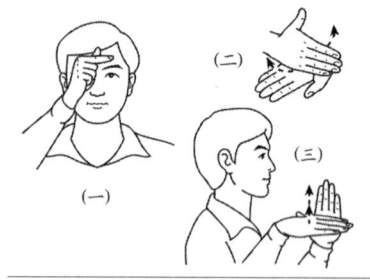

医学分级　yīxué fēnjí

（一）一手拇、食指搭成"十"字形，置于前额。
（二）左手横伸；右手侧立，置于左手掌心上，并左右拨动一下。
（三）左手直立，掌心向右；右手平伸，掌心向下，在左手掌心上向上一顿一顿移动两下。

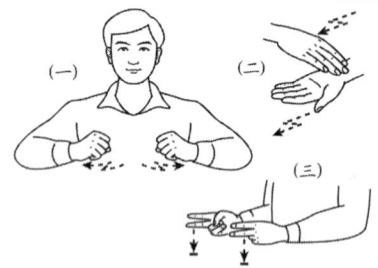

体育疗法　tǐyù liáofǎ

（一）双手握拳屈肘，手背向上，在胸前做两下扩胸的动作。
（二）左手平伸，掌心向上；右手五指并拢，食、中、无名指指尖按于左手腕的脉门处，双手同时向前移动两下。
（三）双手打手指字母"F"的指式，指尖朝前，向下一顿。

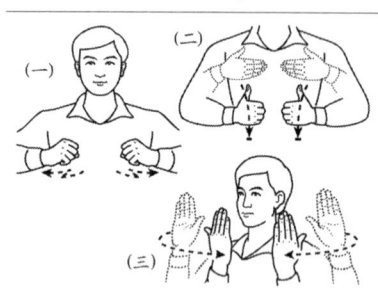

体育康复　tǐyù kāngfù

（一）双手握拳屈肘，手背向上，在胸前做两下扩胸的动作。
（二）双手横立，掌心向内，自胸部边向下移动边食、中、无名、小指弯曲，指尖抵于掌心，向下一顿。
（三）双手直立，掌心向外，然后边向前做弧形移动边翻转为掌心向内。

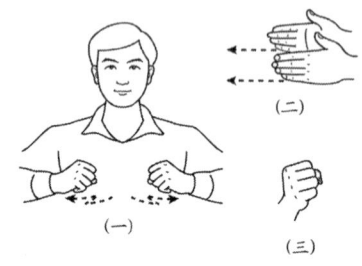

体育道德　tǐyù dàodé

（一）双手握拳屈肘，手背向上，在胸前做两下扩胸的动作。
（二）双手侧立，掌心相对，向前移动。
（三）一手打手指字母"D"的指式。

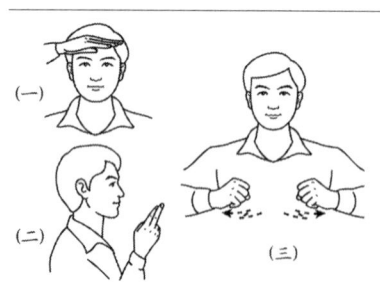

军事体育　jūnshì tǐyù

（一）右手横伸，掌心向下，置于前额，表示军帽帽檐。
（二）一手食、中指相叠，指尖朝前上方。
（三）双手握拳屈肘，手背向上，在胸前做两下扩胸的动作。

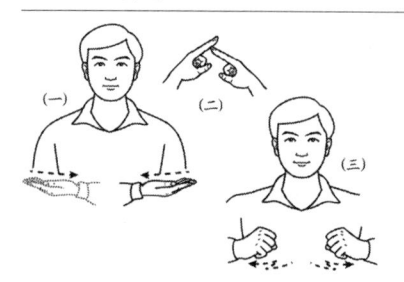

残疾人体育　cánjírén tǐyù

（一）双手横伸，掌心向上，交替在对侧上臂划一下，表示肢体不健全。
（二）双手食指搭成"人"字形。
（三）双手握拳屈肘，手背向上，在胸前做两下扩胸的动作。

一、一般词汇　9

战术　zhànshù
（一）双手伸拇、食指，食指尖朝上，掌心向内，小指下缘互碰一下。
（二）双手横伸，掌心向下，互拍手背。

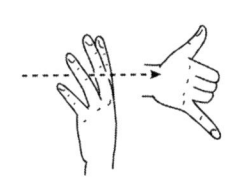

突破　tūpò
左手直立，掌心向内，五指张开；右手伸拇、小指，指尖朝前，从左手中、无名指指缝间冲出。

移动　yídòng
双手伸拇、小指，指尖朝前，来回移动两下。
（可根据实际表示体育项目中的移动动作）

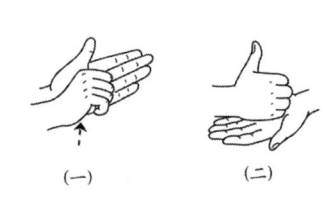

补位　bǔwèi
（一）左手侧立；右手虚握，虎口朝左，贴向左手掌心。
（二）左手横伸；右手伸拇指，置于左手掌心上。

过人　guòrén
双手伸拇、小指，指尖朝前，左手在前不动，右手从后向前绕过左手。

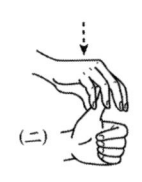

掌控　zhǎngkòng
（一）左手横伸；右手侧立，五指微曲张开，边向左手掌心移动边握拳。
（二）左手伸拇指；右手五指微曲，掌心向下，罩向左手拇指。

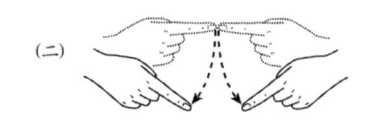

抢断 qiǎngduàn

（一）一手五指微曲，掌心向前，边用力向后移动边握拳。
（二）双手食指横伸，指尖相对，手背向外，同时向下一甩。

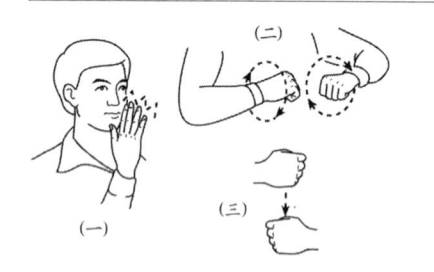

假动作 jiǎdòngzuò

（一）右手直立，掌心向左，拇指尖抵于颏部，其他四指交替点动几下。
（二）双手握拳屈肘，前后交替转动两下。
（三）双手握拳，一上一下，右拳向下砸一下左拳。

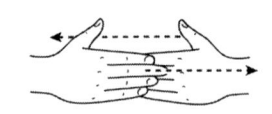

配合 pèihé

双手横立，掌心向内，指尖相对，从两侧向中间交错移动至双手相叠。

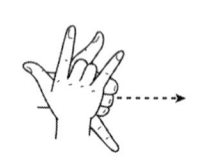

掩护 yǎnhù

左手伸拇、小指，指尖朝前；右手拇、食、小指直立，掌心向左，置于左手旁，双手同时向前移动。
（可根据实际表示掩护的动作）

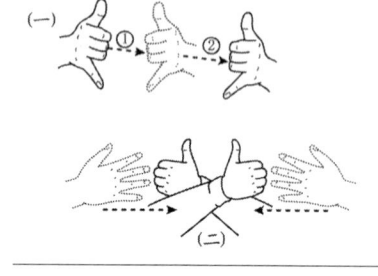

合理冲撞 hélǐ chōngzhuàng

（一）双手伸拇、小指，指尖朝前，右手碰向左手，左手随之向一侧移动。
（二）双手横立，掌心向内，五指张开，指尖相对，从两侧向中间交错移动至手腕交叉相搭并伸出拇指。
（可根据实际表示冲撞的动作）

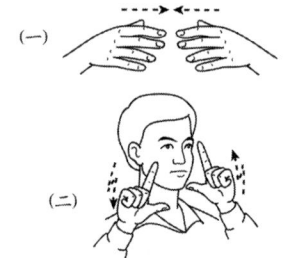

阵式 zhèn·shì

（一）双手横伸，手背向上，五指张开，指尖相对，同时从两侧向中间移动。
（二）双手拇、食指成"⌊"形，置于脸颊两侧，上下交替动两下。

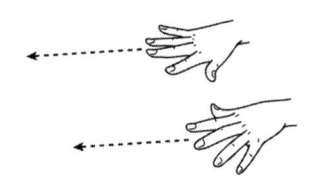

进攻　jìngōng

　　双手平伸，掌心向下，五指张开，同时用力向前移动一下。
　　（可根据体育项目的实际情况表示进攻的情形）

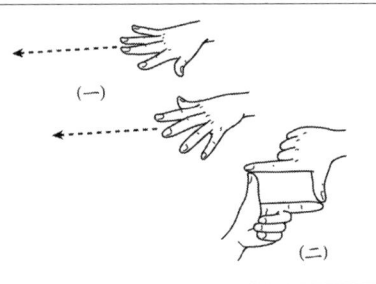

攻方　gōngfāng

　　（一）双手平伸，掌心向下，五指张开，同时用力向前移动一下。
　　（二）双手拇、食指搭成"囗"形。

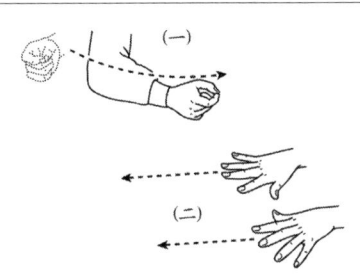

快攻　kuàigōng

　　（一）一手拇、食指捏成圆形，向一侧快速划动。
　　（二）双手平伸，掌心向下，五指张开，同时用力向前移动一下。
　　（可根据实际表示快攻的动作）

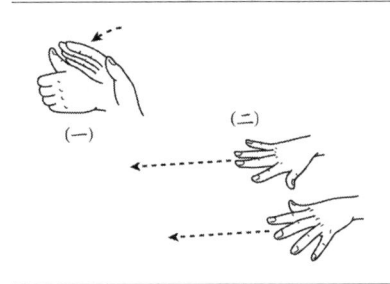

助攻　zhùgōng

　　（一）左手伸拇指；右手五指并拢，轻拍一下左手拇指背。
　　（二）双手平伸，掌心向下，五指张开，同时用力向前移动一下。
　　（可根据实际表示助攻的动作）

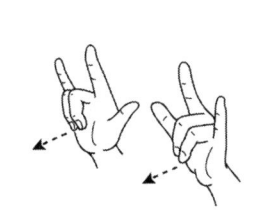

防守（阻拦）　fángshǒu（zǔlán）

　　双手拇、食、小指直立，掌心向外一推。

守方　shǒufāng

　　（一）双手拇、食、小指直立，掌心向外一推。
　　（二）双手拇、食指搭成"囗"形。

盯人防守（人盯人） dīngrén fángshǒu (réndīngrén)

左手伸拇、小指，指尖朝前；右手拇、食、小指直立，掌心向外，向左手移动，表示紧紧看住对方。

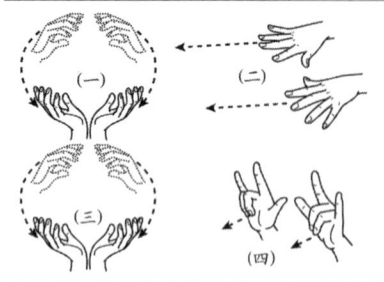

全攻全守 quángōngquánshǒu

（一）双手五指微曲，指尖左右相对，然后向下做弧形移动，手腕靠拢。
（二）双手平伸，掌心向下，五指张开，同时用力向前移动一下。
（三）双手五指微曲，指尖左右相对，然后向下做弧形移动，手腕靠拢。
（四）双手拇、食、小指直立，掌心向外一推。

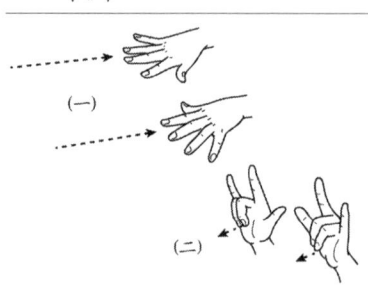

后撤防守 hòuchè fángshǒu

（一）双手平伸，掌心向下，五指张开，同时向后移动。
（二）双手拇、食、小指直立，掌心向外一推。

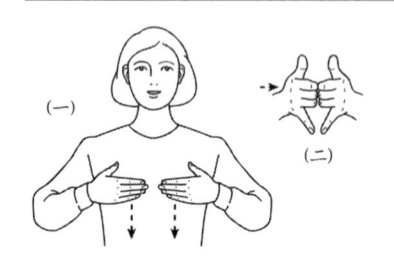

身体接触 shēntǐ jiēchù

（一）双手掌心贴于胸部，向下移动一下。
（二）双手伸拇、小指，指尖朝前，左手不动，右手碰一下左手。

2. 竞赛类别 人员

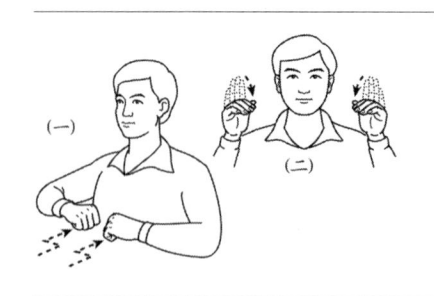

运动会 yùndònghuì

（一）双手握拳屈肘，手背向上，虎口朝内，用力向后移动两下。
（二）双手直立，掌心分别向左右斜前方，食、中、无名、小指弯动一下。

一、一般词汇　13

奥林匹克　Àolínpǐkè
　　双手拇、食指套环，其他三指微曲，向右侧微移，边转腕边做一次套环动作，然后向下微移，再边转腕边做一次套环动作，表示奥林匹克五环标志。
　　（此为国际聋人手语）

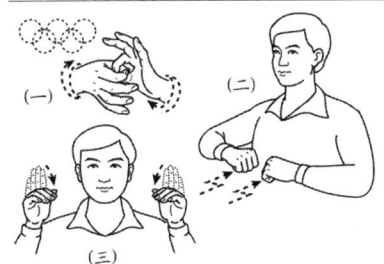

奥林匹克运动会（奥运会）　Àolínpǐkè Yùndònghuì（Àoyùnhuì）
　　（一）双手拇、食指套环，其他三指微曲，向右侧微移，边转腕边做一次套环动作，然后向下微移，再边转腕边做一次套环动作。
　　（二）双手握拳屈肘，手背向上，虎口朝内，用力向后移动两下。
　　（三）双手直立，掌心分别向左右斜前方，食、中、无名、小指弯动一下。

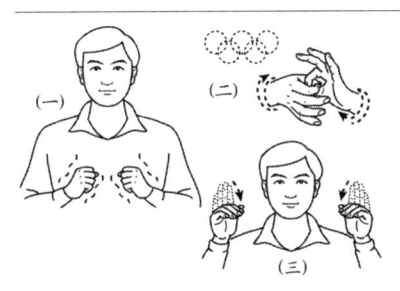

冬季奥林匹克运动会（冬奥会）
　　Dōngjì Àolínpǐkè Yùndònghuì（Dōng'àohuì）
　　（一）双手握拳屈肘，小臂颤动几下，如哆嗦状。
　　（二）双手拇、食指套环，其他三指微曲，向右侧微移，边转腕边做一次套环动作，然后向下微移，再边转腕边做一次套环动作。
　　（三）双手直立，掌心分别向左右斜前方，食、中、无名、小指弯动一下。

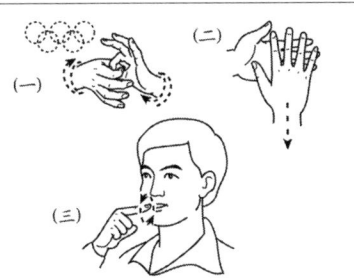

奥林匹克格言　Àolínpǐkè géyán
　　（一）双手拇、食指套环，其他三指微曲，向右侧微移，边转腕边做一次套环动作，然后向下微移，再边转腕边做一次套环动作。
　　（二）双手五指张开，一横一竖搭成方格形，然后左手不动，右手向下移动。
　　（三）一手食指横伸，在嘴前前后转动两下。

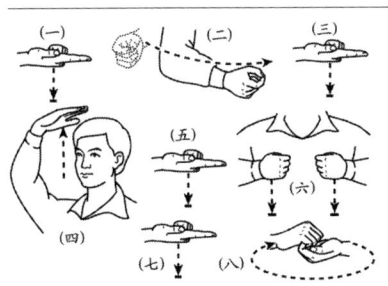

更快 更高 更强 更团结
　　gèngkuài gènggāo gèngqiáng gèngtuánjié
　　（一）一手食指横伸，拇指尖按于食指根部，手背向下，向下一顿。
　　（二）一手拇、食指捏成圆形，向一侧快速划动。
　　（三）一手食指横伸，拇指尖按于食指根部，手背向下，向下一顿。
　　（四）一手横伸，掌心向下，向上移过头顶。
　　（五）一手食指横伸，拇指尖按于食指根部，手背向下，向下一顿。
　　（六）双手握拳屈肘，同时用力向下一顿。
　　（七）一手食指横伸，拇指尖按于食指根部，手背向下，向下一顿。
　　（八）双手五指弯曲，相互握住，顺时针平行转动一圈。

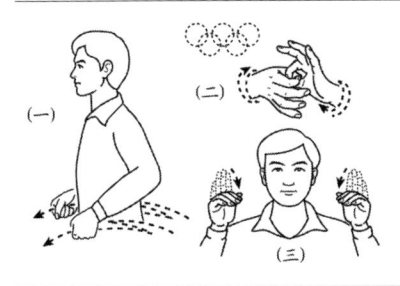

残奥会①　Cán'àohuì ①
　　（一）双手虚握，虎口朝前，在腰部两侧做向前转动轮子的动作。
　　（二）双手拇、食指套环，其他三指微曲，向右侧微移，边转腕边做一次套环动作，然后向下微移，再边转腕边做一次套环动作。
　　（三）双手直立，掌心分别向左右斜前方，食、中、无名、小指弯动一下。

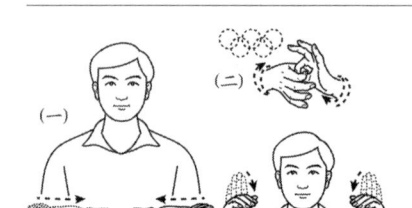

残奥会② Cán'àohuì ②

（一）双手横伸，掌心向上，交替在对侧上臂划一下，表示肢体不健全。
（二）双手拇、食指套环，其他三指微曲，向右侧微移，边转腕边做一次套环动作，然后向下微移，再边转腕边做一次套环动作。
（三）双手直立，掌心分别向左右斜前方，食、中、无名、小指弯动一下。

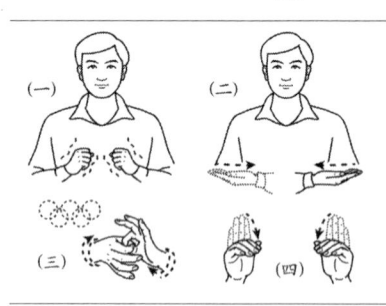

冬残奥会 Dōngcán'àohuì

（一）双手握拳屈肘，小臂颤动几下，如哆嗦状。
（二）双手横伸，掌心向上，交替在对侧上臂划一下，表示肢体不健全。
（三）双手拇、食指套环，其他三指微曲，向右侧微移，边转腕边做一次套环动作，然后向下微移，再边转腕边做一次套环动作。
（四）双手直立，掌心分别向左右斜前方，食、中、无名、小指弯动一下。

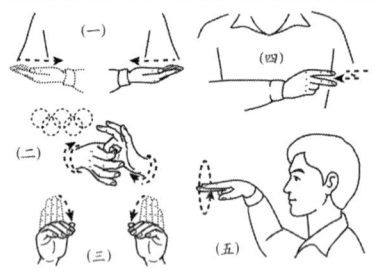

残奥会价值观 Cán'àohuì jiàzhíguān

（一）双手横伸，掌心向上，交替在对侧上臂划一下，表示肢体不健全。
（二）双手拇、食指套环，其他三指微曲，向右侧微移，边转腕边做一次套环动作，然后向下微移，再边转腕边做一次套环动作。
（三）双手直立，掌心分别向左右斜前方，食、中、无名、小指弯动一下。
（四）右手食、中指分开，手背向外，在左臂上向右横划两下。
（五）一手食、中指分开，指尖朝前，手背向上，在面前转动一圈。

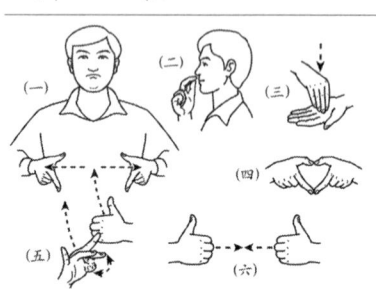

勇气 决心 激励 平等 yǒngqì juéxīn jīlì píngděng

（一）双手伸拇、食指，食指尖朝下，贴于腹部，然后用力向两侧拉开。
（二）一手打手指字母"Q"的指式，指尖朝内，置于鼻孔处。
（三）左手横伸；右手五指撮合，指尖朝下，按向左手掌心。
（四）双手拇、食指张开仿"♡"形，手背向外，置于胸部。
（五）左手伸拇指；右手伸食、无名、小指，食指尖抵于左手无名指根部，拇、中指先相捏，然后边连续做开合的动作边双手向上移动。
（六）双手伸拇指，手背向外，从两侧向中间移动并互碰。

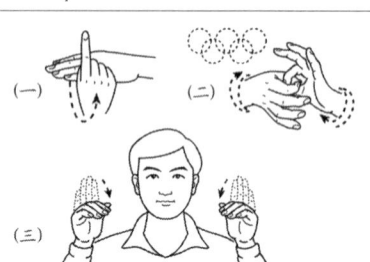

特殊奥林匹克运动会（特奥会）
Tèshū Àolínpǐkè Yùndònghuì（Tè'àohuì）

（一）左手横伸，手背向上；右手伸食指，从左手小指外侧向上伸出。
（二）双手拇、食指套环，其他三指微曲，向右侧微移，边转腕边做一次套环动作，然后向下微移，再边转腕边做一次套环动作。
（三）双手直立，掌心分别向左右斜前方，食、中、无名、小指弯动一下。

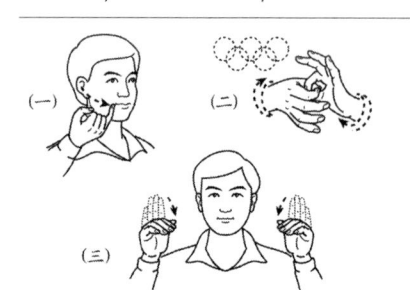

聋奥会 Lóng'àohuì

（一）一手伸小指，从耳部划向嘴角。
（二）双手拇、食指套环，其他三指微曲，向右侧微移，边转腕边做一次套环动作，然后向下微移，再边转腕边做一次套环动作。
（三）双手直立，掌心分别向左右斜前方，食、中、无名、小指弯动一下。

一、一般词汇

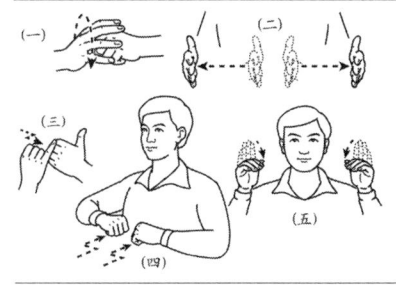

世界大学生运动会　Shìjiè Dàxuéshēng Yùndònghuì
（一）左手握拳，手背向上；右手五指微曲张开，从后向前绕左拳转动半圈。
（二）双手侧立，掌心相对，同时向两侧移动，幅度要大些。
（三）左手伸拇指，手背向外；右手伸小指，小指外侧在左手食、中、无名、小指指背上碰两下。
（四）双手握拳屈肘，手背向上，虎口朝内，用力向后移动两下。
（五）双手直立，掌心分别向左右斜前方，食、中、无名、小指弯动一下。

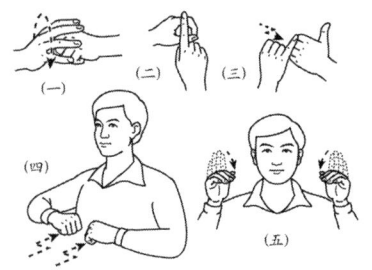

世界中学生运动会　Shìjiè Zhōngxuéshēng Yùndònghuì
（一）左手握拳，手背向上；右手五指微曲张开，从后向前绕左拳转动半圈。
（二）左手拇、食指与右手食指搭成"中"字形。
（三）左手伸拇指，手背向外；右手伸小指，小指外侧在左手食、中、无名、小指指背上碰两下。
（四）双手握拳屈肘，手背向上，虎口朝内，用力向后移动两下。
（五）双手直立，掌心分别向左右斜前方，食、中、无名、小指弯动一下。

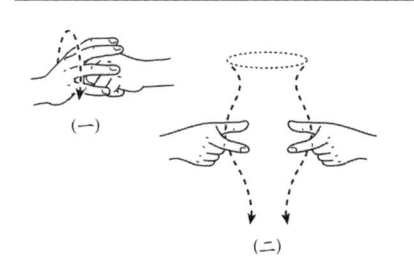

世界杯　Shìjièbēi
（一）左手握拳，手背向上；右手五指微曲张开，从后向前绕左拳转动半圈。
（二）双手拇、食指成大圆形，虎口朝上，从上向下做曲线形移动，仿奖杯的形状。

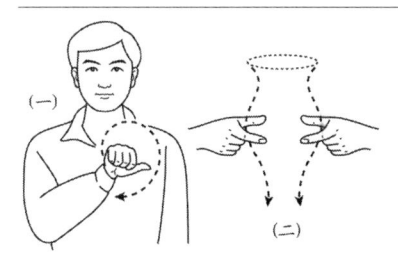

亚洲杯　Yàzhōubēi
（一）右手打手指字母"A"的指式，拇指尖朝左，手背向内，在胸前逆时针转动一圈。
（二）双手拇、食指成大圆形，虎口朝上，从上向下做曲线形移动，仿奖杯的形状。

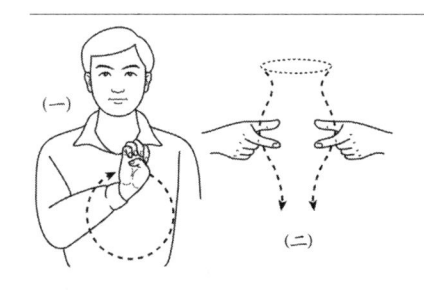

欧洲杯　Ōuzhōubēi
（一）一手拇指贴于掌心，其他四指弯曲，掌心向外，表示"欧洲"英文首字母"E"的指式，逆时针转动一圈。
（二）双手拇、食指成大圆形，虎口朝上，从上向下做曲线形移动，仿奖杯的形状。

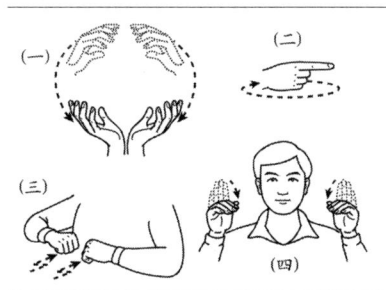

全国运动会（全运会）　Quánguó Yùndònghuì (Quányùnhuì)
（一）双手五指微曲，指尖左右相对，然后向下做弧形移动，手腕靠拢。
（二）一手打手指字母"G"的指式，顺时针平行转动一圈。
（三）双手握拳屈肘，手背向上，虎口朝内，用力向后移动两下。
（四）双手直立，掌心分别向左右斜前方，食、中、无名、小指弯动一下。

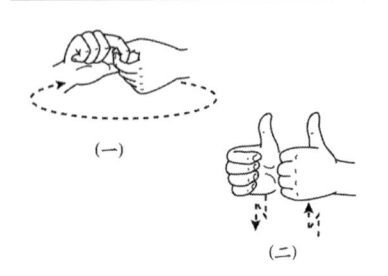

联赛 liánsài
（一）双手拇、食指套环，顺时针平行转动一圈。
（二）双手伸拇指，上下交替动两下。

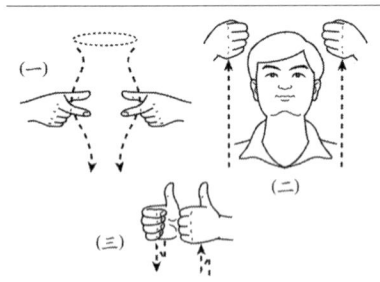

锦标赛 jǐnbiāosài
（一）双手拇、食指成大圆形，虎口朝上，从上向下做曲线形移动，仿奖杯的形状。
（二）双手虚握，虎口朝上，向上举起，如举奖杯状。
（三）双手伸拇指，上下交替动两下。

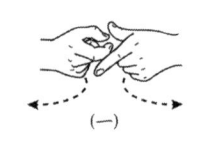

公开赛 gōngkāisài
（一）双手拇、食指先搭成"公"字形，虎口朝上，然后向前方两侧做弧形移动。
（二）双手伸拇指，上下交替动两下。

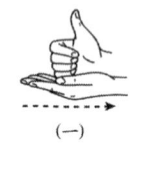

邀请赛 yāoqǐngsài
（一）左手平伸；右手伸拇指，置于左手掌心上，双手同时向内移动。
（二）双手伸拇指，上下交替动两下。

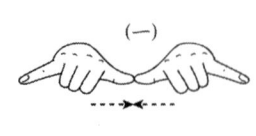

对抗赛 duìkàngsài
（一）双手伸拇、小指，拇指尖左右相对，手背向上，用力对顶一下。
（二）双手伸拇指，上下交替动两下。

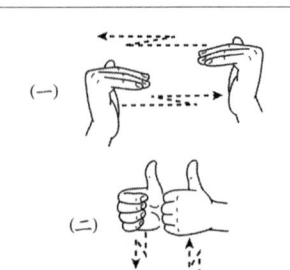

通讯赛 tōngxùnsài
（一）双手五指与手掌成"⌐ ¬"形，交错移动两下，表示彼此通讯往来。
（二）双手伸拇指，上下交替动两下。

一、一般词汇　17

巡回赛　xúnhuísài
（一）一手伸拇、小指，指尖朝前，先从内向外移动，再转腕，指尖朝内，从外向内移动。
（二）双手伸拇指，上下交替动两下。

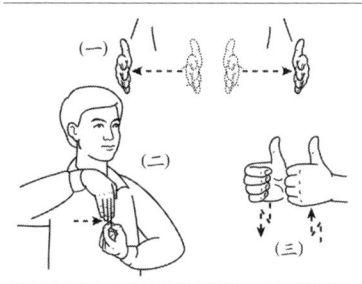

大奖赛　dàjiǎngsài
（一）双手侧立，掌心相对，同时向两侧移动，幅度要大些。
（二）左手拇、食指捏成圆形，虎口朝外，置于胸部正中；右手五指并拢，指尖朝下，抵于左手圆形上端，然后双手同时向外移动一下。
（三）双手伸拇指，上下交替动两下。

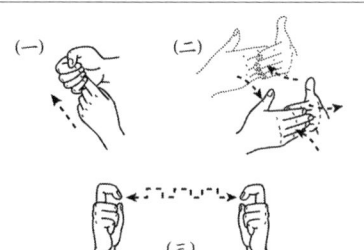

申办城市　shēnbàn chéngshì
（一）右手握住左手食指，向前上方移动一下。
（二）双手横立，掌心向内，互拍手背。
（三）双手食指直立，指面相对，从中间向两侧弯动，仿城墙"⌐⌐⌐⌐-"形。

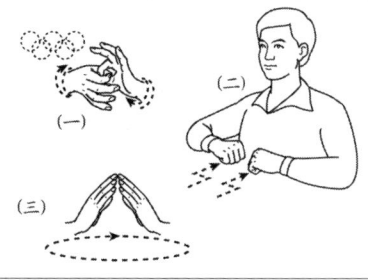

奥运村　Àoyùncūn
（一）双手拇、食指套环，其他三指微曲，向右侧微移，边转腕边做一次套环动作，然后向下微移，再边转腕边做一次套环动作。
（二）双手握拳屈肘，手背向上，虎口朝内，用力向后移动两下。
（三）双手搭成"∧"形，顺时针平行转动一圈。

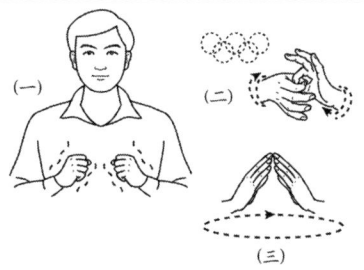

冬奥村　Dōng'àocūn
（一）双手握拳屈肘，小臂颤动几下，如哆嗦状。
（二）双手拇、食指套环，其他三指微曲，向右侧微移，边转腕边做一次套环动作，然后向下微移，再边转腕边做一次套环动作。
（三）双手搭成"∧"形，顺时针平行转动一圈。

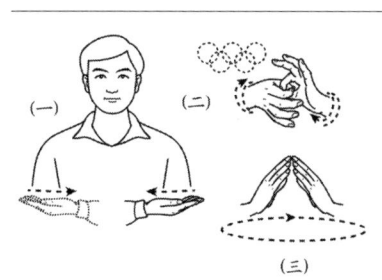

残奥村　Cán'àocūn
（一）双手横伸，掌心向上，交替在对侧上臂划一下，表示肢体不健全。
（二）双手拇、食指套环，其他三指微曲，向右侧微移，边转腕边做一次套环动作，然后向下微移，再边转腕边做一次套环动作。
（三）双手搭成"∧"形，顺时针平行转动一圈。

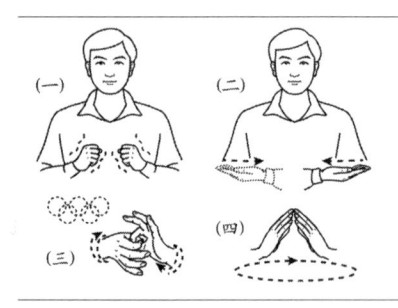

冬残奥村 Dōngcán'àocūn

（一）双手握拳屈肘，小臂颤动几下，如哆嗦状。
（二）双手横伸，掌心向上，交替在对侧上臂划一下，表示肢体不健全。
（三）双手拇、食指套环，其他三指微曲，向右侧微移，边转腕边做一次套环动作，然后向下微移，再边转腕边做一次套环动作。
（四）双手搭成"∧"形，顺时针平行转动一圈。

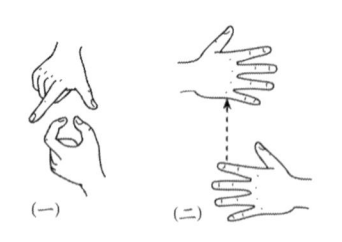

公寓 gōngyù

（一）双手拇、食指搭成"公"字形，虎口朝外。
（二）双手横立，手背向外，五指张开，左手在下不动，右手向上移动。

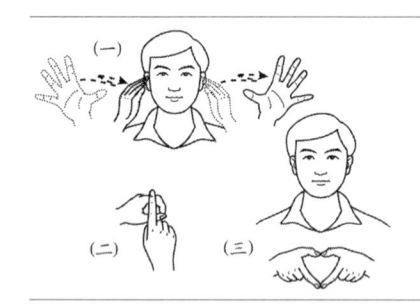

信息中心 xìnxī zhōngxīn

（一）左手五指撮合，指尖抵于左耳，右手五指张开，掌心向外，然后左手向左移动并张开，掌心向外，右手同时向右耳移动并撮合，指尖抵于右耳，双手重复一次。
（二）左手拇、食指与右手食指搭成"中"字形。
（三）双手拇、食指张开仿"♡"形，手背向外，置于胸部。

新闻中心 xīnwén zhōngxīn

（一）左手横伸；右手伸拇指，在左手背上从左向右划出。
（二）左手五指撮合，指尖抵于左耳，右手五指张开，掌心向外，然后左手向左移动并张开，掌心向外，右手同时向右耳移动并撮合，指尖抵于右耳，双手重复一次。
（三）左手拇、食指与右手食指搭成"中"字形。
（四）双手拇、食指张开仿"♡"形，手背向外，置于胸部。

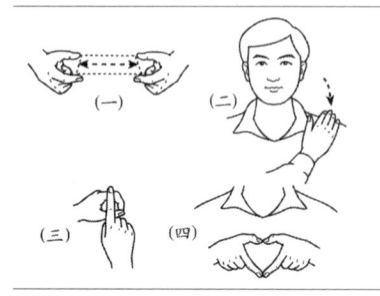

票务中心 piàowù zhōngxīn

（一）双手拇、食指张开，指尖相对，虎口朝上，从中间向两侧移动。
（二）右手拍一下左肩。
（三）左手拇、食指与右手食指搭成"中"字形。
（四）双手拇、食指张开仿"♡"形，手背向外，置于胸部。

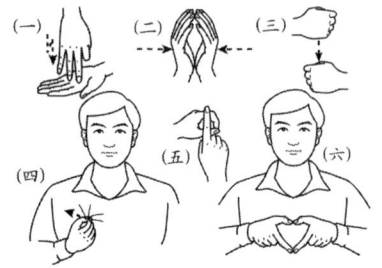

注册和制服中心 zhùcè hé zhìfú zhōngxīn

（一）左手横伸；右手伸中、无名、小指，指尖朝下，在左手掌心上点两下。
（二）双手直立，掌心左右相对，五指微曲，从两侧向中间移动。
（三）双手握拳，一上一下，右拳向下砸一下左拳。
（四）一手拇、食指揪一下胸前衣服。
（五）左手拇、食指与右手食指搭成"中"字形。
（六）双手拇、食指张开仿"♡"形，手背向外，置于胸部。

一、一般词汇　19

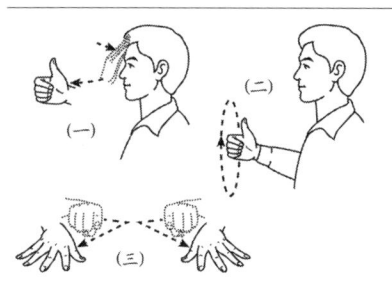

吉祥物　jíxiángwù
（一）一手拍一下前额，然后边向前下方移动边伸出拇指。
（二）一手伸拇指，在胸前从上向下顺时针转动一圈。
（三）双手食指指尖朝前，手背向上，先互碰一下，再分开并张开五指。

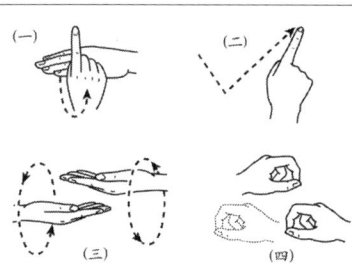

特许商品　tèxǔ shāngpǐn
（一）左手横伸，手背向上；右手伸食指，从左手小指外侧向上伸出。
（二）一手伸食指，指尖朝前，划"√"形。
（三）双手横伸，掌心向上，前后交替转动两下。
（四）双手拇、食指捏成圆形，虎口朝内，左手在上不动，右手在下连打两下，仿"品"字形。

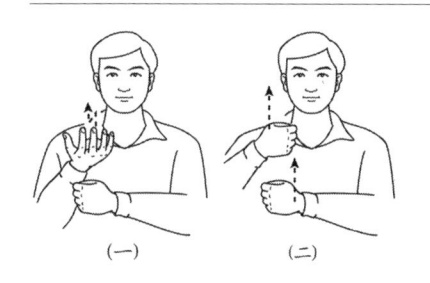

火炬①（火炬手）　huǒjù ①（huǒjùshǒu）
（一）左手虚握，虎口朝上，置于右胸前；右手五指弯曲，指尖朝上，在左手上随意向上撩动几下，表示火焰。
（二）双手虚握，虎口朝上，一上一下，在右胸前向上一举，表示手持的火炬。
（可根据实际表示手持火炬的动作）

火炬②　huǒjù ②
双手五指弯曲张开，掌心向上，右手在左手上方边五指交替点动边上下撩动，表示运动会主场矗立的火炬。

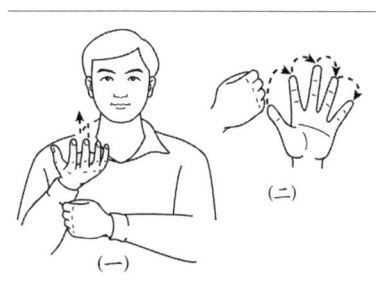

火炬传递　huǒjù chuándì
（一）左手虚握，虎口朝上，置于右胸前；右手五指弯曲，指尖朝上，在左手上随意向上撩动几下，表示火焰。
（二）左手五指张开，掌心向右；右手虚握，虎口朝上，自左手拇指依次移向小指，表示火炬交接传递。

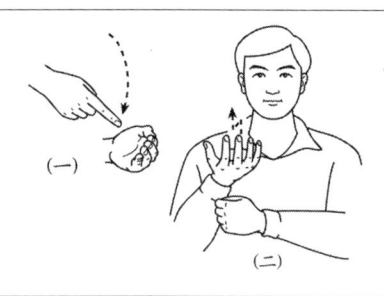

圣火采集（火种采集）　shènghuǒ cǎijí（huǒzhǒng cǎijí）
（一）左手五指并拢弯曲，掌心向右上方；右手食指直立，然后向左手掌心做弧形移动，表示将采集火种的火炬置于凹面镜处。
（二）左手虚握，虎口朝上，置于右胸前；右手五指弯曲，指尖朝上，在左手上随意向上撩动几下，表示火焰。

开幕式　kāimùshì

（一）双手并排直立，掌心向外，然后从中间向两侧移动，如幕布拉开。

（二）一手拇、食指张开，指尖朝前，向一侧移动一下。

闭幕式　bìmùshì

（一）双手直立，掌心向外，从两侧向中间移动并互碰。

（二）一手拇、食指张开，指尖朝前，向一侧移动一下。

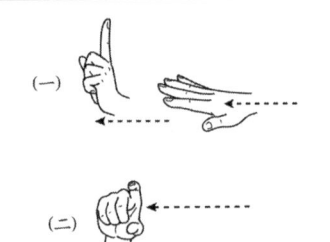

入场式　rùchǎngshì

（一）左手食指直立，手背向内，表示旗手；右手平伸，手背向上，五指张开，置于左手后，表示运动员等人员，双手同时向前移动。

（二）一手拇、食指张开，指尖朝前，向一侧移动一下。

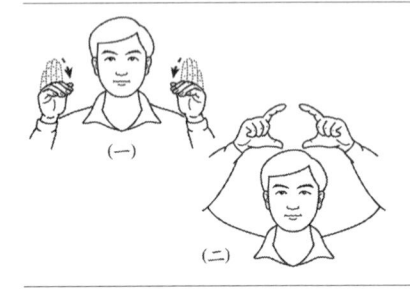

会徽①　huìhuī ①

（一）双手直立，掌心分别向左右斜前方，食、中、无名、小指弯动一下。

（二）双手拇、食指成大圆形，虎口朝内，置于头上方。

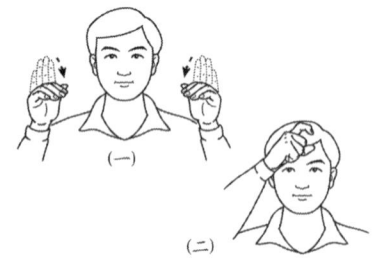

会徽②　huìhuī ②

（一）双手直立，掌心分别向左右斜前方，食、中、无名、小指弯动一下。

（二）一手拇、食指成半圆形，虎口朝内，贴于前额。

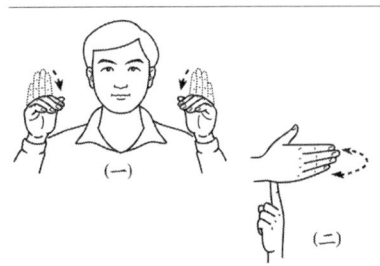

会旗　huìqí

（一）双手直立，掌心分别向左右斜前方，食、中、无名、小指弯动一下。

（二）左手食指直立；右手侧立，手腕抵于左手食指尖，左右摆动几下，如旗帜飘扬状。

会歌　huìgē 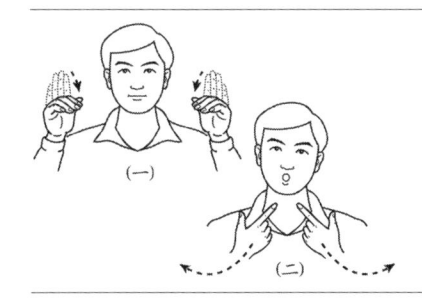
　　（一）双手直立，掌心分别向左右斜前方，食、中、无名、小指弯动一下。
　　（二）双手伸拇、食指，食指尖对着喉部，然后同时向外移出，口张开。

宣誓　xuānshì 
　　右手握拳，拳心向前，置于肩前，嘴做讲话状。
　　（可根据实际表示宣誓的动作）

会旗交接　huìqí jiāojiē 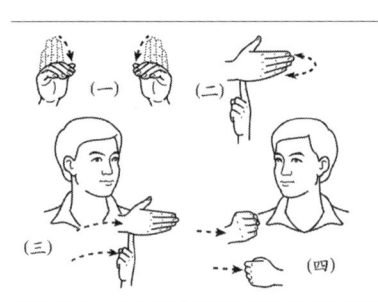
　　（一）双手直立，掌心分别向左右斜前方，食、中、无名、小指弯动一下。
　　（二）左手食指直立；右手侧立，手腕抵于左手食指尖，左右摆动几下，如旗帜飘扬状。
　　（三）头偏向左侧；左手食指直立；右手侧立，手腕抵于左手食指尖，向左前方移动一下，表示交出会旗。
　　（四）头偏向右侧；双手虚握，虎口朝上，一上一下，置于右前方，向内移动，表示接过会旗。

国家队　guójiāduì 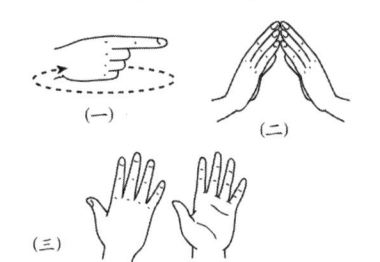
　　（一）一手打手指字母"G"的指式，顺时针平行转动一圈。
　　（二）双手搭成"∧"形。
　　（三）双手直立，五指张开，一前一后排成一列。

俱乐部队　jùlèbùduì 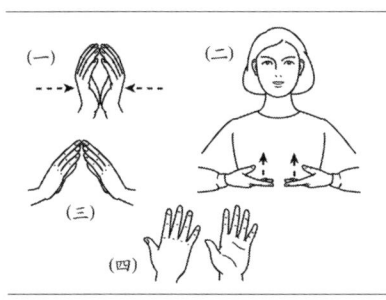
　　（一）双手直立，掌心左右相对，五指微曲，从两侧向中间移动。
　　（二）双手横伸，掌心向上，在胸前同时向上移动一下，面带笑容。
　　（三）双手搭成"∧"形。
　　（四）双手直立，五指张开，一前一后排成一列。

主队　zhǔduì 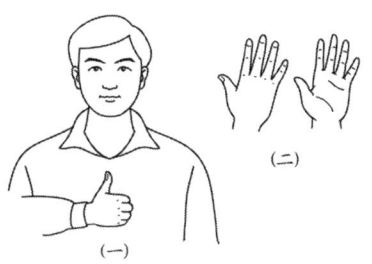
　　（一）一手伸拇指，贴于胸部。
　　（二）双手直立，五指张开，一前一后排成一列。

客队 kèduì
（一）双手平伸，掌心向上，同时向一侧移动一下。
（二）双手直立，五指张开，一前一后排成一列。

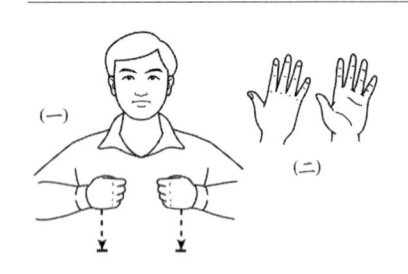

强队（劲旅） qiángduì (jìnglǚ)
（一）双手握拳屈肘，同时用力向下一顿。
（二）双手直立，五指张开，一前一后排成一列。

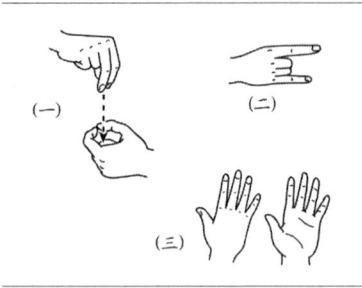

种子队 zhǒng·ziduì
（一）左手拇、食指捏成圆形，虎口朝上；右手拇、食、中指相捏，指尖朝下，插入左手虎口内。
（二）一手打手指字母"Z"的指式。
（三）双手直立，五指张开，一前一后排成一列。

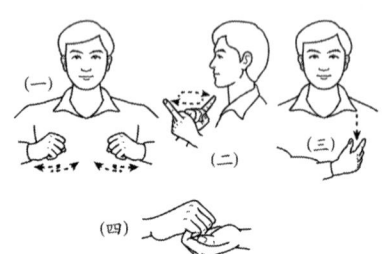

体育代表团 tǐyù dàibiǎotuán
（一）双手握拳屈肘，手背向上，在胸前做两下扩胸的动作。
（二）双手伸食指，手腕交叉相贴，然后前后转动，互换位置。
（三）右手拇、食指张开，指尖朝内，在左胸部向下划一下。
（四）双手五指弯曲，相互握住。

团长 tuánzhǎng
（一）双手五指弯曲，相互握住。
（二）一手伸拇、食、中指，拇指尖抵于前额，食、中指直立并拢。

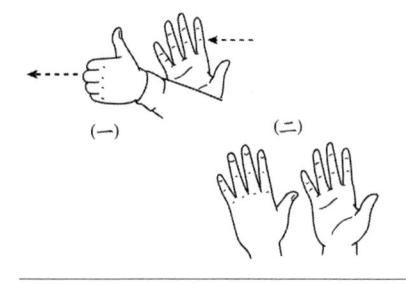

领队 lǐngduì
（一）左手伸拇指，在前；右手直立，掌心向左，五指张开，在后，双手同时向前移动。
（二）双手直立，五指张开，一前一后排成一列。

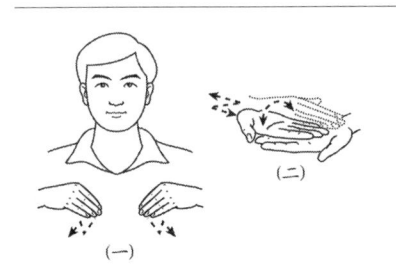

教练 jiàoliàn
（一）双手五指撮合，指尖相对，手背向外，在胸前向前晃动两下。
（二）左手横伸；右手平伸，掌心、手背在左手掌心上交替蹭一下。

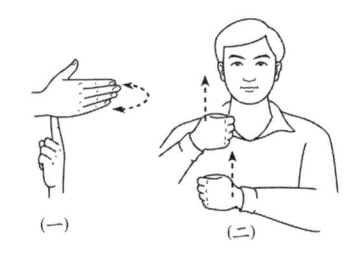

旗手 qíshǒu
（一）左手食指直立；右手侧立，手腕抵于左手食指尖，左右摆动几下，如旗帜飘扬状。
（二）双手虚握，虎口朝上，一上一下，在右胸前向上一举。

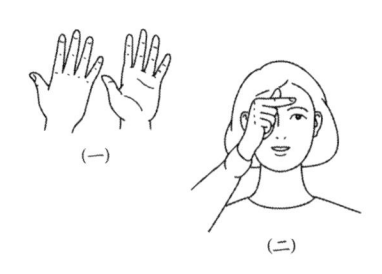

队医 duìyī
（一）双手直立，五指张开，一前一后排成一列。
（二）一手拇、食指搭成"十"字形，置于前额。

助理 zhùlǐ
双手伸拇指，左手在上不动，右手向左转动，拇指靠向左手掌心。

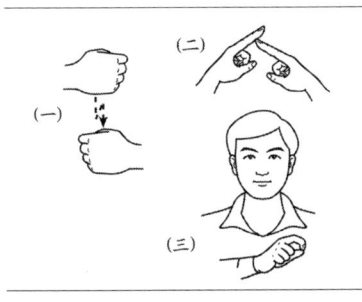

工作人员 gōngzuò rényuán
（一）双手握拳，一上一下，右拳向下砸两下左拳。
（二）双手食指搭成"人"字形。
（三）右手拇、食指捏成圆形，虎口朝内，贴于左胸部。

运动员 yùndòngyuán
（一）双手握拳屈肘，手背向上，虎口朝内，用力向后移动两下。
（二）右手拇、食指捏成圆形，虎口朝内，贴于左胸部。

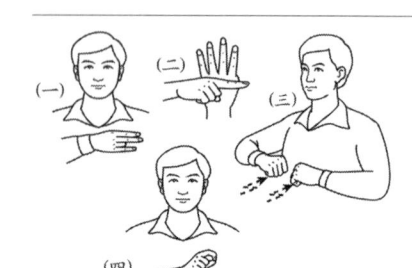

职业运动员　zhíyè yùndòngyuán
（一）右手打手指字母"ZH"的指式，贴于左胸部。
（二）左手食、中、无名、小指直立分开，手背向外；右手食指横伸，置于左手四指根部，仿"业"字形。
（三）双手握拳屈肘，手背向上，虎口朝内，用力向后移动两下。
（四）右手拇、食指捏成圆形，虎口朝内，贴于左胸部。

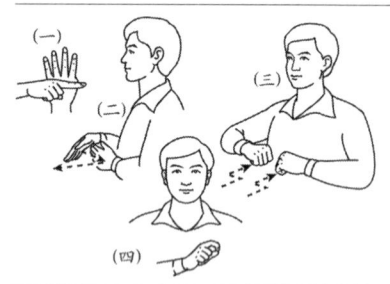

业余运动员　yèyú yùndòngyuán
（一）左手食、中、无名、小指直立分开，手背向外；右手食指横伸，置于左手四指根部，仿"业"字形。
（二）左手横立；右手拍一下左手背，然后向外移。
（三）双手握拳屈肘，手背向上，虎口朝内，用力向后移动两下。
（四）右手拇、食指捏成圆形，虎口朝内，贴于左胸部。

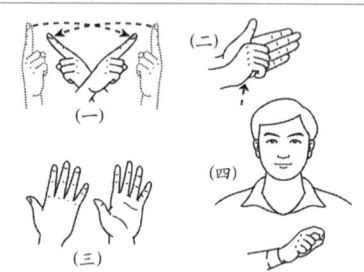

替补队员　tìbǔ duìyuán
（一）双手食指直立，然后左右交叉，互换位置。
（二）左手侧立；右手虚握，虎口朝左，贴向左手掌心。
（三）双手直立，五指张开，一前一后排成一列。
（四）右手拇、食指捏成圆形，虎口朝内，贴于左胸部。

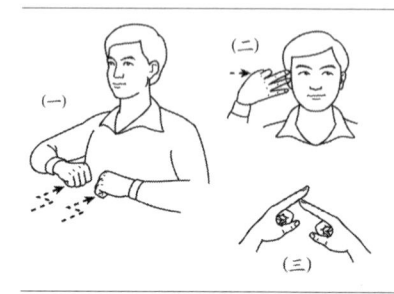

运动健将　yùndòng jiànjiàng
（一）双手握拳屈肘，手背向上，虎口朝内，用力向后移动两下。
（二）一手中、无名、小指横伸分开，指尖朝耳部点一下，手背向外，面露仰慕的表情。
（三）双手食指搭成"人"字形。

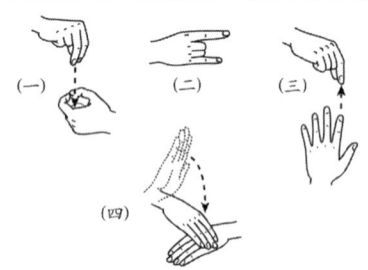

种子选手　zhǒng·zi xuǎnshǒu
（一）左手拇、食指捏成圆形，虎口朝上；右手拇、食、中指相捏，指尖朝下，插入左手虎口内。
（二）一手打手指字母"Z"的指式。
（三）左手直立，掌心向内，五指张开；右手拇、食指捏一下左手食指，然后向上移动。
（四）左手横伸，掌心向下；右手拍一下左手背。

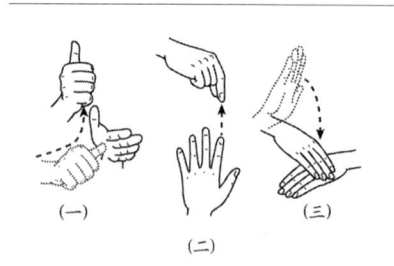

优秀选手　yōuxiù xuǎnshǒu
（一）左手侧立；右手伸拇指，边指尖顶向左手掌心边竖起。
（二）左手直立，掌心向内，五指张开；右手拇、食指捏一下左手食指，然后向上移动。
（三）左手横伸，掌心向下；右手拍一下左手背。

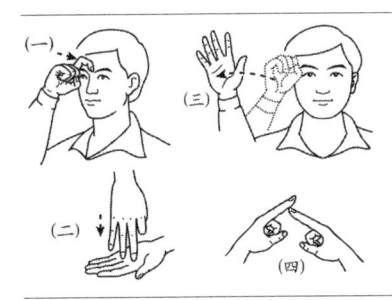

纪录创造者 jìlù chuàngzàozhě

（一）一手打手指字母"J"的指式，碰一下前额。

（二）左手横伸；右手伸中、无名、小指，指尖朝下，在左手掌心上点一下。

（三）一手握拳，虎口贴于太阳穴，然后边向前移动边张开五指。

（四）双手食指搭成"人"字形。

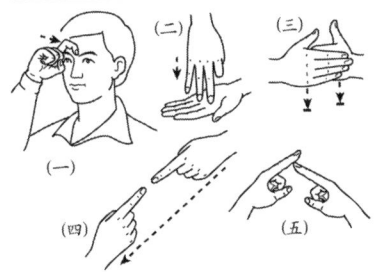

纪录保持者 jìlù bǎochízhě

（一）一手打手指字母"J"的指式，碰一下前额。

（二）左手横伸；右手伸中、无名、小指，指尖朝下，在左手掌心上点一下。

（三）左手伸拇指；右手横立，掌心向内，五指微曲，置于左手前，然后双手同时向下一顿。

（四）双手伸食指，指尖斜向相对，同时向斜下方移动。

（五）双手食指搭成"人"字形。

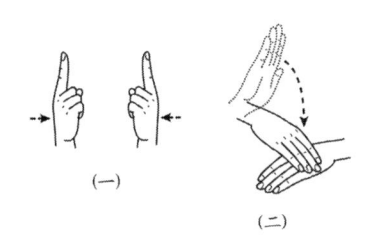

对手 duìshǒu

（一）双手食指直立，指面左右相对，从两侧向中间微移一下。

（二）左手横伸，掌心向下；右手拍一下左手背。

引导员 yǐndǎoyuán

（一）左手斜立，指尖朝右前方；右手捏住左手指尖，虎口朝上，双手同时向右前方移动。

（二）右手拇、食指捏成圆形，虎口朝内，贴于左胸部。

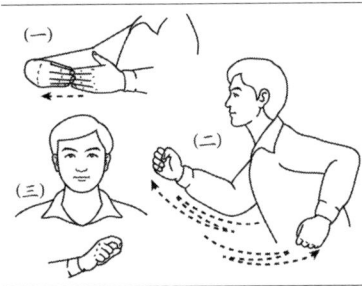

领跑员 lǐngpǎoyuán

（一）左手斜立，指尖朝右前方；右手捏住左手指尖，虎口朝上，双手同时向右前方移动。

（二）双手握拳屈肘，前后交替摆动两下，如跑步状。

（三）右手拇、食指捏成圆形，虎口朝内，贴于左胸部。

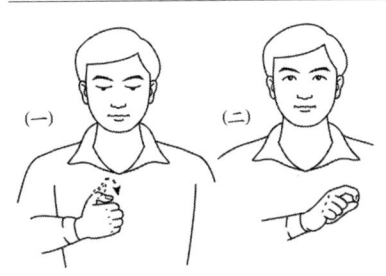

计时员 jìshíyuán

（一）一手虚握，拇指向下做按秒表的动作，眼睛注视手的动作。

（二）右手拇、食指捏成圆形，虎口朝内，贴于左胸部。

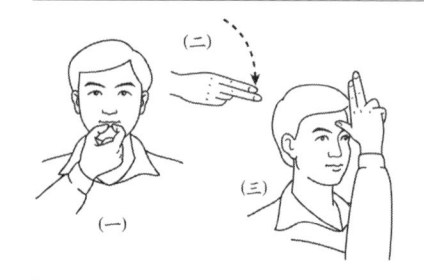

裁判长　cáipànzhǎng
（一）一手拇、食指相捏如捏哨子状，放在嘴边做吹哨子的动作。
（二）一手食、中指并拢，向下一挥。
（三）一手伸拇、食、中指，拇指尖抵于前额，食、中指直立并拢。

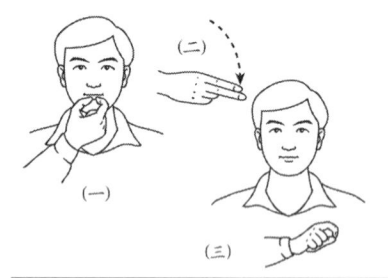

裁判员　cáipànyuán
（一）一手拇、食指相捏如捏哨子状，放在嘴边做吹哨子的动作。
（二）一手食、中指并拢，向下一挥。
（三）右手拇、食指捏成圆形，虎口朝内，贴于左胸部。

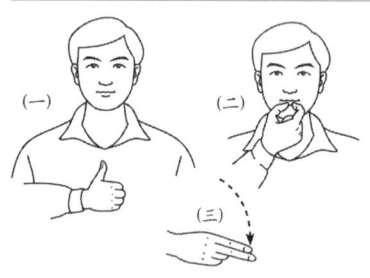

主裁判　zhǔcáipàn
（一）一手伸拇指，贴于胸部。
（二）一手拇、食指相捏如捏哨子状，放在嘴边做吹哨子的动作。
（三）一手食、中指并拢，向下一挥。

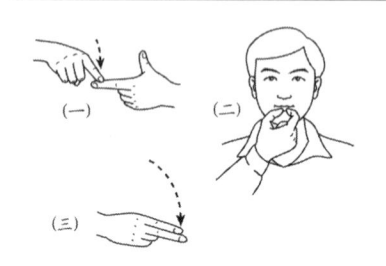

副裁判　fùcáipàn
（一）左手伸拇、食指，食指尖朝右，手背向外；右手伸食指，敲一下左手食指尖。
（二）一手拇、食指相捏如捏哨子状，放在嘴边做吹哨子的动作。
（三）一手食、中指并拢，向下一挥。

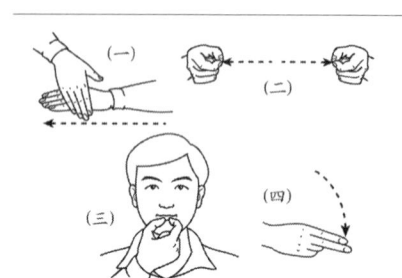

边线裁判①　biānxiàn cáipàn ①
（一）左手横伸，掌心向下；右手食、中、无名、小指并拢，指尖朝下，沿左小臂向指尖方向划动一下。
（二）双手拇、食指相捏，虎口朝上，从中间向两侧拉开。
（三）一手拇、食指相捏如捏哨子状，放在嘴边做吹哨子的动作。
（四）一手食、中指并拢，向下一挥。

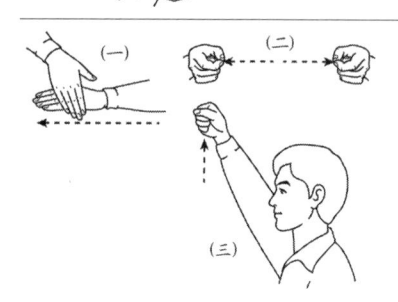

边线裁判②　biānxiàn cáipàn ②
（一）左手横伸，掌心向下；右手食、中、无名、小指并拢，指尖朝下，沿左小臂向指尖方向划动一下。
（二）双手拇、食指相捏，虎口朝上，从中间向两侧拉开。
（三）右手握拳，向上一举，表示举起裁判旗。
（可根据实际表示边线裁判举旗的动作）

一、一般词汇　27

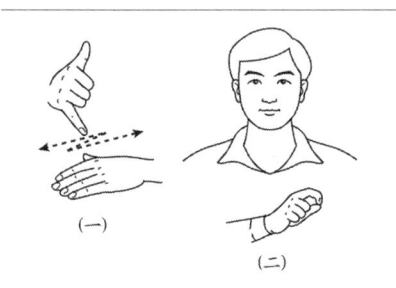

巡边员　xúnbiānyuán
（一）左手横伸，手背向上，在前，表示球场；右手伸拇、小指，指尖朝前，在后，在左手内侧左右移动两下，表示巡边。
（二）右手拇、食指捏成圆形，虎口朝内，贴于左胸部。

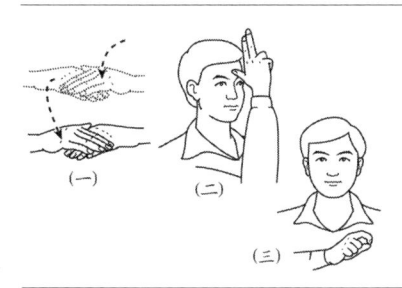

技术官员　jìshù guānyuán
（一）双手横伸，掌心向下，互拍手背。
（二）一手伸拇、食、中指，拇指尖抵于前额，食、中指直立并拢。
（三）右手拇、食指捏成圆形，虎口朝内，贴于左胸部。

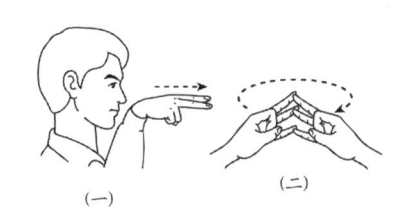

观众　guānzhòng
（一）一手食、中指分开，指尖朝前，手背向上，从眼部向前一指。
（二）双手中、无名、小指指尖斜向相抵，虎口朝上，顺时针转动一圈。

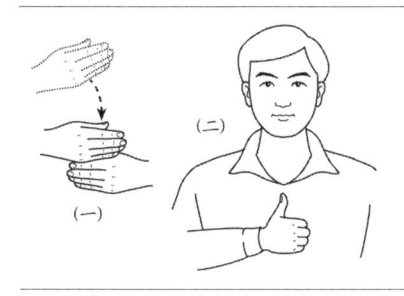

东道主　dōngdàozhǔ
（一）双手五指成"⌐⌐"形，虎口朝上，左手在下不动，右手从上向下落到左手上，表示坐庄的意思，引申为东道主。
（二）一手伸拇指，贴于胸部。

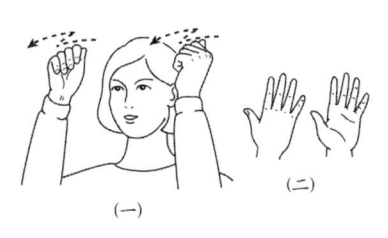

啦啦队　lālāduì
（一）双手上举，拇、食指相捏，随意向前摇动几下，面露高兴的表情，模仿啦啦队员手拿小旗助阵加油的动作。
（二）双手直立，五指张开，一前一后排成一列。

志愿者①　zhìyuànzhě ①
（一）一手打手指字母"ZH"的指式。
（二）一手拇、食指弯曲，指尖朝颏部点一下，头同时微点一下。
（三）双手食指搭成"人"字形。

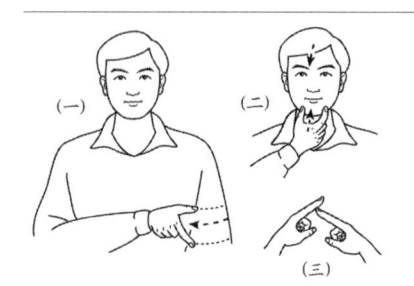

志愿者② zhìyuànzhě ②

（一）右手拇、食指张开，虎口朝外，在左臂上向右横划一下，表示志愿者佩戴的袖章。
（二）一手拇、食指弯曲，指尖朝颈部点一下，头同时微点一下。
（三）双手食指搭成"人"字形。

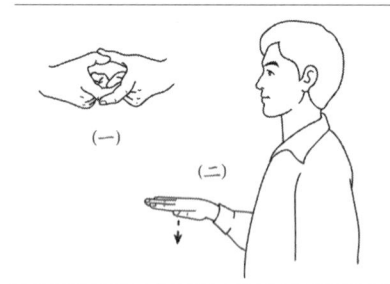

球童 qiútóng

（一）双手拇、食指搭成圆形，虎口朝上。
（二）一手平伸，掌心向下，按动一下。

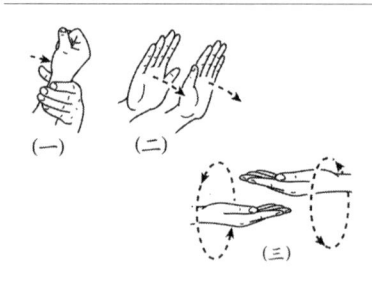

赞助商 zànzhùshāng

（一）左手五指成半圆形，虎口朝上；右手握拳，手背向外，手腕用力碰一下左手虎口，表示支持。
（二）双手斜伸，掌心向外，按动一下，表示给人帮助。
（三）双手横伸，掌心向上，前后交替转动两下。

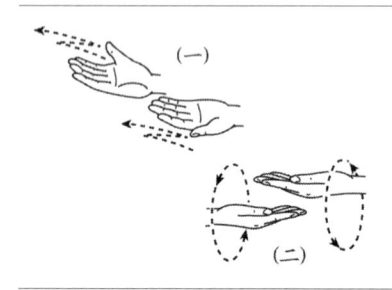

供应商 gōngyìngshāng

（一）双手平伸，掌心向上，五指微曲，一前一后，同时向前移动两下。
（二）双手横伸，掌心向上，前后交替转动两下。

3. 竞赛制度

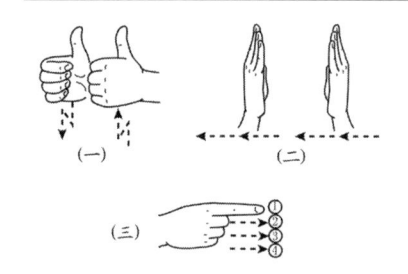

竞赛制度 jìngsài zhìdù

（一）双手伸拇指，上下交替动两下。
（二）双手直立，掌心左右相对，向一侧一顿一顿移动几下。
（三）一手握拳，手背向外，虎口朝上，依次伸出食、中、无名、小指。

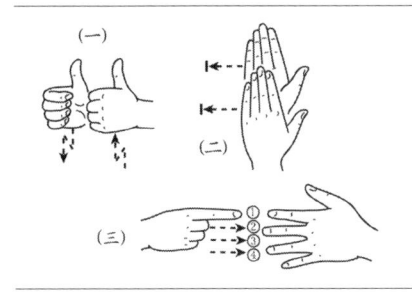

竞赛规程　jìngsài guīchéng
（一）双手伸拇指，上下交替动两下。
（二）双手直立，掌心左右相对，向前一顿。
（三）左手横立，手背向外，五指张开；右手握拳，手背向外，虎口朝上，在左手旁依次伸出食、中、无名、小指。

报名①　bàomíng①
（一）一手五指撮合，指尖朝前，置于嘴部，边向前移动边张开。
（二）左手中、无名、小指横伸分开，掌心向内；右手伸食指，自左手中指尖向下划动。

登记（注册、报名②）　dēngjì (zhùcè、bàomíng②)
左手横伸；右手伸中、无名、小指，指尖朝下，在左手掌心上点两下。

检录　jiǎnlù
（一）双手拇、食、中指相捏，指尖朝下，上下交替动两下。
（二）左手横伸；右手伸中、无名、小指，指尖朝下，在左手掌心上点一下。

抽签　chōuqiān
左手五指成半圆形，虎口朝上；右手五指张开，指尖朝下，先在左手虎口内转动两下，然后撮合，向上一提。

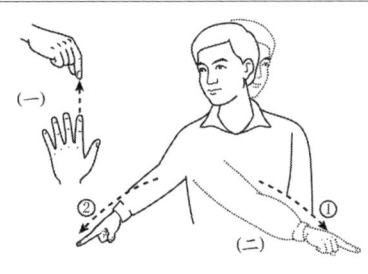

挑边①　tiāobiān①
（一）左手直立，掌心向内，五指张开；右手拇、食指捏一下左手食指，然后向上移动。
（二）一手伸食指，先向左边一指，再向右边一指，头随之移动。
（此手势表示选择哪边的比赛场地）

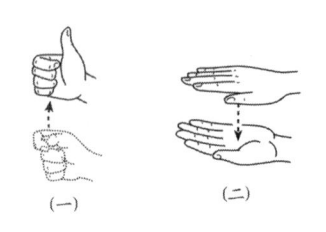

挑边② tiāobiān ②

（一）一手拇、食指相捏，然后拇指用力向上弹起，表示将硬币弹向高处，头同时上抬。

（二）双手平伸，掌心相对，左手在下不动，右手向下拍向左手。

（此手势表示体育比赛前抛钱币猜正反面的挑边动作）

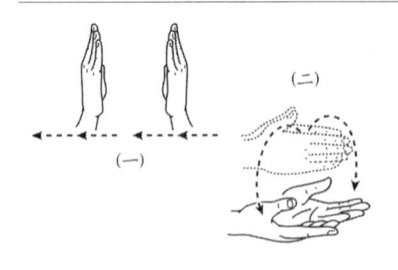

秩序册 zhìxùcè

（一）双手直立，掌心左右相对，向一侧一顿一顿移动几下。

（二）双手侧立，掌心相贴，然后向两侧打开。

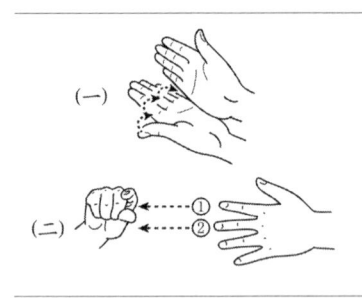

项目 xiàngmù

（一）左手平伸；右手斜立于左手掌心上，然后向右一顿一顿做弧形移动。

（二）左手横立，手背向外，五指张开；右手拇、食指张开，指尖朝前，在左手旁从上向下依次向右划动两下。

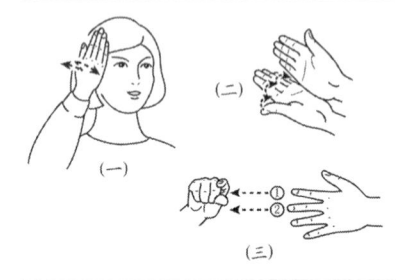

男子项目 nánzǐ xiàngmù

（一）一手直立，掌心贴于头一侧，前后移动两下。

（二）左手平伸；右手斜立于左手掌心上，然后向右一顿一顿做弧形移动。

（三）左手横立，手背向外，五指张开；右手拇、食指张开，指尖朝前，在左手旁从上向下依次向右划动两下。

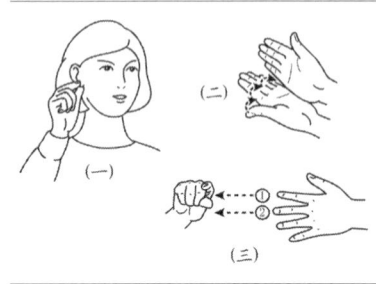

女子项目 nǚzǐ xiàngmù

（一）一手拇、食指捏一下耳垂。

（二）左手平伸；右手斜立于左手掌心上，然后向右一顿一顿做弧形移动。

（三）左手横立，手背向外，五指张开；右手拇、食指张开，指尖朝前，在左手旁从上向下依次向右划动两下。

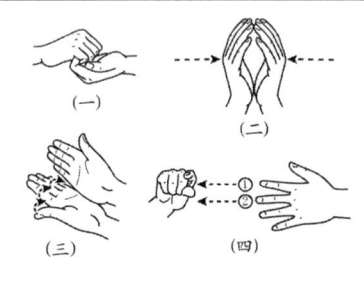

团体项目 tuántǐ xiàngmù

（一）双手五指弯曲，相互握住。

（二）双手直立，掌心左右相对，五指微曲，从两侧向中间移动。

（三）左手平伸；右手斜立于左手掌心上，然后向右一顿一顿做弧形移动。

（四）左手横立，手背向外，五指张开；右手拇、食指张开，指尖朝前，在左手旁从上向下依次向右划动两下。

一、一般词汇　31

全能　quánnéng
（一）双手五指微曲，指尖左右相对，然后向下做弧形移动，手腕靠拢。
（二）一手直立，掌心向外，然后食、中、无名、小指弯动一下。

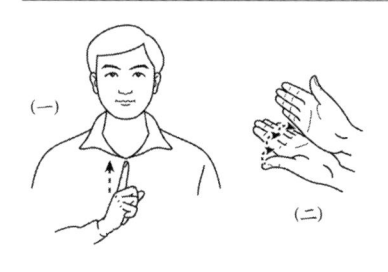

单项　dānxiàng
（一）一手食指直立，虎口贴于胸部，向上移动少许。
（二）左手平伸；右手斜立于左手掌心上，然后向右一顿一顿做弧形移动。

比赛　bǐsài
双手伸拇指，上下交替动两下。

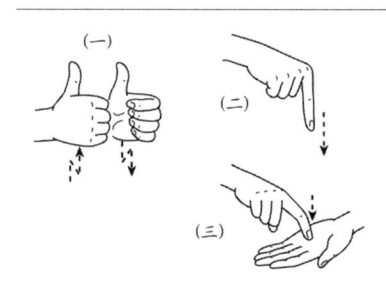

比赛地点　bǐsài dìdiǎn
（一）双手伸拇指，上下交替动两下。
（二）一手伸食指，指尖朝下一指。
（三）左手横伸；右手伸食指，指尖朝下，在左手掌心上点一下。

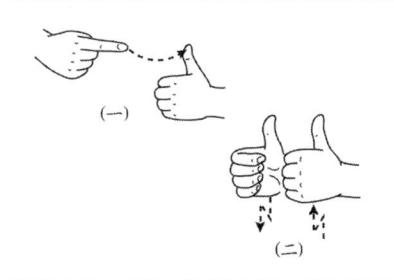

预赛　yùsài
（一）左手伸拇指；右手伸食指，碰一下左手拇指。
（二）双手伸拇指，上下交替动两下。

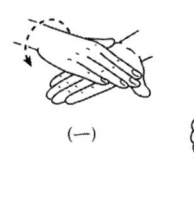

复赛　fùsài
（一）左手横伸；右手平伸，掌心向下，贴于左手掌心，然后翻转为掌心向上。
（二）双手伸拇指，上下交替动两下。

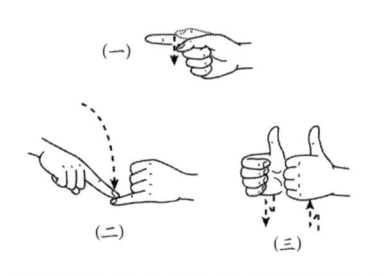

半决赛 bànjuésài

（一）一手食指横伸，手背向外，拇指在食指中部划一下。
（二）左手伸小指；右手伸食指，敲一下左手小指。
（三）双手伸拇指，上下交替动两下。

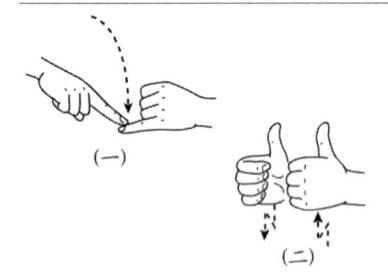

决赛 juésài

（一）左手伸小指；右手伸食指，敲一下左手小指。
（二）双手伸拇指，上下交替动两下。

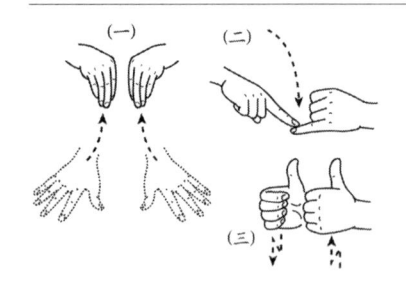

总决赛 zǒngjuésài

（一）双手五指张开，掌心向下，边向上移动边撮合，双手靠近。
（二）左手伸小指；右手伸食指，敲一下左手小指。
（三）双手伸拇指，上下交替动两下。

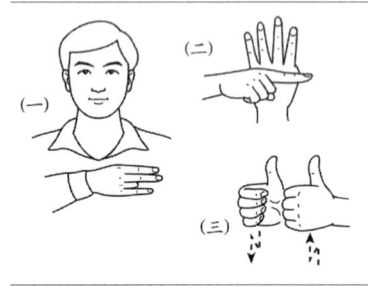

职业赛 zhíyèsài

（一）右手打手指字母"ZH"的指式，贴于左胸部。
（二）左手食、中、无名、小指直立分开，手背向外；右手食指横伸，置于左手四指根部，仿"业"字形。
（三）双手伸拇指，上下交替动两下。

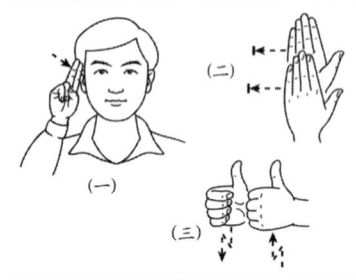

常规赛 chángguīsài

（一）一手食、中指直立并拢，掌心向外，向太阳穴碰一下。
（二）双手直立，掌心左右相对，向前一顿。
（三）双手伸拇指，上下交替动两下。

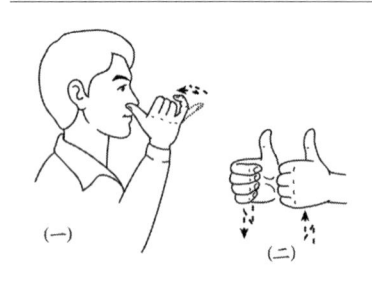

测试赛 cèshìsài

（一）一手伸拇、小指，指尖朝上，拇指置于鼻翼一侧，小指弯动两下。
（二）双手伸拇指，上下交替动两下。

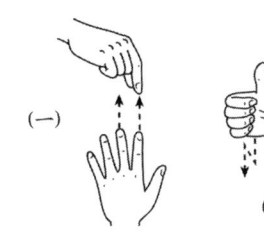

选拔赛　xuǎnbásài
（一）左手直立，掌心向内，五指张开；右手拇、食指先向上揪一下左手食指，再向上揪一下左手中指。
（二）双手伸拇指，上下交替动两下。

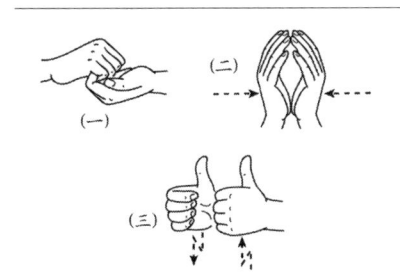

团体赛　tuántǐsài
（一）双手五指弯曲，相互握住。
（二）双手直立，掌心左右相对，五指微曲，从两侧向中间移动。
（三）双手伸拇指，上下交替动两下。

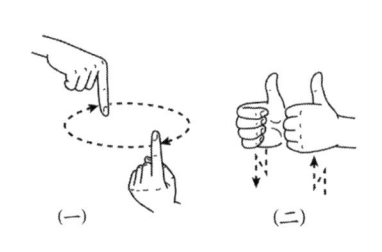

循环赛　xúnhuánsài
（一）双手伸食指，指尖上下相对，交替平行转动两圈。
（二）双手伸拇指，上下交替动两下。

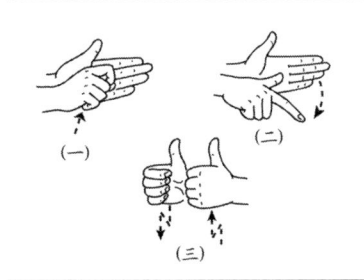

加时赛　jiāshísài
（一）左手侧立；右手拇、食指捏成圆形，虎口朝左，贴向左手掌心。
（二）左手侧立；右手伸拇、食指，拇指尖抵于左手掌心，食指向下转动。
（三）双手伸拇指，上下交替动两下。

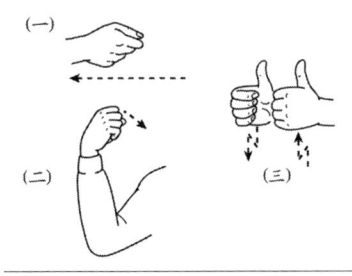

拉力赛　lālìsài
（一）一手握拳，向内拉动一下。
（二）一手握拳屈肘，用力向内弯动一下。
（三）双手伸拇指，上下交替动两下。

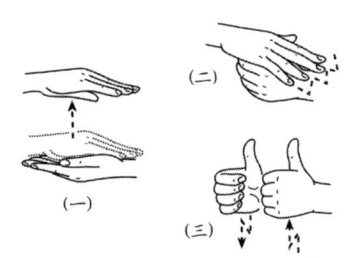

积分赛　jīfēnsài
（一）双手横伸，掌心相贴，左手在下不动，右手向上移动，表示积累的意思。
（二）左手虚握，虎口朝上；右手掌心贴于左手虎口，五指交替点动几下。
（三）双手伸拇指，上下交替动两下。

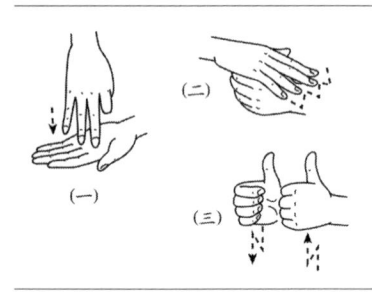

计分赛 jìfēnsài
（一）左手横伸；右手伸中、无名、小指，指尖朝下，在左手掌心上点一下。
（二）左手虚握，虎口朝上；右手掌心贴于左手虎口，五指交替点动几下。
（三）双手伸拇指，上下交替动两下。

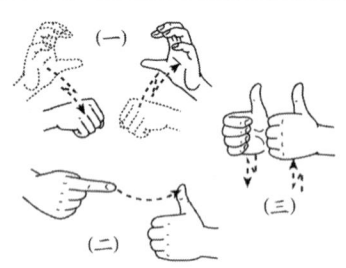

争先赛 zhēngxiānsài
（一）双手五指弯曲，掌心左右相对，然后交替向下做抓物的动作。
（二）左手伸拇指；右手伸食指，碰一下左手拇指。
（三）双手伸拇指，上下交替动两下。

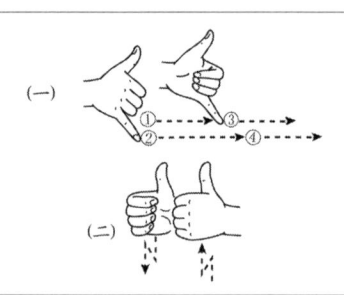

追逐赛 zhuīzhúsài
（一）双手伸拇、小指，指尖朝前，交替向前移动。
（二）双手伸拇指，上下交替动两下。

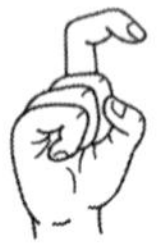

局 jú
一手打手指字母"J"的指式。
（只在教学中讲此名称时使用，表示比赛局数时打实际的数字手势）

盘 pán
一手打手指字母"P"的指式。
（只在教学中讲此名称时使用，表示比赛盘数时打实际的数字手势）

上半时 shàngbànshí
（一）一手食指直立，向上一指。
（二）一手食指横伸，手背向外，拇指在食指中部划一下。
（三）左手侧立；右手伸拇、食指，拇指尖抵于左手掌心，食指向下转动。

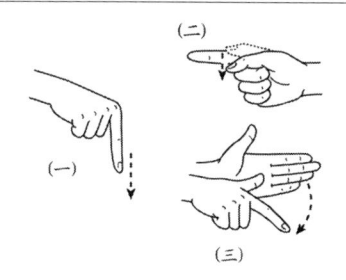

一、一般词汇　35

下半时　xiàbànshí
（一）一手伸食指，指尖朝下一指。
（二）一手食指横伸，手背向外，拇指在食指中部划一下。
（三）左手侧立；右手伸拇、食指，拇指尖抵于左手掌心，食指向下转动。

开始　kāishǐ
双手斜伸，掌心向上，同时向两侧斜上方移动。

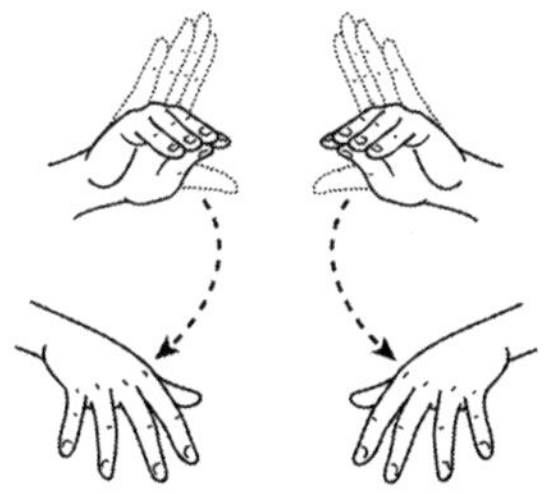

结束　jiéshù
双手（或一手）直立，掌心向斜前方，拇指张开，然后其他四指弯动与拇指捏合，再向下一甩，五指张开。

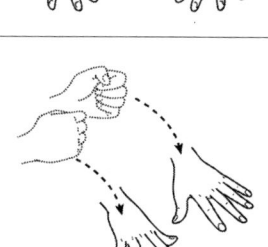

放弃　fàngqì
双手（或一手）虚握，虎口朝上，边向下移动边张开五指。

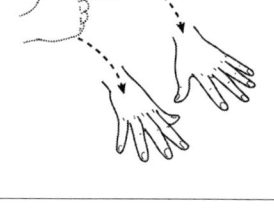

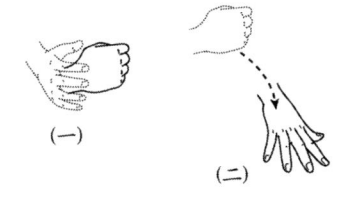

弃权　qìquán
（一）一手五指先弯曲再握拳，虎口朝上。
（二）一手握拳，虎口朝上，边向下移动边张开五指。

领先　lǐngxiān
左手伸拇指；右手平伸，掌心向上，小指边缘碰两下左手拇指。

爆冷门① bàolěngmén ①

（一）双手虚握，虎口朝上，然后迅速向上弹起并张开五指。

（二）双手握拳屈肘，小臂颤动几下，如哆嗦状。

（三）双手并排直立，掌心向外，五指并拢。

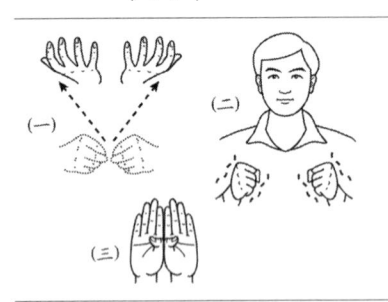

爆冷门② bàolěngmén ②

（一）双手虚握，虎口朝上，然后迅速向上弹起并张开五指。

（二）双手握拳屈肘，小臂颤动几下，如哆嗦状。

（三）双手并排直立，掌心向外，食、中、无名、小指并拢，拇指弯回。

胜利①（赢①） shènglì ①（yíng ①）

双手拇、食指相捏，虎口朝内，置于胸前，然后边向前移动边张开。

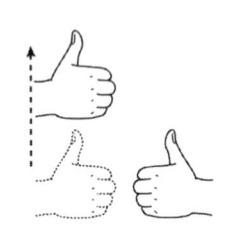

胜利②（赢②） shènglì ②（yíng ②）

双手伸拇指，手背向外，左手不动，右手向上一挑，表示两者竞赛，一方胜利。

（可根据实际决定手的位置，表示胜出一方的手要置于胜者一侧）

失败①（输①） shībài ①（shū ①）

左手横伸；右手伸拇、小指，拇指尖朝下，落至左手掌心。

失败②（输②、失利） shībài ②（shū ②、shīlì）

右手伸小指，指尖朝左，向下甩动一下，幅度要大些，表示失败。

（可根据实际决定手指的移动方向）

淘汰（出局） táotài (chūjú)
　　左手横立，掌心向内，五指张开；右手拇、中指相捏，中指弹一下左手中指。

反常（失常） fǎncháng (shīcháng)
　　（一）一手平伸，掌心向下，然后翻转为掌心向上。
　　（二）一手食、中指直立并拢，掌心向外，向太阳穴碰一下，面露失望的表情。

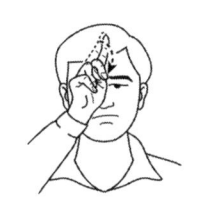

失误 shīwù
　　一手食、中指直立相叠，掌心向外，置于前额，中指向下弯动一下，面露失望的表情。

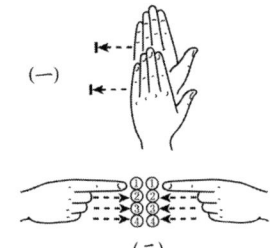

规则 guīzé
　　（一）双手直立，掌心左右相对，向前一顿。
　　（二）双手握拳，手背向外，虎口朝上，同时依次伸出食、中、无名、小指。

犯规① fànguī ①
　　一手食、中、无名、小指并拢，指尖朝前上方，然后边向前下方做弧形移动边伸出小指。

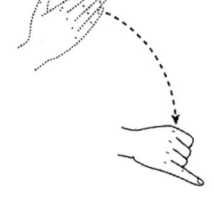

犯规② fànguī ②
　　左手握拳，虎口朝上；右手伸小指，指尖朝前，边向下砸一下左手虎口边向左移动。

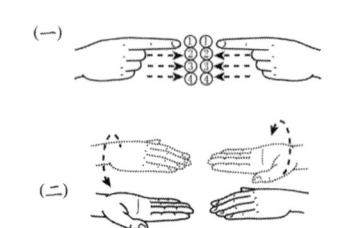

违例（违规） wéilì (wéiguī)

（一）双手握拳，手背向外，虎口朝上，同时依次伸出食、中、无名、小指。

（二）双手横伸，掌心朝向一上一下，然后同时翻转一下。

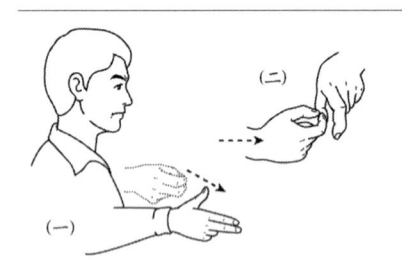

罚球 fáqiú

（一）一手拇、食、中指相捏，边向前一挥边张开，食、中指并拢，面露严肃的表情。

（二）左手拇、食指张开，指尖朝下；右手拇、食指捏成圆形，虎口朝上，移向左手虎口。

（可根据实际表示罚球的动作）

出界① chūjiè①

左手横立，手背向外；右手伸拇、小指，指尖朝前，在左手上方从内向外移动。

出界② chūjiè②

左手食指横伸，手背向外，表示边线；右手拇、食指捏成圆形，虎口朝上，从内向外移过左手食指，表示球出界。

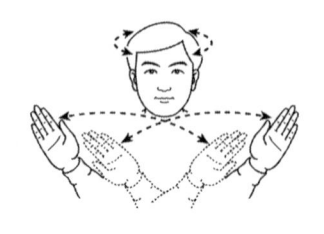

无效 wúxiào

双手五指并拢，掌心向外，左右交叉摆动两下，同时摇头。

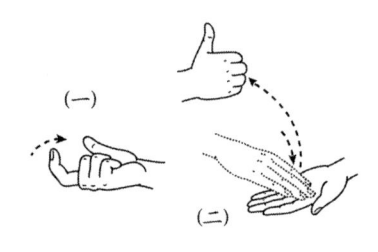

有效① yǒuxiào①

（一）一手伸拇、食指，手背向下，拇指不动，食指向内弯动一下。

（二）左手横伸，掌心向上；右手先拍一下左手掌，再伸出拇指。

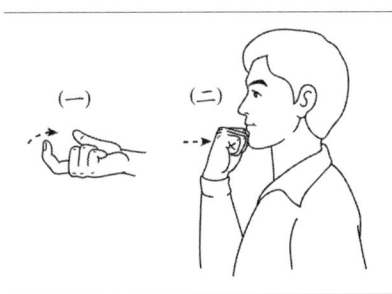

有效② yǒuxiào ②
（一）一手伸拇、食指，手背向下，拇指不动，食指向内弯动一下。
（二）一手握拳，手背向外，碰一下颏部。

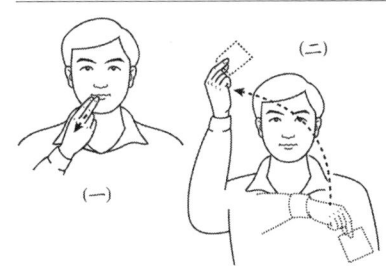

红牌 hóngpái
（一）一手打手指字母"H"的指式，摸一下嘴唇。
（二）右手拇、食指相捏，模仿从上衣口袋掏警告牌举过头顶的动作。

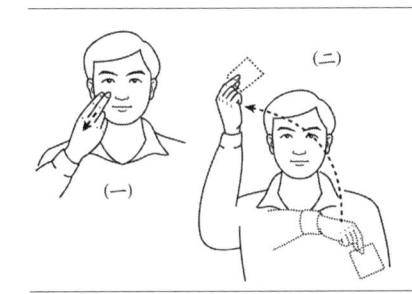

黄牌 huángpái
（一）一手打手指字母"H"的指式，摸一下脸颊。
（二）右手拇、食指相捏，模仿从上衣口袋掏警告牌举过头顶的动作。

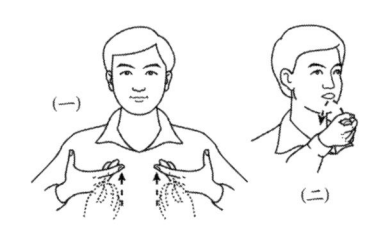

兴奋剂 xīngfènjì
（一）双手五指撮合，指尖朝上，然后边向上移动边张开。
（二）口张开，一手拇、食指捏成小圆形，从嘴部移向喉部，如吃药片状。

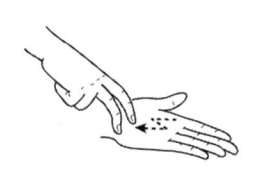

药检 yàojiǎn
左手平伸，掌心向上；右手食、中指稍分开，指尖朝下，在左手掌心上向内划动两下。
（此为国际聋人手语）

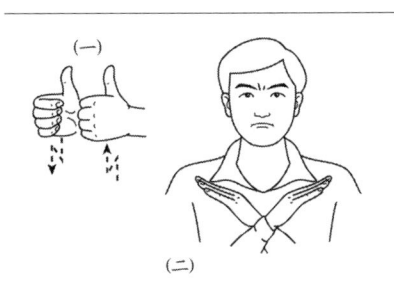

禁赛 jìnsài
（一）双手伸拇指，上下交替动两下。
（二）双手五指并拢，手腕交叉相搭成"×"形，仿"禁止"标志。

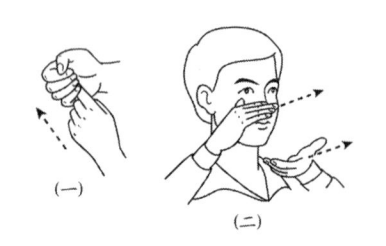

申诉 shēnsù
（一）右手握住左手食指，向前上方移动一下。
（二）双手横伸，掌心上下相对，从嘴前向前上方移出。

分数（成绩） fēnshù (chéngjì)
左手虚握，虎口朝上；右手掌心贴于左手虎口，五指交替点动几下。

比分① bǐfēn ①
双手直立，掌心向内，五指张开，交替点动几下，表示比赛双方的比分。

比分② bǐfēn ②
（一）双手伸拇指，上下交替动两下。
（二）左手虚握，虎口朝上；右手掌心贴于左手虎口，五指交替点动几下。
（此手势表示个人或比赛一方的得分）

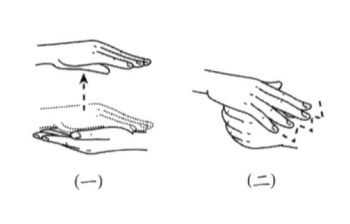

积分 jīfēn
（一）双手横伸，掌心相贴，左手在下不动，右手向上移动，表示积累的意思。
（二）左手虚握，虎口朝上；右手掌心贴于左手虎口，五指交替点动几下。

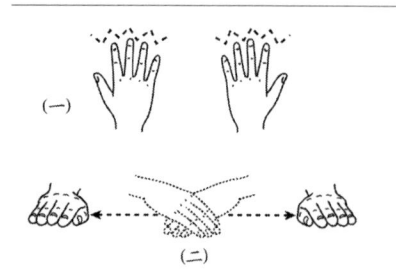

平分 píngfēn
（一）双手直立，掌心向内，五指张开，交替点动几下，表示比赛双方的比分。
（二）双手五指并拢，掌心向下，交叉相搭，然后分别向两侧移动。

一、一般词汇　41

平局 píngjú 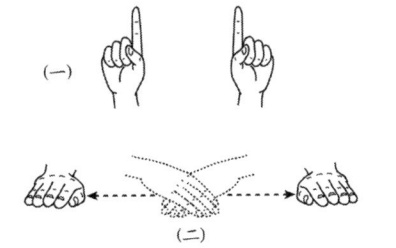
（一）双手食指直立，手背向内，表示 1∶1 平（在比赛时打实际数字的手势）。
（二）双手五指并拢，掌心向下，交叉相搭，然后分别向两侧移动。

级别 jíbié 
左手直立，掌心向右；右手平伸，掌心向下，在左手掌心上向上一顿一顿移动两下。

名次 míngcì 
左手伸拇指，置于胸前；右手横立，掌心向内，五指张开，小指尖抵于左手拇指尖，拇、食、中、无名指交替点动几下。

冠军（第一名①） guànjūn (dìyīmíng ①) 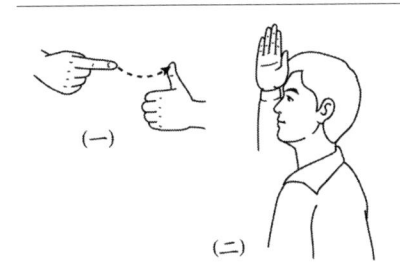
（一）左手伸拇指；右手伸食指，碰一下左手拇指。
（二）右手直立，掌心向左，置于前额。

第一名② dìyīmíng ② 
左手横伸；右手食指横伸，手背向外，碰一下左手掌心，再抬起（表示第二名时，右手食、中指横伸分开，手背向外，碰一下左手掌心，再抬起，以此类推）。

亚军（第二名） yàjūn (dì'èrmíng) 
左手伸拇指；右手食、中指横伸分开，手背向外，先碰一下左手拇指，再向上移动。

季军（第三名） jìjūn (dìsānmíng)

左手伸拇指；右手中、无名、小指横伸分开，手背向外，先碰一下左手拇指，再向上移动。

夺魁 duókuí

左手横伸；右手食指横伸，手背向外，从右侧砸向左手掌心，再抬起。

卫冕 wèimiǎn

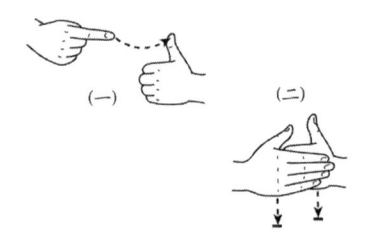

（一）左手伸拇指；右手伸食指，碰一下左手拇指。
（二）左手伸拇指；右手横立，掌心向内，五指微曲，置于左手前，然后双手同时向下一顿。

纪录 jìlù

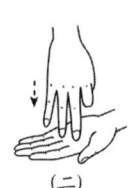

（一）一手打手指字母"J"的指式，碰一下前额。
（二）左手横伸；右手伸中、无名、小指，指尖朝下，在左手掌心上点一下。

打破纪录（破纪录） dǎpò jìlù (pòjìlù)

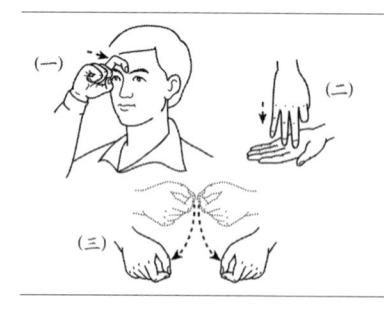

（一）一手打手指字母"J"的指式，碰一下前额。
（二）左手横伸；右手伸中、无名、小指，指尖朝下，在左手掌心上点一下。
（三）双手拇、食指相捏，虎口朝上，然后向下掰动一下。

颁奖 bānjiǎng

左手拇、食指捏成圆形，虎口朝外，置于胸部正中；右手五指并拢，指尖朝下，抵于左手圆形上端，然后双手同时向外移动一下。

一、一般词汇 43

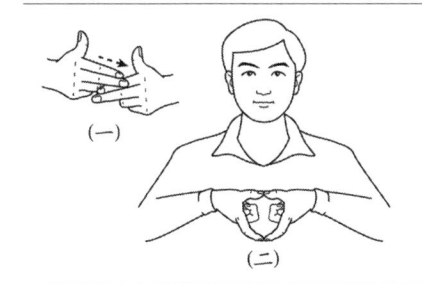

金牌 jīnpái
（一）双手伸拇、食、中指，食、中指并拢，交叉相搭，右手中指蹭一下左手食指。
（二）双手拇、食指搭成圆形，虎口朝外，置于胸前。

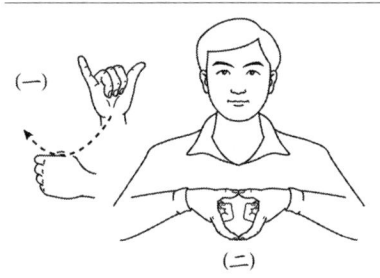

银牌 yínpái
（一）左手握拳，虎口朝上；右手打手指字母"Y"的指式，手腕砸一下左手虎口后向前移动。
（二）双手拇、食指搭成圆形，虎口朝外，置于胸前。

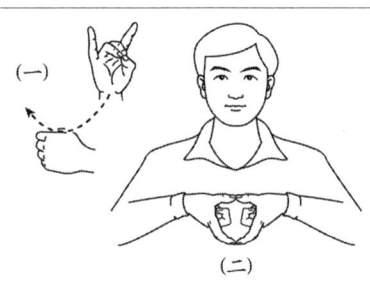

铜牌 tóngpái
（一）左手握拳，虎口朝上；右手打手指字母"T"的指式，手腕砸一下左手虎口后向前移动。
（二）双手拇、食指搭成圆形，虎口朝外，置于胸前。

4. 场地 器具

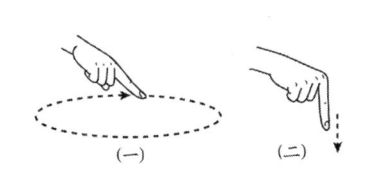

场地 chǎngdì
（一）一手伸食指，指尖朝下划一大圈。
（二）一手伸食指，指尖朝下一指。

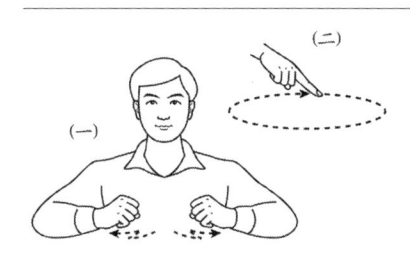

体育场（操场） tǐyùchǎng (cāochǎng)
（一）双手握拳屈肘，手背向上，在胸前做两下扩胸的动作（表示"操场"时，双手在胸前做一下扩胸的动作）。
（二）一手伸食指，指尖朝下划一大圈。

体育馆　tǐyùguǎn
（一）双手握拳屈肘，手背向上，在胸前做两下扩胸的动作。
（二）双手搭成"∧"形。

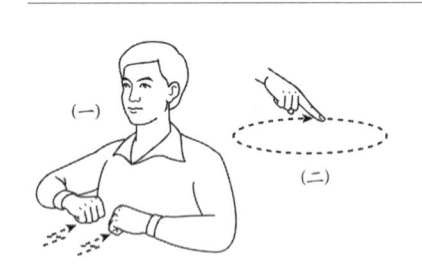

运动场　yùndòngchǎng
（一）双手握拳屈肘，手背向上，虎口朝内，用力向后移动两下。
（二）一手伸食指，指尖朝下划一大圈。

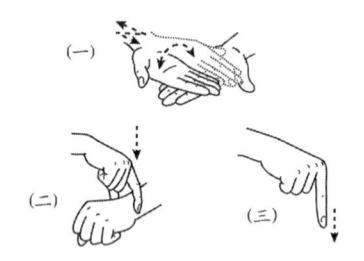

训练基地　xùnliàn jīdì
（一）左手横伸；右手平伸，掌心、手背在左手掌心上交替蹭一下。
（二）左手握拳，手背向上；右手拇、食指张开，指尖朝下，插向左手腕两侧。
（三）一手伸食指，指尖朝下一指。

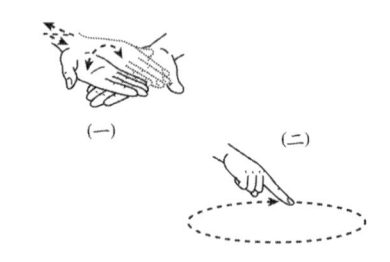

训练场　xùnliànchǎng
（一）左手横伸；右手平伸，掌心、手背在左手掌心上交替蹭一下。
（二）一手伸食指，指尖朝下划一大圈。

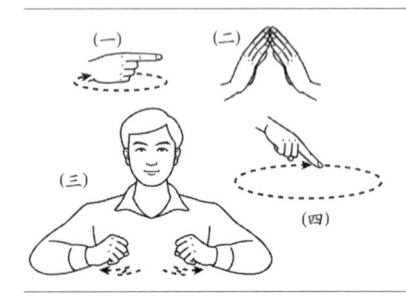

国家体育场（鸟巢①）　Guójiā Tǐyùchǎng（Niǎocháo ①）
（一）一手打手指字母"G"的指式，顺时针平行转动一圈。
（二）双手搭成"∧"形。
（三）双手握拳屈肘，手背向上，在胸前做两下扩胸的动作。
（四）一手伸食指，指尖朝下划一大圈。

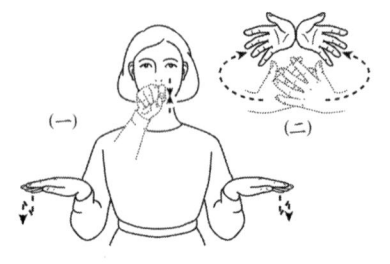

鸟巢②　Niǎocháo ②
（一）一手手背贴于嘴部，拇、食指先张开再相捏，然后双手侧伸，掌心向下，扇动几下。
（二）双手五指张开，手背向外，交叉相搭，向后做弧形移动，手腕靠拢，如鸟窝的样子。

一、一般词汇　45

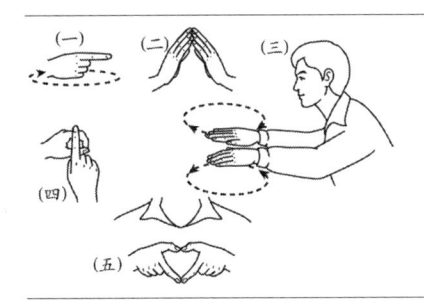

国家游泳中心（水立方①、冰立方①）
Guójiā Yóuyǒng Zhōngxīn (Shuǐlìfāng ①、Bīnglìfāng ①)

（一）一手打手指字母"G"的指式，顺时针平行转动一圈。
（二）双手搭成"∧"形。
（三）双手平伸，同时向两侧做划水的动作，重复一次，模仿游泳的动作。
（四）左手拇、食指与右手食指搭成"中"字形。
（五）双手拇、食指张开仿"♡"形，手背向外，置于胸部。

水立方②　Shuǐlìfāng ②

（一）一手伸食指，指尖贴于下嘴唇。
（二）左手横伸；右手食、中指分开，指尖朝下，立于左手掌心上。
（三）双手拇、食指搭成"囗"形。

冰立方②　Bīnglìfāng ②

（一）双手五指成"冂冂"形，虎口朝内，左右微动几下，表示结冰。
（二）左手横伸；右手食、中指分开，指尖朝下，立于左手掌心上。
（三）双手拇、食指搭成"囗"形。
（北京冬奥会时"国家游泳中心"称为"冰立方"）

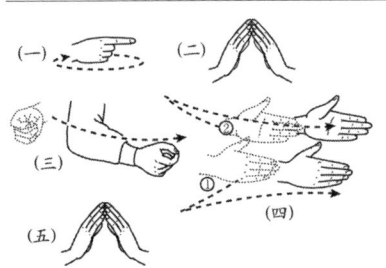

国家速滑馆（冰丝带①）　Guójiā Sùhuáguǎn (Bīngsīdài ①)

（一）一手打手指字母"G"的指式，顺时针平行转动一圈。
（二）双手搭成"∧"形。
（三）一手拇、食指捏成圆形，向一侧快速划动。
（四）双手侧立，交替向前做曲线形划动，模仿滑冰的动作。
（五）双手搭成"∧"形。

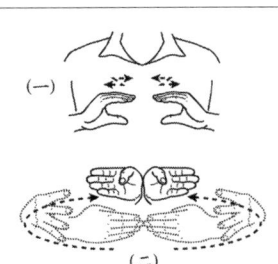

冰丝带②　Bīngsīdài ②

（一）双手五指成"冂冂"形，虎口朝内，左右微动几下，表示结冰。
（二）双手食、中、无名、小指并拢，指尖相抵，拇指弯回，手背向外，边张开边向后做弧形移动，再食、中、无名、小指并拢，掌心向外，手腕相挨。

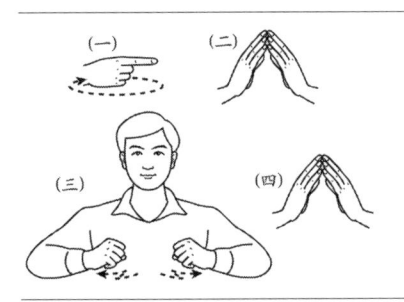

国家体育馆（冰之帆）　Guójiā Tǐyùguǎn (Bīngzhīfān)

（一）一手打手指字母"G"的指式，顺时针平行转动一圈。
（二）双手搭成"∧"形。
（三）双手握拳屈肘，手背向上，在胸前做两下扩胸的动作。
（四）双手搭成"∧"形。

奥体中心　Àotǐ Zhōngxīn

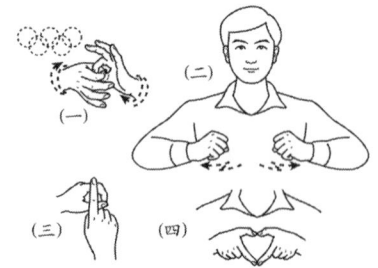

（一）双手拇、食指套环，其他三指微曲，向右侧微移，边转腕边做一次套环动作，然后向下微移，再边转腕边做一次套环动作。
（二）双手握拳屈肘，手背向上，在胸前做两下扩胸的动作。
（三）左手拇、食指与右手食指搭成"中"字形。
（四）双手拇、食指张开仿"♡"形，手背向外，置于胸部。

五棵松体育中心　Wǔkēsōng Tǐyù Zhōngxīn

（一）一手五指直立张开，掌心向外。
（二）一手打手指字母"K"的指式。
（三）双手拇、食指搭成"公"字形，虎口朝外。"公"与"松"形近，借代。
（四）双手握拳屈肘，手背向上，在胸前做两下扩胸的动作。
（五）左手拇、食指与右手食指搭成"中"字形。
（六）双手拇、食指张开仿"♡"形，手背向外，置于胸部。

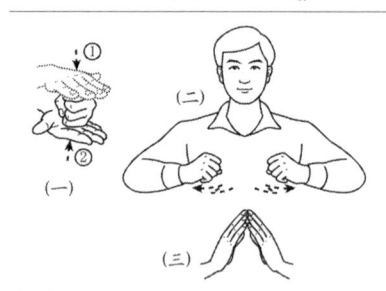

首都体育馆　Shǒudū Tǐyùguǎn

（一）左手握拳，虎口朝上；右手平伸，先拍一下左手虎口，再拍一下左手下缘。
（二）双手握拳屈肘，手背向上，在胸前做两下扩胸的动作。
（三）双手搭成"∧"形。

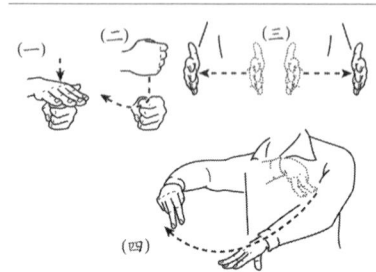

首钢滑雪大跳台（雪飞天）

Shǒugāng Huáxuě Dàtiàotái（Xuěfēitiān）

（一）左手握拳，虎口朝上；右手平伸，拍一下左手虎口。
（二）双手握拳，虎口朝上，一上一下，右拳向下砸一下左拳，再向外移动。
（三）双手侧立，掌心相对，同时向两侧移动，幅度要大些。
（四）左手向前下方斜伸，拇指尖朝下，食、中、无名、小指并拢，如高跟鞋状；右手食、中指微曲，指尖朝下，从左上臂移至左手背时两指伸直腾空。

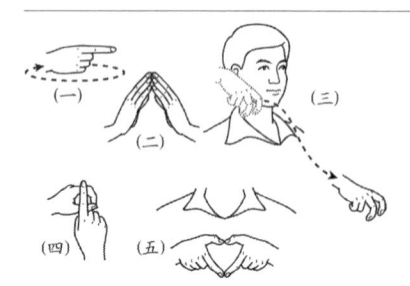

国家高山滑雪中心（雪飞燕①）

Guójiā Gāoshān Huáxuě Zhōngxīn（Xuěfēiyàn①）

（一）一手打手指字母"G"的指式，顺时针平行转动一圈。
（二）双手搭成"∧"形。
（三）一手食、中指微曲，指尖朝下，从上向前下方移动，如高山滑雪状。
（四）左手拇、食指与右手食指搭成"中"字形。
（五）双手拇、食指张开仿"♡"形，手背向外，置于胸部。

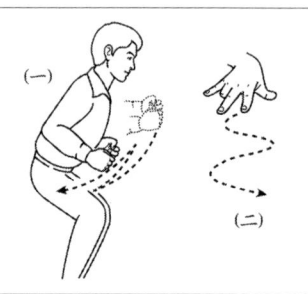

雪飞燕②　Xuěfēiyàn②

（一）身体前倾，双腿半蹲，双手握拳，置于身前并向后下方划动几下，如滑雪状。
（二）一手伸拇、食、中、小指，无名指弯回，手背向上，向前下方做曲线形移动。

一、一般词汇　47

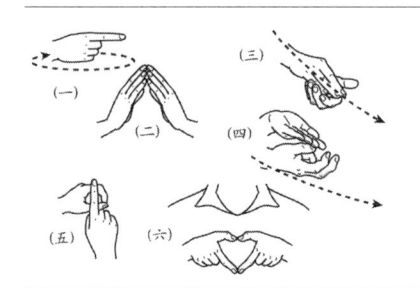

国家雪车雪橇中心（雪游龙①）
Guójiā Xuěchē Xuěqiāo Zhōngxīn（Xuěyóulóng①）

（一）一手打手指字母"G"的指式，顺时针平行转动一圈。
（二）双手搭成"∧"形。
（三）左手五指弯曲，掌心向上，虎口朝外；右手手背拱起，从左手掌心向前下方移动。
（四）左手平伸，掌心向上；右手食、中指弯曲，指尖朝上，拇、无名、小指相搭，贴于左手食、中、无名指指尖下，双手同时向前下方移动。
（五）左手拇、食指与右手食指搭成"中"字形。
（六）双手拇、食指张开仿"♡"形，手背向外，置于胸部。

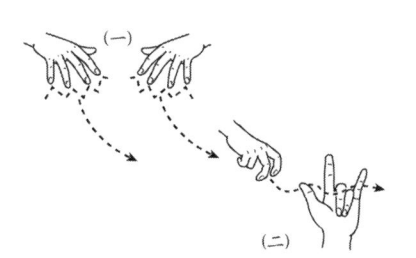

雪游龙②　Xuěyóulóng②

（一）双手平伸，掌心向下，五指张开，边交替点动边向斜下方缓慢下降，如雪花飘落状。
（二）左手拇、食、小指直立，手背向左；右手食、中指弯曲，指尖朝下，从后绕左手拇、食、小指向前移动。

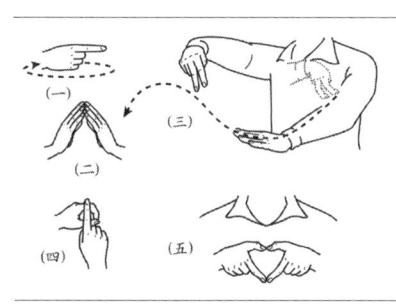

国家跳台滑雪中心（雪如意①、冰玉环①）
Guójiā Tiàotái Huáxuě Zhōngxīn（Xuěrúyì①、Bīngyùhuán①）

（一）一手打手指字母"G"的指式，顺时针平行转动一圈。
（二）双手搭成"∧"形。
（三）左臂斜伸，左手平伸，手背向上，五指并拢；右手食、中指微曲，指尖朝下，从左上臂移至左手背时两指伸直腾空，并向前下方移动。
（四）左手拇、食指与右手食指搭成"中"字形。
（五）双手拇、食指张开仿"♡"形，手背向外，置于胸部。

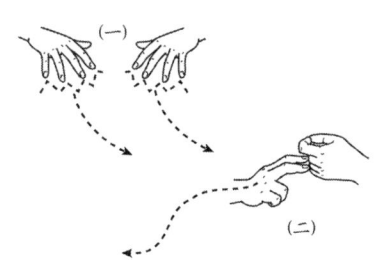

雪如意②　Xuěrúyì②

（一）双手平伸，掌心向下，五指张开，边交替点动边向斜下方缓慢下降，如雪花飘落状。
（二）左手拇、食指捏成圆形，虎口朝上；右手食、中指微曲分开，手背向上，从左手指背处向右下方做曲线形移动，仿雪如意滑道的形状。

冰玉环②　Bīngyùhuán②

（一）双手五指成"⊏⊐"形，虎口朝内，左右微动几下，表示结冰。
（二）双手五指成半圆形，掌心向外，同时从后向前做弧形移动，小指相挨。

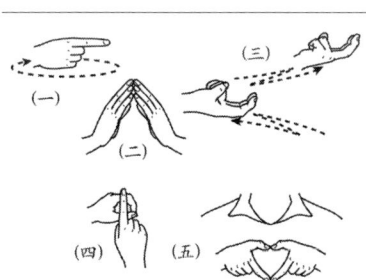

国家越野滑雪中心　Guójiā Yuèyě Huáxuě Zhōngxīn

（一）一手打手指字母"G"的指式，顺时针平行转动一圈。
（二）双手搭成"∧"形。
（三）双手食、中指弯曲，指尖朝上，一前一后，交替向两侧斜前方划动两下。
（四）左手拇、食指与右手食指搭成"中"字形。
（五）双手拇、食指张开仿"♡"形，手背向外，置于胸部。

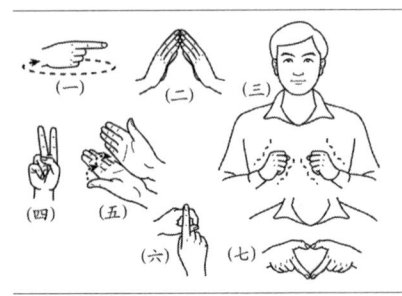

国家冬季两项中心　Guójiā Dōngjì Liǎngxiàng Zhōngxīn
（一）一手打手指字母"G"的指式，顺时针平行转动一圈。
（二）双手搭成"∧"形。
（三）双手握拳屈肘，小臂颤动几下，如哆嗦状。
（四）一手食、中指直立分开，掌心向外。
（五）左手平伸；右手斜立于左手掌心上，然后向右一顿一顿做弧形移动。
（六）左手拇、食指与右手食指搭成"中"字形。
（七）双手拇、食指张开仿"♡"形，手背向外，置于胸部。

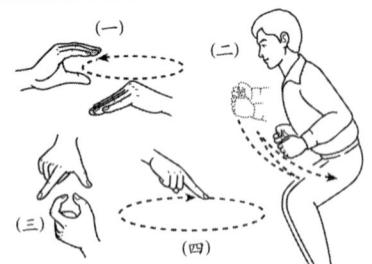

云顶滑雪公园　Yúndǐng Huáxuě Gōngyuán
（一）左手手背拱起；右手五指成"⊐"形，虎口朝内，在左手上方平行转动一下。
（二）身体前倾，双腿半蹲，双手握拳，置于身前并向后下方划动几下，如滑雪状。
（三）双手拇、食指搭成"公"字形，虎口朝外。
（四）一手伸食指，指尖朝下划一大圈。

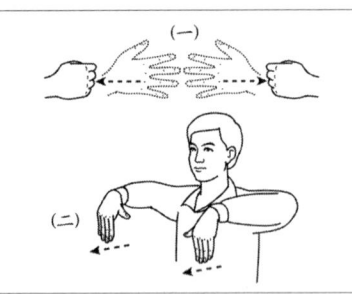

接驳车①　jiēbóchē ①
（一）双手横立，掌心向内，五指张开，然后边从中间向两侧移动边握拳。
（二）双手垂立，掌心向内，从后向前移动，表示巴士汽车的反光镜。

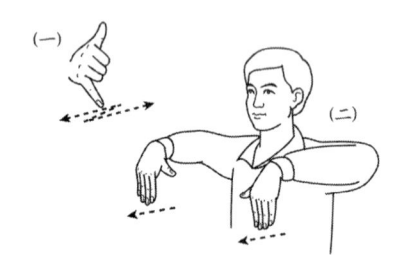

接驳车②　jiēbóchē ②
（一）一手伸拇、小指，指尖朝前，左右移动两下。
（二）双手垂立，掌心向内，从后向前移动，表示巴士汽车的反光镜。

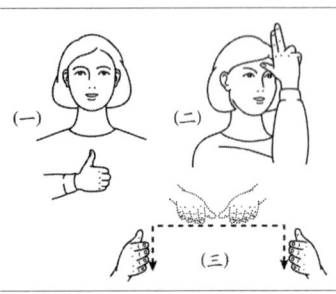

主席台　zhǔxítái
（一）一手伸拇指，贴于胸部。
（二）一手伸拇、食、中指，拇指尖抵于前额，食、中指直立并拢。
（三）双手平伸，掌心向下，先从中间向两侧平移，再折而下移成"⊓"形，如桌子状。

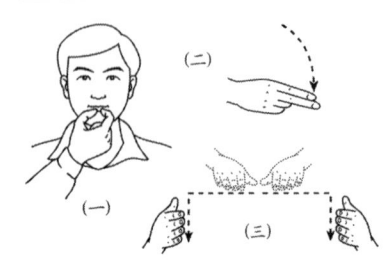

裁判台　cáipàntái
（一）一手拇、食指相捏如捏哨子状，放在嘴边做吹哨子的动作。
（二）一手食、中指并拢，向下一挥。
（三）双手平伸，掌心向下，先从中间向两侧平移，再折而下移成"⊓"形，如桌子状。
（可根据实际表示裁判台的形状）

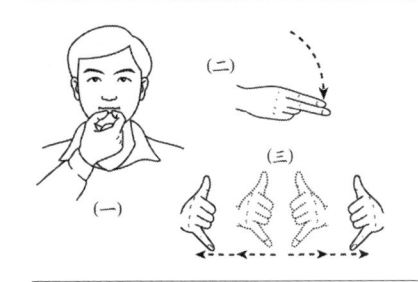

裁判席　cáipànxí

（一）一手拇、食指相捏如捏哨子状，放在嘴边做吹哨子的动作。
（二）一手食、中指并拢，向下一挥。
（三）双手伸拇、小指，指尖朝前，从中间向两侧一顿一顿移动几下。

显示屏　xiǎnshìpíng

左手拇、食指成"⌐"形，虎口朝内；右手横立，手背向外，五指张开，在左手旁上下晃动几下，表示屏幕上显示的内容。

秒表　miǎobiǎo

一手虚握，拇指向下做按秒表的动作，眼睛注视手的动作。

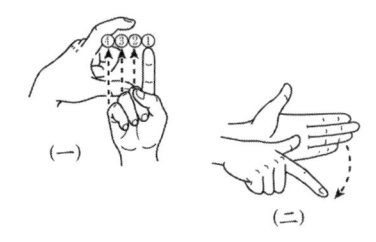

计时器　jìshíqì

（一）左手拇、食指成"⌐"形，虎口朝内；右手在左手"⌐"形内依次打数字"1、2、3、4"的手势。
（二）左手侧立；右手伸拇、食指，拇指尖抵于左手掌心，食指向下转动。

鹰眼　yīngyǎn

左手横伸，手背向上，表示球场；右手伸拇、食、中指，食、中指并拢，指尖朝下，表示摄像机，在左手上方左右移动两下。

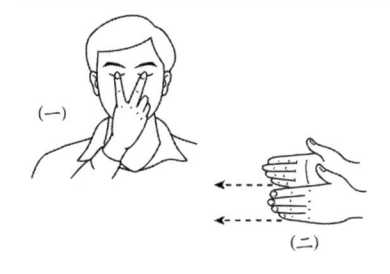

盲道　mángdào

（一）一手食、中指指尖贴于双眼，眼闭拢，表示双目失明。
（二）双手侧立，掌心相对，向前移动。

坡道　pōdào
（一）左手斜伸，指尖朝右下方；右手食、中、无名、小指并拢，指尖朝前，掌心向下，沿左手臂划向左手指尖。
（二）双手侧立，掌心相对，向前移动。

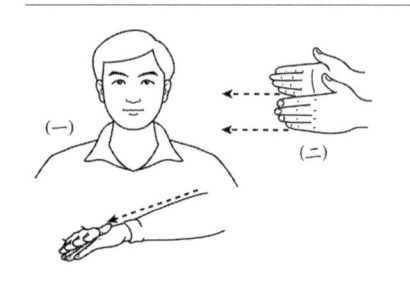

无障碍　wúzhàng'ài
（一）一手五指捏成圆形，虎口朝内，左右晃动几下。
（二）左手侧立；右手横立，掌心向内，然后移至左手并停住，表示遇到障碍。

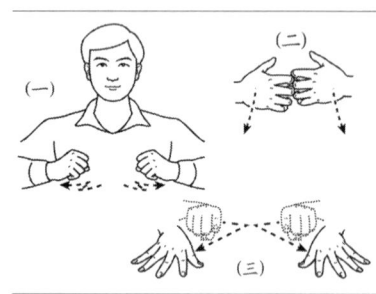

体育器械　tǐyù qìxiè
（一）双手握拳屈肘，手背向上，在胸前做两下扩胸的动作。
（二）双手五指弯曲，食、中、无名、小指关节交错相触，向下转动一下。
（三）双手食指指尖朝前，手背向上，先互碰一下，再分开并张开五指。

体育用品　tǐyù yòngpǐn
（一）双手握拳屈肘，手背向上，在胸前做两下扩胸的动作。
（二）左手五指成"匚"形，虎口朝上；右手五指撮合，指尖朝下，从左手虎口内抽出。
（三）双手拇、食指捏成圆形，虎口朝内，左手在上不动，右手在下连打两下，仿"品"字形。

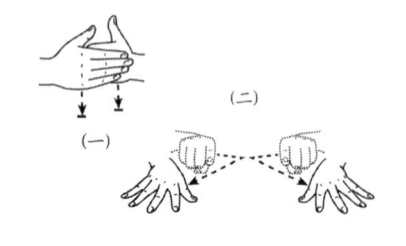

护具　hùjù
（一）左手伸拇指；右手横立，掌心向内，五指微曲，置于左手前，然后双手同时向下一顿。
（二）双手食指指尖朝前，手背向上，先互碰一下，再分开并张开五指。

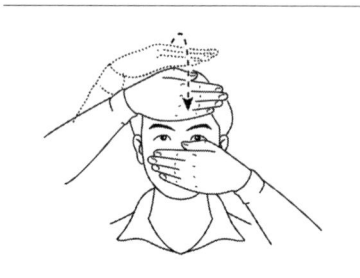

头盔　tóukuī
左手横立，掌心向内，五指并拢，置于嘴前；右手五指并拢，掌心向下，从后向前沿头顶移至前额。
（可根据实际表示头盔的样式）

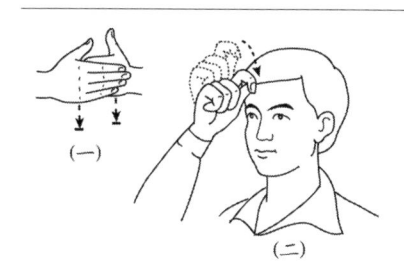

护帽 hùmào

（一）左手伸拇指；右手横立，掌心向内，五指微曲，置于左手前，然后双手同时向下一顿。

（二）一手拇、食指相捏，虎口朝内，从头顶向下移动一下，模仿戴帽子的动作。

护头 hùtóu

（一）左手伸拇指；右手横立，掌心向内，五指微曲，置于左手前，然后双手同时向下一顿。

（二）左手横立，掌心向内，五指并拢，置于嘴前；右手五指并拢，掌心向下，从后向前沿头顶移至前额。

（可根据实际表示护头的样式）

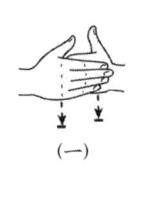

护面 hùmiàn

（一）左手伸拇指；右手横立，掌心向内，五指微曲，置于左手前，然后双手同时向下一顿。

（二）一手摸一下脸部。

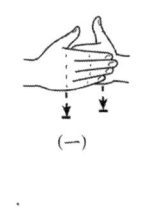

护颈 hùjǐng

（一）左手伸拇指；右手横立，掌心向内，五指微曲，置于左手前，然后双手同时向下一顿。

（二）一手五指弯曲，掌心向内，卡在脖颈处。

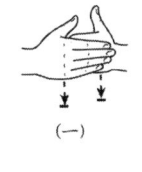

护肩 hùjiān

（一）左手伸拇指；右手横立，掌心向内，五指微曲，置于左手前，然后双手同时向下一顿。

（二）一手手背拱起，碰一下对侧肩部。

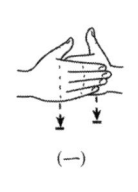

护肘 hùzhǒu

（一）左手伸拇指；右手横立，掌心向内，五指微曲，置于左手前，然后双手同时向下一顿。

（二）左手握拳屈肘；右手拇、食指张开，指尖抵于左手肘部外侧，然后沿肘部向下划动一下。

护腕　hùwàn

（一）左手伸拇指；右手横立，掌心向内，五指微曲，置于左手前，然后双手同时向下一顿。

（二）左手握拳抬起，手背向外；右手拇、食指张开，指尖抵于左手腕外侧，然后沿左手腕向下划动一下。

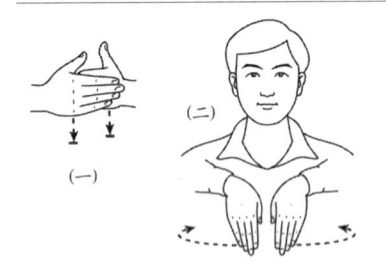

护胸　hùxiōng

（一）左手伸拇指；右手横立，掌心向内，五指微曲，置于左手前，然后双手同时向下一顿。

（二）双手垂立，手背向外，从胸部中间向两侧做弧形移动。

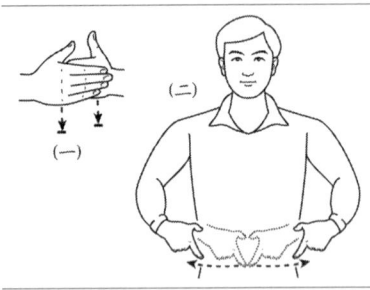

护腰　hùyāo

（一）左手伸拇指；右手横立，掌心向内，五指微曲，置于左手前，然后双手同时向下一顿。

（二）双手拇、食指张开，指尖朝内，置于腹部，然后同时向腰部两侧移动。

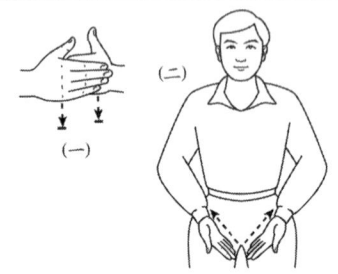

护裆　hùdāng

（一）左手伸拇指；右手横立，掌心向内，五指微曲，置于左手前，然后双手同时向下一顿。

（二）双手斜伸，食、中、无名、小指并拢，指尖朝斜下方，置于大腿根部，然后分别向斜上方移动少许。

护臀　hùtún

（一）左手伸拇指；右手横立，掌心向内，五指微曲，置于左手前，然后双手同时向下一顿。

（二）左手伸拇、小指，指尖朝前；右手五指弯曲，掌心向上，虎口朝外，从下向上包住左手下缘。

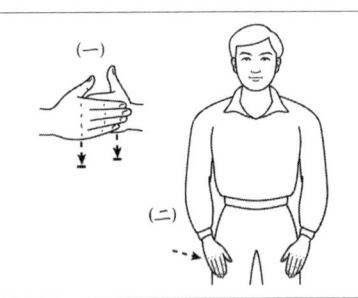

护腿①　hùtuǐ①

（一）左手伸拇指；右手横立，掌心向内，五指微曲，置于左手前，然后双手同时向下一顿。

（二）自然站立，一手拍一下同侧大腿。

一、一般词汇 53

护腿② hùtuǐ ②

（一）左手伸拇指；右手横立，掌心向内，五指微曲，置于左手前，然后双手同时向下一顿。

（二）左手食、中指分开，指尖朝下，手背向外；右手伸食指，指一下左手食指近节指。

护膝 hùxī

（一）左手伸拇指；右手横立，掌心向内，五指微曲，置于左手前，然后双手同时向下一顿。

（二）左手食、中指分开，指尖朝下，手背向外；右手拇、食指张开，指尖朝内，在左手食、中指中节指关节横划一下。

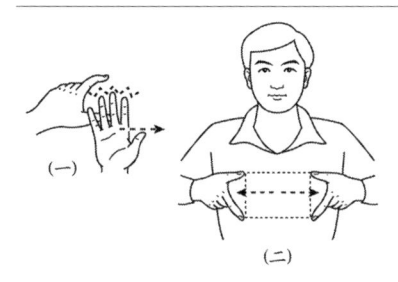

号码布 hàomǎbù

（一）左手拇、食指成"匚"形，虎口朝内；右手直立，手背向外，五指张开，在左手"匚"形内边交替点动边从左向右移动，表示一串数码。

（二）双手拇、食指张开，指尖朝内，在胸前向两侧移动一下。

（可根据实际表示号码布的位置）

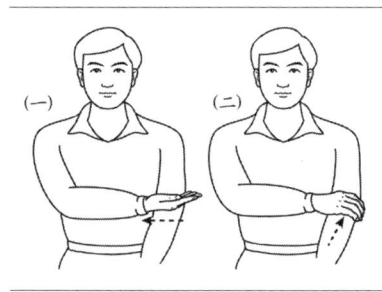

义肢（假肢） yìzhī (jiǎzhī)

（一）右手横伸，掌心向上，在左上臂划一下，表示肢体截肢。

（二）左手自然下垂；右手五指成半圆形，虎口朝上，从左小臂划至肘部。

（可根据实际表示义肢）

眼罩 yǎnzhào

双手拇、食指成"匚 ㄇ"形，虎口朝内，置于眼部中间，然后向两侧移动，眼闭拢。

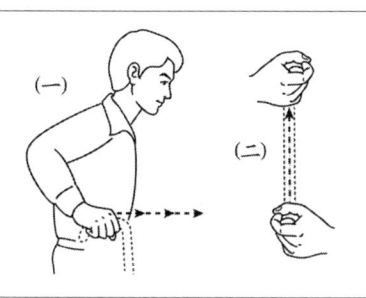

手杖 shǒuzhàng

（一）一手虚握，虎口朝外，向前一顿一顿移动几下，如握手杖走路状。

（二）双手拇、食指捏成圆形，虎口朝上，一上一下，左手在下不动，右手向上移动。

（可根据实际表示手杖的外形）

拐杖　guǎizhàng

　　左手食、中、无名、小指并拢，置于右腋下；右手握拳，向下移动两下，身体同时向右下方倾斜。

5. 组织　机构　人物

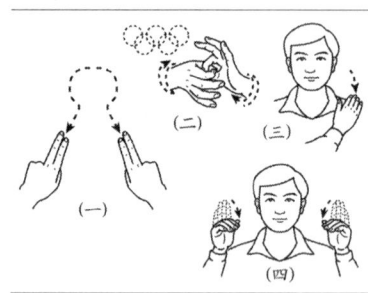

国际奥委会　Guójì Àowěihuì

　　（一）双手食、中指并拢，指尖朝前，从上向下做曲线形移动。
　　（二）双手拇、食指套环，其他三指微曲，向右侧微移，边转腕边做一次套环动作，然后向下微移，再边转腕边做一次套环动作。
　　（三）右手拍一下左肩。
　　（四）双手直立，掌心分别向左右斜前方，食、中、无名、小指弯动一下。

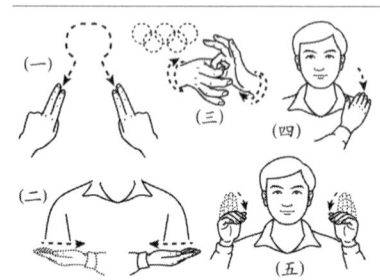

国际残奥委会　Guójì Cán'ào Wěihuì

　　（一）双手食、中指并拢，指尖朝前，从上向下做曲线形移动。
　　（二）双手横伸，掌心向上，交替在对侧上臂划一下，表示肢体不健全。
　　（三）双手拇、食指套环，其他三指微曲，向右侧微移，边转腕边做一次套环动作，然后向下微移，再边转腕边做一次套环动作。
　　（四）右手拍一下左肩。
　　（五）双手直立，掌心分别向左右斜前方，食、中、无名、小指弯动一下。

中国奥委会　Zhōngguó Àowěihuì

　　（一）一手伸食指，自咽喉部顺肩胸部划至右腰部。
　　（二）双手拇、食指套环，其他三指微曲，向右侧微移，边转腕边做一次套环动作，然后向下微移，再边转腕边做一次套环动作。
　　（三）右手拍一下左肩。
　　（四）双手直立，掌心分别向左右斜前方，食、中、无名、小指弯动一下。

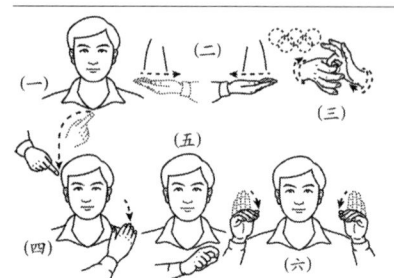

中国残奥委员会　Zhōngguó Cán'ào Wěiyuánhuì

　　（一）一手伸食指，自咽喉部顺肩胸部划至右腰部。
　　（二）双手横伸，掌心向上，交替在对侧上臂划一下，表示肢体不健全。
　　（三）双手拇、食指套环，其他三指微曲，向右侧微移，边转腕边做一次套环动作，然后向下微移，再边转腕边做一次套环动作。
　　（四）右手拍一下左肩。
　　（五）右手拇、食指捏成圆形，虎口朝内，贴于左胸部。
　　（六）双手直立，掌心分别向左右斜前方，食、中、无名、小指弯动一下。

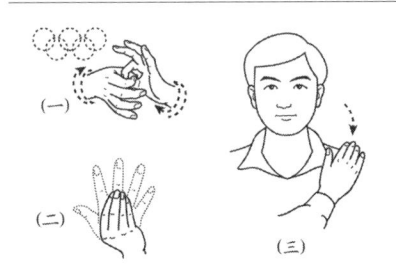

一、一般词汇　55

奥组委　Àozŭwěi
（一）双手拇、食指套环，其他三指微曲，向右侧微移，边转腕边做一次套环动作，然后向下微移，再边转腕边做一次套环动作。
（二）一手五指张开，指尖朝上，然后撮合。
（三）右手拍一下左肩。

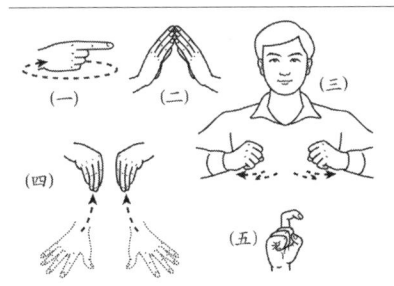

国家体育总局　Guójiā Tǐyù Zǒngjú
（一）一手打手指字母"G"的指式，顺时针平行转动一圈。
（二）双手搭成"∧"形。
（三）双手握拳屈肘，手背向上，在胸前做两下扩胸的动作。
（四）双手五指张开，掌心向下，边向上移动边撮合，双手靠近。
（五）一手打手指字母"J"的指式。

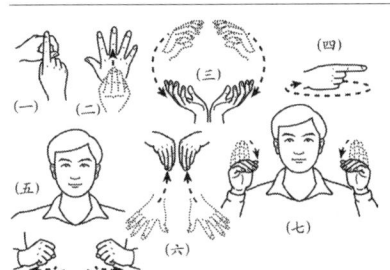

中华全国体育总会　Zhōnghuá Quánguó Tǐyù Zǒnghuì
（一）左手拇、食指与右手食指搭成"中"字形。
（二）一手五指撮合，指尖朝上，边向上微移边张开。
（三）双手五指微曲，指尖左右相对，然后向下做弧形移动，手腕靠拢。
（四）一手打手指字母"G"的指式，顺时针平行转动一圈。
（五）双手握拳屈肘，手背向上，在胸前做两下扩胸的动作。
（六）双手五指张开，掌心向下，边向上移动边撮合，双手靠近。
（七）双手直立，掌心分别向左右斜前方，食、中、无名、小指弯动一下。

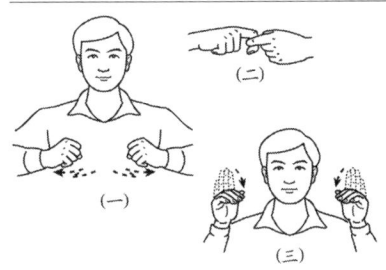

体育协会　tǐyù xiéhuì
（一）双手握拳屈肘，手背向上，在胸前做两下扩胸的动作。
（二）双手食指相互勾住。
（三）双手直立，掌心分别向左右斜前方，食、中、无名、小指弯动一下。

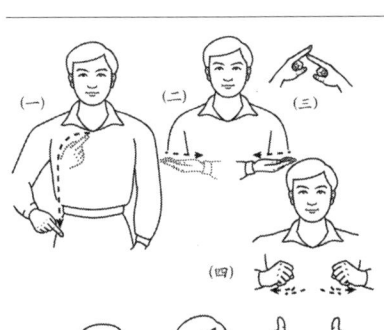

中国残疾人体育运动管理中心
　　Zhōngguó Cánjírén Tǐyù Yùndòng Guǎnlǐ Zhōngxīn
（一）一手伸食指，自咽喉部顺肩胸部划至右腰部。
（二）双手横伸，掌心向上，交替在对侧上臂划一下，表示肢体不健全。
（三）双手食指搭成"人"字形。
（四）双手握拳屈肘，手背向上，在胸前做两下扩胸的动作。
（五）双手握拳屈肘，手背向上，虎口朝内，用力向后移动两下。
（六）右手五指微曲，指尖朝内，按向左肩。
（七）双手侧立，掌心相对，向一侧一顿一顿移动几下。
（八）左手拇、食指与右手食指搭成"中"字形。
（九）双手拇、食指张开仿"♡"形，手背向外，置于胸部。

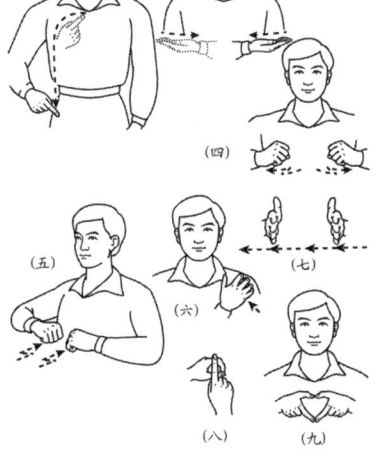

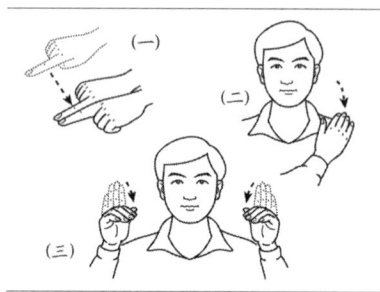

执委会　zhíwěihuì

（一）双手伸食指，指尖朝前，手背向上，左手不动，右手食指从右侧靠向左手食指。
（二）右手拍一下左肩。
（三）双手直立，掌心分别向左右斜前方，食、中、无名、小指弯动一下。

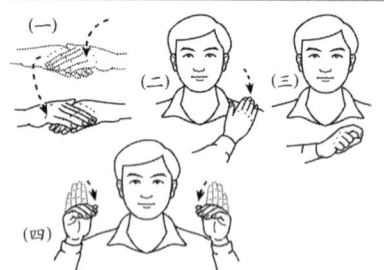

技术委员会　jìshù wěiyuánhuì

（一）双手横伸，掌心向下，互拍手背。
（二）右手拍一下左肩。
（三）右手拇、食指捏成圆形，虎口朝内，贴于左胸部。
（四）双手直立，掌心分别向左右斜前方，食、中、无名、小指弯动一下。

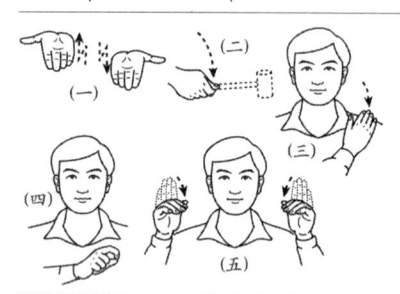

仲裁委员会　zhòngcái wěiyuánhuì

（一）双手平伸，掌心向上，上下交替移动。
（二）一手如握法槌状，向下挥动一下。
（三）右手拍一下左肩。
（四）右手拇、食指捏成圆形，虎口朝内，贴于左胸部。
（五）双手直立，掌心分别向左右斜前方，食、中、无名、小指弯动一下。

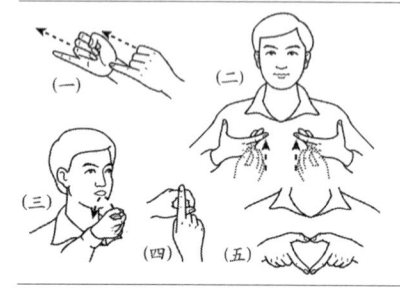

反兴奋剂中心　fǎnxīngfènjì zhōngxīn

（一）双手伸小指，指尖朝前，同时向前上方移动一下。
（二）双手五指撮合，指尖朝上，然后边向上移动边张开。
（三）口张开，一手拇、食指捏成小圆形，从嘴部移向喉部，如吃药片状。
（四）左手拇、食指与右手食指搭成"中"字形。
（五）双手拇、食指张开仿"♡"形，手背向外，置于胸部。

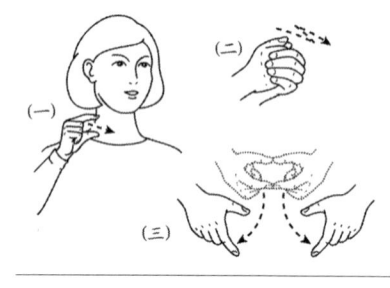

顾拜旦　Gùbàidàn

（一）一手拇、食指张开，指尖抵于颈部，然后从后向前移动一下。
（二）双手作揖，向前晃动两下。
（三）双手拇、食指搭成椭圆形，虎口朝上，再向下一甩，模仿打蛋的动作。"蛋"与"旦"音同，借代。

二、体操运动

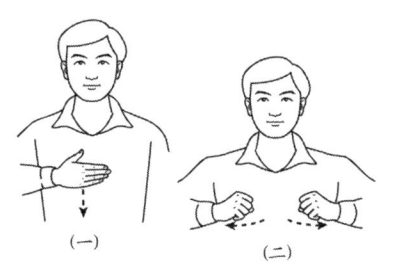

体操 tǐcāo
（一）一手掌心贴于胸部，向下移动一下。
（二）双手握拳屈肘，手背向上，在胸前做一下扩胸的动作。
（可根据实际表示体操的动作）

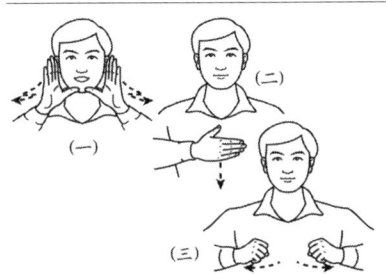

广播体操 guǎngbō tǐcāo
（一）双手五指成"⌊ ⌋"形，虎口贴于嘴边，向前方两侧移动两下，口张开。
（二）一手掌心贴于胸部，向下移动一下。
（三）双手握拳屈肘，手背向上，在胸前做一下扩胸的动作。

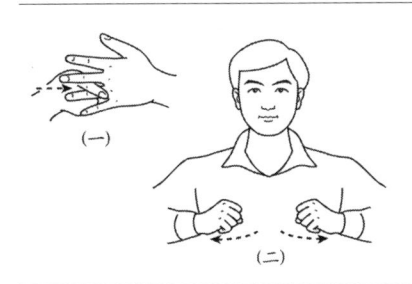

课间操 kèjiāncāo
（一）左手横立，手背向外，五指张开；右手伸食指，指尖朝前，在左手中、无名指指缝间插一下。
（二）双手握拳屈肘，手背向上，在胸前做一下扩胸的动作。

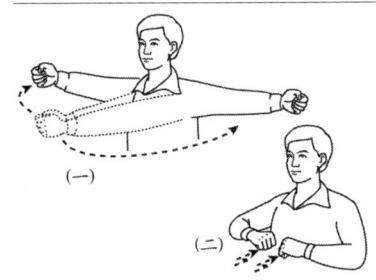

扩胸运动 kuòxiōng yùndòng
（一）双臂前伸，双手握拳，虎口朝上，然后双臂同时侧展、后振。
（二）双手握拳屈肘，手背向上，虎口朝内，用力向后移动两下。
（可根据实际表示扩胸运动的动作）

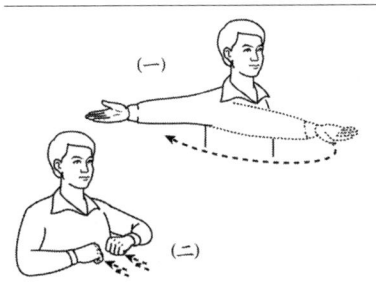

伸展运动 shēnzhǎn yùndòng
（一）右臂前伸，右手平伸，掌心向上，然后向右做弧形移动，模仿伸展运动的动作。
（二）双手握拳屈肘，手背向上，虎口朝内，用力向后移动两下。
（可根据实际表示伸展运动的动作）

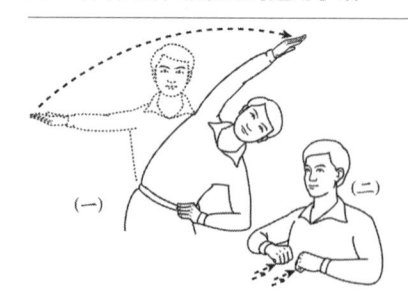

体侧运动　tǐcè yùndòng

（一）左手叉腰；右手侧伸，掌心向上，然后向头上方做弧形移动，身体随之向左弯腰，模仿体侧运动的动作。
（二）双手握拳屈肘，手背向上，虎口朝内，用力向后移动两下。
（可根据实际表示体侧运动的动作）

体转运动　tǐzhuǎn yùndòng

（一）右手直立，掌心向外，然后转腕，掌心向左。
（二）双手握拳屈肘，手背向上，虎口朝内，用力向后移动两下。
（可根据实际表示体转运动的动作）

踢腿运动　tītuǐ yùndòng

（一）双手伸食指，指尖朝下，表示双腿，左手不动，右手食指快速向上抬起。
（二）双手握拳屈肘，手背向上，虎口朝内，用力向后移动两下。
（可根据实际表示踢腿运动的动作）

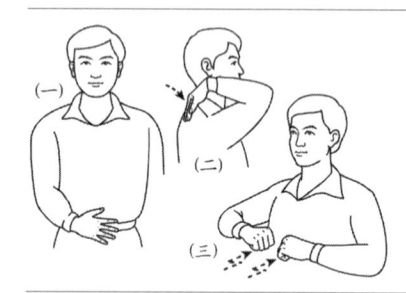

腹背运动　fùbèi yùndòng

（一）一手捂于腹部。
（二）一手拍一下同侧背部。
（三）双手握拳屈肘，手背向上，虎口朝内，用力向后移动两下。
（可根据实际表示腹背运动的动作）

下蹲运动　xiàdūn yùndòng

（一）左手横伸；右手食、中指分开，指尖朝下，立于左手掌心上，然后微曲。
（二）双手握拳屈肘，手背向上，虎口朝内，用力向后移动两下。
（可根据实际表示下蹲运动的动作）

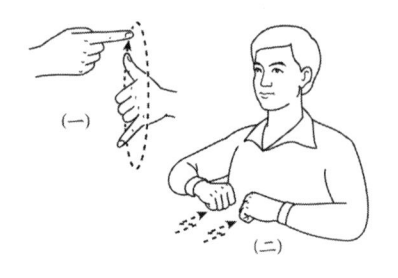

全身运动　quánshēn yùndòng

（一）左手伸拇、小指，手背向外；右手食指横伸，绕左手前后转动一圈，表示全身。
（二）双手握拳屈肘，手背向上，虎口朝内，用力向后移动两下。
（可根据实际表示全身运动的动作）

跳跃运动　tiàoyuè yùndòng

（一）左手横伸；右手食、中指并拢，指尖朝下，先立于左手掌心上，然后边向上跳起边交替向前伸食、中指，模仿跳跃运动的动作。

（二）双手握拳屈肘，手背向上，虎口朝内，用力向后移动两下。

（可根据实际表示跳跃运动的动作）

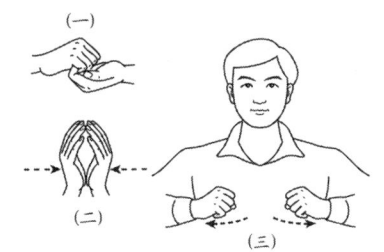

团体操　tuántǐcāo

（一）双手五指弯曲，相互握住。

（二）双手直立，掌心左右相对，五指微曲，从两侧向中间移动。

（三）双手握拳屈肘，手背向上，在胸前做一下扩胸的动作。

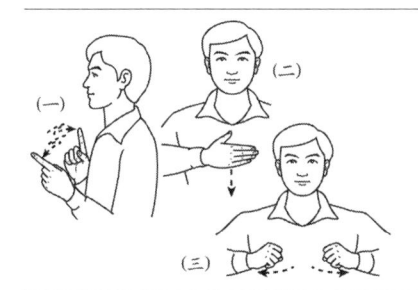

自由体操　zìyóu tǐcāo

（一）双手食指直立，在胸前随意交替摆动几下。

（二）一手掌心贴于胸部，向下移动一下。

（三）双手握拳屈肘，手背向上，在胸前做一下扩胸的动作。

单杠①（大回环）　dāngàng ①（dàhuíhuán）

左手食指横伸，手背向外；右手食、中指并拢，手腕绕左手食指前后转动两圈，模仿大回环的动作。

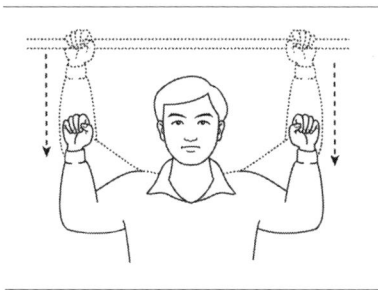

单杠②（引体向上）　dāngàng ②（yǐntǐxiàngshàng）

双手握拳上举，手背向内，置于头部上方，然后向下拉动，模仿引体向上的动作。

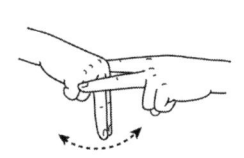

双杠①　shuānggàng ①

左手食、中指横伸分开，手背向上；右手食、中指并拢，指尖朝下，在左手食、中指指缝间左右摆动两下，模仿在双杠上做动作的样子。

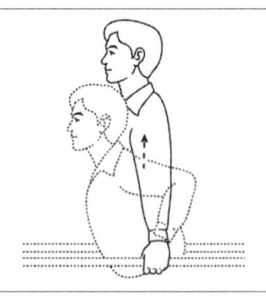

双杠②（双杠臂屈伸）

shuānggàng ② (shuānggàng bìqūshēn)

双手握拳屈肘，虎口朝前，在腰部两侧用力向下一按，上身随之上抬，模仿做双杠臂屈伸的动作。

吊环　diàohuán

双手食指横伸，指尖相对，在头两侧上方前后划动一圈，然后双手虚握，虎口朝内，向下拉动。

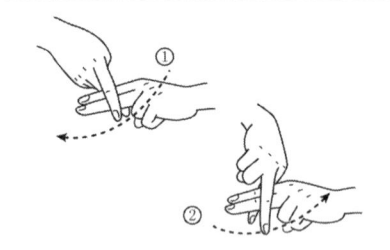

鞍马　ānmǎ

左手食、中指横伸并拢，手背向上；右手食、中指分开，指尖朝下，在左手食、中指指背上左右转动手腕，交叉摆动，模仿在鞍马上的摆腿动作。

高低杠　gāodīgàng

左手食、中指横伸分开，手背向上；右手食、中指并拢，立于左手食指上，然后转动一圈，再立于左手中指上，模仿做高低杠的动作。

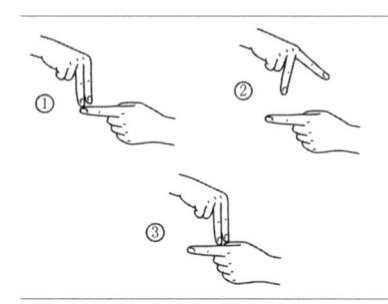

平衡木　pínghéngmù

左手食指横伸，手背向外；右手食、中指并拢，指尖朝下，立于左手食指上，然后边向上跳起边两指分开，再落于左手食指上，食、中指并拢，模仿做平衡木的动作。

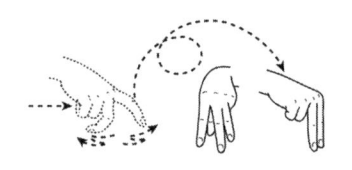

跳马　tiàomǎ

左手伸拇、食、中、无名指，指尖朝下，小指弯回；右手伸食、中指，指尖朝下，边交替弯动边移向左手，然后在左手背上方腾空，向前转动一圈后落下，模仿跳马的动作。

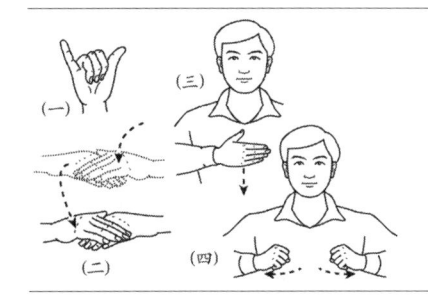

艺术体操 yìshù tǐcāo

（一）一手打手指字母"Y"的指式。
（二）双手横伸，掌心向下，互拍手背。
（三）一手掌心贴于胸部，向下移动一下。
（四）双手握拳屈肘，手背向上，在胸前做一下扩胸的动作。

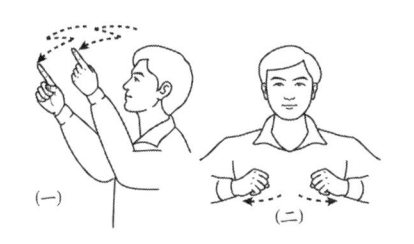

棒操 bàngcāo

（一）双手伸食指，指尖朝上，同时向前摇动两下。
（二）双手握拳屈肘，手背向上，在胸前做一下扩胸的动作。
（可根据实际表示棒操的动作）

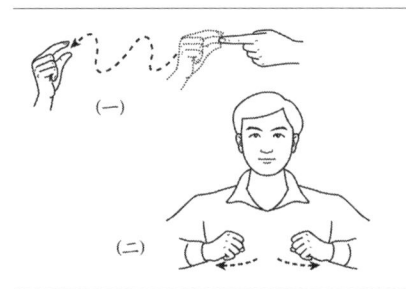

带操 dàicāo

（一）左手食指横伸，手背向外；右手拇、食指张开，虎口朝内，自左手食指尖向一侧做曲线形移动，模仿舞动带子的动作。
（二）双手握拳屈肘，手背向上，在胸前做一下扩胸的动作。

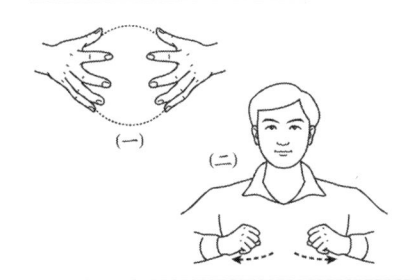

球操 qiúcāo

（一）双手五指微曲张开，掌心左右相对，如球状。
（二）双手握拳屈肘，手背向上，在胸前做一下扩胸的动作。

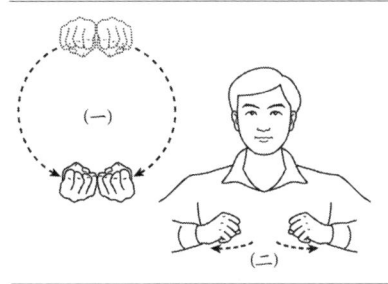

圈操 quāncāo

（一）双手虚握，虎口相贴，同时从上向下做弧形移动，小指相挨。
（二）双手握拳屈肘，手背向上，在胸前做一下扩胸的动作。

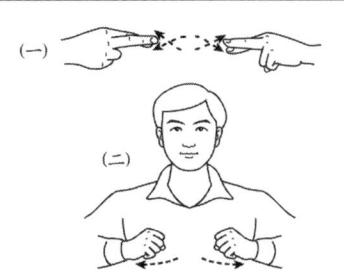

绳操 shéngcāo

（一）双手食、中指相叠，指尖相对，边向相反方向扭动边向两侧移动。
（二）双手握拳屈肘，手背向上，在胸前做一下扩胸的动作。

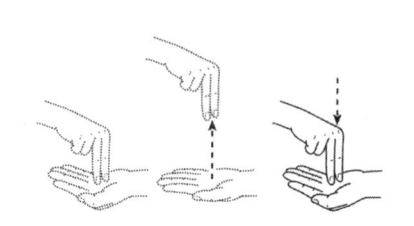

蹦床　bèngchuáng

左手横伸，掌心凹进；右手食、中指并拢，指尖朝下，立于左手凹进处，然后左手连续做绷平、凹进的动作，右手食、中指随之做弹起、落下的动作，模仿跳蹦床的动作。

健美操　jiànměicāo

（一）双手握拳，捶一下胸部，挺胸抬头。
（二）一手伸拇、食、中指，食、中指并拢，先置于鼻部，然后边向外移动边缩回食、中指。
（三）双手握拳屈肘，手背向上，在胸前做一下扩胸的动作。

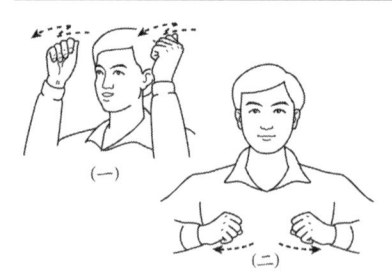

啦啦操　lālācāo

（一）双手上举，拇、食指相捏，随意向前摇动几下，面露高兴的表情，模仿啦啦队员手拿小旗助阵加油的动作。
（二）双手握拳屈肘，手背向上，在胸前做一下扩胸的动作。

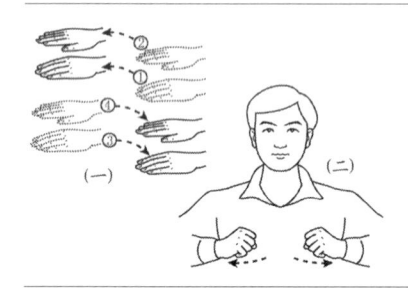

踏板操　tàbǎncāo

（一）双手平伸，掌心向下，先交替向前上方移动，再交替向后下方移动，模仿踏板操双脚的动作。
（二）双手握拳屈肘，手背向上，在胸前做一下扩胸的动作。

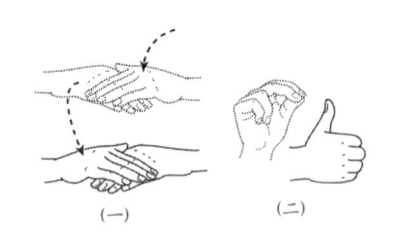

技巧　jìqiǎo

（一）双手横伸，掌心向下，互拍手背。
（二）一手打手指字母"Q"的指式，然后伸出拇指。

倒立❶　dàolì❶

左手横伸；右手食、中指分开，指尖朝下，先立于左手掌心上，然后转动180度，变为指尖朝上，手腕贴于左手掌心上。

二、体操运动　63

跪立　guìlì
　　左手横伸；右手食、中指弯曲并拢，指背贴于左手掌心上。

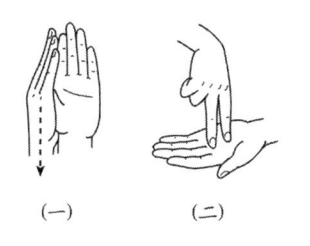

侧立　cèlì
　　（一）左手直立，掌心向外；右手直立，掌心贴于左手拇指，从上向下移动一下。
　　（二）左手横伸；右手食、中指分开，指尖朝下，立于左手掌心上。

俯卧撑　fǔwòchēng
　　双手五指自然张开，掌心向前下方，置于胸前，向前屈伸，模仿做撑体的动作。

立卧撑　lìwòchēng
　　（一）双手五指自然张开，掌心向前下方，置于胸前，向前屈伸，模仿做撑体的动作。
　　（二）左手横伸；右手伸拇、小指，手背向上，置于左手掌心上，然后伸食、中指，指尖朝下，立于左手掌心上，表示立卧撑先做一个俯卧撑，然后收腿、站起的过程。

前滚翻　qiángǔnfān
　　双手食指横伸，手背向外，交替向前转动两圈，身体随之前倾。

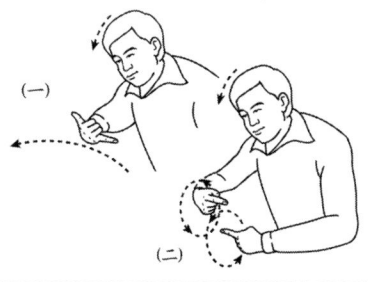

鱼跃前滚翻　yúyuè qiángǔnfān
　　（一）一手伸拇、小指，向前做弧形移动，身体随之前倾。
　　（二）身体前倾，双手食指横伸，手背向外，交替向前转动两圈。

后滚翻 hòugǔnfān
双手食指横伸，手背向外，交替向后转动两圈，身体随之后倾。

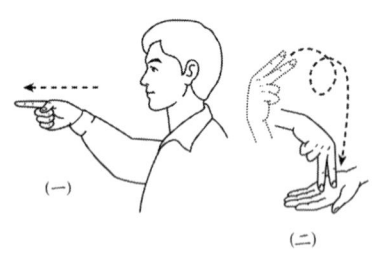

前空翻 qiánkōngfān
（一）一手伸食指，朝前一指。
（二）左手横伸；右手伸食、中指，边向前转腕边转动一圈，再落于左手掌心上。

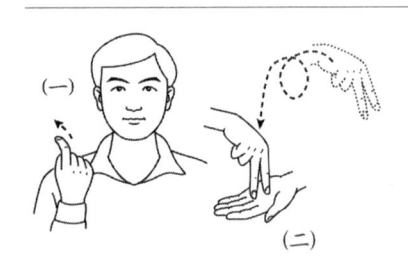

后空翻 hòukōngfān
（一）一手伸食指，朝肩后一指。
（二）左手横伸；右手伸食、中指，边向后转腕边转动一圈，再落于左手掌心上。

侧手翻 cèshǒufān
（一）双手上举，五指张开，掌心向外，身体与手同时向一侧移动。
（二）左手横伸；右手食、中指分开，指尖朝下，先立于左手掌心上，然后向右转腕，指尖朝上。

软翻 ruǎnfān
（一）右手拇、食指捏住左手食指尖，随意晃动几下，左手食指随之弯曲。
（二）左手横伸；右手食、中指分开，指尖朝下，先立于左手掌心上，然后向右转腕，指尖朝上。

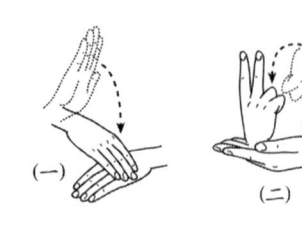

手翻 shǒufān
（一）左手横伸，掌心向下；右手拍一下左手背。
（二）左手横伸；右手食、中指分开，指尖朝下，先立于左手掌心上，然后向右转腕，指尖朝上。

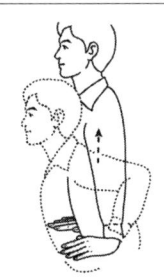

二、体操运动　65

支撑　zhīchēng
　　双臂屈肘，双手平伸，掌心向下，在腰部两侧用力向下一按，上身随之上抬。

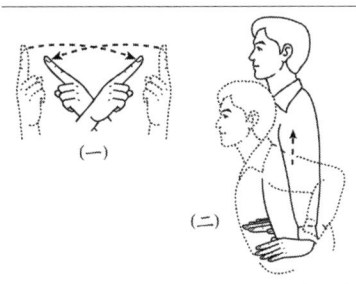

换撑　huànchēng
　　（一）双手食指直立，然后左右交叉，互换位置。
　　（二）双臂屈肘，双手平伸，掌心向下，在腰部两侧用力向下一按，上身随之上抬。

斜身引体　xiéshēnyǐntǐ
　　身体后倾，双臂抬起，双手握拳，手背向内，然后向后下方拉动两下，身体同时向前移动，模仿斜身引体的动作。

横叉（分腿①）　héngchà（fēntuǐ①）
　　左手横伸；右手食、中指并拢，指尖朝下，先立于左手掌心上，然后左右叉开，模仿横向劈叉的动作。

纵叉（分腿②）　zòngchà（fēntuǐ②）
　　左手平伸；右手食、中指并拢，指尖朝下，先立于左手掌心上，然后前后叉开，模仿纵向劈叉的动作。

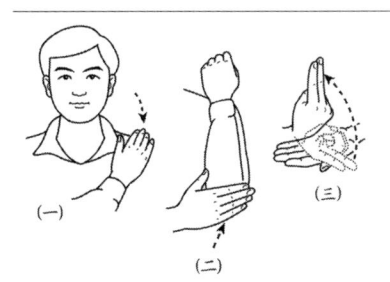

肩肘倒立　jiān zhǒu dàolì
　　（一）一手拍一下对侧肩部。
　　（二）一手拍一下对侧肘部。
　　（三）左手横伸；右手食、中指并拢，指尖朝前，手背贴于左手掌心，然后向上转腕，食、中指直立。

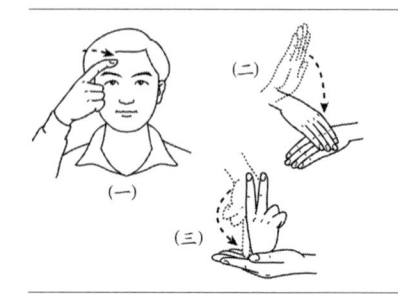

头手倒立　tóu shǒu dàolì
（一）一手伸食指，指一下头部。
（二）左手横伸，掌心向下；右手拍一下左手背。
（三）左手横伸；右手食、中指分开，指尖朝下，先立于左手掌心上，然后转动180度，变为指尖朝上，手腕贴于左手掌心上。

垂悬　chuíxuán
左手食指横伸，手背向外；右手食、中指分开，指尖朝下，手腕贴于左手食指，前后摆动两下。

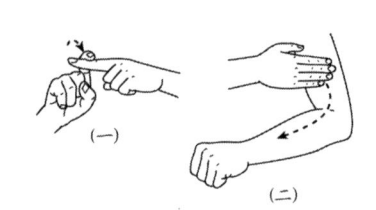

挂臂　guàbì
（一）左手食指横伸，手背向上；右手食指弯曲，挂在左手食指上，如挂东西状。
（二）左手握拳屈肘；右手从左上臂划至左小臂。

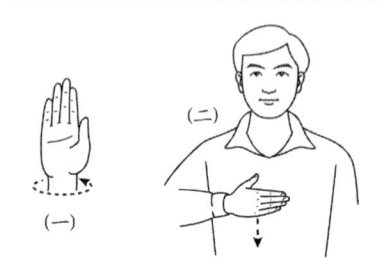

转体①　zhuǎntǐ ①
（一）一手直立，掌心向外，五指并拢，然后翻转为手背向外，表示左右转体的动作。
（二）一手掌心贴于胸部，向下移动一下。
（可根据实际表示转体的动作）

转体②　zhuǎntǐ ②
（一）一手食、中指直立并拢，掌心向外，然后边向前转腕边转动一圈，指尖朝前，表示前后转体的动作。
（二）一手掌心贴于胸部，向下移动一下。
（可根据实际表示转体的动作）

转身①　zhuǎnshēn ①
右手伸拇、小指，指尖朝前，然后手腕向左转动90度，手背向外。

二、体操运动

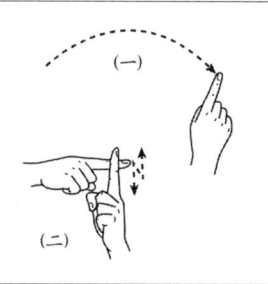

弧度 húdù
（一）一手伸食指，指尖朝前，划一条弧线。
（二）左手食指直立；右手食指横贴在左手食指上，然后上下微动几下。

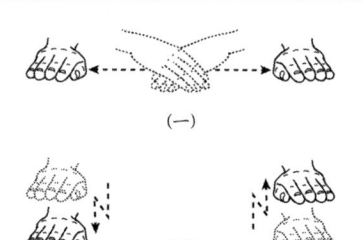

平衡① pínghéng ①
（一）双手五指并拢，掌心向下，交叉相搭，然后分别向两侧移动。
（二）双手平伸，掌心向下，上下交替微移几下，然后双手保持平衡状态。

平衡② pínghéng ②
双手侧伸，掌心向下，上下交替微移几下，然后双手保持平衡状态，模仿体操中的平衡动作。

单腿平衡 dāntuǐ pínghéng
（一）左手横伸；右手伸食、中指，指尖朝下，先立于左手掌心上，然后食指弯曲上抬。
（二）双手侧伸，掌心向下，上下交替微移几下，然后双手保持平衡状态。

跨跳 kuàtiào
左手横立，掌心向内；右手食、中指叉开，从左手上越过。

腾跃 téngyuè
左手横伸；右手食、中指微曲，指尖朝下，先立于左手掌心上，然后伸直，向前上方跃起。

跳上　tiàoshàng
　　左手横伸；右手食、中指微曲，指尖朝下，先置于左手后下方，然后跃上左手背，手指伸直。

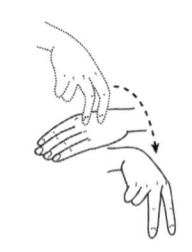

跳下　tiàoxià
　　左手横伸；右手食、中指微曲，指尖朝下，先立于左手背上，然后向前下方跃下，手指伸直。

幅度　fúdù
　　（一）双手横立，掌心向内，左手在后不动，右手向前移动两下。
　　（二）左手食指直立；右手食指横贴在左手食指上，然后上下微动几下。
　　（可根据实际表示动作的幅度）

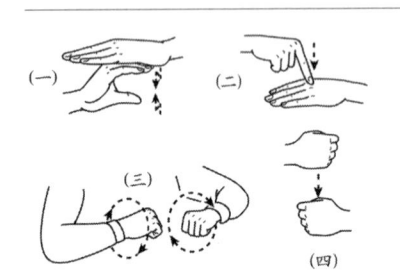

垫上动作　diàn shàng dòngzuò
　　（一）左手横伸；右手五指成"⊐"形，指尖朝左，在左手掌心下捏动几下。
　　（二）左手横伸；右手伸食指，指尖朝下，点一下左手背。
　　（三）双手握拳屈肘，前后交替转动两下。
　　（四）双手握拳，一上一下，右拳向下砸一下左拳。

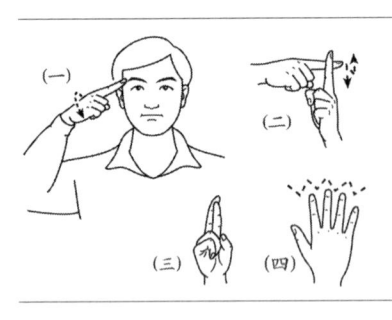

难度系数　nándù xìshù
　　（一）一手食指抵于太阳穴，并钻动一下。
　　（二）左手食指直立；右手食指横贴在左手食指上，然后上下微动几下。
　　（三）一手打手指字母"X"的指式。
　　（四）一手直立，掌心向内，五指张开，交替点动几下。

三、田径运动

1. 项目名称和技术动作

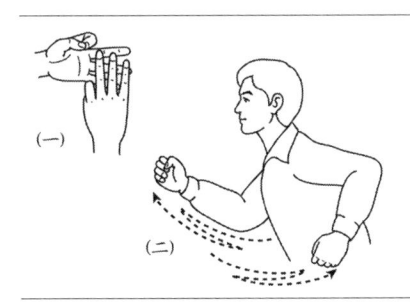

田径 tiánjìng
（一）双手中、无名、小指搭成"田"字形。
（二）双手握拳屈肘，前后交替摆动两下，如跑步状。

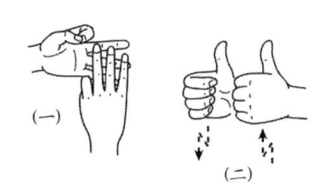

田赛 tiánsài
（一）双手中、无名、小指搭成"田"字形。
（二）双手伸拇指，上下交替动两下。

跳高（跨越式跳高、过杆）
tiàogāo（kuàyuèshì tiàogāo、guògān）
左手食指横伸，手背向外，表示跳高栏杆；右手食、中指分开，手背向外，从左手食指上越过，模仿跨跃式跳高的动作。

背越式跳高 bèiyuèshì tiàogāo
左手食指横伸，手背向外，表示跳高栏杆；右手伸拇、小指，手背向外，从左手食指上越过。

俯卧式跳高 fǔwòshì tiàogāo
左手伸食指，指尖朝前，表示跳高栏杆；右手伸拇、小指，掌心向左，从左手食指上越过。

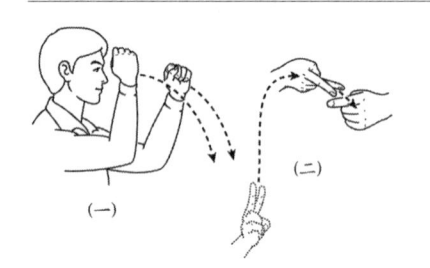

撑杆跳高 chēnggān tiàogāo

（一）双手握拳上举，虎口朝内，一前一后，前低后高，同时向前下方一杵。

（二）左手食指横伸，手背向外，表示跳高栏杆；右手食、中指直立分开，手背向内，边向上移动边转腕，从左手食指上越过。

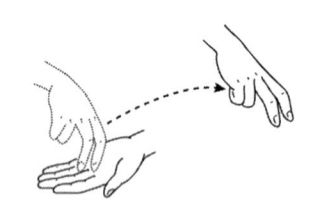

跳远（立定跳远） tiàoyuǎn (lìdìng tiàoyuǎn)

左手横伸；右手食、中指微曲，指尖朝下，先立于左手掌心上，然后向前跳出，如跳远状。

三级跳远 sān jí tiàoyuǎn

左手平伸；右手食、中指前后叉开，指尖朝下，食指在左手掌心后部点一下后向前跃起，中指再在左手指尖处点一下，然后两指伸直向前跳，模仿三级跳远的动作。

单腿跳① dāntuǐtiào ①

左手横伸；右手伸食、中指，食指弯曲，中指尖朝下，在左手掌心上向上跳两下。

单腿跳② dāntuǐtiào ②

左手平伸；右手伸食、中指，食指弯曲，中指尖朝下，在左手掌心上向前跳两下。

屈腿跳 qūtuǐtiào

左手横伸；右手伸食、中指，指尖朝下，先立于左手心上，然后两指弯曲并跳起。

（可根据实际表示屈腿跳的动作）

三、田径运动　71

起跳　qǐtiào

左手横伸；右手食、中指微曲，指尖朝下，先立于左手掌心上，然后迅速向上弹起。

（可根据实际表示起跳的动作）

试跳　shìtiào

（一）一手伸拇、小指，指尖朝上，拇指置于鼻翼一侧，小指弯动一下。

（二）左手横伸；右手食、中指微曲，指尖朝下，先立于左手掌心上，然后迅速向上弹起。

腾空　téngkōng

左手横伸；右手食、中指微曲，指尖朝下，先立于左手掌心上，然后边向上弹起边弯曲食指。

高抬腿　gāotáituǐ

左手横伸；右手伸食、中指，指尖朝下，先立于左手掌心上，然后食指弯曲抬起，指尖朝下，模仿高抬腿的姿势。

（可根据实际表示高抬腿的动作）

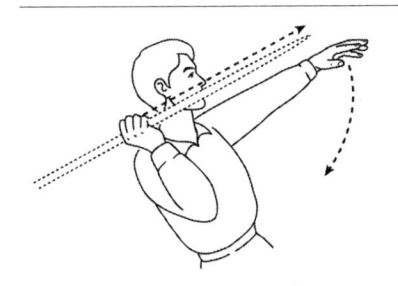

标枪　biāoqiāng

身体后仰，左手抬起；右手虚握屈肘，从肩部向前抛出，左手同时自然向后摆动，如掷标枪状。

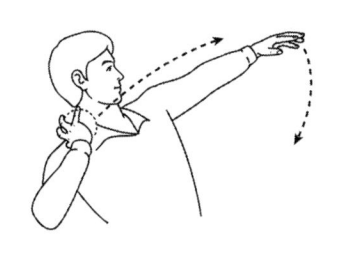

铅球　qiānqiú

身体后仰，左手抬起；右手五指弯曲，置于锁骨内端上方，紧贴颈部，如托铅球状，然后向前推出，左手同时自然向后摆动，如推铅球状。

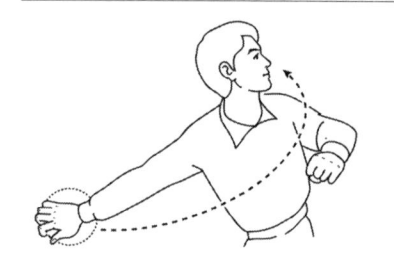

铁饼 tiěbǐng

　　身体后仰，左臂横抬，左手握拳，手背向上；右臂伸向身后，五指弯曲，用力向前做弧形挥动，左手同时自然向后摆动，如掷铁饼状。

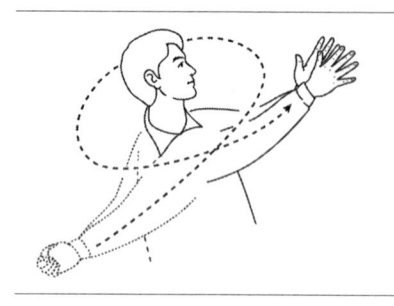

链球 liànqiú

　　左手握拳；右手五指弯曲，包住左手，如握链球上铁链的把手状，逆时针转动一圈后放开双手，如掷链球状。

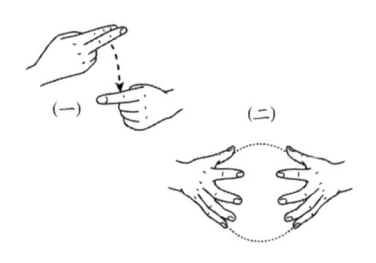

实心球 shíxīnqiú

　　（一）左手食指横伸；右手食、中指相叠，敲一下左手食指。
　　（二）双手五指微曲张开，掌心左右相对，如球状。
（可根据实际表示实心球的大小）

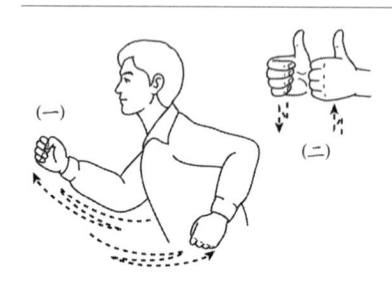

径赛 jìngsài

　　（一）双手握拳屈肘，前后交替摆动两下，如跑步状。
　　（二）双手伸拇指，上下交替动两下。

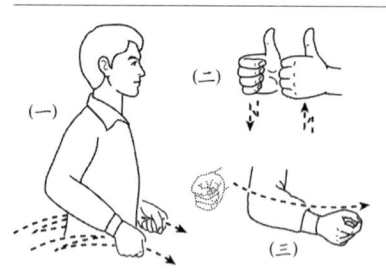

轮椅竞速 lúnyǐ jìngsù

　　（一）双手虚握，虎口朝前，在腰部两侧做向前转动轮子的动作。
　　（二）双手伸拇指，上下交替动两下。
　　（三）一手拇、食指捏成圆形，向一侧快速划动。

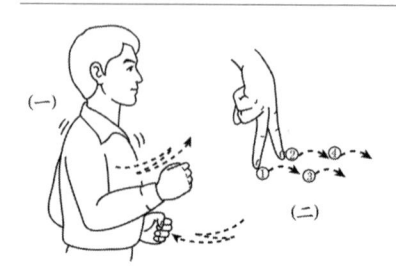

竞走 jìngzǒu

　　（一）双手握拳屈肘，前后交替摆动，身体随之扭动，模仿竞走的姿势。
　　（二）一手食、中指分开，指尖朝下，交替向前移动。

三、田径运动　73

步点　bùdiǎn
（一）双手平伸，掌心向下，交替向前移动几下。
（二）左手横伸；右手伸食指，指尖朝下，在左手掌心上点一下。

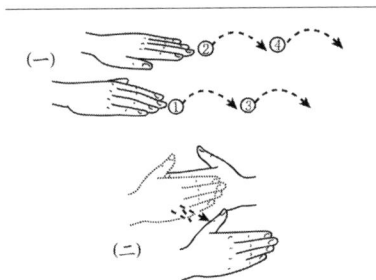

步幅　bùfú
（一）双手平伸，掌心向下，交替向前移动几下。
（二）双手横立，掌心向内，左手在后不动，右手向前移动两下。

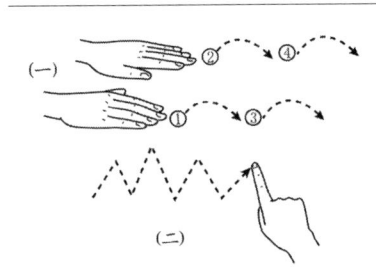

步频　bùpín
（一）双手平伸，掌心向下，交替向前移动几下。
（二）一手伸食指，指尖朝前，向一侧做折线形移动。

摆臂　bǎibì
右手垂立，手背向右，在身体右侧前后摆动两下，模仿摆臂的动作。

摆腿　bǎituǐ
双手伸食指，指尖朝下，表示双腿，左手不动，右手食指前后摆动两下。

跑（跑步）　pǎo (pǎobù)
双手握拳屈肘，前后交替摆动两下，如跑步状。

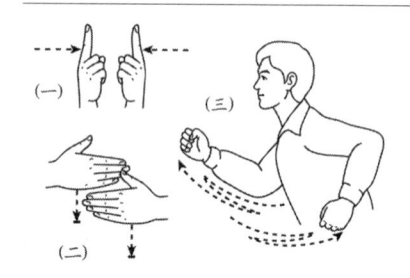

短距离跑（短跑） duǎnjùlípǎo (duǎnpǎo)

（一）双手食指直立，指面左右相对，从两侧向中间移动。
（二）双手横立，掌心向内，一前一后，同时向下一顿。
（三）双手握拳屈肘，前后交替摆动两下，如跑步状。

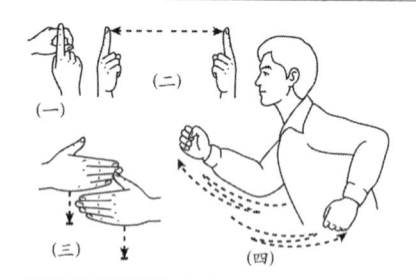

中长距离跑（中长跑） zhōngchángjùlípǎo (zhōngchángpǎo)

（一）左手拇、食指与右手食指搭成"中"字形。
（二）双手食指直立，指面左右相对，从中间向两侧拉开。
（三）双手横立，掌心向内，一前一后，同时向下一顿。
（四）双手握拳屈肘，前后交替摆动两下，如跑步状。

障碍跑 zhàng'àipǎo

（一）左手侧立；右手横立，掌心向内，然后移至左手并停住，表示遇到障碍。
（二）双手握拳屈肘，前后交替摆动两下，如跑步状。

接力 jiēlì

一手五指微曲，伸向身后，如接接力棒状，然后双手握拳屈肘，前后交替摆动，模仿接力跑的动作。
（可根据实际表示接力的动作）

马拉松 mǎlāsōng

（一）一手食、中指直立并拢，虎口贴于太阳穴，向前微动两下，仿马的耳朵。
（二）双手虚握，手背向下，一前一后，然后向内拉动。
（三）双手握拳屈肘，前后交替摆动两下，如跑步状。

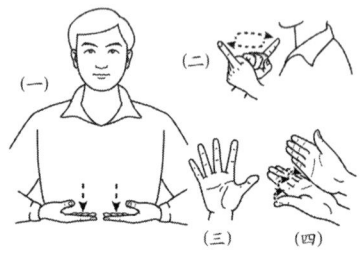

现代五项 xiàndài wǔxiàng

（一）双手横伸，掌心向上，在腹前向下微动一下。
（二）双手伸食指，手腕交叉相贴，然后前后转动，互换位置。
（三）一手五指直立张开，掌心向外。
（四）左手平伸；右手斜立于左手掌心上，然后向右一顿一顿做弧形移动。

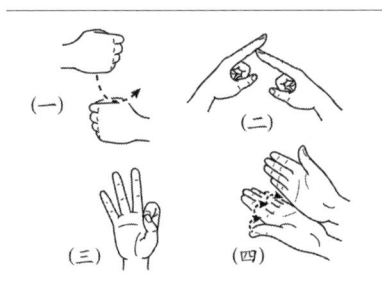

三、田径运动　75

铁人三项　tiěrén sānxiàng
（一）双手握拳，虎口朝上，一上一下，右拳向下砸一下左拳，再向内移动。
（二）双手食指搭成"人"字形。
（三）一手中、无名、小指直立分开，掌心向外。
（四）左手平伸；右手斜立于左手掌心上，然后向右一顿一顿做弧形移动。

跨栏　kuàlán
左手拇、食指成"∩"形，虎口朝内；右手食、中指叉开，从左手上越过，模仿跨栏的动作。

攻栏　gōnglán
左手拇、食指成"∩"形，虎口朝内；右手伸食、中指，指尖朝下，然后食指抬高，移向左手"∩"形，模仿攻栏腿跨栏的动作。

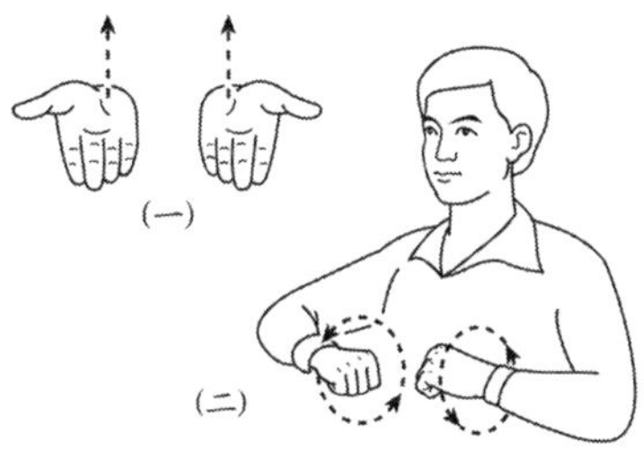

起动　qǐdòng
（一）双手平伸，掌心向上一抬。
（二）双手握拳屈肘，前后交替转动两下。

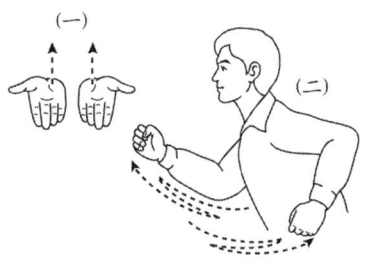

起跑　qǐpǎo
（一）双手平伸，掌心向上一抬。
（二）双手握拳屈肘，前后交替摆动两下，如跑步状。

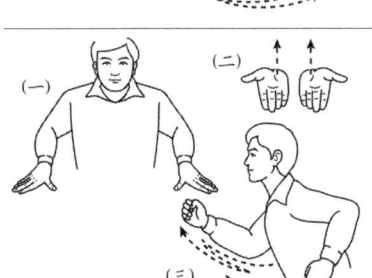

蹲踞式起跑　dūnjùshì qǐpǎo
（一）双手食、中、无名、小指并拢，拇指张开，掌心向下，虎口朝外，身体微向前倾，模仿蹲踞式起跑的姿势。
（二）双手平伸，掌心向上一抬。
（三）双手握拳屈肘，前后交替摆动两下，如跑步状。

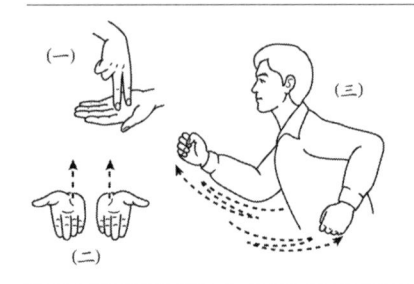

站立式起跑 zhànlìshì qǐpǎo
（一）左手横伸；右手食、中指分开，指尖朝下，立于左手掌心上。
（二）双手平伸，掌心向上一抬。
（三）双手握拳屈肘，前后交替摆动两下，如跑步状。

抢跑 qiǎngpǎo
（一）一手五指微曲，掌心向前，边用力向后移动边握拳。
（二）双手握拳屈肘，前后交替摆动两下，如跑步状。

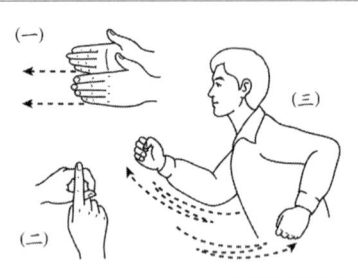

途中跑 túzhōngpǎo
（一）双手侧立，掌心相对，向前移动。
（二）左手拇、食指与右手食指搭成"中"字形。
（三）双手握拳屈肘，前后交替摆动两下，如跑步状。

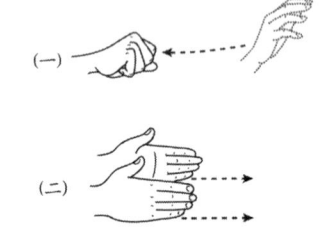

抢道 qiǎngdào
（一）一手五指微曲，掌心向前，边用力向后移动边握拳。
（二）双手侧立，掌心相对，向前移动。

踩线 cǎixiàn
左手食指横伸，手背向上；右手掌按向左手食指。

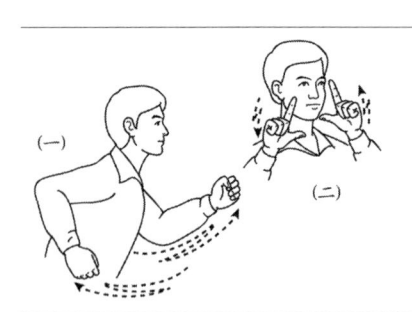

跑姿 pǎozī
（一）双手握拳屈肘，前后交替摆动两下，如跑步状。
（二）双手拇、食指成"⌐⌐"形，置于脸颊两侧，上下交替动两下。

三、田径运动　77

蹬地 dēngdì
　　左手平伸，掌心向上；右手五指并拢，指尖朝前下方，然后用力向内碰向左手掌心。

冲刺① chōngcì①
　　左手食指横伸，手背向上；右手伸拇、小指，指尖朝前，移向左手食指，表示冲向终点。

撞线（冲刺②） zhuàngxiàn（chōngcì②）
　　左手食指横伸，手背向上；右手伸拇、小指，指尖朝前，碰向左手食指，表示撞向拉起的终点线带子。

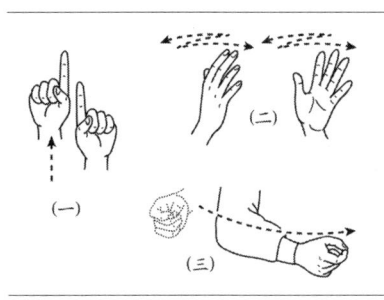

超风速 chāofēngsù
　　（一）双手食指直立，掌心向外，左手不动，右手向上动一下。
　　（二）双手直立，掌心左右相对，五指微曲，左右来回扇动。
　　（三）一手拇、食指捏成圆形，向一侧快速划动。

2. 场地　器材

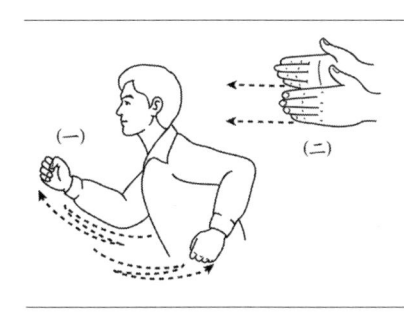

跑道 pǎodào
　　（一）双手握拳屈肘，前后交替摆动两下，如跑步状。
　　（二）双手侧立，掌心相对，向前移动。

直道　zhídào
　　（一）一手侧立，向前移动一下。
　　（二）双手侧立，掌心相对，向前移动。

弯道　wāndào
　　双手侧立，掌心相对，边向前移动边转弯，表示田径场的弯道。

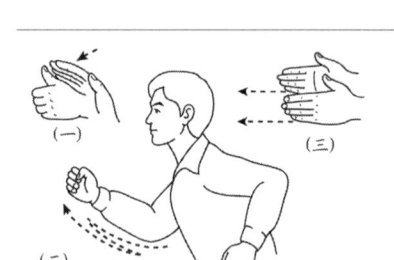

助跑道　zhùpǎodào
　　（一）左手伸拇指；右手五指并拢，轻拍一下左手拇指背。
　　（二）双手握拳屈肘，前后交替摆动两下，如跑步状。
　　（三）双手侧立，掌心相对，向前移动。

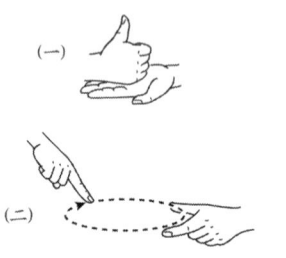

位置区　wèi·zhìqū
　　（一）左手横伸；右手伸拇指，置于左手掌心上。
　　（二）左手拇、食指成半圆形，虎口朝上；右手伸食指，指尖朝下，沿左手虎口划一圈。

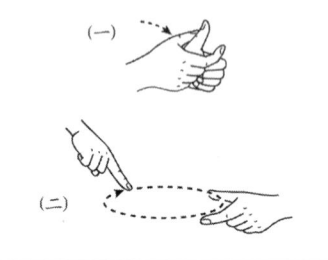

限制区　xiànzhìqū
　　（一）左手伸拇指；右手拇、食指张开，指尖朝前，从后向下套向左手拇指。
　　（二）左手拇、食指成半圆形，虎口朝上；右手伸食指，指尖朝下，沿左手虎口划一圈。

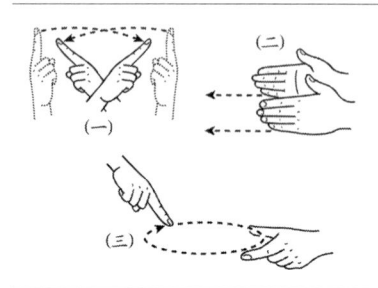

换道区　huàndàoqū
　　（一）双手食指直立，然后左右交叉，互换位置。
　　（二）双手侧立，掌心相对，向前移动。
　　（三）左手拇、食指成半圆形，虎口朝上；右手伸食指，指尖朝下，沿左手虎口划一圈。

圈 quān

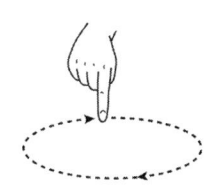

一手伸食指，指尖朝下划两圈，表示"圈"的量词意思。

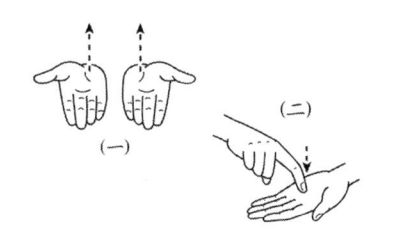

起点 qǐdiǎn

（一）双手平伸，掌心向上一抬。
（二）左手横伸；右手伸食指，指尖朝下，在左手掌心上点一下。

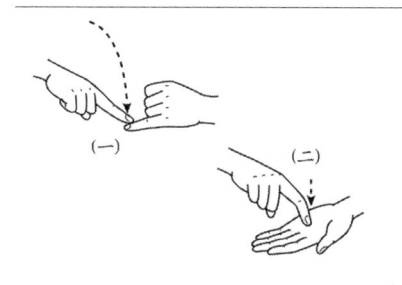

终点 zhōngdiǎn

（一）左手伸小指；右手伸食指，敲一下左手小指。
（二）左手横伸；右手伸食指，指尖朝下，在左手掌心上点一下。

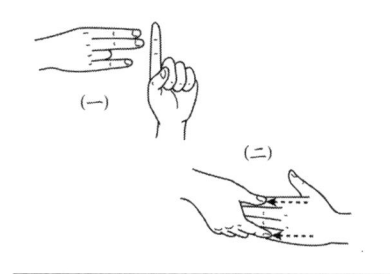

标志牌 biāozhìpái

（一）左手食指直立；右手打手指字母"ZH"的指式，指尖指向左手食指。
（二）左手横立；右手拇、食指张开，指尖朝内，在左手背上从左向右划动一下。

发令枪（信号枪） fālìngqiāng (xìnhàoqiāng)

一手伸拇、食指，上举过头顶，食指弯曲一下，如打发令枪状。

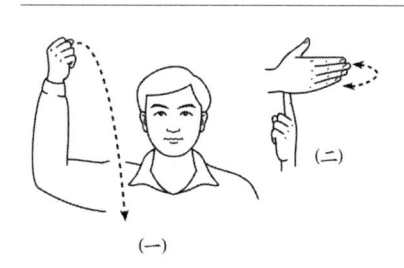

信号旗 xìnhàoqí

（一）一手虚握上举，然后向下一挥。
（二）左手食指直立；右手侧立，手腕抵于左手食指尖，左右摆动几下，如旗帜飘扬状。
（可根据实际表示挥舞信号旗的动作）

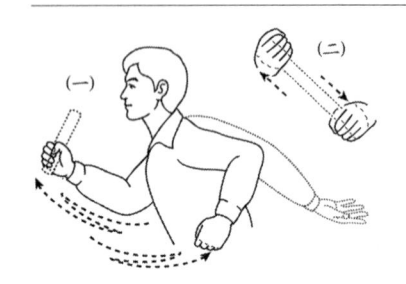

接力棒 jiēlìbàng

（一）一手五指微曲，伸向身后，如接接力棒状，然后双手握拳屈肘，前后交替摆动，模仿接力跑的动作。

（二）双手虚握，斜向相贴，然后分别向斜上下方移动。

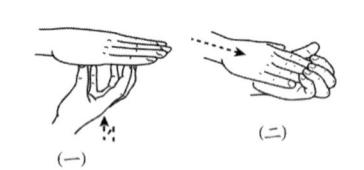

钉鞋 dīngxié

（一）左手平伸；右手五指微曲，指尖朝上，向左手掌心上点两下。

（二）左手五指弯曲，掌心向上；右手平伸，掌心向下，指尖朝前，抵于左手。

起跑器 qǐpǎoqì

（一）双手平伸，掌心向上一抬。

（二）双手握拳屈肘，前后交替摆动两下，如跑步状。

（三）双手平伸，手背向上，一前一后，然后手腕向上抬起，指尖朝前下方。

（可根据实际省略动作一、二）

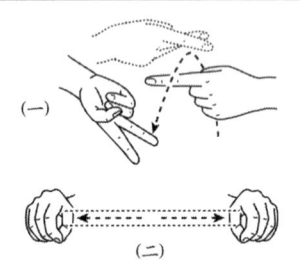

跳高杆 tiàogāogān

（一）左手食指横伸，手背向外，表示跳高栏杆；右手食、中指分开，手背向外，从左手食指上越过，模仿跨跃式跳高的动作。

（二）双手虚握，虎口左右相对，从中间向两侧移动。

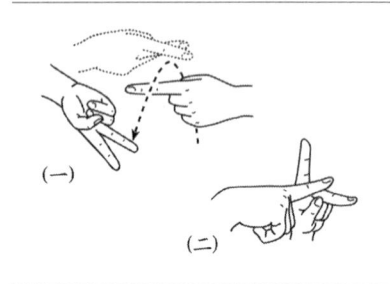

跳高架 tiàogāojià

（一）左手食指横伸，手背向外，表示跳高栏杆；右手食、中指分开，手背向外，从左手食指上越过，模仿跨跃式跳高的动作。

（二）左手伸拇、食、中指，食指直立，中指尖朝前，拇指搭在中指上；右手食指横伸，手背向上，指尖置于左手中指上。

垫子（海绵垫） diàn·zi (hǎimiándiàn)

左手横伸；右手五指成"⊐"形，指尖朝左，在左手掌心下捏动几下。

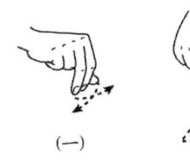

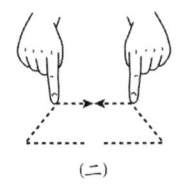

沙坑 shākēng
（一）一手拇、食、中指相捏，指尖朝下，互捻几下。
（二）双手伸食指，指尖朝下，划一个"口"形，表示沙坑的形状。

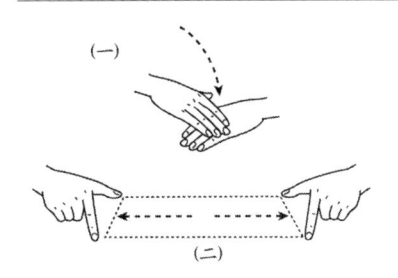

踏板 tàbǎn
（一）左手横伸；右手用力拍一下左手背。
（二）双手拇、食指张开，指尖朝下，虎口相对，从中间向两侧移动。

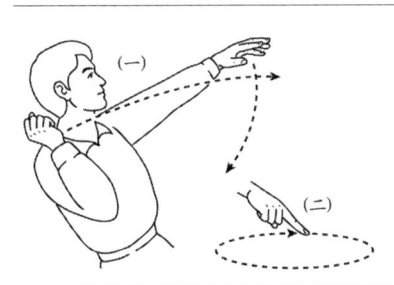

投掷圈 tóuzhìquān
（一）身体后仰，左手抬起；右手虚握屈肘，从肩部向前抛出，左手同时自然向后摆动，如投掷状。
（二）一手伸食指，指尖朝下划一大圈。

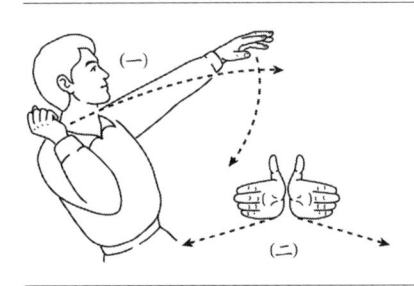

投掷区域 tóuzhì qūyù
（一）身体后仰，左手抬起；右手虚握屈肘，从肩部向前抛出，左手同时自然向后摆动，如投掷状。
（二）双手斜立，手腕相挨，然后向前方两侧移动。

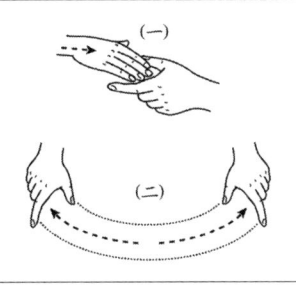

抵趾板 dǐzhǐbǎn
（一）左手拇、食指成半圆形，指尖朝内，虎口朝上；右手平伸，掌心向下，向前移入左手虎口内。
（二）双手拇、食指张开，指尖朝下，从中间向两侧做弧形移动，表示铅球投掷区前方的半圆形抵趾板。

四、球类运动

1. 篮球

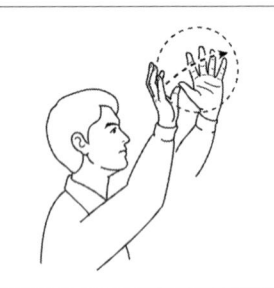

篮球①（单手投篮） lánqiú ①（dānshǒu tóulán）

左手直立，掌心向右，五指微曲，置于头部前上方；右手五指张开，掌心向前，置于左手旁，然后手腕向前弯动一下，如投篮状。既表示"篮球"的名词意思，又表示"打篮球"的意思。

（可根据实际表示打篮球的动作）

篮球② lánqiú ②

（一）左手直立，掌心向右，五指微曲，置于头部前上方；右手五指张开，掌心向前，置于左手旁，然后手腕向前弯动一下，如投篮状。

（二）双手五指微曲张开，掌心左右相对，如球状。

（此手势表示"篮球"的名词意思）

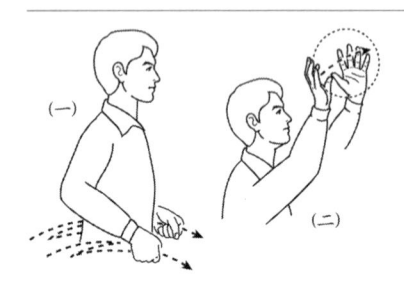

轮椅篮球 lúnyǐ lánqiú

（一）双手虚握，虎口朝前，在腰部两侧做向前转动轮子的动作。

（二）左手直立，掌心向右，五指微曲，置于头部前上方；右手五指张开，掌心向前，置于左手旁，然后手腕向前弯动一下，如投篮状。

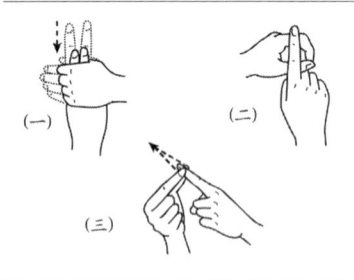

双中锋 shuāngzhōngfēng

（一）左手五指微曲，虎口朝上；右手食、中指直立分开，手背向外，边从上向下移入左手掌心内边并拢，左手握住右手食、中指。

（二）左手拇、食指与右手食指搭成"中"字形。

（三）左手食指斜伸；右手拇、食指沿着左手食指尖边向斜上方移动边相捏。

双手投篮 shuāngshǒu tóulán

双手五指微曲张开，如持篮球状，置于头部前上方，然后手腕同时向前弯动，如双手投篮状。

原地投篮　yuándì tóulán

（一）一手伸食指，指尖朝下指两下。
（二）左手直立，掌心向右，五指微曲，置于头部前上方；右手五指张开，掌心向前，置于左手旁，然后手腕向前弯动一下，如投篮状。

跳起投篮　tiàoqǐ tóulán

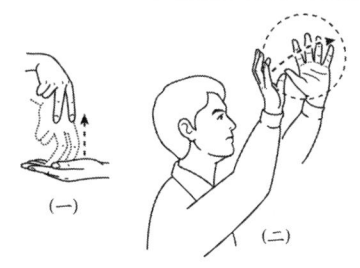

（一）左手横伸；右手食、中指微曲，指尖朝下，先立于左手掌心上，然后迅速向上弹起。
（二）左手直立，掌心向右，五指微曲，置于头部前上方；右手五指张开，掌心向前，置于左手旁，然后手腕向前弯动一下，如投篮状。

三步上篮（三步跨篮）　sānbùshànglán (sānbùkuàlán)

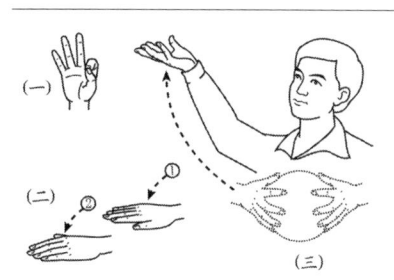

（一）一手中、无名、小指直立分开，掌心向外。
（二）双手平伸，掌心向下，交替向前移动两下。
（三）双手五指微曲张开，掌心左右相对，如持篮球状，然后右手上抬，掌心向上，模仿三步上篮的动作。
（可根据实际表示三步上篮的动作）

扣篮（灌篮）　kòulán (guànlán)

双臂上举，双手五指微曲张开，如持篮球状，然后双手向前下方移动，掌心向下，如扣篮状。

补篮　bǔlán

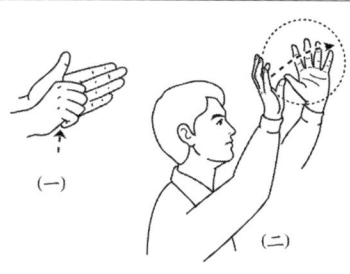

（一）左手侧立；右手虚握，虎口朝左，贴向左手掌心。
（二）左手直立，掌心向右，五指微曲，置于头部前上方；右手五指张开，掌心向前，置于左手旁，然后手腕向前弯动一下，如投篮状。

擦板球　cābǎnqiú

左手侧立；右手拇、食指捏成圆形，从内向外擦过左手掌心。

篮板球　lánbǎnqiú

（一）左手直立，掌心向右，五指微曲，置于头部前上方；右手五指张开，掌心向前，置于左手旁，然后手腕向前弯动一下，如投篮状。

（二）左手侧立；右手拇、食指捏成圆形，先碰一下左手掌心，再反弹。

（可根据实际表示篮板球的动作）

运球　yùnqiú

身体前倾，一手平伸，掌心向下，五指微曲张开，做几下拍球的动作。

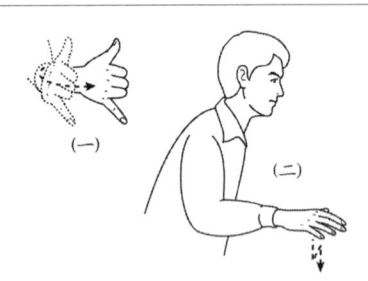

转身运球　zhuǎnshēn yùnqiú

（一）右手伸拇、小指，指尖朝前，然后手腕向左转动90度，手背向外。

（二）身体前倾，一手平伸，掌心向下，五指微曲张开，做几下拍球的动作。

交替运球　jiāotì yùnqiú

身体前倾，双手五指微曲张开，掌心向斜下方，交替做拍球的动作，模仿右手将球拍给左手，左手再将球拍给右手的交替运球的动作。

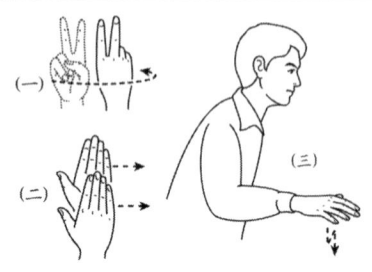

变向运球　biànxiàng yùnqiú

（一）一手食、中指直立分开，由掌心向外翻转为掌心向内。

（二）双手直立，掌心左右相对，向前移动一下。

（三）身体前倾，一手平伸，掌心向下，五指微曲张开，做几下拍球的动作。

传球（胸前传球）　chuánqiú (xiōngqián chuánqiú)

双手五指微曲张开，如持篮球状，然后双臂向前伸直，做将球送出的动作。

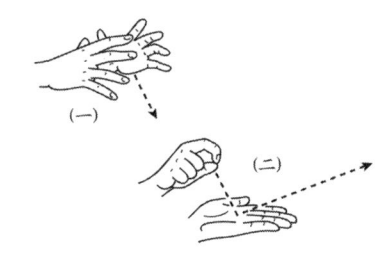

反弹传球　fǎntán chuánqiú

（一）双手五指微曲张开，如持篮球状，然后向前下方做抛球的动作。

（二）左手平伸；右手拇、食指捏成圆形，从后向下碰向左手掌心，再向前弹起，表示通过地面进行反弹传球。

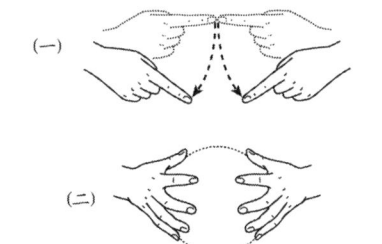

断球　duànqiú

（一）双手食指横伸，指尖相对，手背向外，同时向下一甩。

（二）双手五指微曲张开，掌心左右相对，如球状。

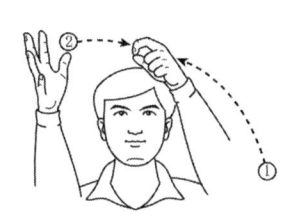

封盖（盖帽）　fēnggài (gàimào)

左手拇、食指捏成圆形，从左下方向头上方做弧形移动；右手五指微曲张开，盖向左手，模仿篮球盖帽的动作。

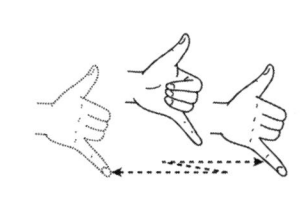

策应　cèyìng

双手伸拇、小指，指尖朝前，左手不动，右手在左手旁前后移动，表示与其他人的策应配合。

夹击　jiájī

左手食指直立；右手食、中指直立分开，卡向左手食指，表示两个人夹击一个人。

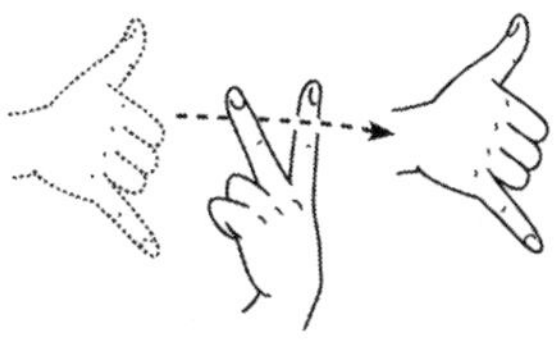

切入　qiērù

左手食、中指直立分开，手背向外；右手伸拇、小指，指尖朝前，向前穿过左手食、中指指缝。

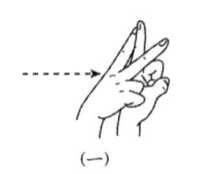

卡位　kǎwèi

（一）左手食指直立；右手食、中指直立分开，卡向左手食指，表示两个人夹击一个人。
（二）左手横伸；右手伸拇指，置于左手掌心上。

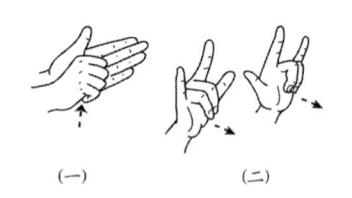

补防　bǔfáng

（一）左手侧立；右手虚握，虎口朝左，贴向左手掌心。
（二）双手拇、食、小指直立，掌心向外一推。

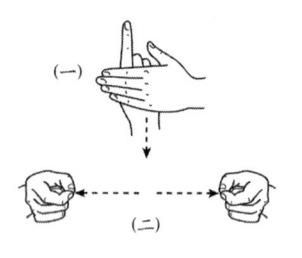

内线　nèixiàn

（一）左手横立；右手食指直立，在左手掌心内从上向下移动。
（二）双手拇、食指相捏，虎口朝上，从中间向两侧拉开。

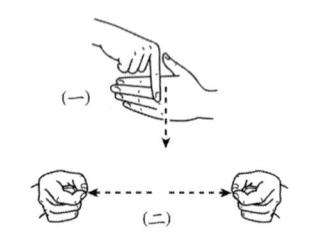

外线　wàixiàn

（一）左手横立；右手伸食指，指尖朝下，在左手背外向下指。
（二）双手拇、食指相捏，虎口朝上，从中间向两侧拉开。

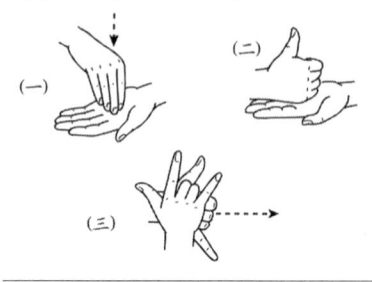

定位掩护　dìngwèi yǎnhù

（一）左手横伸；右手五指撮合，指尖朝下，按向左手掌心。
（二）左手横伸；右手伸拇指，置于左手掌心上。
（三）左手伸拇、小指，指尖朝前；右手拇、食、小指直立，掌心向左，置于左手旁，双手同时向前移动。

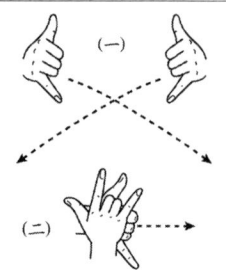

交叉掩护　jiāochā yǎnhù

（一）双手伸拇、小指，指尖朝前，左右交叉互换位置。
（二）左手伸拇、小指，指尖朝前；右手拇、食、小指直立，掌心向左，置于左手旁，双手同时向前移动。

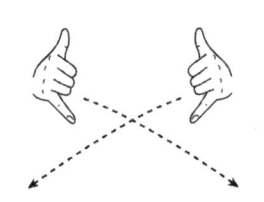

交叉换位　jiāochā huànwèi
双手伸拇、小指，指尖朝前，左右交叉互换位置。

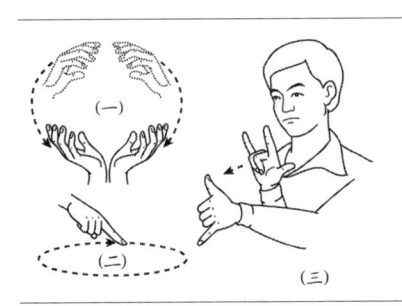

全场紧逼　quánchǎng jǐnbī
（一）双手五指微曲，指尖左右相对，然后向下做弧形移动，手腕靠拢。
（二）一手伸食指，指尖朝下划一大圈。
（三）左手伸拇、小指，指尖朝前；右手拇、食、小指直立，掌心向外，向左手移动，表示紧紧看住对方。

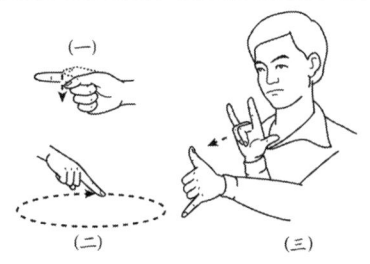

半场紧逼　bànchǎng jǐnbī
（一）一手食指横伸，手背向外，拇指在食指中部划一下。
（二）一手伸食指，指尖朝下划一大圈。
（三）左手伸拇、小指，指尖朝前；右手拇、食、小指直立，掌心向外，向左手移动，表示紧紧看住对方。

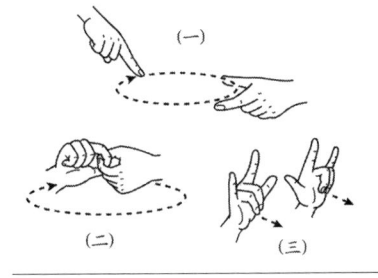

区域联防　qūyù liánfáng
（一）左手拇、食指成半圆形，虎口朝上；右手伸食指，指尖朝下，沿左手虎口划一圈。
（二）双手拇、食指套环，顺时针平行转动一圈。
（三）双手拇、食、小指直立，掌心向外一推。

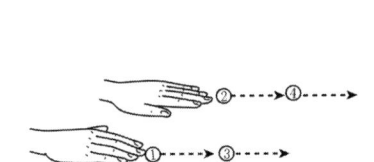

滑步①　huábù ①
双手平伸，掌心向下，交替向前一顿一顿移动两下，如滑步状。

滑步②　huábù ②
双手平伸，掌心向下，交替向一侧移动，如滑步状。

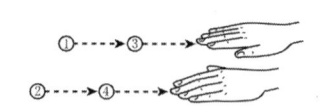

后撤步（倒步） hòuchèbù (dàobù)

双手平伸，掌心向下，交替向后一顿一顿移动两下。
（可根据实际表示后撤步的动作）

交叉步（侧交叉步） jiāochābù (cèjiāochābù)

双手平伸，掌心向下，右手先移至左手左侧，左手再向左移动，模仿交叉步的动作。
（可根据实际表示交叉步的动作）

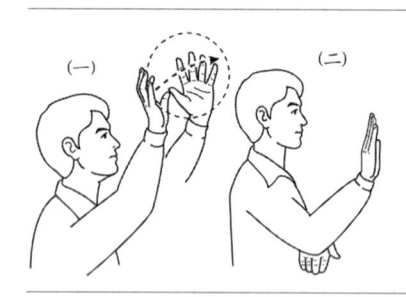

篮架 lánjià

（一）左手直立，掌心向右，五指微曲，置于头部前上方；右手五指张开，掌心向前，置于左手旁，然后手腕向前弯动一下，如投篮状。

（二）左手横伸，掌心向上；右臂肘部置于左手掌心上，前臂略向前倾，右手直立，掌心向外。

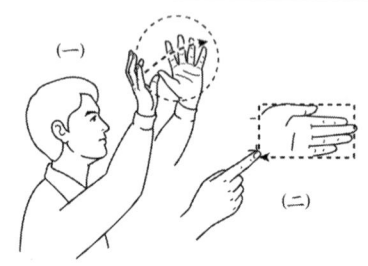

篮板 lánbǎn

（一）左手直立，掌心向右，五指微曲，置于头部前上方；右手五指张开，掌心向前，置于左手旁，然后手腕向前弯动一下，如投篮状。

（二）左手侧立，五指并拢；右手伸食指，指尖沿左手外侧划动一圈，如"囗"形，表示篮板。

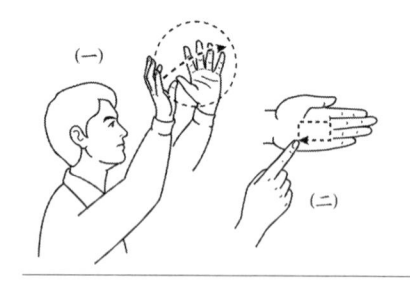

篮框 lánkuàng

（一）左手直立，掌心向右，五指微曲，置于头部前上方；右手五指张开，掌心向前，置于左手旁，然后手腕向前弯动一下，如投篮状。

（二）左手侧立，五指并拢；右手伸食指，指尖在左手掌心上划一小"囗"形，表示篮框。

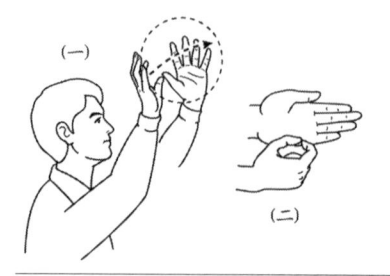

篮筐（篮圈） lánkuāng (lánquān)

（一）左手直立，掌心向右，五指微曲，置于头部前上方；右手五指张开，掌心向前，置于左手旁，然后手腕向前弯动一下，如投篮状。

（二）左手侧立，五指并拢；右手拇、食指捏成圆形，虎口朝上，指尖贴于左手掌下缘中部，表示篮筐。

四、球类运动　89

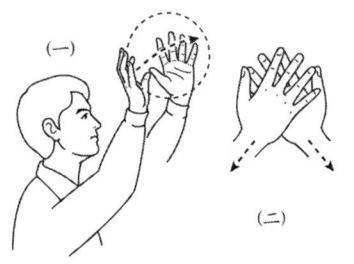

篮球网　lánqiúwǎng
（一）左手直立，掌心向右，五指微曲，置于头部前上方；右手五指张开，掌心向前，置于左手旁，然后手腕向前弯动一下，如投篮状。
（二）双手五指张开，手背向外，交叉相搭，向两侧斜下方移动。

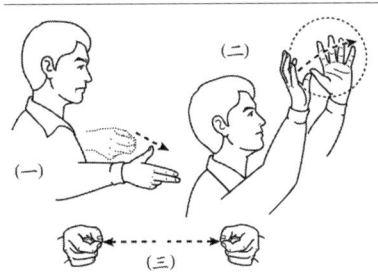

罚球线　fáqiúxiàn
（一）一手拇、食、中指相捏，边向前一挥边张开，食、中指并拢，面露严肃的表情。
（二）左手直立，掌心向右，五指微曲，置于头部前上方；右手五指张开，掌心向前，置于左手旁，然后手腕向前弯动一下，如投篮状。
（三）双手拇、食指相捏，虎口朝上，从中间向两侧拉开。

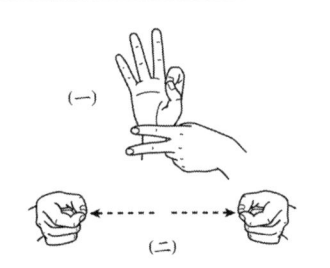

三分线　sānfēnxiàn
（一）左手打手指字母"F"的指式；右手中、无名、小指直立分开，掌心向外，手腕贴于左手食指。
（二）双手拇、食指相捏，虎口朝上，从中间向两侧拉开。

2. 排球

排球①（垫球）　páiqiú ①（diànqiú）
双手抱拳互握，拇指相挨，虎口朝前上方，然后向上一抬，模仿垫排球的动作。既表示"排球"的名词意思，又表示"打排球"的意思。
（可根据实际表示打排球的动作）

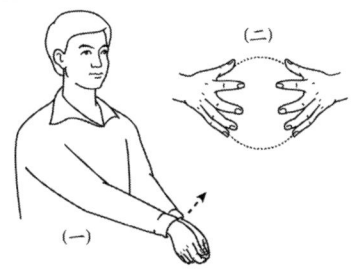

排球②　páiqiú ②
（一）双手抱拳互握，拇指相挨，虎口朝前上方，然后向上一抬，模仿垫排球的动作。
（二）双手五指微曲张开，掌心左右相对，如球状。
（此手势表示"排球"的名词意思）

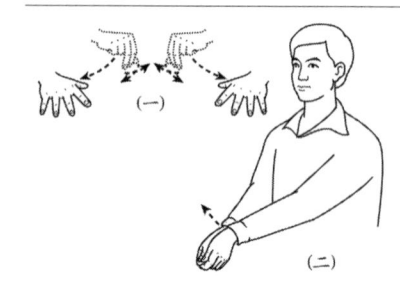

沙滩排球　shātān páiqiú

（一）双手拇、食、中指相捏，指尖朝下，互捻几下，然后边向两侧移动边张开五指。

（二）双手抱拳互握，拇指相挨，虎口朝前上方，然后向上一抬，模仿垫排球的动作。

坐式排球　zuòshì páiqiú

（一）双手伸拇、小指，指尖朝前，左手不动，右手向右移动两下。

（二）双手抱拳互握，拇指相挨，虎口朝前上方，然后向上一抬，模仿垫排球的动作。

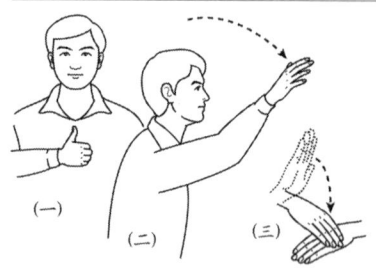

主攻手　zhǔgōngshǒu

（一）一手伸拇指，贴于胸部。

（二）一手五指微曲张开，上举过头顶，用力向前挥动一下。

（三）左手横伸，掌心向下；右手拍一下左手背。

副攻手　fùgōngshǒu

（一）左手伸拇、食指，食指尖朝右，手背向外；右手伸食指，敲一下左手食指尖。

（二）一手五指微曲张开，上举过头顶，用力向前挥动一下。

（三）左手横伸，掌心向下；右手拍一下左手背。

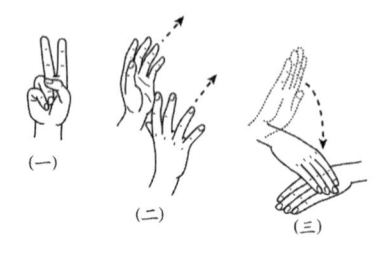

二传手　èrchuánshǒu

（一）一手食、中指直立分开，掌心向外。

（二）双手五指微曲张开，掌心向外，然后向前上方弹动一下。

（三）左手横伸，掌心向下；右手拍一下左手背。

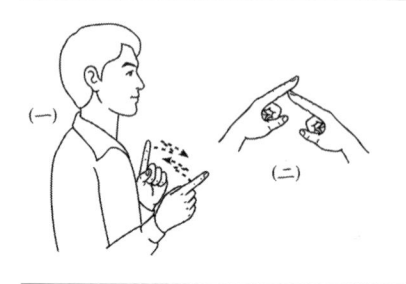

自由人　zìyóurén

（一）双手食指直立，在胸前随意交替摆动几下。

（二）双手食指搭成"人"字形。

四、球类运动　91

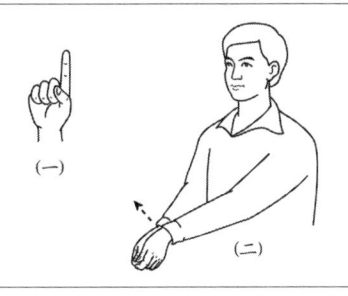

一传　yīchuán
（一）一手食指直立，掌心向外。
（二）双手抱拳互握，拇指相挨，虎口朝前上方，然后向上一抬，模仿垫排球的动作。

二传　èrchuán
（一）一手食、中指直立分开，掌心向外。
（二）双手五指微曲张开，掌心向外，然后向前上方弹动一下。

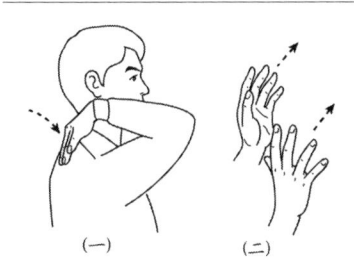

背传　bèichuán
（一）一手拍一下同侧背部。
（二）双手五指微曲张开，掌心向外，然后向前上方弹动一下。

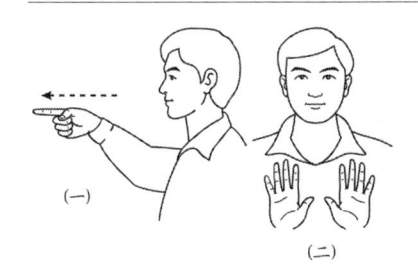

前排　qiánpái
（一）一手伸食指，朝前一指。
（二）双手直立，掌心向外，五指张开，并排置于胸前。

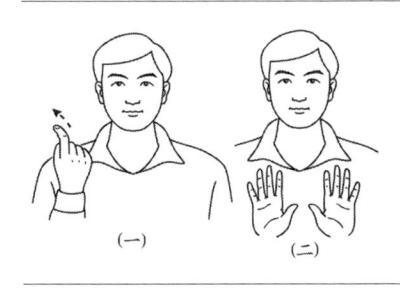

后排　hòupái
（一）一手伸食指，朝肩后一指。
（二）双手直立，掌心向外，五指张开，并排置于胸前。

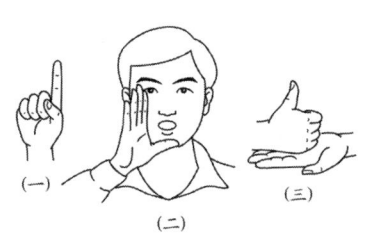

一号位　yīhàowèi
（一）一手食指直立，掌心向外，表示数字"1"（表示"二号位"时打数字"2"的手势，以此类推）。
（二）一手五指成"⌐"形，虎口贴于嘴边，口张开。
（三）左手横伸；右手伸拇指，置于左手掌心上。

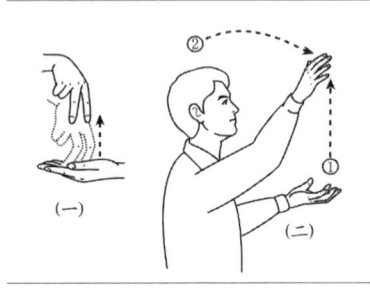

跳发球　tiàofāqiú
（一）左手横伸；右手食、中指微曲，指尖朝下，先立于左手掌心上，然后迅速向上弹起。
（二）左手平伸，掌心向上，五指微曲，做抛球的动作；右手五指微曲张开，从头顶向前挥动，模仿排球跳发球的动作。
（可根据实际表示跳发球的动作）

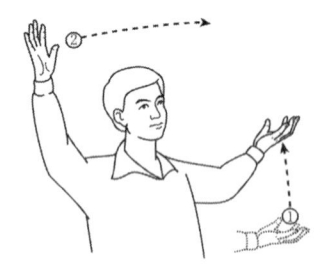

发球①（勾手飘球）　fāqiú①（gōushǒupiāoqiú）
左手平伸，掌心向上，五指微曲，做抛球的动作；右手五指微曲张开，上举过头顶，从身后向前挥动。

扣球　kòuqiú
身体后仰，左手抬起；右手五指微曲张开，从头顶用力向前下方挥动，模仿排球扣球的动作。

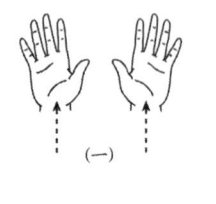

拦网　lánwǎng
（一）双手直立，掌心向外，五指张开，同时从下向上移动。
（二）双手五指张开，手背向外，交叉相搭，向两侧斜下方移动。

救球　jiùqiú
左手拇、食指捏成圆形，从左上方落向右下方；右手平伸，掌心向上，五指微曲，向上将左手托起，身体随之前倾，模仿排球救球的动作。

背飞　bèifēi
（一）左手伸拇、小指，手背向外；右手伸食、中指，指尖朝下，边从左手前移至左手后上方边弯曲食指。
（二）一手五指微曲张开，上举过头顶，用力向前挥动一下。

四、球类运动　93

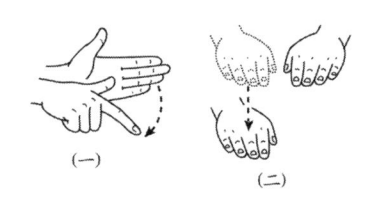

时间差　shíjiānchā
（一）左手侧立；右手伸拇、食指，拇指尖抵于左手掌心，食指向下转动。
（二）双手平伸，掌心向下，左手不动，右手向下一沉。

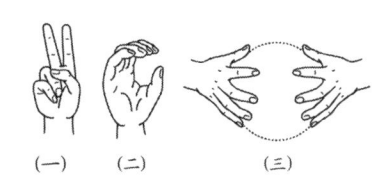

二次球　èrcìqiú
（一）一手食、中指直立分开，掌心向外。
（二）一手打手指字母"C"的指式。
（三）双手五指微曲张开，掌心左右相对，如球状。

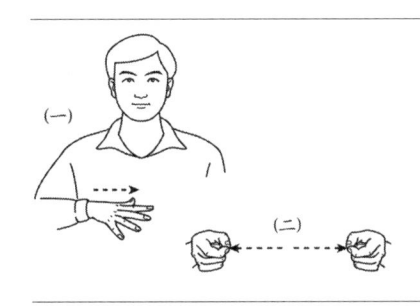

进攻线（三米线）　jìngōngxiàn (sānmǐxiàn)
（一）右手横伸，掌心向下，五指张开，向左移动。
（二）双手拇、食指相捏，虎口朝上，从中间向两侧拉开。

3. 足球

足球①　zúqiú ①
左手拇、食指捏成圆形，虎口朝上；右手食、中指叉开，指尖朝下，交替弹击左手圆形，如踢足球状。既表示"足球"的名词意思，又表示"踢足球"的意思。

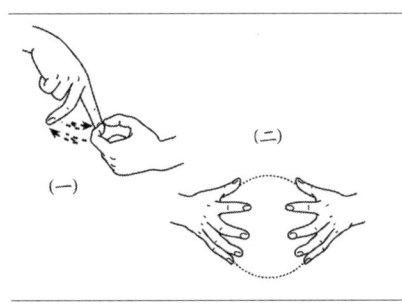

足球②　zúqiú ②
（一）左手拇、食指捏成圆形，虎口朝上；右手食、中指叉开，指尖朝下，交替弹击左手圆形，如踢足球状。
（二）双手五指微曲张开，掌心左右相对，如球状。
（此手势表示"足球"的名词意思）

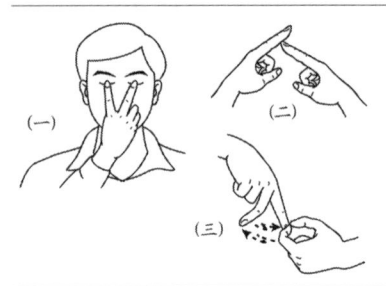

盲人足球 mángrén zúqiú
（一）一手食、中指指尖贴于双眼，眼闭拢，表示双目失明。
（二）双手食指搭成"人"字形。
（三）左手拇、食指捏成圆形，虎口朝上；右手食、中指叉开，指尖朝下，交替弹击左手圆形，如踢足球状。

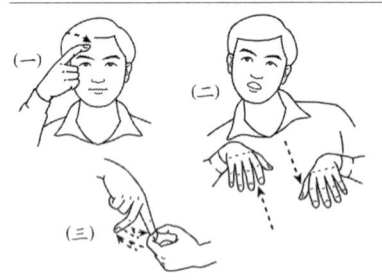

脑瘫足球 nǎotān zúqiú
（一）一手伸食指，指一下头部。
（二）双手抬起，一高一低，五指自然下垂，然后左手向下、右手向上移动，身体向后倾斜。
（三）左手拇、食指捏成圆形，虎口朝上；右手食、中指叉开，指尖朝下，交替弹击左手圆形，如踢足球状。

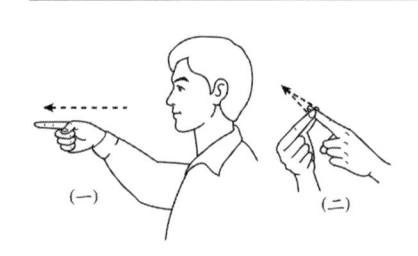

前锋 qiánfēng
（一）一手伸食指，朝前一指。
（二）左手食指斜伸；右手拇、食指沿着左手食指尖边向斜上方移动边相捏。

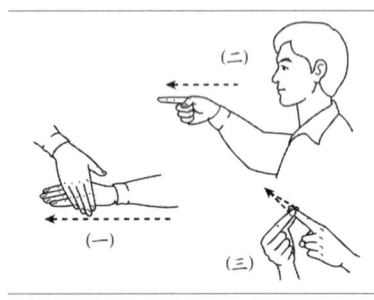

边前锋 biānqiánfēng
（一）左手横伸，掌心向下；右手食、中、无名、小指并拢，指尖朝下，沿左小臂向指尖方向划动一下。
（二）一手伸食指，朝前一指。
（三）左手食指斜伸；右手拇、食指沿着左手食指尖边向斜上方移动边相捏。

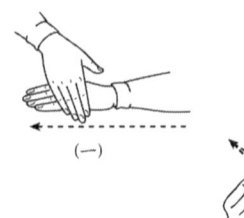

边锋 biānfēng
（一）左手横伸，掌心向下；右手食、中、无名、小指并拢，指尖朝下，沿左小臂向指尖方向划动一下。
（二）左手食指斜伸；右手拇、食指沿着左手食指尖边向斜上方移动边相捏。

中锋 zhōngfēng
（一）左手拇、食指与右手食指搭成"中"字形。
（二）左手食指斜伸；右手拇、食指沿着左手食指尖边向斜上方移动边相捏。

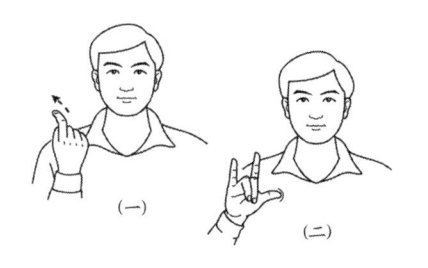

四、球类运动　95

后卫　hòuwèi
（一）一手伸食指，朝肩后一指。
（二）一手拇、食、小指直立，拇指尖抵于胸部一侧。

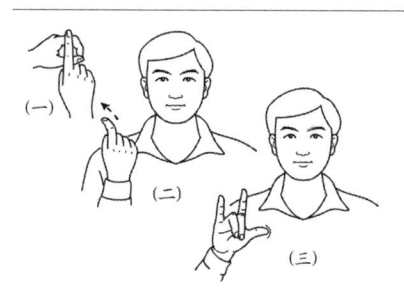

中后卫　zhōnghòuwèi
（一）左手拇、食指与右手食指搭成"中"字形。
（二）一手伸食指，朝肩后一指。
（三）一手拇、食、小指直立，拇指尖抵于胸部一侧。

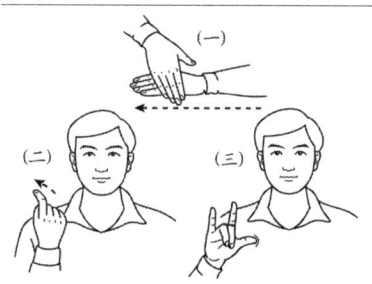

边后卫　biānhòuwèi
（一）左手横伸，掌心向下；右手食、中、无名、小指并拢，指尖朝下，沿左小臂向指尖方向划动一下。
（二）一手伸食指，朝肩后一指。
（三）一手拇、食、小指直立，拇指尖抵于胸部一侧。

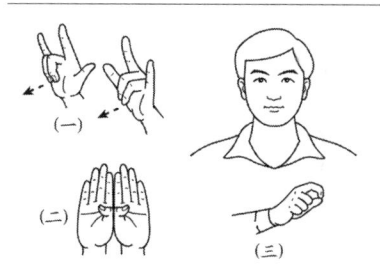

守门员　shǒuményuán
（一）双手拇、食、小指直立，掌心向外一推。
（二）双手并排直立，掌心向外，食、中、无名、小指并拢，拇指弯回。
（三）右手拇、食指捏成圆形，虎口朝内，贴于左胸部。

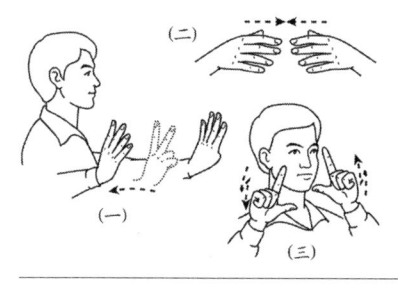

4-2-4阵式　4-2-4 zhèn·shì
（一）左手打数字"4"的手势，掌心向外；右手在左手后边向后移动边打数字"2""4"的手势，掌心向外。
（二）双手横伸，手背向上，五指张开，指尖相对，同时从两侧向中间移动。
（三）双手拇、食指成"┘└"形，置于脸颊两侧，上下交替动两下。

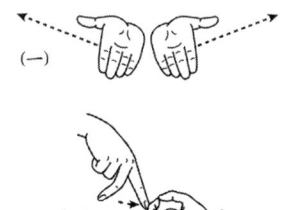

开球　kāiqiú
（一）双手斜伸，掌心向上，同时向两侧斜上方移动。
（二）左手拇、食指捏成圆形，虎口朝上；右手食、中指叉开，指尖朝下，食指弹击左手圆形，如踢足球状。
（可根据实际选择不同的开球动作）

控球　kòngqiú

（一）左手横伸；右手侧立，五指微曲张开，边向左手掌心移动边握拳。

（二）双手五指微曲张开，掌心左右相对，如球状。

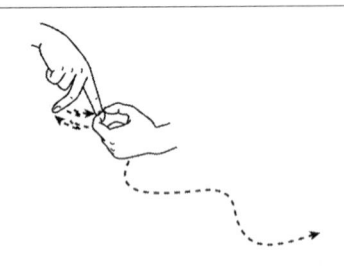

盘球（带球）　pánqiú (dàiqiú)

左手拇、食指捏成圆形，虎口朝上；右手食、中指叉开，指尖朝下，交替弹击左手圆形，左手随之向前做曲线形移动。

颠球　diānqiú

左手拇、食指捏成圆形；右手食、中指叉开，交替向上弹击左手圆形，左手随之向上移动。

（可根据实际表示颠球的动作）

拖球　tuōqiú

左手拇、食指捏成圆形，虎口朝上；右手食、中指叉开，指尖朝下，食指连续向内勾两下左手圆形。

头球　tóuqiú

头抬起，右手拇、食指捏成圆形，从上方落向头部，头同时低下并向前顶出，右手随之弹起，模仿足球头球的动作。

（可根据实际选择不同的顶球动作及方向）

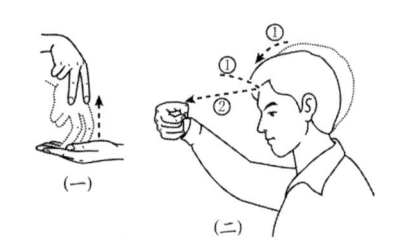

跳起顶球　tiàoqǐ dǐngqiú

（一）左手横伸；右手食、中指微曲，指尖朝下，先立于左手掌心上，然后迅速向上弹起。

（二）头抬起，右手拇、食指捏成圆形，从上方落向头部，头同时低下并向前顶出，右手随之弹起，模仿足球顶球的动作。

铲球　chǎnqiú

左手拇、食指捏成圆形，虎口朝上；右手食、中指分开，手背向上，插向左手圆形下，模仿铲球的动作。

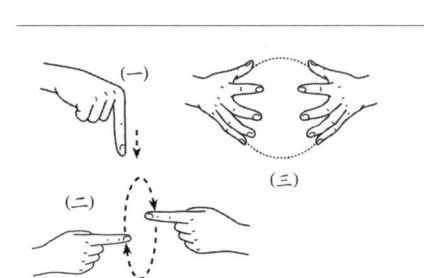

地滚球　dìgǔnqiú

（一）一手伸食指，指尖朝下一指。
（二）双手食指横伸，手背向外，前后交替转动两圈。
（三）双手五指微曲张开，掌心左右相对，如球状。

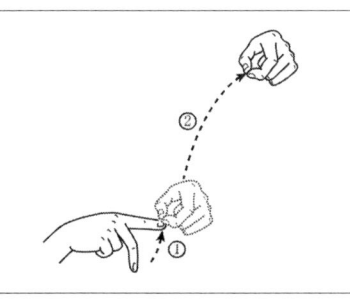

腾空球　téngkōngqiú

左手拇、食指捏成圆形；右手食、中指叉开，食指弹击左手圆形，左手随之向上移动。

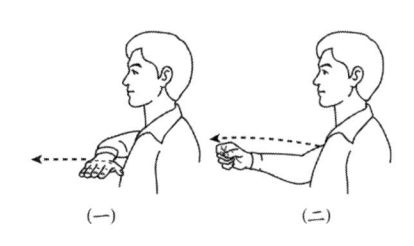

平直球（平胸球）　píngzhíqiú（píngxiōngqiú）

（一）一手横伸，掌心向下，从胸部向外移动一下。
（二）一手拇、食指捏成圆形，虎口朝上，从胸部向外移动一下。

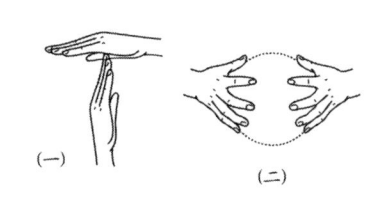

停球　tíngqiú

（一）左手横伸，掌心向下；右手直立，掌心向左，指尖抵于左手掌心。
（二）双手五指微曲张开，掌心左右相对，如球状。

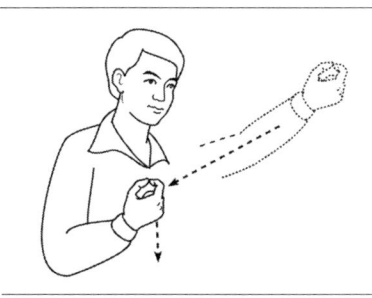

胸部停球　xiōngbù tíngqiú

一手拇、食指捏成圆形，虎口朝上，从前上方向内碰一下胸部，然后下移，身体随之前倾。

掷界外球　zhìjièwàiqiú

　　双臂上举，双手五指微曲张开，如持球状，然后向前抛出。

倒钩球　dàogōuqiú

　　左手拇、食指捏成圆形；右手食、中指叉开，食指从外向内弹击左手圆形，左手随之向内移动。

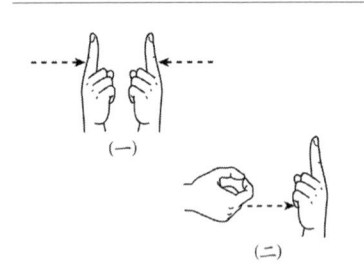

短传球（短传）　duǎnchuánqiú（duǎnchuán）

　　（一）双手食指直立，指面左右相对，从两侧向中间移动。
　　（二）左手食指直立；右手拇、食指捏成圆形，虎口朝上，从左手附近移向左手，表示近距离短传配合。

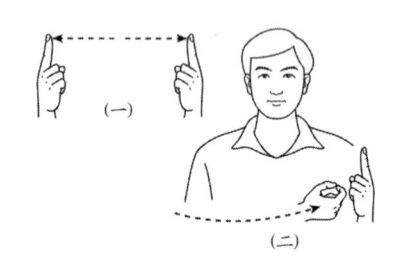

长传球（长传）　chángchuánqiú（chángchuán）

　　（一）双手食指直立，指面左右相对，从中间向两侧拉开。
　　（二）左手食指直立；右手拇、食指捏成圆形，虎口朝上，从身体右侧移向左手，表示远距离长传配合。

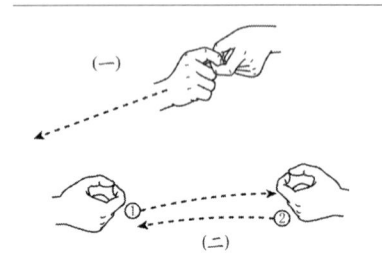

连续传球　liánxù chuánqiú

　　（一）双手拇、食指套环，向斜下方移动。
　　（二）双手拇、食指捏成圆形，虎口朝上，右手先移向左侧，左手再移向右侧，表示队员之间连续传球。

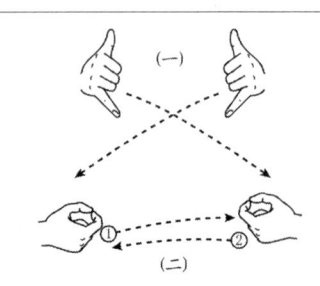

交叉传球　jiāochā chuánqiú

　　（一）双手伸拇、小指，指尖朝前，左右交叉互换位置。
　　（二）双手拇、食指捏成圆形，虎口朝上，右手先移向左侧，左手再移向右侧，表示队员之间连续传球。

四、球类运动　99

三角传球　sānjiǎo chuánqiú

一手拇、食指捏成圆形，虎口朝上，从身前向外平行划一个"△"形。

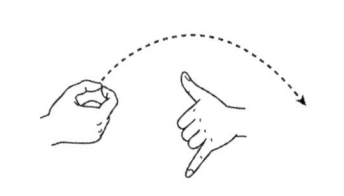

高吊传球（过顶传球）
gāodiào chuánqiú（guòdǐng chuánqiú）

左手伸拇、小指，手背向外；右手拇、食指捏成圆形，虎口朝上，从右向左做弧形移动，越过左手。

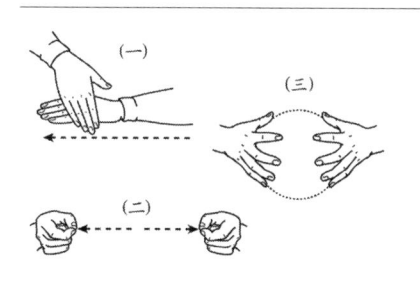

边线球　biānxiànqiú

（一）左手横伸，掌心向下；右手食、中、无名、小指并拢，指尖朝下，沿左小臂向指尖方向划动一下。
（二）双手拇、食指相捏，虎口朝上，从中间向两侧拉开。
（三）双手五指微曲张开，掌心左右相对，如球状。

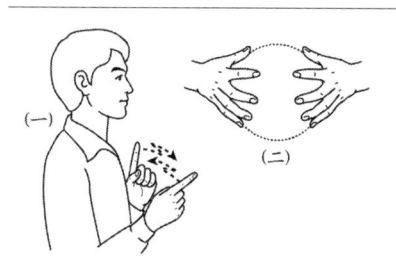

任意球　rènyìqiú

（一）双手食指直立，在胸前随意交替摆动几下。
（二）双手五指微曲张开，掌心左右相对，如球状。

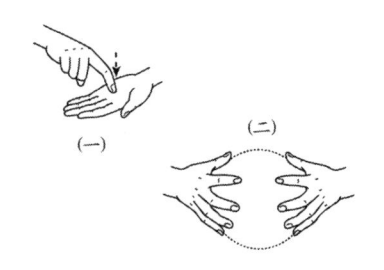

点球①　diǎnqiú ①

（一）左手横伸；右手伸食指，指尖朝下，在左手掌心上点一下。
（二）双手五指微曲张开，掌心左右相对，如球状。

托球　tuōqiú

左手拇、食指捏成圆形，从外向内做弧形移动；右手五指张开，掌心向外，将左手向前上方托起，模仿足球守门员托球的动作。

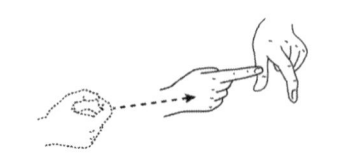

射门 shèmén

左手拇、食指成"∩"形,虎口朝右;右手拇、食指捏成圆形,虎口朝上,边移向左手边弹出食指,表示射门。

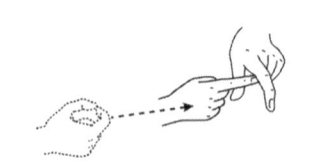

射入(进球①) shèrù (jìnqiú ①)

左手拇、食指成"∩"形,虎口朝右;右手拇、食指捏成圆形,虎口朝上,边移向左手边弹出食指,食指尖置于左手虎口内,表示射入球门。

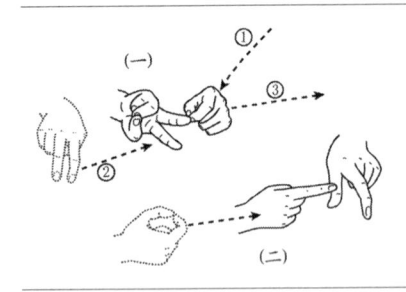

凌空射门 língkōng shèmén

(一)左手拇、食指捏成圆形,从左上方向右下方移动;右手伸食、中指,指尖朝下,置于左手旁,然后中指弹击左手圆形,左手随之移出,表示将未落地的球踢向球门。

(二)左手拇、食指成"∩"形,虎口朝右;右手拇、食指捏成圆形,虎口朝上,边移向左手边弹出食指,表示射门。

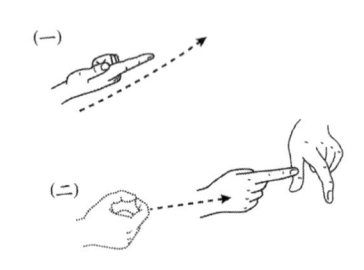

远射 yuǎnshè

(一)一手拇指尖按于食指根部,食指尖朝前,手背向下,向前上方移动。

(二)左手拇、食指成"∩"形,虎口朝右;右手拇、食指捏成圆形,虎口朝上,边移向左手边弹出食指,表示射门。

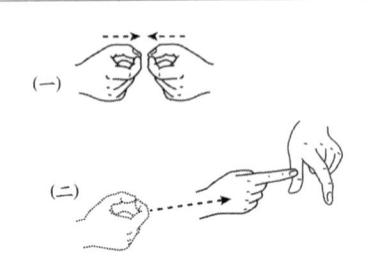

近射 jìnshè

(一)双手拇、食指相捏,虎口朝上,相互靠近。

(二)左手拇、食指成"∩"形,虎口朝右;右手拇、食指捏成圆形,虎口朝上,边移向左手边弹出食指,表示射门。

拉开 lākāi

双手握拳,手背向内,虎口相对,置于胸前,然后边向两侧移动边张开五指。

四、球类运动　101

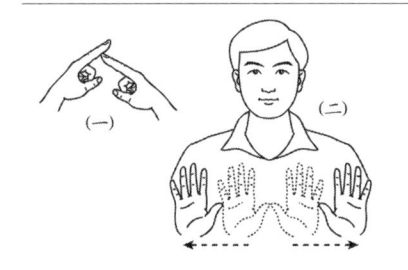

人墙　rénqiáng
（一）双手食指搭成"人"字形。
（二）双手直立，掌心向外，五指张开，先靠拢，再向两侧移动。

守门①　shǒumén ①
（一）双手拇、食、小指直立，掌心向外一推。
（二）双手并排直立，掌心向外，食、中、无名、小指并拢，拇指弯回。

守门②　shǒumén ②
身体微向前倾，双手直立，掌心向外，五指张开，在身前左右来回微动。
（可根据实际表示守门的动作）

越位①　yuèwèi ①
左手直立，掌心向右，五指张开；右手食指直立，手背向右，然后向左移过左手，表示足球比赛中的越位。
（可根据实际表示越位的情形）

造越位　zàoyuèwèi
左手食指直立，手背向左；右手直立，掌心向左，五指张开，然后向左移过左手，表示足球比赛中的造越位战术。

足球场　zúqiúchǎng
（一）左手拇、食指捏成圆形，虎口朝上；右手食、中指叉开，指尖朝下，交替弹击左手圆形，如踢足球状。
（二）一手伸食指，指尖朝下划一大圈。

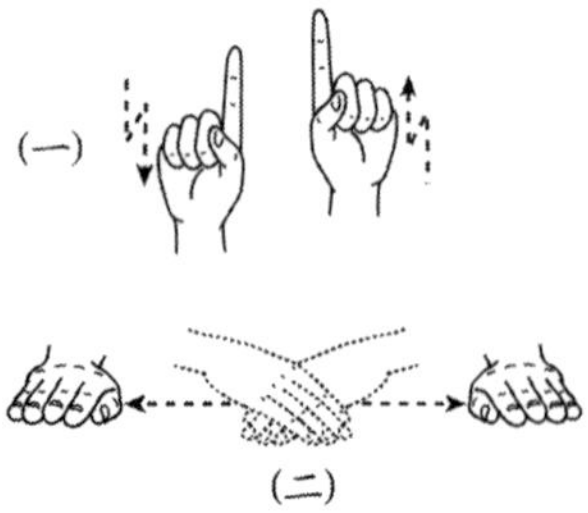

草坪 cǎopíng
（一）双手食指直立，手背向内，上下交替动几下。
（二）双手五指并拢，掌心向下，交叉相搭，然后分别向两侧移动。

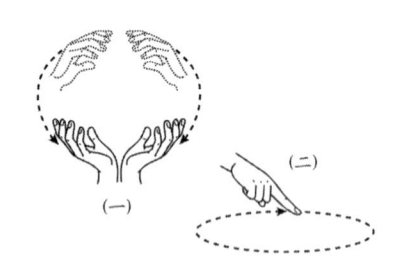

全场 quánchǎng
（一）双手五指微曲，指尖左右相对，然后向下做弧形移动，手腕靠拢。
（二）一手伸食指，指尖朝下划一大圈。

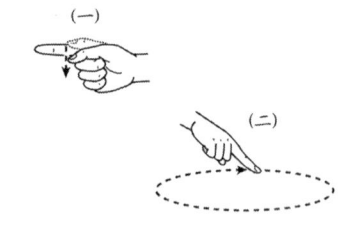

半场 bànchǎng
（一）一手食指横伸，手背向外，拇指在食指中部划一下。
（二）一手伸食指，指尖朝下划一大圈。

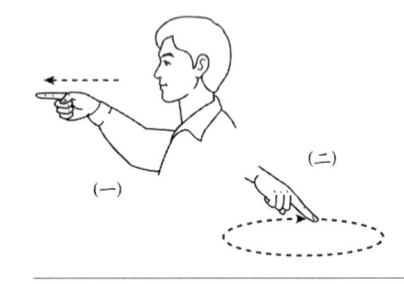

前场 qiánchǎng
（一）一手伸食指，朝前一指。
（二）一手伸食指，指尖朝下划一大圈。

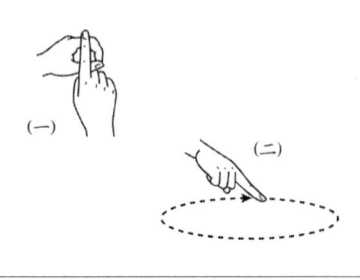

中场 zhōngchǎng
（一）左手拇、食指与右手食指搭成"中"字形。
（二）一手伸食指，指尖朝下划一大圈。

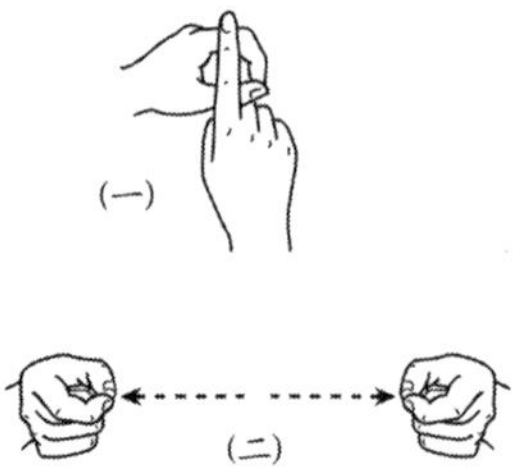

中线 zhōngxiàn
（一）左手拇、食指与右手食指搭成"中"字形。
（二）双手拇、食指相捏，虎口朝上，从中间向两侧拉开。

四、球类运动　103

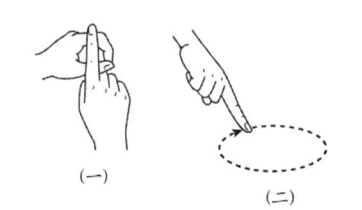

中圈　zhōngquān
（一）左手拇、食指与右手食指搭成"中"字形。
（二）一手伸食指，指尖朝下划一个圆圈。

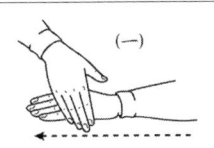

边线　biānxiàn
（一）左手横伸，掌心向下；右手食、中、无名、小指并拢，指尖朝下，沿左小臂向指尖方向划动一下。
（二）双手拇、食指相捏，虎口朝上，从中间向两侧拉开。

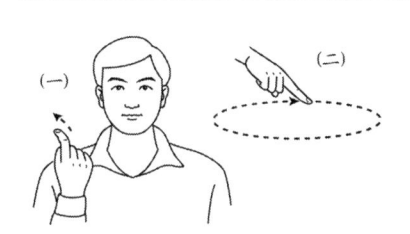

后场　hòuchǎng
（一）一手伸食指，朝肩后一指。
（二）一手伸食指，指尖朝下划一大圈。

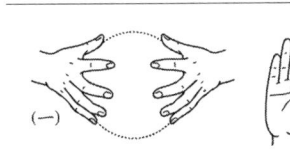

球门线　qiúménxiàn
（一）双手五指微曲张开，掌心左右相对，如球状。
（二）双手并排直立，掌心向外，食、中、无名、小指并拢，拇指弯回。
（三）双手拇、食指相捏，虎口朝上，从中间向两侧拉开。

端线（底线①）　duānxiàn（dǐxiàn①）
（一）左手横伸，掌心向下；右手侧立，在左手指尖处向内划一下。
（二）双手拇、食指相捏，虎口朝上，从中间向两侧拉开。

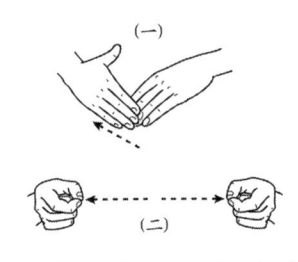

底线②　dǐxiàn②
（一）左手伸小指；右手伸食指，敲一下左手小指。
（二）双手拇、食指相捏，虎口朝上，从中间向两侧拉开。

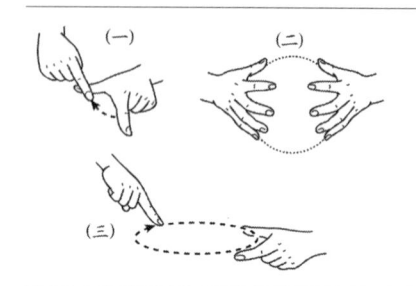

角球区 jiǎoqiúqū

（一）左手拇、食指成"⌐"形，虎口朝上；右手伸食指，指尖朝下，在左手拇、食指间做弧形移动。

（二）双手五指微曲张开，掌心左右相对，如球状。

（三）左手拇、食指成半圆形，虎口朝上；右手伸食指，指尖朝下，沿左手虎口划一圈。

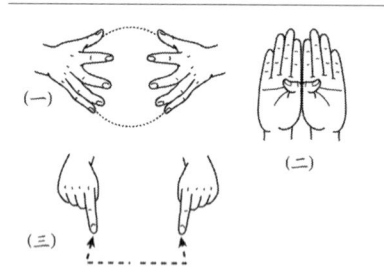

球门区 qiúménqū

（一）双手五指微曲张开，掌心左右相对，如球状。

（二）双手并排直立，掌心向外，食、中、无名、小指并拢，拇指弯回。

（三）双手伸食指，指尖朝下，从中间向两侧移动少许，再折而向内成"⌐⌐"形。

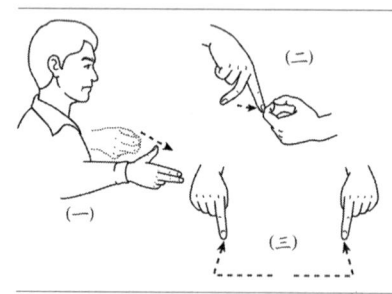

罚球区 fáqiúqū

（一）一手拇、食、中指相捏，边向前一挥边张开，食、中指并拢，面露严肃的表情。

（二）左手拇、食指捏成圆形，虎口朝上；右手食、中指叉开，指尖朝下，食指弹击左手圆形，如踢罚球状。

（三）双手伸食指，指尖朝下，从中间向两侧移动长些距离，再折而向内成"⌐⌐"形，表示罚球区大于球门区。

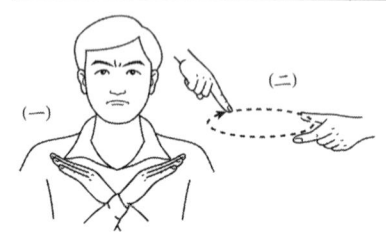

禁区 jìnqū

（一）双手五指并拢，手腕交叉相搭成"×"形，仿"禁止"标志。

（二）左手拇、食指成半圆形，虎口朝上；右手伸食指，指尖朝下，沿左手虎口划一圈。

（可根据实际表示禁区的方位和范围）

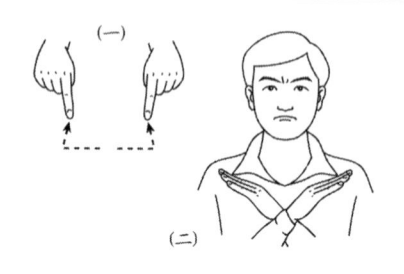

小禁区 xiǎojìnqū

（一）双手伸食指，指尖朝下，从中间向两侧移动少许，再折而向内成"⌐⌐"形，表示球门区是小禁区。

（二）双手五指并拢，手腕交叉相搭成"×"形，仿"禁止"标志。

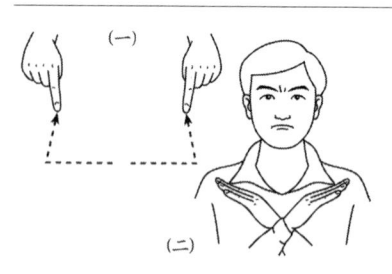

大禁区 dàjìnqū

（一）双手伸食指，指尖朝下，从中间向两侧移动长些距离，再折而向内成"⌐⌐"形，表示罚球区是大禁区。

（二）双手五指并拢，手腕交叉相搭成"×"形，仿"禁止"标志。

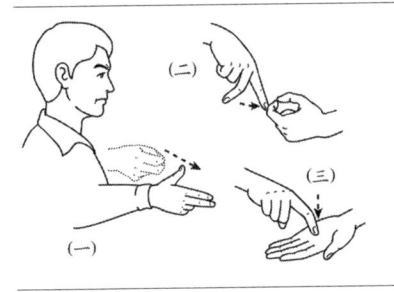

罚球点 fáqiúdiǎn

（一）一手拇、食、中指相捏，边向前一挥边张开，食、中指并拢，面露严肃的表情。

（二）左手拇、食指捏成圆形，虎口朝上；右手食、中指叉开，指尖朝下，食指弹击左手圆形，如踢罚球状。

（三）左手横伸；右手伸食指，指尖朝下，在左手掌心上点一下。

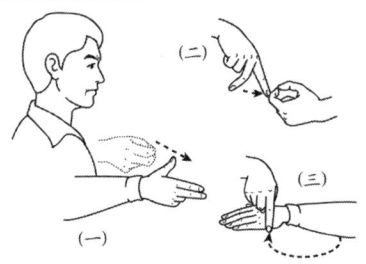

罚球弧 fáqiúhú

（一）一手拇、食、中指相捏，边向前一挥边张开，食、中指并拢，面露严肃的表情。

（二）左手拇、食指捏成圆形，虎口朝上；右手食、中指叉开，指尖朝下，食指弹击左手圆形，如踢罚球状。

（三）左手横伸，手背向上；右手伸食指，指尖朝下，从左小臂向左手背边缘划一条弧线。

4. 乒乓球

乒乓球① pīngpāngqiú ①

左手拇、食指捏成圆形，虎口朝上；右手横立，手背击打三下左手拇指，如打乒乓球状。既表示"乒乓球"的名词意思，又表示"打乒乓球"的意思。

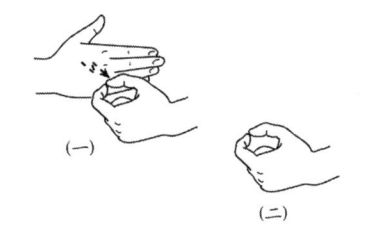

乒乓球② pīngpāngqiú ②

（一）左手拇、食指捏成圆形，虎口朝上；右手横立，手背击打两下左手拇指，如打乒乓球状。

（二）左手拇、食指捏成圆形，虎口朝上。

（此手势表示"乒乓球"的名词意思）

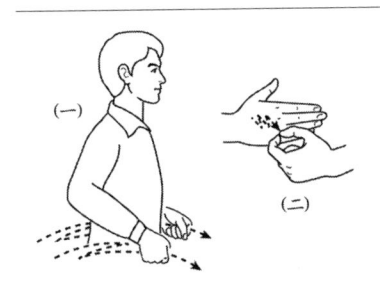

轮椅乒乓球 lúnyǐ pīngpāngqiú

（一）双手虚握，虎口朝前，在腰部两侧做向前转动轮子的动作。

（二）左手拇、食指捏成圆形，虎口朝上；右手横立，手背击打三下左手拇指，如打乒乓球状。

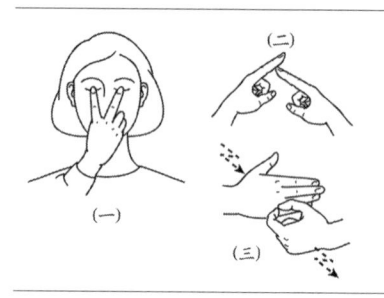

盲人乒乓球 mángrén pīngpāngqiú

（一）一手食、中指指尖贴于双眼，眼闭拢，表示双目失明。
（二）双手食指搭成"人"字形。
（三）左手拇、食指捏成圆形，虎口朝上；右手横立，手背向前推两下左手拇指，模仿盲人乒乓球是推球而非击打的技术动作。

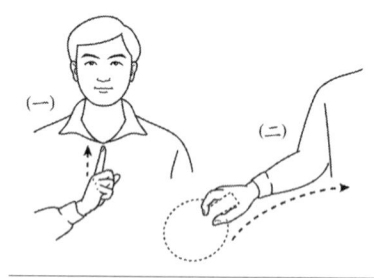

单打 dāndǎ

（一）一手食指直立，虎口贴于胸部，向上移动少许。
（二）一手拇、食指弯曲，并向斜上方挥动，如握乒乓球拍击球状。

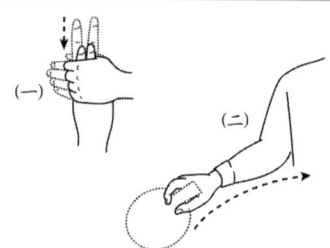

双打 shuāngdǎ

（一）左手五指微曲，虎口朝上；右手食、中指直立分开，手背向外，边从上向下移入左手掌心内边并拢，左手握住右手食、中指。
（二）一手拇、食指弯曲，并向斜上方挥动，如握乒乓球拍击球状。

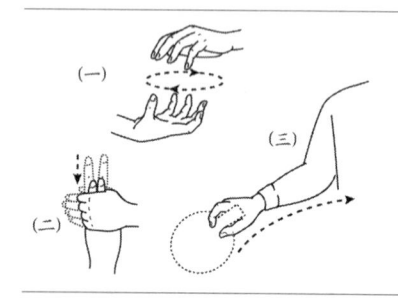

混合双打 hùnhé shuāngdǎ

（一）双手五指弯曲，指尖上下相对，交替平行转动两下。
（二）左手五指微曲，虎口朝上；右手食、中指直立分开，手背向外，边从上向下移入左手掌心内边并拢，左手握住右手食、中指。
（三）一手拇、食指弯曲，并向斜上方挥动，如握乒乓球拍击球状。

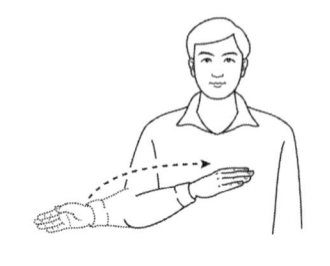

正手 zhèngshǒu

右手横立，指尖朝右，从身体右侧挥至左胸前，掌心向下，模仿正手挥拍的动作。

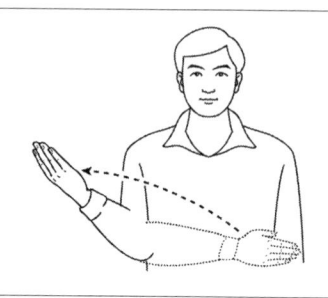

反手 fǎnshǒu

右手横立，指尖朝左，从左腰部挥至身体右侧，掌心向斜上方，模仿反手挥拍的动作。

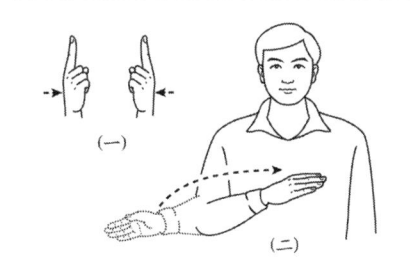

四、球类运动　107

对攻　duìgōng

（一）双手食指直立，指面左右相对，从两侧向中间微移一下。

（二）右手横立，指尖朝右，从身体右侧挥至左胸前，掌心向下，模仿正手挥拍的动作。

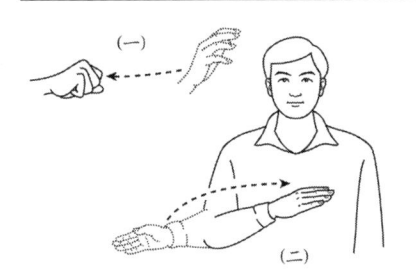

抢攻　qiǎnggōng

（一）一手五指微曲，掌心向前，边用力向后移动边握拳。

（二）右手横立，指尖朝右，从身体右侧挥至左胸前，掌心向下，模仿正手挥拍的动作。

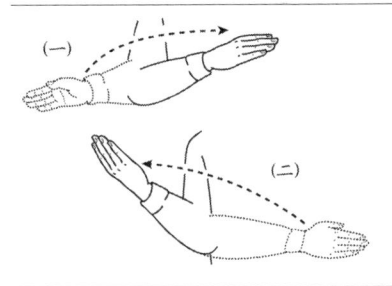

两面攻　liǎngmiàngōng

（一）右手横立，指尖朝右，从身体右侧挥至左胸前，掌心向下，模仿正手挥拍的动作。

（二）右手横立，指尖朝左，从左腰部挥至身体右侧，掌心向斜上方，模仿反手挥拍的动作。

高抛发球　gāopāofāqiú

左手虚握，掌心向上，向上一抛；右手拇、食指弯曲，向左挥动一下，模仿高抛发球的动作。

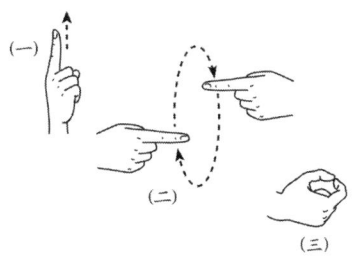

上旋球　shàngxuánqiú

（一）一手食指直立，向上一指。

（二）双手食指横伸，手背向外，交替向前转动两圈。

（三）一手拇、食指捏成圆形，虎口朝上。

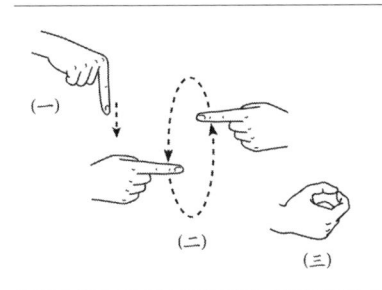

下旋球　xiàxuánqiú

（一）一手伸食指，指尖朝下一指。

（二）双手食指横伸，手背向外，交替向后转动两圈。

（三）一手拇、食指捏成圆形，虎口朝上。

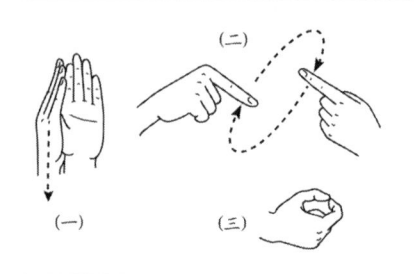

侧旋球　cèxuánqiú

（一）左手直立，掌心向外；右手直立，掌心贴于左手拇指，从上向下动一下。
（二）双手食指斜伸，交替向前转动两圈。
（三）一手拇、食指捏成圆形，虎口朝上。

弧圈球　húquānqiú

左手拇、食指捏成圆形，虎口朝上；右手食、中、无名、小指并拢，用力向左上方挥动，掌心蹭一下左手，左手随之向一侧做弧形移动，再做直线移动。
（可根据实际表示打弧圈球的动作）

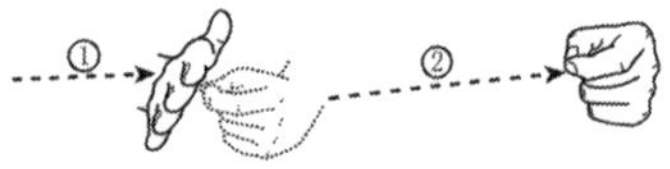

抽球　chōuqiú

左手拇、食指捏成圆形，虎口朝上；右手食、中、无名、小指并拢，向左击打左手，左手随之向一侧移动。

搓球　cuōqiú

左手拇、食指捏成圆形，虎口朝上；右手食、中、无名、小指并拢，指背在左手下向前一蹭，左手随之向前移动，模仿乒乓球搓球的动作。

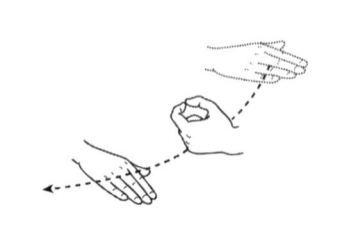

削球　xiāoqiú

左手拇、食指捏成圆形，虎口朝上；右手食、中、无名、小指并拢，在左手后向下做弧形移动，指背蹭一下左手，模仿反手削球的动作。

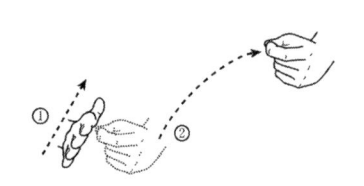

提拉　tílā

左手拇、食指捏成圆形，虎口朝上；右手食、中、无名、小指并拢，用力向上挥动，掌心蹭一下左手，左手随之向上做弧形移动。

四、球类运动　109

推挡　tuīdǎng
　　左手拇、食指捏成圆形，虎口朝上；右手横立，手背击打一下左手，左手随之向前移动。

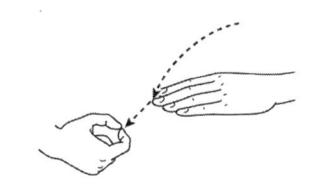

擦边球①　cābiānqiú ①
　　左手横伸，掌心向下，表示乒乓球台台面；右手拇、食指捏成圆形，从左上方向右下方移动，蹭一下左手指尖。

近台　jìntái
　　左手横伸，掌心向下，表示乒乓球台台面；右手伸拇、小指，指尖朝前，从后向前靠近左手，表示近台。

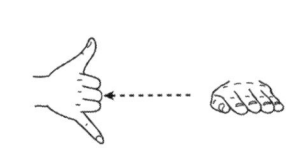

远台　yuǎntái
　　左手横伸，掌心向下，表示乒乓球台台面；右手伸拇、小指，指尖朝前，从左手内侧向后移动，表示远台。

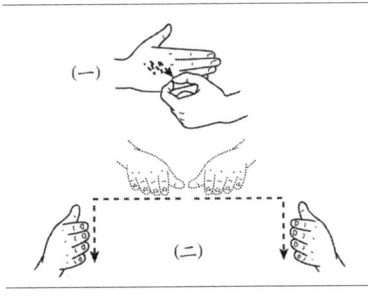

乒乓球台　pīngpāngqiútái
　　（一）左手拇、食指捏成圆形，虎口朝上；右手横立，手背击打三下左手拇指，如打乒乓球状。
　　（二）双手平伸，掌心向下，先从中间向两侧平移，再折而下移成"冂"形，表示乒乓球台。

乒乓球拍　pīngpāngqiúpāi
　　（一）左手拇、食指捏成圆形，虎口朝上；右手横立，手背击打三下左手拇指，如打乒乓球状。
　　（二）双手拇、食指成大圆形，虎口朝上。

直拍　zhípāi

一手拇、食指弯曲，并向斜上方挥动，如握乒乓球拍击球状。

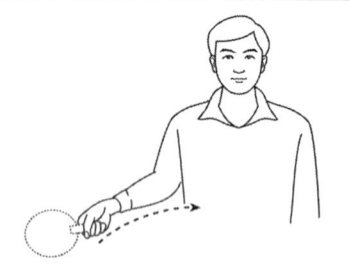

横拍　héngpāi

一手虚握，并向斜上方挥动，如横握乒乓球拍击球状。

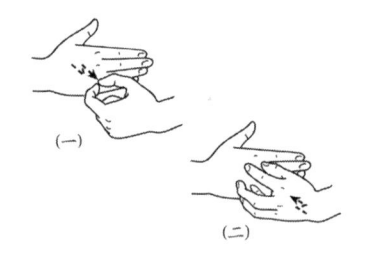

正胶　zhèngjiāo

（一）左手拇、食指捏成圆形，虎口朝上；右手横立，手背击打两下左手拇指，如打乒乓球状。

（二）右手横立，手背向外；左手五指弯曲，指尖朝内，在右手背上随意点动几下，表示正胶球拍面有胶粒。

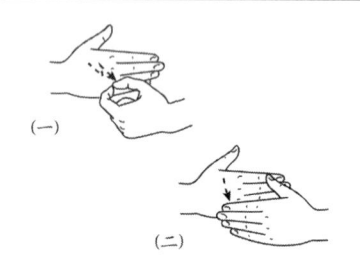

反胶　fǎnjiāo

（一）左手拇、食指捏成圆形，虎口朝上；右手横立，手背击打两下左手拇指，如打乒乓球状。

（二）右手横立，手背向外；左手摸一下右手背，表示反胶球拍面光滑无胶粒。

5. 羽毛球

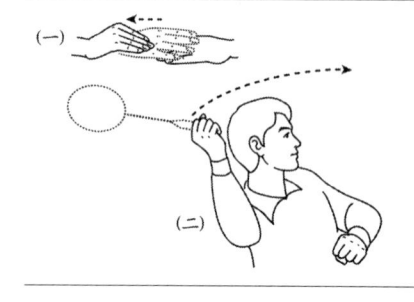

羽毛球①　yǔmáoqiú ①

（一）左手横伸；右手五指在左手背上轻捋一下，如摸毛絮状。

（二）一手虚握，向前挥动，模仿打羽毛球的动作。

（此手势既表示"羽毛球"的名词意思，又表示"打羽毛球"的意思）

四、球类运动　111

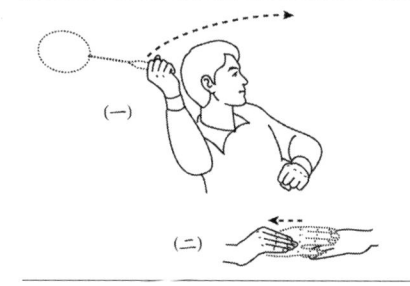

羽毛球②　yǔmáoqiú ②

（一）一手虚握，向前挥动，模仿打羽毛球的动作。
（二）左手横伸；右手五指在左手背上轻拊一下，如摸毛絮状。
（此手势表示"羽毛球"的名词意思）

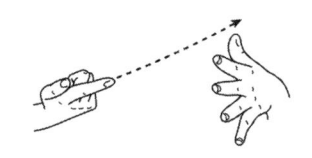

高远球　gāoyuǎnqiú

左手横立，掌心向内，五指张开，表示球网；右手拇指尖按于食指根部，食指尖朝前，手背向下，从后向前上方移动，越过左手。

挑球　tiāoqiú

右臂前伸，右手虚握，手腕向上一挑，如网前挑羽毛球状。
（可根据实际表示挑球的动作）

落网球（吊球）　luòwǎngqiú（diàoqiú）

左手横立，掌心向内，五指张开，表示球网；右手拇、食指捏成圆形，虎口朝上，从后向前越过左手后立即下落。

勾对角球　gōuduìjiǎoqiú

（一）右臂前伸，右手虚握，手腕向上一挑，如网前挑羽毛球状。
（二）左手横立，掌心向内，五指张开，表示球网；右手拇、食指捏成圆形，虎口朝上，从左后方向右前方做弧形移动，越过左手。

压线球　yāxiànqiú

左手食指横伸，手背向外；右手五指弯曲，指尖朝上，从上向下落至左手食指上。
（可根据实际选择不同的球类手势表示压线球）

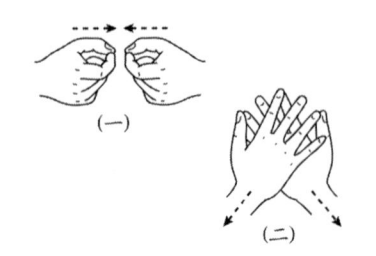

近网 jìnwǎng
（一）双手拇、食指相捏，虎口朝上，相互靠近。
（二）双手五指张开，手背向外，交叉相搭，向两侧斜下方移动。

封网 fēngwǎng
左手横立，掌心向内，五指张开，表示球网；右手直立，掌心向外，从左手后上方向前下方压一下，表示立起羽毛球拍在网前挡来球。

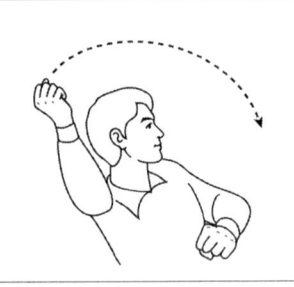

扣杀 kòushā
一手虚握，从头顶用力向前下方挥动。

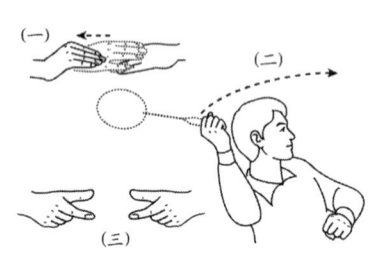

羽毛球拍 yǔmáoqiúpāi
（一）左手横伸；右手五指在左手背上轻捋一下，如摸毛絮状。
（二）一手虚握，向前挥动，模仿打羽毛球的动作。
（三）双手拇、食指成大圆形，虎口朝上。

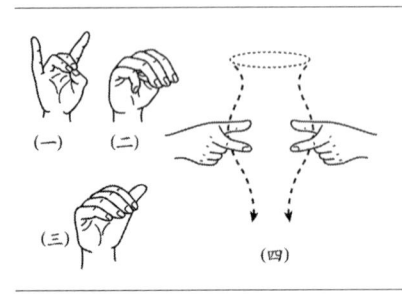

汤姆斯杯 Tāngmǔsībēi
（一）一手打手指字母"T"的指式。
（二）一手打手指字母"M"的指式。
（三）一手打手指字母"S"的指式。
（四）双手拇、食指成大圆形，虎口朝上，从上向下做曲线形移动，仿奖杯的形状。

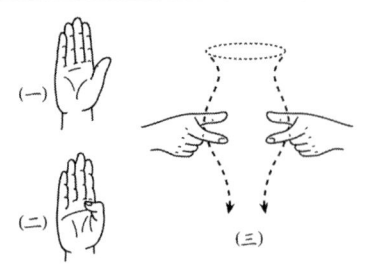

尤伯杯 Yóubóbēi
（一）一手打手指字母"U"的指式。
（二）一手打手指字母"B"的指式。
（三）双手拇、食指成大圆形，虎口朝上，从上向下做曲线形移动，仿奖杯的形状。

6. 网球

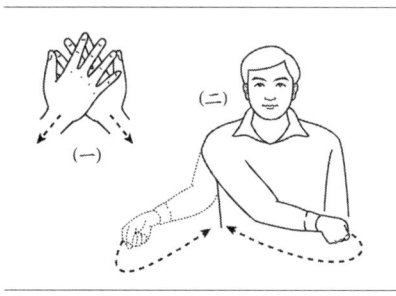

网球① wǎngqiú ①
（一）双手五指张开，手背向外，交叉相搭，向两侧斜下方移动。
（二）一手握拳，在腰部左右挥动，如打网球状。
（此手势既表示"网球"的名词意思，又表示"打网球"的意思）

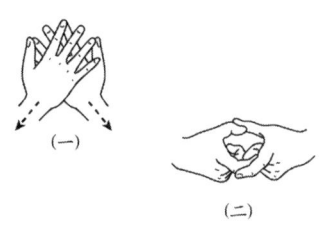

网球② wǎngqiú ②
（一）双手五指张开，手背向外，交叉相搭，向两侧斜下方移动。
（二）双手拇、食指搭成圆形，虎口朝上，如网球大小。
（此手势表示"网球"的名词意思）

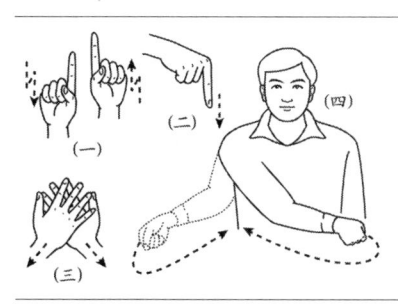

草地网球 cǎodì wǎngqiú
（一）双手食指直立，手背向内，上下交替动几下。
（二）一手伸食指，指尖朝下一指。
（三）双手五指张开，手背向外，交叉相搭，向两侧斜下方移动。
（四）一手握拳，在腰部左右挥动，如打网球状。

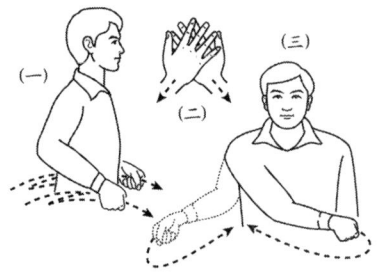

轮椅网球 lúnyǐ wǎngqiú
（一）双手虚握，虎口朝前，在腰部两侧做向前转动轮子的动作。
（二）双手五指张开，手背向外，交叉相搭，向两侧斜下方移动。
（三）一手握拳，在腰部左右挥动，如打网球状。

软式网球（软网） ruǎnshì wǎngqiú（ruǎnwǎng）
（一）右手拇、食指捏住左手食指尖，随意晃动几下，左手食指随之弯曲。
（二）双手拇、食指成"⌞⌟"形，置于脸颊两侧，上下交替动两下。
（三）双手五指张开，手背向外，交叉相搭，向两侧斜下方移动。
（四）一手握拳，在腰部左右挥动，如打网球状。

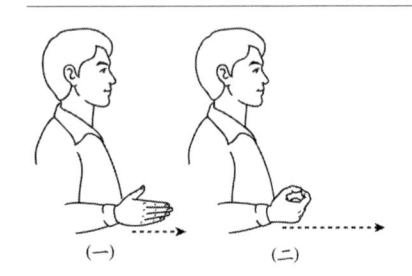

直线球 zhíxiànqiú

（一）一手侧立，向前移动一下。
（二）一手拇、食指捏成圆形，虎口朝上，向前移动一下。

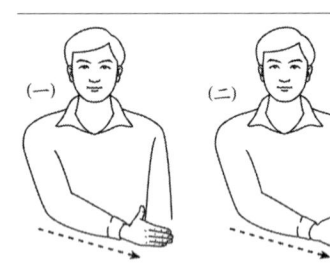

斜线球 xiéxiànqiú

（一）一手斜立，向斜前方移动一下。
（二）一手拇、食指捏成圆形，虎口朝上，向斜前方移动一下。

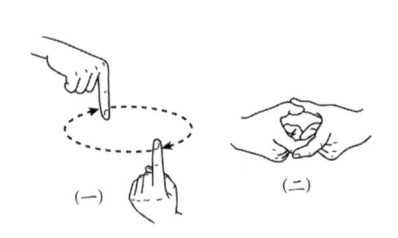

旋转球 xuánzhuǎnqiú

（一）双手伸食指，指尖上下相对，交替平行转动两圈。
（二）双手拇、食指搭成圆形，虎口朝上。

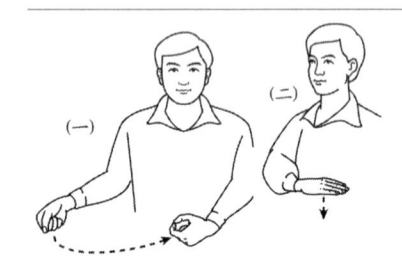

抽低球 chōudīqiú

（一）左手拇、食指捏成圆形，虎口朝上；右手握拳，从身体右侧挥向左手，模仿网球抽球的动作。
（二）一手横伸，掌心向下，自腹部向下一按。

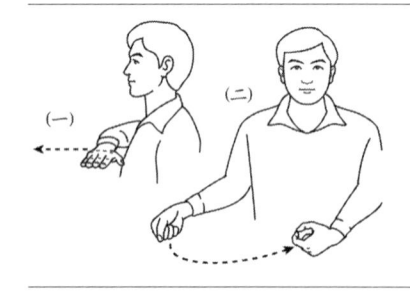

平击球 píngjīqiú

（一）一手横伸，掌心向下，从胸部向外移动一下。
（二）左手拇、食指捏成圆形，虎口朝上；右手握拳，从身体右侧挥向左手，模仿网球抽球的动作。

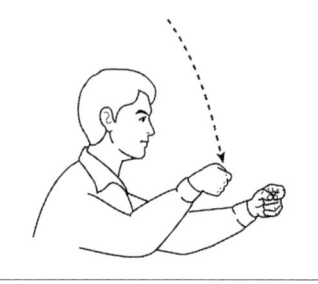

高压球 gāoyāqiú

左手拇、食指捏成圆形，虎口朝上；右手握拳，从头上方向下挥向左手。

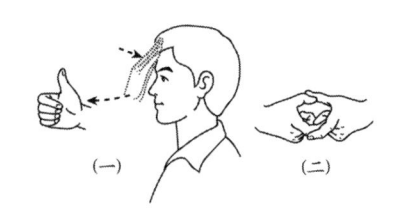

机会球 jīhuìqiú
（一）一手拍一下前额，然后边向前下方移动边伸出拇指。
（二）双手拇、食指搭成圆形，虎口朝上。

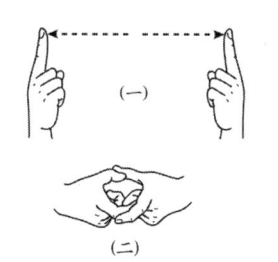

长球 chángqiú
（一）双手食指直立，指面左右相对，从中间向两侧拉开。
（二）双手拇、食指搭成圆形，虎口朝上。

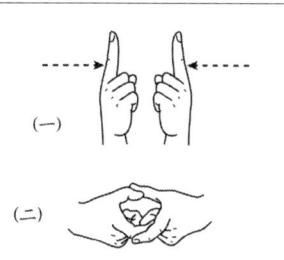

短球 duǎnqiú
（一）双手食指直立，指面左右相对，从两侧向中间移动。
（二）双手拇、食指搭成圆形，虎口朝上。

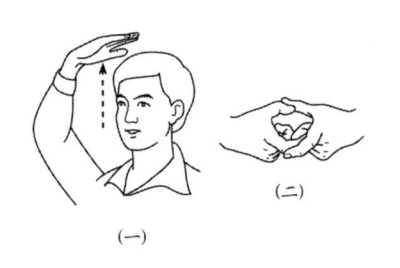

高球 gāoqiú
（一）一手横伸，掌心向下，向上移过头顶。
（二）双手拇、食指搭成圆形，虎口朝上。

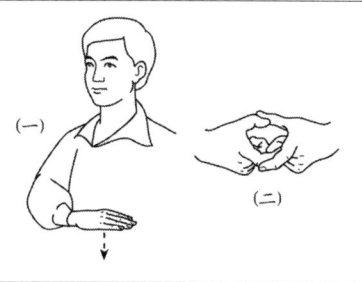

低球 dīqiú
（一）一手横伸，掌心向下，自腹部向下一按。
（二）双手拇、食指搭成圆形，虎口朝上。

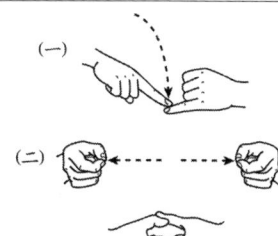

底线球 dǐxiànqiú
（一）左手伸小指；右手伸食指，敲一下左手小指。
（二）双手拇、食指相捏，虎口朝上，从中间向两侧拉开。
（三）双手拇、食指搭成圆形，虎口朝上。

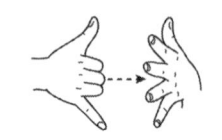

上网　shàngwǎng

左手横立，掌心向内，五指张开，表示球网；右手伸拇、小指，指尖朝前，从后向前移向左手。

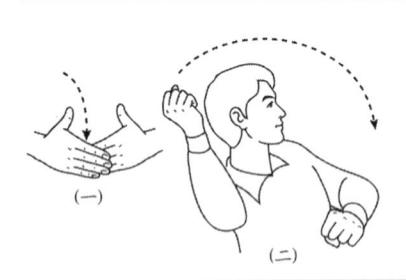

截击　jiéjī

（一）左手横立，掌心向内；右手在左手指尖旁从上向下一切。
（二）一手握拳，从头顶用力向前下方挥动。

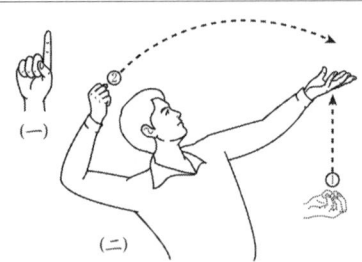

一发（第一次发球）　yīfā（dìyīcì fāqiú）

（一）一手食指直立，掌心向外。
（二）左手五指弯曲，掌心向上，向上一抛；右手握拳，从头顶用力向前挥动，模仿网球发球的动作。

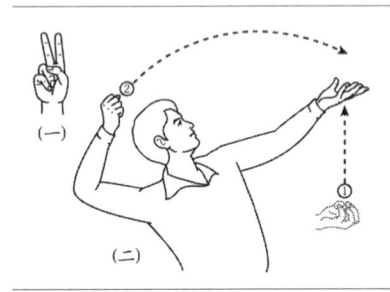

二发（第二次发球）　èrfā（dì'èrcì fāqiú）

（一）一手食、中指直立分开，掌心向外。
（二）左手五指弯曲，掌心向上，向上一抛；右手握拳，从头顶用力向前挥动，模仿网球发球的动作。

重发　chóngfā

（一）右手拇、食、中指相捏，手背向外，边向左移动边伸出食、中指。
（二）左手五指弯曲，掌心向上，向上一抛；右手握拳，从头顶用力向前挥动，模仿网球发球的动作。
（可根据实际表示不同球类的重发动作）

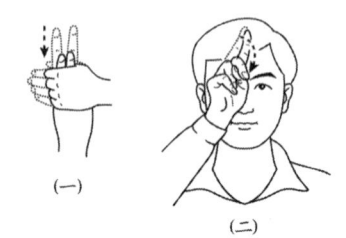

双误　shuāngwù

（一）左手五指微曲，虎口朝上；右手食、中指直立分开，手背向外，边从上向下移入左手掌心内边并拢，左手握住右手食、中指。
（二）一手食、中指直立相叠，掌心向外，置于前额，中指向下弯动一下。

四、球类运动　117

加赛　jiāsài

（一）左手侧立；右手拇、食指捏成圆形，虎口朝左，贴向左手掌心。

（二）双手伸拇指，上下交替动两下。

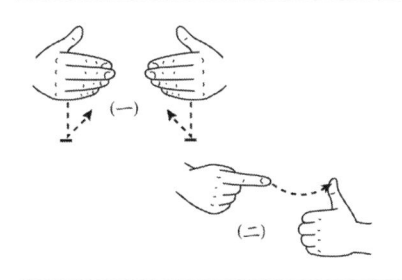

占先　zhànxiān

（一）双手横立，掌心向内，五指微曲，先向下一顿，再向内一搂。

（二）左手伸拇指；右手伸食指，碰一下左手拇指。

两跳　liǎngtiào

（一）一手食、中指直立分开，掌心向外。

（二）一手拇、食指捏成圆形，虎口朝上，在胸前随意点动两下。

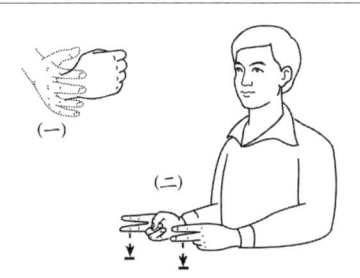

握法　wòfǎ

（一）一手五指先弯曲再握拳，虎口朝上。

（二）双手打手指字母"F"的指式，指尖朝前，向下一顿。

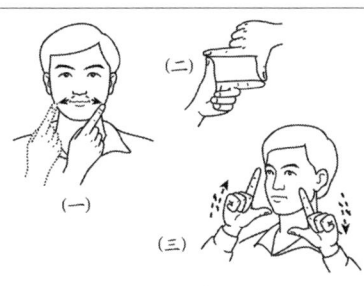

东方式　dōngfāngshì

（一）一手伸食指，在嘴两侧书写"八"，仿"东"字部分字形。

（二）双手拇、食指搭成"□"形。

（三）双手拇、食指成"⌊ ⌋"形，置于脸颊两侧，上下交替动两下。

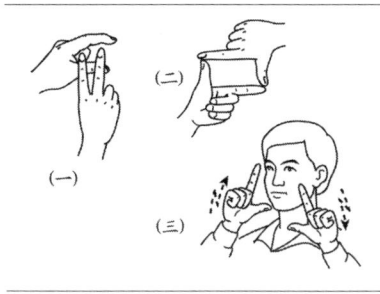

西方式　xīfāngshì

（一）左手拇、食指成"⊏"形，虎口朝内；右手食、中指直立分开，手背向内，贴于左手拇指，仿"西"字部分字形。

（二）双手拇、食指搭成"□"形。

（三）双手拇、食指成"⌊ ⌋"形，置于脸颊两侧，上下交替动两下。

7. 棒球 垒球

棒球①（垒球①） bàngqiú ① (lěiqiú ①)
　　双手虚握，置于右肩上，然后横着向前一挥，如挥棒击球状。既表示"棒球""垒球"的名词意思，又表示"打棒球""打垒球"的意思。

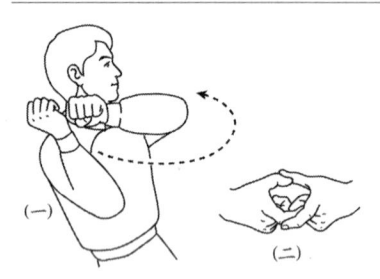

棒球②（垒球②） bàngqiú ② (lěiqiú ②)
　　（一）双手虚握，置于右肩上，然后横着向前一挥，如挥棒击球状。
　　（二）双手拇、食指搭成圆形，虎口朝上，如棒球、垒球大小。
　　（此手势表示"棒球""垒球"的名词意思）

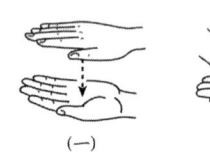

本垒 běnlěi
　　（一）双手平伸，掌心相对，左手在下不动，右手向下拍一下左手。
　　（二）左手横伸；右手握拳，置于左手掌心上。

一垒① yīlěi ①
　　（一）一手食指直立，掌心向外，表示数字"1"（表示"二垒"时打数字"2"的手势，以此类推）。
　　（二）左手横伸；右手握拳，置于左手掌心上。

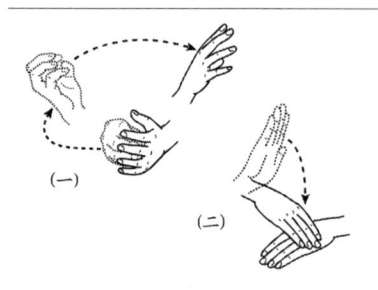

投手 tóushǒu
　　（一）左手五指微曲，掌心向右；右手五指弯曲，左手包住右手，然后右手从左手内移出，向斜上方做投掷的动作，如投垒球状。
　　（二）左手横伸，掌心向下；右手拍一下左手背。

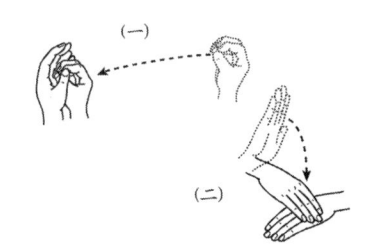

四、球类运动

接手　jiēshǒu
（一）左手五指微曲，掌心向外；右手五指捏成球形，掌心向内，移至左手掌心内，如接垒球状。
（二）左手横伸，掌心向下；右手拍一下左手背。

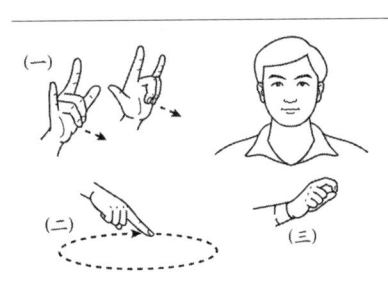

守场员　shǒuchǎngyuán
（一）双手拇、食、小指直立，掌心向外一推。
（二）一手伸食指，指尖朝下划一大圈。
（三）右手拇、食指捏成圆形，虎口朝内，贴于左胸部。

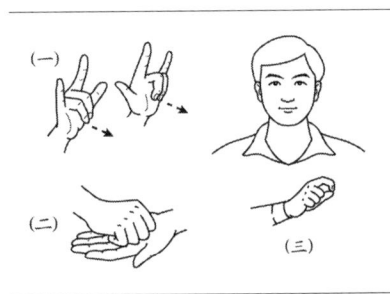

守垒员　shǒulěiyuán
（一）双手拇、食、小指直立，掌心向外一推。
（二）左手横伸；右手握拳，置于左手掌心上。
（三）右手拇、食指捏成圆形，虎口朝内，贴于左胸部。

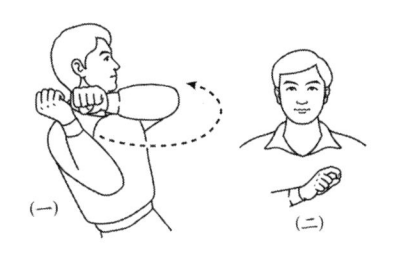

击球员　jīqiúyuán
（一）双手虚握，置于右肩上，然后横着向前一挥，如挥棒击球状。
（二）右手拇、食指捏成圆形，虎口朝内，贴于左胸部。

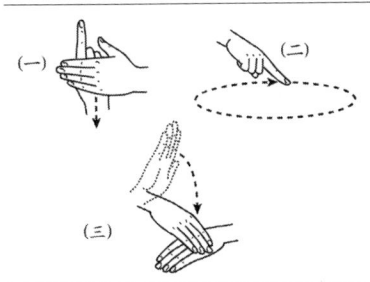

内场手　nèichǎngshǒu
（一）左手横立；右手食指直立，在左手掌心内从上向下移动。
（二）一手伸食指，指尖朝下划一大圈。
（三）左手横伸，掌心向下；右手拍一下左手背。

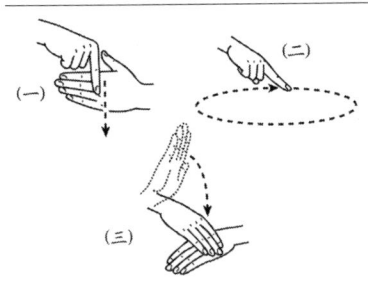

外场手　wàichǎngshǒu
（一）左手横立；右手伸食指，指尖朝下，在左手背外向下指。
（二）一手伸食指，指尖朝下划一大圈。
（三）左手横伸，掌心向下；右手拍一下左手背。

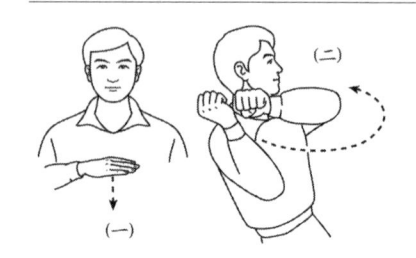

安打　āndǎ
（一）一手横伸，掌心向下，自胸部向下一按。
（二）双手虚握，置于右肩上，然后横着向前一挥，如挥棒击球状。

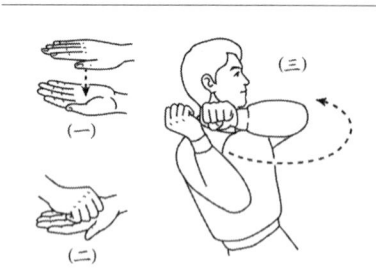

本垒打　běnlěidǎ
（一）双手平伸，掌心相对，左手在下不动，右手向下拍一下左手。
（二）左手横伸；右手握拳，置于左手掌心上。
（三）双手虚握，置于右肩上，然后横着向前一挥，如挥棒击球状。

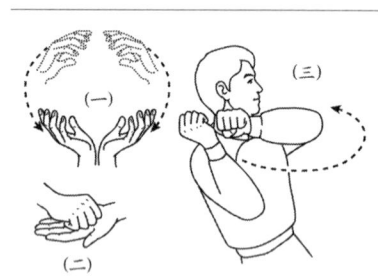

全垒打　quánlěidǎ
（一）双手五指微曲，指尖左右相对，然后向下做弧形移动，手腕靠拢。
（二）左手横伸；右手握拳，置于左手掌心上。
（三）双手虚握，置于右肩上，然后横着向前一挥，如挥棒击球状。

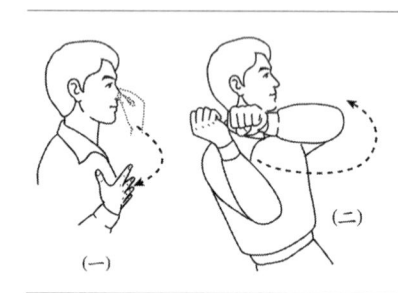

牺牲打　xīshēngdǎ
（一）一手捏一下鼻子，然后向胸部一甩，五指张开。
（二）双手虚握，置于右肩上，然后横着向前一挥，如挥棒击球状。

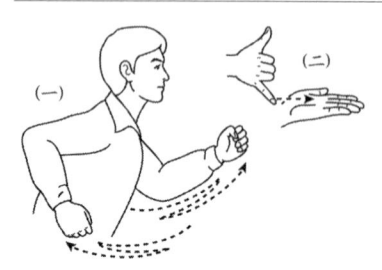

跑垒　pǎolěi
（一）双手握拳屈肘，前后交替摆动两下，如跑步状。
（二）左手平伸；右手伸拇、小指，指尖朝前，从后向前移至左手掌心。

滑垒　huálěi
左手平伸；右手伸拇、小指，手背向下，从后向前滑向左手掌心，模仿跑垒员倒地伸脚触碰垒垫的滑垒动作。

四、球类运动　121

偷垒　tōulěi

（一）左臂横伸，左手握拳，手背向上；右手五指张开，掌心向下，边从左臂下向右移动边握拳。

（二）左手平伸；右手伸拇、小指，指尖朝前，从后向前移至左手掌心。

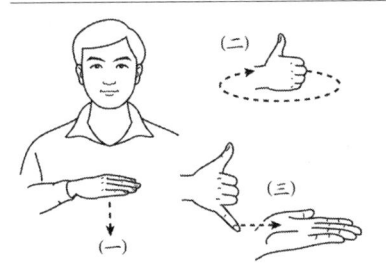

安全上垒　ānquán shànglěi

（一）一手横伸，掌心向下，自胸部向下一按。

（二）一手伸拇指，顺时针平行转动一圈。

（三）左手平伸；右手伸拇、小指，指尖朝前，从后向前移至左手掌心。

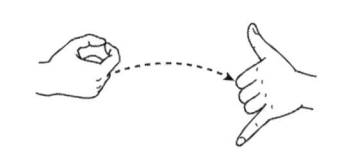

触击　chùjī

左手伸拇、小指，手背向外；右手拇、食指捏成圆形，虎口朝上，碰一下左手。

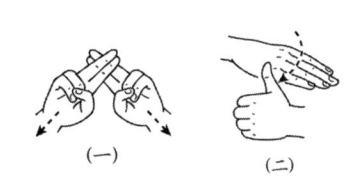

封杀　fēngshā

（一）双手食、中指并拢，掌心向外，搭成"×"形，然后向两侧斜下方移动。

（二）左手伸拇指；右手五指并拢，掌心向下，向左手拇指背砍一下。

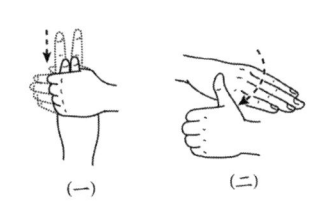

双杀　shuāngshā

（一）左手五指微曲，虎口朝上；右手食、中指直立分开，手背向外，边从上向下移入左手掌心内边并拢，左手握住右手食、中指。

（二）左手伸拇指；右手五指并拢，掌心向下，向左手拇指背砍一下。

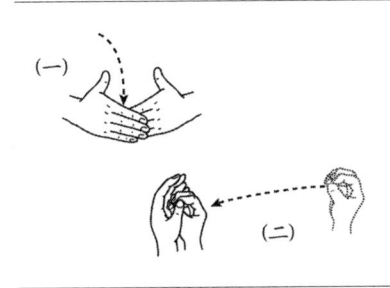

拦接　lánjiē

（一）左手横立，掌心向内；右手在左手指尖旁从上向下一切。

（二）左手五指微曲，掌心向外；右手五指捏成球形，掌心向内，移至左手掌心内，如接垒球状。

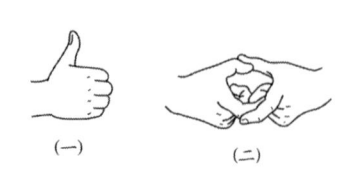

好球 hǎoqiú

（一）一手伸拇指。
（二）双手拇、食指搭成圆形，虎口朝上。

坏球 huàiqiú

（一）一手伸小指，指尖朝前上方。
（二）双手拇、食指搭成圆形，虎口朝上。

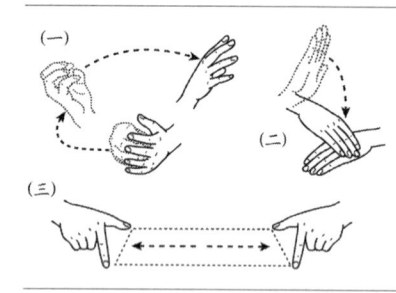

投手板 tóushǒubǎn

（一）左手五指微曲，掌心向右；右手五指弯曲，左手包住右手，然后右手从左手内移出，向斜上方做投掷的动作，如投垒球状。
（二）左手横伸，掌心向下；右手拍一下左手背。
（三）双手拇、食指张开，指尖朝下，虎口相对，从中间向两侧移动。

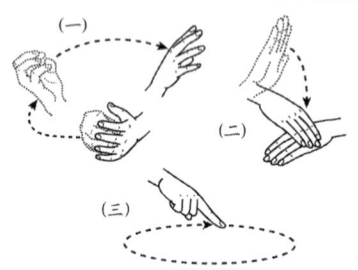

投手圈 tóushǒuquān

（一）左手五指微曲，掌心向右；右手五指弯曲，左手包住右手，然后右手从左手内移出，向斜上方做投掷的动作，如投垒球状。
（二）左手横伸，掌心向下；右手拍一下左手背。
（三）一手伸食指，指尖朝下划一大圈。

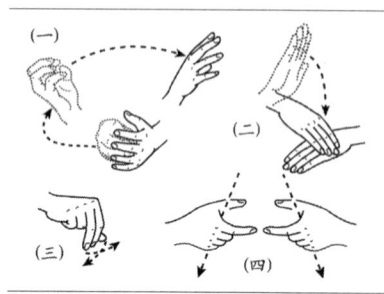

投手土墩 tóushǒu tǔdūn

（一）左手五指微曲，掌心向右；右手五指弯曲，左手包住右手，然后右手从左手内移出，向斜上方做投掷的动作，如投垒球状。
（二）左手横伸，掌心向下；右手拍一下左手背。
（三）一手拇、食、中指相捏，指尖朝下，互捻几下。
（四）双手拇、食指成大圆形，虎口朝上，同时向两侧斜下方移动。

垒包（垒垫） lěibāo (lěidiàn)

（一）左手横伸；右手握拳，置于左手掌心上。
（二）左手横伸；右手五指成"コ"形，指尖朝左，在左手掌心下捏动几下。

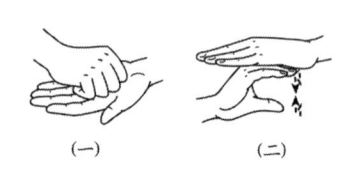

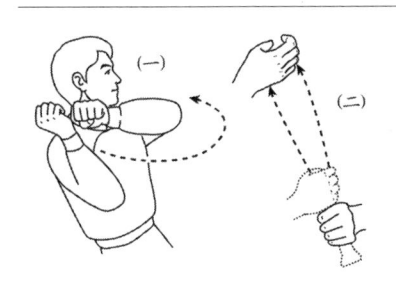

球棒 qiúbàng

（一）双手虚握，置于右肩上，然后横着向前一挥，如挥棒击球状。

（二）双手虚握，左手在下不动，右手边向上移动边弯曲五指，仿棒（垒）球球棒的形状。

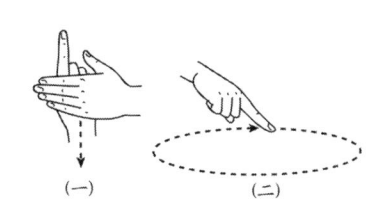

内场 nèichǎng

（一）左手横立；右手食指直立，在左手掌心内从上向下移动。

（二）一手伸食指，指尖朝下划一大圈。

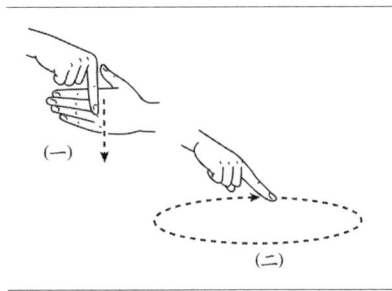

外场 wàichǎng

（一）左手横立；右手伸食指，指尖朝下，在左手背外向下指。

（二）一手伸食指，指尖朝下划一大圈。

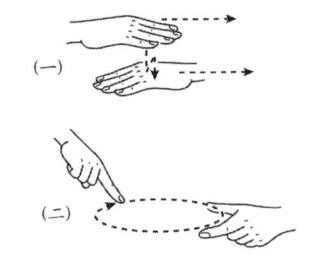

准备区 zhǔnbèiqū

（一）双手横伸，掌心向下，边右手掌拍左手背边双手同时向左移动。

（二）左手拇、食指成半圆形，虎口朝上；右手伸食指，指尖朝下，沿左手虎口划一圈。

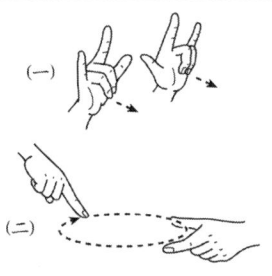

防守区 fángshǒuqū

（一）双手拇、食、小指直立，掌心向外一推。

（二）左手拇、食指成半圆形，虎口朝上；右手伸食指，指尖朝下，沿左手虎口划一圈。

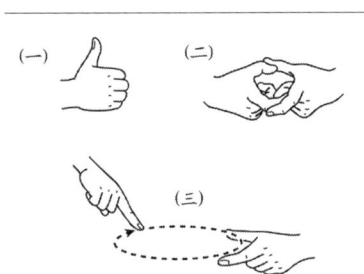

好球区 hǎoqiúqū

（一）一手伸拇指。

（二）双手拇、食指搭成圆形，虎口朝上。

（三）左手拇、食指成半圆形，虎口朝上；右手伸食指，指尖朝下，沿左手虎口划一圈。

8. 橄榄球

橄榄球 gǎnlǎnqiú
　　双手五指弯曲张开，指尖左右相对，边从中间向两侧移动边撮合，仿橄榄球的形状。

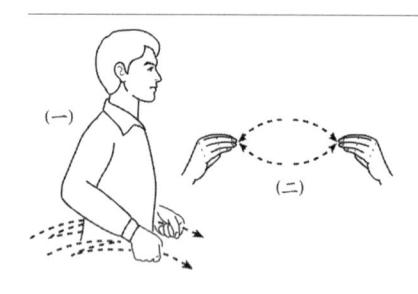

轮椅橄榄球 lúnyǐ gǎnlǎnqiú
　　（一）双手虚握，虎口朝前，在腰部两侧做向前转动轮子的动作。
　　（二）双手五指弯曲张开，指尖左右相对，边从中间向两侧移动边撮合，仿橄榄球的形状。

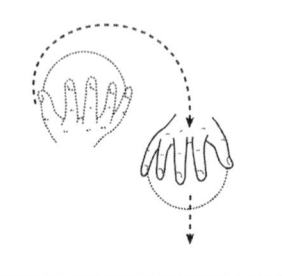

持球触地 chíqiú chùdì
　　一手五指弯曲张开，掌心向上，如持球状，然后翻转为掌心向下，并向下一按。

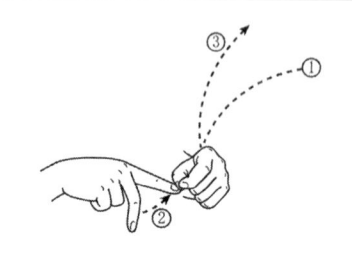

落踢 luòtī
　　左手拇、食指捏成圆形，从上向下做弧形移动；右手食、中指叉开，食指弹击左手圆形，左手随之向上移动。

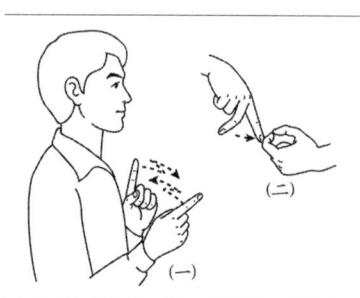

自由踢 zìyóutī
　　（一）双手食指直立，在胸前随意交替摆动几下。
　　（二）左手拇、食指捏成圆形，虎口朝上；右手食、中指叉开，指尖朝下，食指弹击左手圆形，如踢球状。

四、球类运动　125

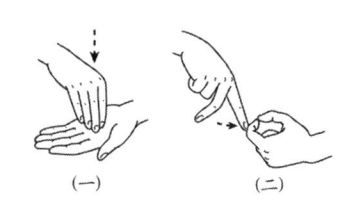

定踢　dìngtī

（一）左手横伸；右手五指撮合，指尖朝下，按向左手掌心。

（二）左手拇、食指捏成圆形，虎口朝上；右手食、中指叉开，指尖朝下，食指弹击左手圆形，如踢球状。

罚踢　fátī

（一）一手拇、食、中指相捏，边向前一挥边张开，食、中指并拢，面露严肃的表情。

（二）左手拇、食指捏成圆形，虎口朝上；右手食、中指叉开，指尖朝下，食指弹击左手圆形，如踢球状。

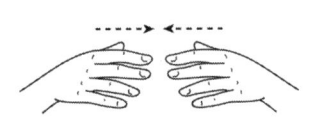

对阵　duìzhèn

双手横伸，手背向上，五指张开，指尖相对，同时从两侧向中间移动。

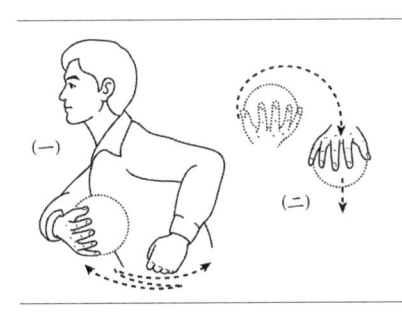

达阵　dázhèn

（一）左手握拳屈肘，前后摆动两下，如跑步状；右手五指弯曲张开，掌心向内，如持球贴于腹部状。

（二）一手五指弯曲张开，掌心向上，如持球状，然后翻转为掌心向下，并向下一按。

（此手势表示橄榄球比赛中重要的得分方式"达阵"，即进攻队员攻入防守方的得分区内用手持球触地）

肩甲　jiānjiǎ

双手五指弯曲张开，指尖朝下，置于肩两侧，然后向上一提。

面罩　miànzhào

左手直立，掌心向内，五指张开，置于面前；右手五指并拢，掌心向下，从后向前沿头顶移至前额。

9. 其他球类运动

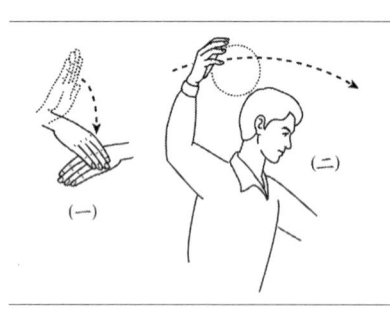

手球① shǒuqiú ①
（一）左手横伸，掌心向下；右手拍一下左手背。
（二）一手五指微曲张开，掌心向前，自头一侧上方用力向前一掷。
（此手势既表示"手球"的名词意思，又表示"投手球"的意思）

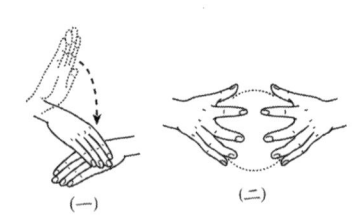

手球② shǒuqiú ②
（一）左手横伸，掌心向下；右手拍一下左手背。
（二）双手五指微曲张开，掌心左右相对，如球状。
（此手势表示"手球"的名词意思）

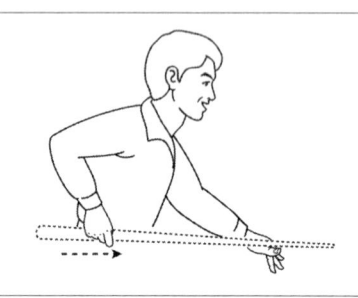

台球 táiqiú
左手拇指微抬，食、中、无名、小指分开，指尖朝下，在前；右手虚握，虎口朝前，在后，向前一杵，模仿台球杆架在左手虎口处，向前击打台球的动作。既表示"台球"的名词意思，又表示"打台球"的意思。

高尔夫球① gāo'ěrfūqiú ①
身体侧向一边，双手虚握，一上一下，如持球杆状，然后向前上方击打一下，模仿打高尔夫球的动作。既表示"高尔夫球"的名词意思，又表示"打高尔夫球"的意思。
（此为国际聋人手语）

高尔夫球② gāo'ěrfūqiú ②
（一）身体侧向一边，双手虚握，一上一下，如持球杆状，然后向前上方击打一下，模仿打高尔夫球的动作。
（二）双手拇、食指搭成圆形，虎口朝上，如高尔夫球大小。
（此手势表示"高尔夫球"的名词意思）

四、球类运动　127

曲棍球①　qūgùnqiú ①
左手虚握，在上；右手食指弯曲，指尖朝上，在下，双手虎口朝前下方，同时拨动两下。既表示"曲棍球"的名词意思，又表示"打曲棍球"的意思。

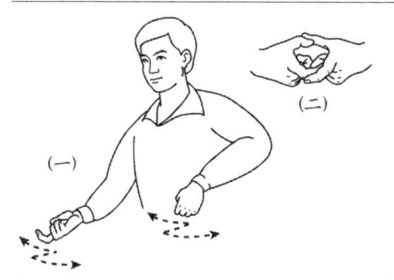

曲棍球②　qūgùnqiú ②
（一）左手虚握，在上；右手食指弯曲，指尖朝上，在下，双手虎口朝前下方，同时拨动两下。
（二）双手拇、食指搭成圆形，虎口朝上，如曲棍球大小。
（此手势表示"曲棍球"的名词意思）

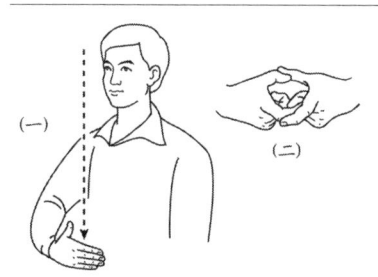

壁球　bìqiú
（一）一手横立，掌心向内，从上向下移动。
（二）双手拇、食指搭成圆形，虎口朝上，如壁球大小。

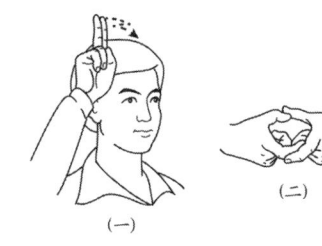

马球　mǎqiú
（一）一手食、中指直立并拢，虎口贴于太阳穴，向前微动两下，仿马的耳朵。
（二）双手拇、食指搭成圆形，虎口朝上，如马球大小。

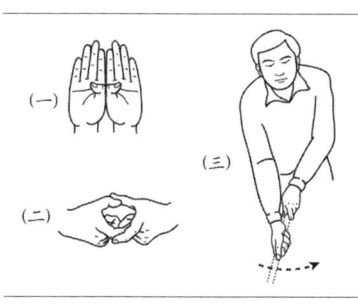

门球①　ménqiú ①
（一）双手并排直立，掌心向外，食、中、无名、小指并拢，拇指弯回。
（二）双手拇、食指搭成圆形，虎口朝上，如门球大小。
（三）身体前倾，双手虚握，一上一下，如持球杆状，然后向一侧挥动一下，模仿打门球的动作。
（此手势表示"打门球"的意思）

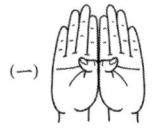

门球②　ménqiú ②
（一）双手并排直立，掌心向外，食、中、无名、小指并拢，拇指弯回。
（二）双手拇、食指搭成圆形，虎口朝上，如门球大小。
（此手势表示"门球"的名词意思）

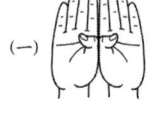

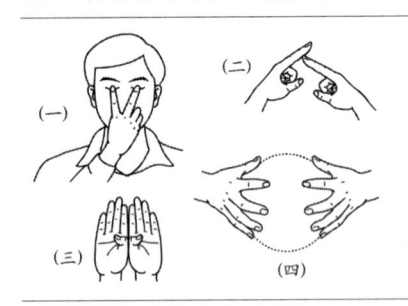

盲人门球　mángrén ménqiú

（一）一手食、中指指尖贴于双眼，眼闭拢，表示双目失明。
（二）双手食指搭成"人"字形。
（三）双手并排直立，掌心向外，食、中、无名、小指并拢，拇指弯回。
（四）双手五指微曲张开，掌心左右相对，如球状。

扑挡　pūdǎng

双手直立，掌心向外，五指张开，从头两侧同时向一侧移动，身体随之移动。

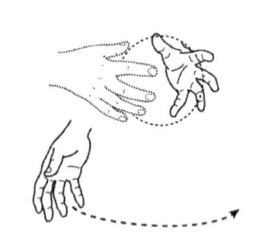

投球　tóuqiú

双手五指微曲张开，掌心左右相对，如持球状，然后左手不动，右手向前下方用力一抛，模仿盲人门球投球的动作。

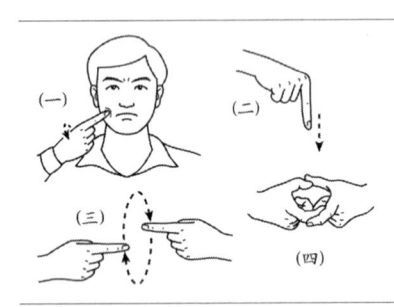

硬地滚球　yìngdì gǔnqiú

（一）一手食指抵于脸颊，向前微转一下，同时牙关紧咬。
（二）一手伸食指，指尖朝下一指。
（三）双手食指横伸，手背向外，交替向前转动两圈。
（四）双手拇、食指搭成圆形，虎口朝上，如硬地滚球大小。

目标球　mùbiāoqiú

（一）左手食指直立；右手伸食指，指一下右眼，然后手侧立，指向左手食指。
（二）双手拇、食指搭成圆形，虎口朝上。

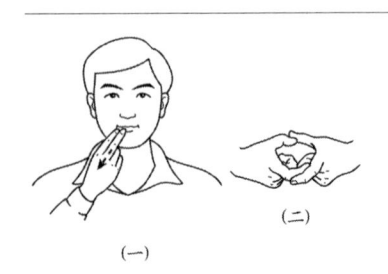

红色球　hóngsèqiú

（一）一手打手指字母"H"的指式，摸一下嘴唇。
（二）双手拇、食指搭成圆形，虎口朝上。

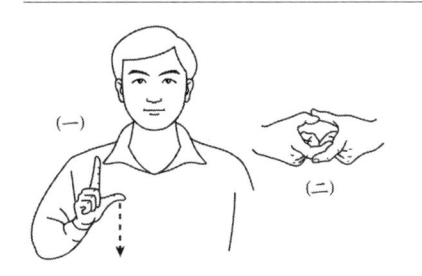

四、球类运动　129

蓝色球　lánsèqiú
（一）一手打手指字母"L"的指式，沿胸的一侧划下。
（二）双手拇、食指搭成圆形，虎口朝上。

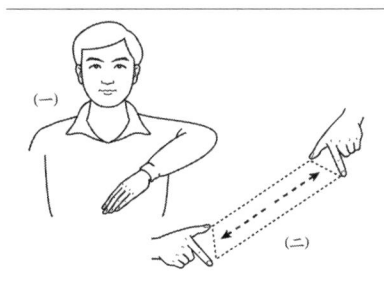

斜板　xiébǎn
（一）左手斜伸，掌心向左下方，五指并拢，指尖朝右下方。
（二）双手拇、食指张开，指尖朝下，虎口斜向相对，从中间向斜上下方移动。

U 形滑道　U xínghuádào
双手五指成半圆形，指尖朝上，左手不动，右手向右下方做弧形移动。

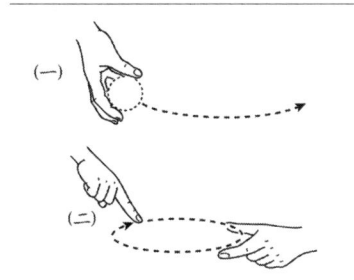

投掷区　tóuzhìqū
（一）一手五指微曲，指尖朝前，如握球状，然后向前做抛球的动作。
（二）左手拇、食指成半圆形，虎口朝上；右手伸食指，指尖朝下，沿左手虎口划一圈。

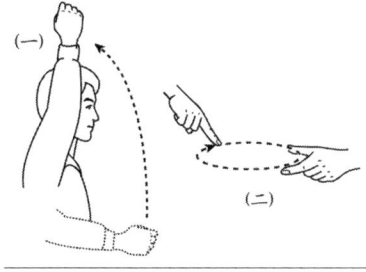

得分区　défēnqū
（一）一手握拳，上举过头顶，表示得分。
（二）左手拇、食指成半圆形，虎口朝上；右手伸食指，指尖朝下，沿左手虎口划一圈。

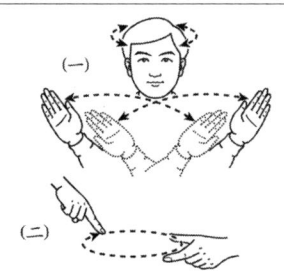

无效区　wúxiàoqū
（一）双手五指并拢，掌心向外，左右交叉摆动两下，同时摇头。
（二）左手拇、食指成半圆形，虎口朝上；右手伸食指，指尖朝下，沿左手虎口划一圈。

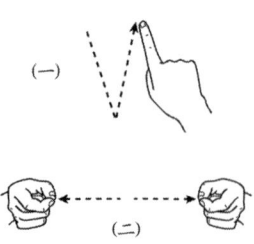

V 字线　V zìxiàn
（一）一手伸食指，指尖朝前，划一个"V"形。
（二）双手拇、食指相捏，虎口朝上，从中间向两侧拉开。

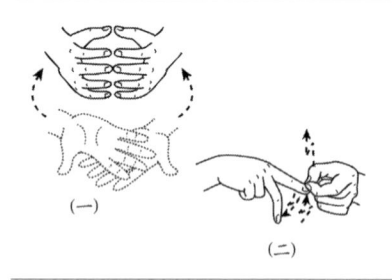

藤球　téngqiú
（一）双手五指张开，掌心向上，交叉相搭，然后向上做弧形移动，指尖左右相抵。
（二）左手拇、食指捏成圆形；右手食、中指叉开，交替向上弹击左手圆形，左手随之向上移动。
（此手势既表示"藤球"的名词意思，又表示"踢藤球"的意思）

保龄球①　bǎolíngqiú ①
身体前倾，右手伸拇、食、中指，指尖朝下，掌心向前，向前一推，模仿打保龄球的动作。既表示"保龄球"的名词意思，又表示"打保龄球"的意思。
（此为国际聋人手语）

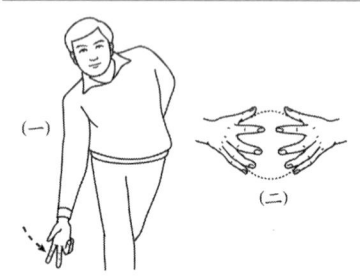

保龄球②　bǎolíngqiú ②
（一）身体前倾，右手伸拇、食、中指，指尖朝下，掌心向前，向前一推，模仿打保龄球的动作。
（二）双手五指微曲张开，掌心左右相对，如球状。
（此手势表示"保龄球"的名词意思）

柔力球　róulìqiú
右手平伸；左手拇、食指捏成圆形，指尖贴于右手掌心上，双手同时左右做弧形移动，模仿打柔力球的动作。

五、水上运动

1. 游泳

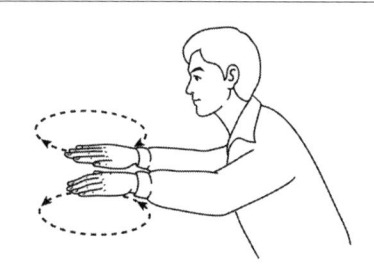

游泳（蛙泳） yóuyǒng (wāyǒng)
双手平伸，同时向两侧做划水的动作，重复一次，模仿游泳的动作。

自由泳（爬泳） zìyóuyǒng (páyǒng)
双手交替向前做划水的动作，模仿自由泳的动作。

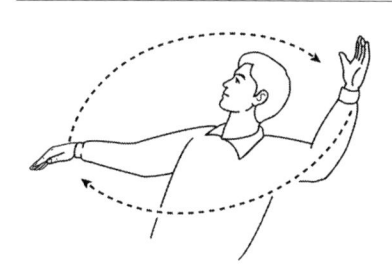

仰泳 yǎngyǒng
双手交替向后扬，模仿仰泳的动作。

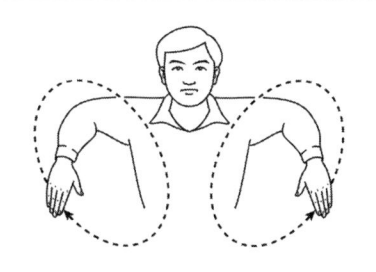

蝶泳 diéyǒng
双手垂立，双臂同时从两侧向中间划动，模仿蝶泳的动作。

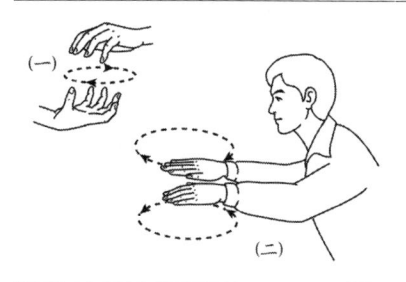

混合泳 hùnhéyǒng
（一）双手五指弯曲，指尖上下相对，交替平行转动两下。
（二）双手平伸，同时向两侧做划水的动作，重复一次，模仿游泳的动作。

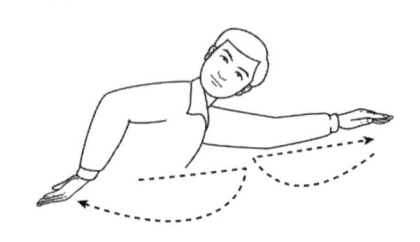

侧泳 cèyǒng
身体歪向左侧,左手前伸,掌心向下,然后双手交替做屈肘划水的动作,模仿侧泳的动作。

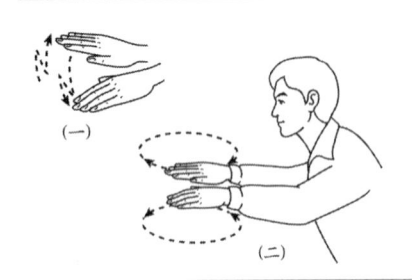

蹼泳 pǔyǒng
(一)双手平伸,掌心向下,五指并拢,上下交替摆动,模仿蹼泳的脚步动作。
(二)双手平伸,同时向两侧做划水的动作,重复一次,模仿游泳的动作。

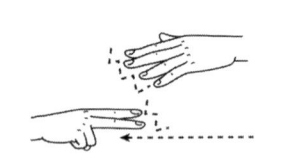

潜泳 qiányǒng
左手横伸,掌心向下,五指张开,交替点动几下,表示水;右手食、中指横伸,手背向上,在左手下边交替点动边向右移动,表示人在水下潜泳。

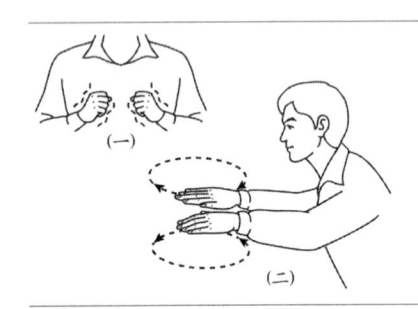

冬泳 dōngyǒng
(一)双手握拳屈肘,小臂颤动几下,如哆嗦状。
(二)双手平伸,同时向两侧做划水的动作,重复一次,模仿游泳的动作。

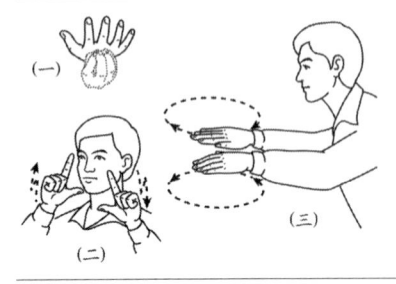

花样游泳(艺术游泳) huāyàng yóuyǒng (yìshù yóuyǒng)
(一)一手五指撮合,指尖朝上,然后张开。
(二)双手拇、食指成"匚"形,置于脸颊两侧,上下交替动两下。
(三)双手平伸,同时向两侧做划水的动作,重复一次,模仿游泳的动作。

入池 rùchí
左手五指与手掌成"┐"形;右手伸拇、小指,手背向外,小指尖抵于左手背,然后向右下方移动,表示人跃入泳池。

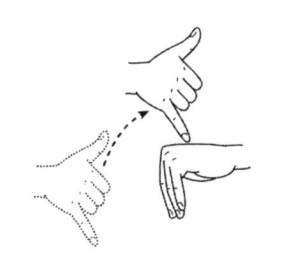

上岸 shàng'àn

左手五指与手掌成"⌐"形；右手伸拇、小指，手背向外，从右下方向左上方移动，小指尖抵于左手背，表示人从泳池中上岸。

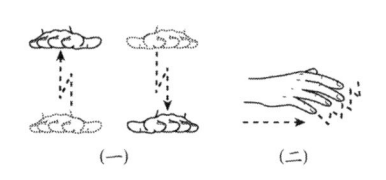

踩水 cǎishuǐ

（一）双手平伸，掌心向下，一上一下交替移动。
（二）一手横伸，掌心向下，五指张开，边交替点动边向一侧移动。
（可根据实际表示踩水的动作）

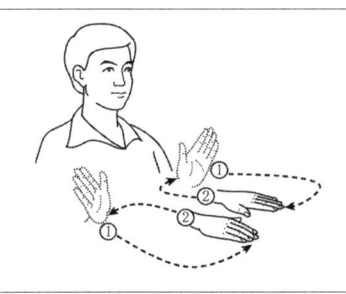

蹬水 dēngshuǐ

双手斜伸，掌心向外，向外做弧形移动，然后变为双手平伸，掌心向下，向内做弧形移动，重复一次，模仿蛙泳双脚蹬水的动作。

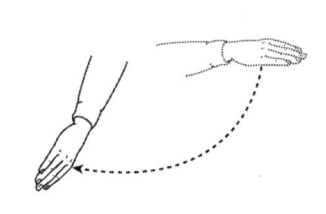

划臂 huábì

一手平伸，掌心向下，在身体一侧做自由泳划水的动作。
（可根据不同的泳姿模仿划臂的动作）

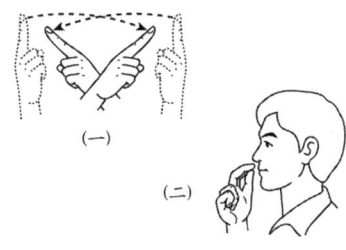

换气 huànqì

（一）双手食指直立，然后左右交叉，互换位置。
（二）一手打手指字母"Q"的指式，指尖朝内，置于鼻孔处。

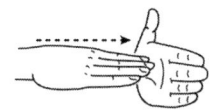

触壁 chùbì

左手侧立；右手横伸，掌心向下，从右向左移至左手掌心，表示游泳时手触到池壁。

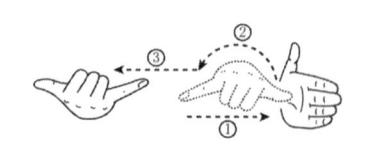

转身② zhuǎnshēn ②

左手侧立；右手伸拇、小指，手背向上，从右向左移至左手掌心，然后向右转腕，掌心向上，向右移动，表示游泳时触壁转身的动作。

下沉 xiàchén

左手横伸，掌心向下，五指张开，交替点动几下，表示水；右手伸拇、小指，手背向外，在左手下缓慢向下移动。

2．跳水

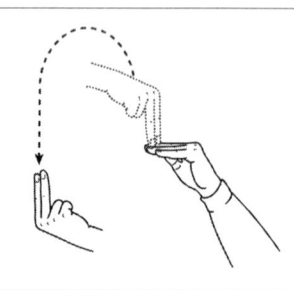

跳水（跳台跳水） tiàoshuǐ (tiàotái tiàoshuǐ)

左手五指与手掌成钝角；右手食、中指并拢，指尖朝下，在左手指尖处跃起，然后转动180度，指尖朝上，向下移动。

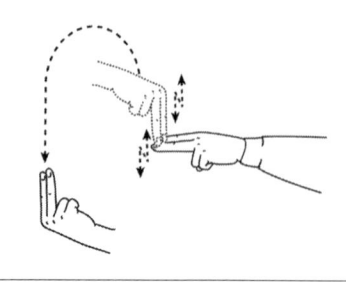

跳板跳水 tiàobǎn tiàoshuǐ

左手食、中指横伸，手背向上；右手食、中指并拢，指尖朝下，在左手指尖处压动几下，左手食、中指随之而动，然后右手转动180度，指尖朝上，向下移动。

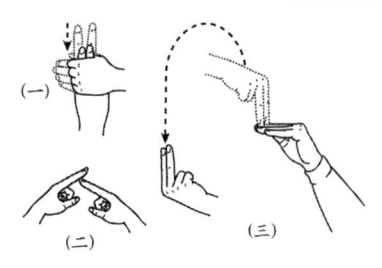

双人跳水 shuāngrén tiàoshuǐ

（一）左手五指微曲，虎口朝上；右手食、中指直立分开，手背向外，边从上向下移入左手掌心内边并拢，左手握住右手食、中指。
（二）双手食指搭成"人"字形。
（三）左手五指与手掌成钝角；右手食、中指并拢，指尖朝下，在左手指尖处跃起，然后转动180度，指尖朝上，向下移动。
（可根据实际表示跳水的动作）

五、水上运动

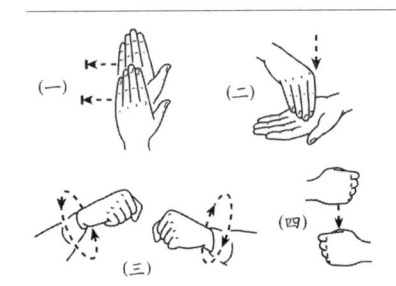

规定动作 guīdìng dòngzuò

（一）双手直立，掌心左右相对，向前一顿。
（二）左手横伸；右手五指撮合，指尖朝下，按向左手掌心。
（三）双手握拳屈肘，前后交替转动两下。
（四）双手握拳，一上一下，右拳向下砸一下左拳。

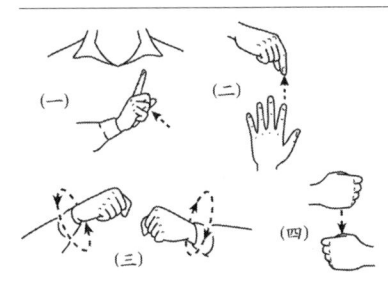

自选动作 zìxuǎn dòngzuò

（一）右手食指直立，虎口朝内，贴向左胸部。
（二）左手直立，掌心向内，五指张开；右手拇、食指捏一下左手食指，然后向上移动。
（三）双手握拳屈肘，前后交替转动两下。
（四）双手握拳，一上一下，右拳向下砸一下左拳。

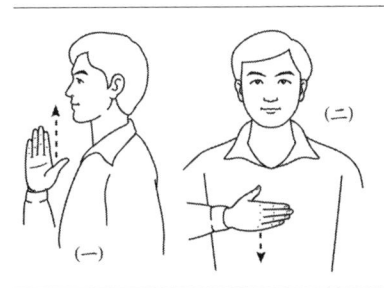

直体 zhítǐ

（一）右手直立，掌心向左，向上移动一下。
（二）一手掌心贴于胸部，向下移动一下。

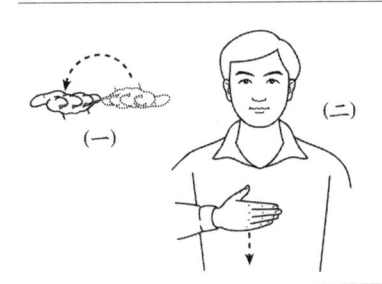

反身 fǎnshēn

（一）一手平伸，掌心向下，然后翻转为掌心向上。
（二）一手掌心贴于胸部，向下移动一下。

翻转 fānzhuǎn

左手五指与手掌成钝角；右手食、中指并拢，指尖朝下，在左手指尖处跃起，转动一圈后指尖朝上，向下移动。

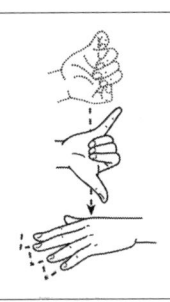

身体打开 shēntǐ dǎkāi

左手横伸，掌心向下，五指张开，交替点动几下，表示水；右手五指蜷曲，虎口朝下，置于左手上方，边向下移动边伸出拇、小指。

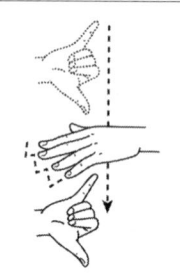

入水 rùshuǐ

左手横伸，掌心向下，五指张开，交替点动几下，表示水；右手伸拇、小指，拇指尖朝下，从上向下移至左手掌心下。

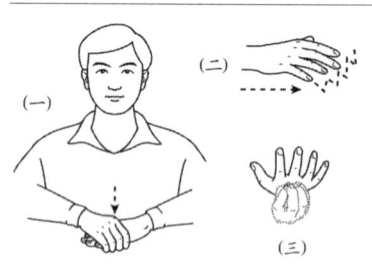

压水花 yāshuǐhuā

（一）左手横伸，手背向上；右手握住左手，自胸前向下一按，仿压水花技术中的一种手形。

（二）一手横伸，掌心向下，五指张开，边交替点动边向一侧移动。

（三）一手五指撮合，指尖朝上，然后张开。

3. 其他水上运动

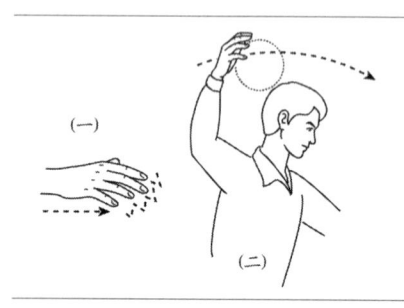

水球① shuǐqiú①

（一）一手横伸，掌心向下，五指张开，边交替点动边向一侧移动。

（二）一手五指微曲张开，掌心向前，自头一侧上方用力向前一掷。

（此手势既表示"水球"的名词意思，又表示"打水球"的意思）

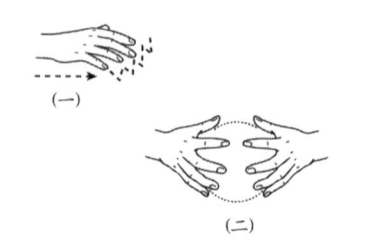

水球② shuǐqiú②

（一）一手横伸，掌心向下，五指张开，边交替点动边向一侧移动。

（二）双手五指微曲张开，掌心左右相对，如球状。

（此手势表示"水球"的名词意思）

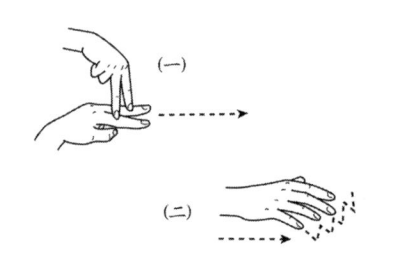

滑水 huáshuǐ

（一）左手食、中指分开，指尖朝前，手背向上；右手食、中指分开，指尖朝下，立于左手食、中指上，双手同时向前移动。

（二）一手横伸，掌心向下，五指张开，边交替点动边向一侧移动。

五、水上运动

冲浪 chōnglàng
右手平伸；左手食、中指分开，指尖朝下，手背向右，立于右手背上，双手同时向前做曲线形移动。

帆船 fānchuán
左手平伸，掌心凹进，仿船形；右手直立，掌心向左前方，手腕贴于左手掌心上，双手同时向前移动，如帆船向前行驶状。

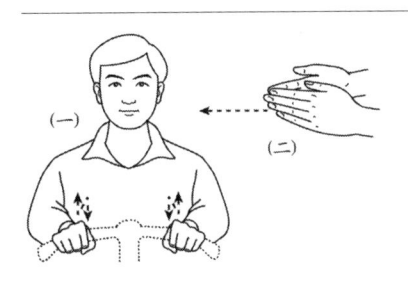

摩托艇 mótuōtǐng
（一）双手虚握，手背向上，上下颠动几下，如骑摩托车状。
（二）双手斜立，指尖相抵，向前移动，如船向前行驶状。

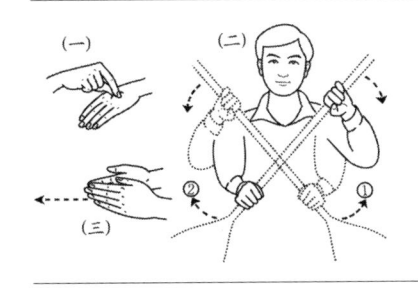

皮划艇 píhuátǐng
（一）左手横伸，手背向上；右手拇、食指捏一下左手背皮肤。
（二）双手虚握，一上一下，在身体两侧各向后划动一下。
（三）双手斜立，指尖相抵，向前移动，如船向前行驶状。

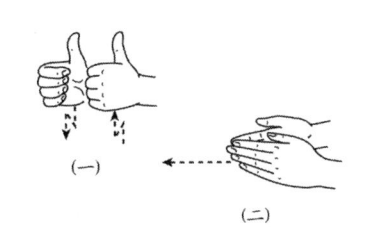

赛艇 sàitǐng
（一）双手伸拇指，上下交替动两下。
（二）双手斜立，指尖相抵，向前移动，如船向前行驶状。

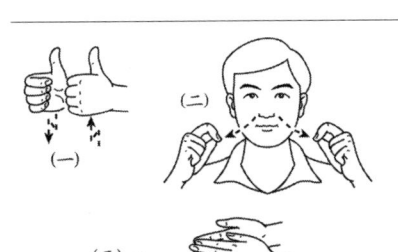

赛龙舟 sàilóngzhōu
（一）双手伸拇指，上下交替动两下。
（二）双手拇、食指相捏，从鼻下向两侧斜前方拉出，表示龙的两条长须。
（三）双手斜立，指尖相抵，向前移动，如船向前行驶状。

4. 场地器材和其他

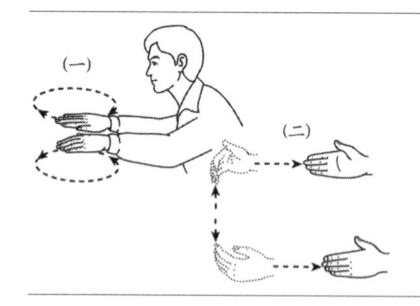

游泳池 yóuyǒngchí
（一）双手平伸，同时向两侧做划水的动作，重复一次，模仿游泳的动作。
（二）双手横立，手背向外，指尖相抵，然后向两侧移动，再折而向内移动，仿游泳池的形状。

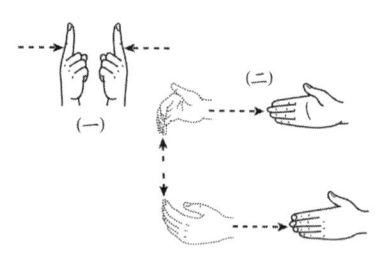

短池 duǎnchí
（一）双手食指直立，指面左右相对，从两侧向中间移动。
（二）双手横立，手背向外，指尖相抵，然后向两侧移动，再折而向内移动，仿游泳池的形状。

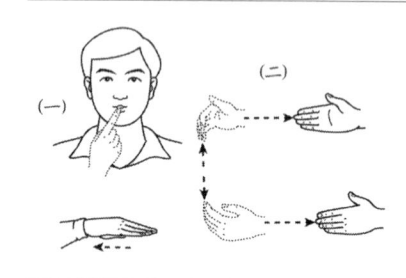

浅水池 qiǎnshuǐchí
（一）右手伸食指，指尖贴于下嘴唇，然后手横伸，掌心向下，在腹部从左向右微移一下。
（二）双手横立，手背向外，指尖相抵，然后向两侧移动，再折而向内移动，仿游泳池的形状。

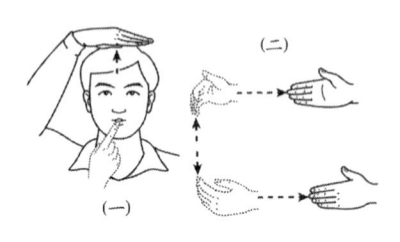

深水池 shēnshuǐchí
（一）右手伸食指，指尖贴于下嘴唇，然后手横伸，掌心向下，向上移过头顶。
（二）双手横立，手背向外，指尖相抵，然后向两侧移动，再折而向内移动，仿游泳池的形状。

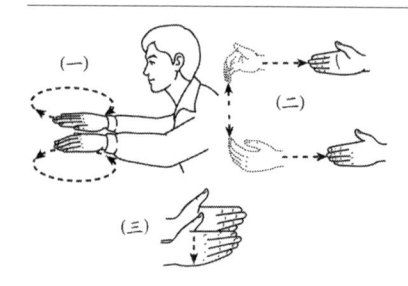

泳池壁 yǒngchíbì
（一）双手平伸，同时向两侧做划水的动作，重复一次，模仿游泳的动作。
（二）双手横立，手背向外，指尖相抵，然后向两侧移动，再折而向内移动，仿游泳池的形状。
（三）双手侧立，右手摸一下左手掌心。

五、水上运动　139

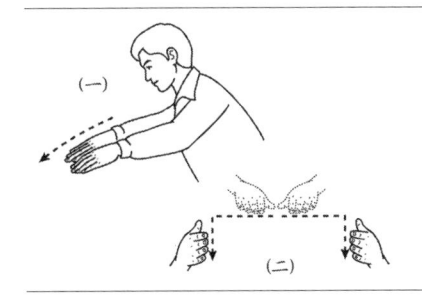

出发台　chūfātái
（一）双臂同时向前下方伸出，身体随之前倾。
（二）双手平伸，掌心向下，先从中间向两侧平移，再折而下移成"⊓"形。

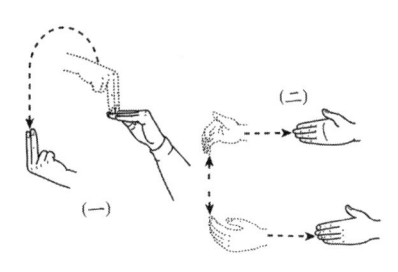

跳水池　tiàoshuǐchí
（一）左手五指与手掌成钝角；右手食、中指并拢，指尖朝下，在左手指尖处跃起，然后转动180度，指尖朝上，向下移动。
（二）双手横立，手背向外，指尖相抵，然后向两侧移动，再折而向内移动，仿游泳池的形状。

水线　shuǐxiàn
（一）一手横伸，掌心向下，五指张开，边交替点动边向一侧移动。
（二）双手拇、食指相捏，虎口朝上，从中间向两侧拉开。

泳道　yǒngdào
（一）双手平伸，同时向两侧做划水的动作，重复一次，模仿游泳的动作。
（二）双手侧立，掌心相对，向前移动。

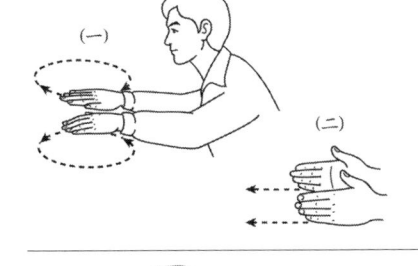

泳帽　yǒngmào
（一）双手平伸，同时向两侧做划水的动作，重复一次，模仿游泳的动作。
（二）双手拇、食指成大圆形，虎口朝上，在头上从上向下做弧形微移，如戴泳帽状。

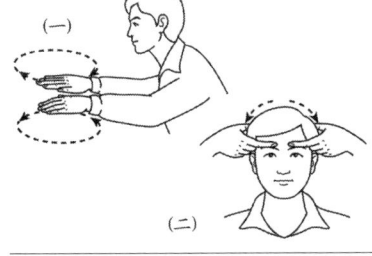

泳衣　yǒngyī
（一）双手平伸，同时向两侧做划水的动作，重复一次，模仿游泳的动作。
（二）一手拇、食指揪一下胸前衣服。

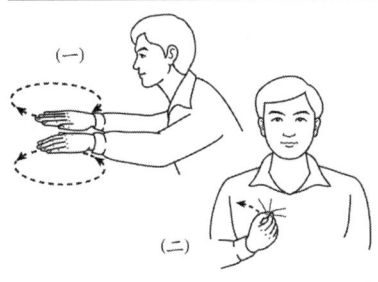

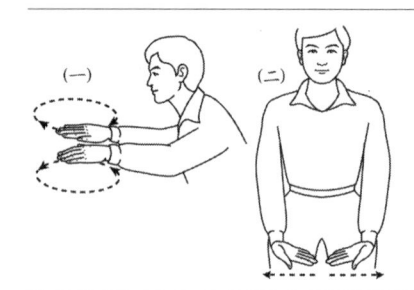

泳裤 yǒngkù

（一）双手平伸，同时向两侧做划水的动作，重复一次，模仿游泳的动作。

（二）双手横伸，掌心向上，在大腿根部同时向两侧横划。

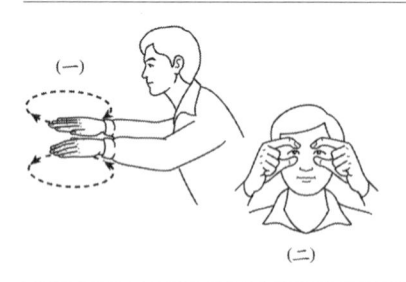

泳镜 yǒngjìng

（一）双手平伸，同时向两侧做划水的动作，重复一次，模仿游泳的动作。

（二）双手拇、食指弯曲，虎口朝内，置于眼部。

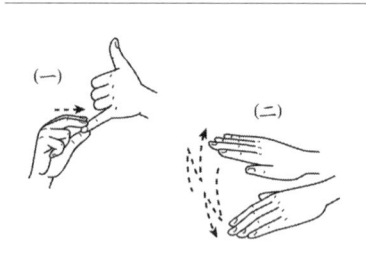

脚蹼 jiǎopǔ

（一）左手伸拇、小指，手背向外；右手拇、食、中指虚捏，移向左手小指尖。

（二）双手平伸，掌心向下，五指并拢，上下交替摆动，模仿蹼泳的脚步动作。

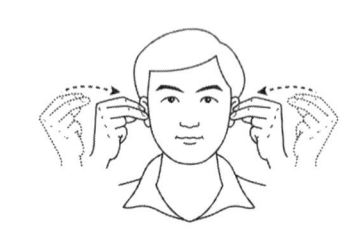

耳塞 ěrsāi

双手拇、食、中指相捏，在头两侧同时移至外耳。

鼻夹 bíjiá

一手拇、食指捏住鼻子。

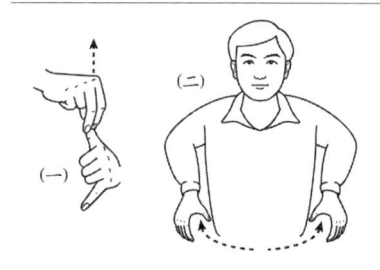

救生圈 jiùshēngquān

（一）左手伸拇、小指；右手拇、食、中指捏住左手拇指尖，向上一提。

（二）双手五指成半圆形，指尖朝下，虎口左右相对，置于腹前，然后同时向两侧做弧形移动，仿救生圈的形状。

五、水上运动

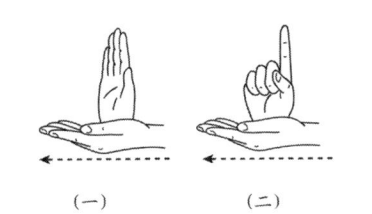

桅杆 wéigān
（一）左手平伸，掌心凹进，仿船形；右手直立，掌心向左前方，手腕贴于左手掌心上，双手同时向前移动，如帆船向前行驶状。
（二）左手平伸，掌心凹进，仿船形；右手食指直立，掌心向左前方，手腕贴于左手掌心上，双手同时向前移动。

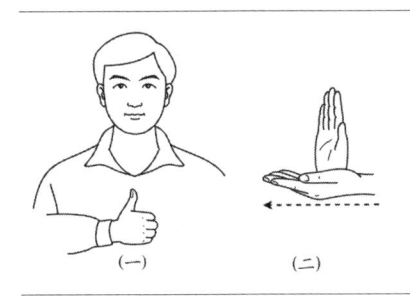

主帆 zhǔfān
（一）一手伸拇指，贴于胸部。
（二）左手平伸，掌心凹进，仿船形；右手直立，掌心向左前方，手腕贴于左手掌心上，双手同时向前移动，如帆船向前行驶状。

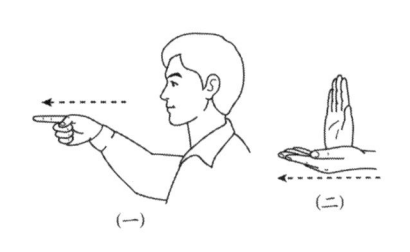

前帆 qiánfān
（一）一手伸食指，朝前一指。
（二）左手平伸，掌心凹进，仿船形；右手直立，掌心向左前方，手腕贴于左手掌心上，双手同时向前移动，如帆船向前行驶状。

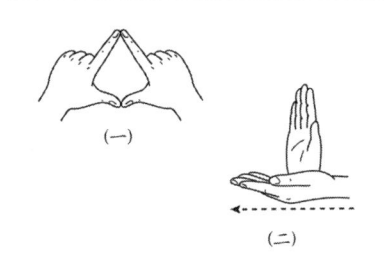

三角帆 sānjiǎofān
（一）双手拇、食指搭成"△"形，虎口朝内。
（二）左手平伸，掌心凹进，仿船形；右手直立，掌心向左前方，手腕贴于左手掌心上，双手同时向前移动，如帆船向前行驶状。

扬帆 yángfān
左手平伸，掌心凹进，仿船形；右手五指并拢，指尖朝左，掌心向外，置于左手掌心上，再直立，掌心向左前方。

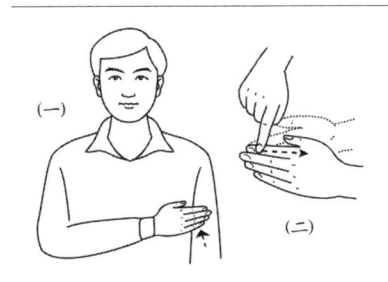

左舷 zuǒxián
（一）右手拍一下左臂。
（二）双手斜立，指尖相抵，然后左手不动，右手食指沿左手食指从前向后划动一下。

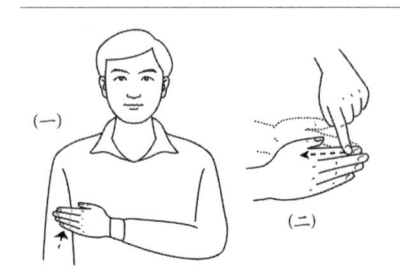

右舷　yòuxián

（一）左手拍一下右臂。
（二）双手斜立，指尖相抵，然后右手不动，左手食指沿右手食指从前向后划动一下。

桨　jiǎng

双手虚握，前后转动，如用桨划船状。
（可根据实际表示用桨划船的动作）

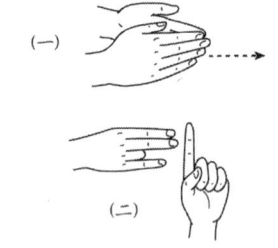

航标　hángbiāo

（一）双手斜立，指尖相抵，向前移动，如船向前行驶状。
（二）左手食指直立；右手打手指字母"ZH"的指式，指尖指向左手食指。

航向　hángxiàng

（一）双手斜立，指尖相抵，向前移动，如船向前行驶状。
（二）双手直立，掌心左右相对，向前移动一下。

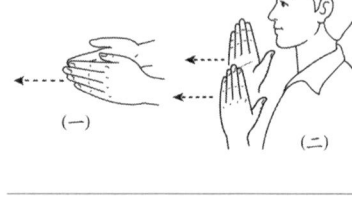

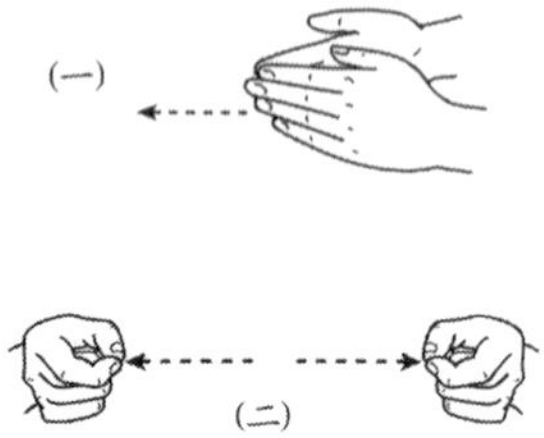

航线　hángxiàn

（一）双手斜立，指尖相抵，向前移动，如船向前行驶状。
（二）双手拇、食指相捏，虎口朝上，从中间向两侧拉开。

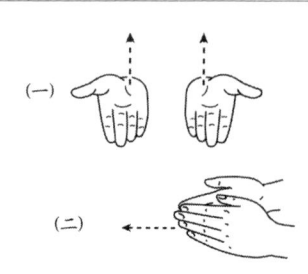

起航　qǐháng

（一）双手平伸，掌心向上一抬。
（二）双手斜立，指尖相抵，向前移动，如船向前行驶状。

五、水上运动

顺风 shùnfēng
　　左手伸拇、小指，指尖朝前，在前；右手直立，掌心向外，五指微曲，在后，向前扇动两下，表示顺风。
　　（可根据实际表示顺风的状态）

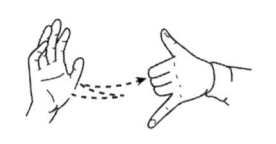

迎风 yíngfēng
　　左手伸拇、小指，指尖朝前，在后；右手直立，掌心向内，五指微曲，在前，向后扇动两下，表示迎风。
　　（可根据实际表示迎风的状态）

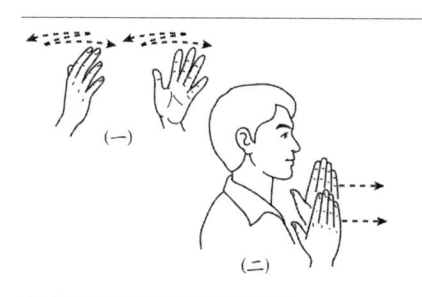

风向 fēngxiàng
　　（一）双手直立，掌心左右相对，五指微曲，左右来回扇动。
　　（二）双手直立，掌心左右相对，向前移动一下。

转向 zhuǎnxiàng
　　（一）双手直立，掌心左右相对，向前移动一下。
　　（二）一手侧立，先向前一伸，再转向一侧。

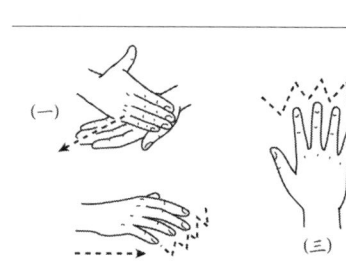

排水量 páishuǐliàng
　　（一）左手横伸；右手侧立，置于左手掌心上，然后用力向左手指尖方向划动。
　　（二）一手横伸，掌心向下，五指张开，边交替点动边向一侧移动。
　　（三）一手直立，掌心向内，五指张开，交替点动几下。

六、摔跤 柔道运动

1. 摔跤

摔跤 shuāijiāo
　　双手伸拇、小指,一左一右,然后前后交替用力转动手腕,表示两人摔跤。

古典式 gǔdiǎnshì
　　(一)左手拇、食指搭成"口"字形,虎口朝内;右手拇、食指搭成"十"字形,食指尖朝下,碰两下左手食指背。
　　(二)双手拇、食指成"凵"形,置于脸颊两侧,上下交替动两下。

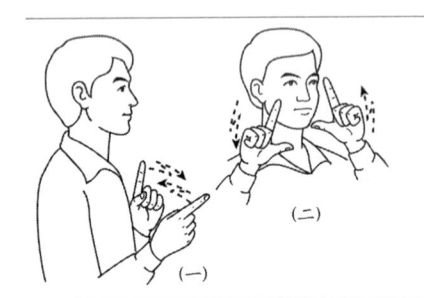

自由式 zìyóushì
　　(一)双手食指直立,在胸前随意交替摆动几下。
　　(二)双手拇、食指成"凵"形,置于脸颊两侧,上下交替动两下。

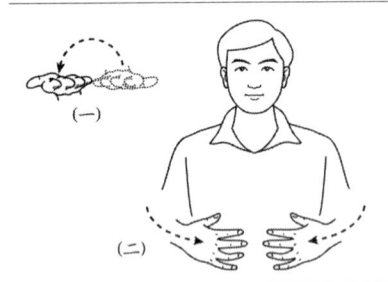

反抱 fǎnbào
　　(一)一手平伸,掌心向下,然后翻转为掌心向上。
　　(二)双手侧立,五指微曲,从两侧向中间一搂,如拥抱状。

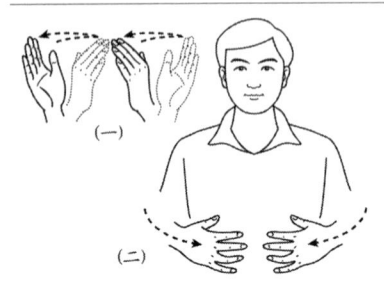

相抱 xiāngbào
　　(一)双手直立,掌心左右相对,左右晃动一下。
　　(二)双手侧立,五指微曲,从两侧向中间一搂,如拥抱状。

六、摔跤 柔道运动

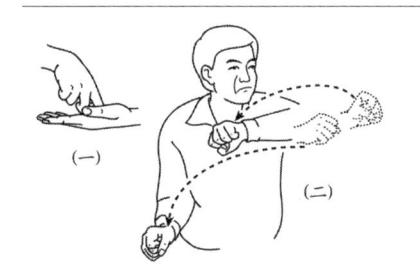

跪撑摔 guìchēngshuāi
（一）左手横伸；右手食、中指弯曲，指背贴于左手掌心。
（二）双臂前伸，双手握拳，如抓住对方衣服状，然后用力向一侧转腕，模仿摔跤的动作。

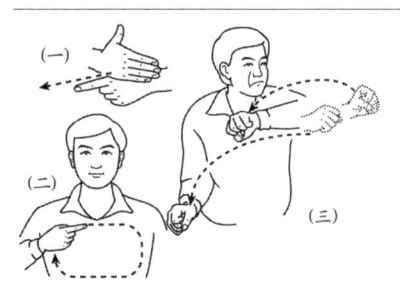

过胸摔 guòxiōngshuāi
（一）左手伸食指，指尖朝前；右手横立，掌心向内，置于左手食指根部，然后向指尖方向移动。
（二）一手伸食指，在胸部划一圈。
（三）双臂前伸，双手握拳，如抓住对方衣服状，然后用力向一侧转腕，模仿摔跤的动作。

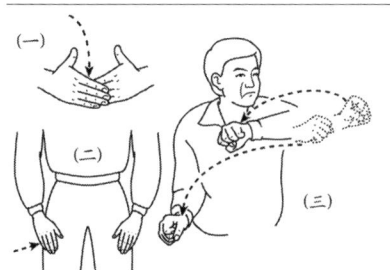

拦腿摔 lántuǐshuāi
（一）左手横立，掌心向内；右手在左手指尖旁从上向下一切。
（二）自然站立，一手拍一下同侧大腿。
（三）双臂前伸，双手握拳，如抓住对方衣服状，然后用力向一侧转腕，模仿摔跤的动作。

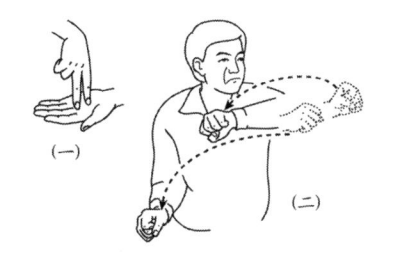

站立摔 zhànlìshuāi
（一）左手横伸；右手食、中指分开，指尖朝下，立于左手掌心上。
（二）双臂前伸，双手握拳，如抓住对方衣服状，然后用力向一侧转腕，模仿摔跤的动作。

抱摔 bàoshuāi
（一）双手侧立，五指微曲，从两侧向中间一搂，如拥抱状。
（二）双臂前伸，双手握拳，如抓住对方衣服状，然后用力向一侧转腕，模仿摔跤的动作。

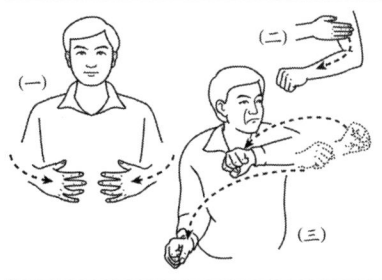

抱臂摔 bàobìshuāi
（一）双手侧立，五指微曲，从两侧向中间一搂，如拥抱状。
（二）左手握拳屈肘；右手从左上臂划至左小臂。
（三）双臂前伸，双手握拳，如抓住对方衣服状，然后用力向一侧转腕，模仿摔跤的动作。

抱腿摔 bàotuǐshuāi 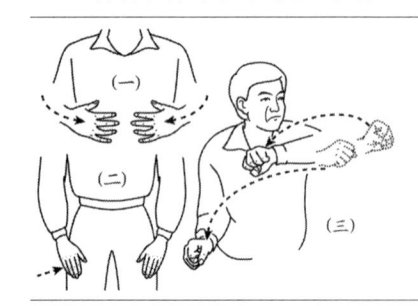
（一）双手侧立，五指微曲，从两侧向中间一搂，如拥抱状。
（二）自然站立，一手拍一下同侧大腿。
（三）双臂前伸，双手握拳，如抓住对方衣服状，然后用力向一侧转腕，模仿摔跤的动作。

摔倒 shuāidǎo 
左手平伸；右手伸拇、小指，立于左手掌心上，然后小指向前滑出，手腕贴于左手掌心，表示人摔倒。

锁臂缠腿 suǒbìchántuǐ 
（一）左手握拳；右手抓住左手腕，用力向身后弯动，模仿锁臂的动作。
（二）双手食、中指分开，指尖朝下，右手食指勾住左手食指并向内拉动。

里勾腿 lǐgōutuǐ 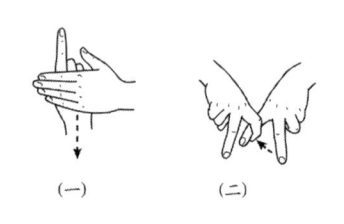
（一）左手横立；右手食指直立，在左手掌心内从上向下移动。
（二）双手食、中指分开，指尖朝下，右手食指勾住左手食指并向内拉动。

外抱腿 wàibàotuǐ 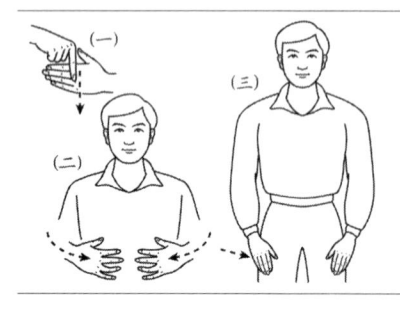
（一）左手横立；右手伸食指，指尖朝下，在左手背外向下指。
（二）双手侧立，五指微曲，从两侧向中间一搂，如拥抱状。
（三）自然站立，一手拍一下同侧大腿。

握踝 wòhuái 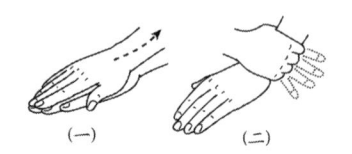
（一）双手平伸，手背向上，五指并拢，右手掌贴于左手背上，从前向后移动一下。
（二）左手平伸，手背向上，五指并拢；右手握住左手腕。

六、摔跤 柔道运动　147

相持　xiāngchí

　　双手拇、食、小指直立，掌心左右相对，从两侧向中间一顿。

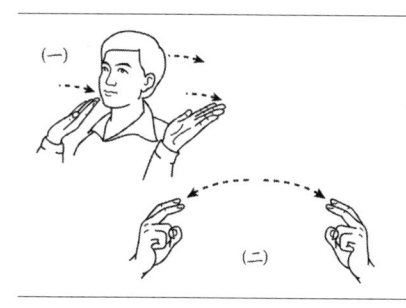

顶桥　dǐngqiáo

　　（一）身体后仰，双手五指并拢，置于肩上，然后向后推一下，掌心向上。
　　（二）双手食、中指微曲分开，指尖相对，指背向上，从中间向两侧下方做弧形移动。
　　（此手势表示用双手、头和双脚将身体撑起来的顶桥动作）

2. 柔道

柔道　róudào

　　双手握拳屈肘，左拳置于胸前，右拳置于头一侧，然后向前做摔人的动作。
　　（此为日本聋人手语）

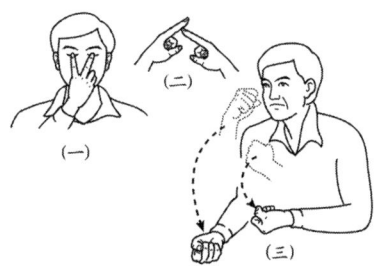

盲人柔道　mángrén róudào

　　（一）一手食、中指指尖贴于双眼，眼闭拢，表示双目失明。
　　（二）双手食指搭成"人"字形。
　　（三）双手握拳屈肘，左拳置于胸前，右拳置于头一侧，然后向前做摔人的动作。

背负投　bèifùtóu

　　双手握拳屈肘，左拳置于胸前，右拳置于脑后，然后向前做摔人的动作。

抓领 zhuālǐng

一手抓住衣领。

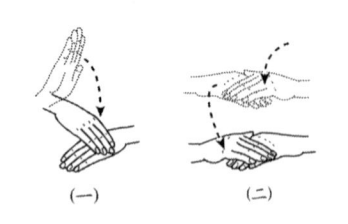

手技 shǒujì

（一）左手横伸，掌心向下；右手拍一下左手背。
（二）双手横伸，掌心向下，互拍手背。

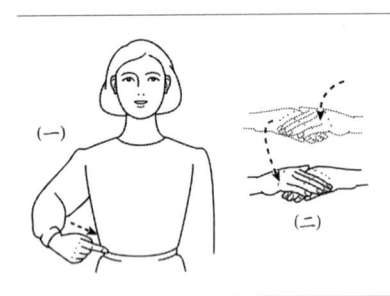

腰技 yāojì

（一）一手伸食指，指一下腰部。
（二）双手横伸，掌心向下，互拍手背。

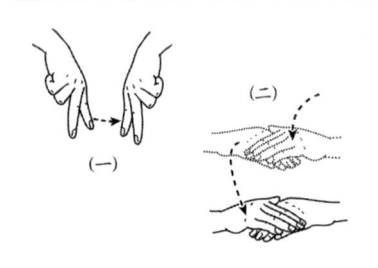

足技（出足扫） zújì（chūzúsǎo）

（一）双手食、中指分开，指尖朝下，手背左右相对，然后右手食指踢向左手食指。
（二）双手横伸，掌心向下，互拍手背。

舍身技 shěshēnjì

（一）一手捏一下鼻子，然后向胸部一甩，五指张开。
（二）双手横伸，掌心向下，互拍手背。

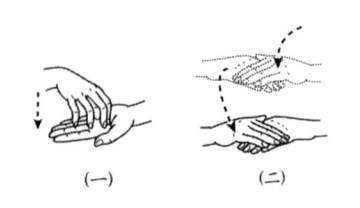

固技 gùjì

（一）左手横伸；右手五指弯曲，指尖朝下，抵于左手掌心，向下一按。
（二）双手横伸，掌心向下，互拍手背。

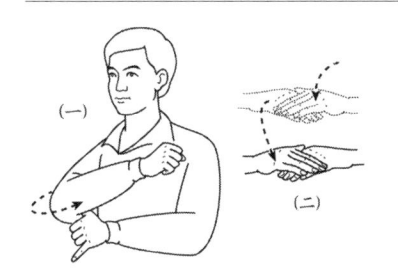

绞技　jiǎojì

（一）左手伸拇、小指，指尖朝前；右手握拳，向内屈肘，肘部卡住左手拇指，模仿用肘部卡对手脖子的绞技动作。
（二）双手横伸，掌心向下，互拍手背。

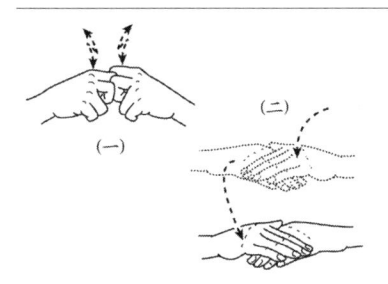

关节技　guānjiéjì

（一）双手食、中指弯曲，手背向上，相互咬住，上下弯动两下。
（二）双手横伸，掌心向下，互拍手背。

寝技（压技）　qǐnjì（yājì）

（一）双手握拳屈肘，左拳置于胸前，右拳置于腹前，然后身体斜倾，右臂肘部朝下。
（二）双手横伸，掌心向下，互拍手背。

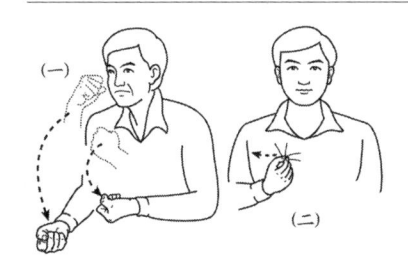

柔道服　róudàofú

（一）双手握拳屈肘，左拳置于胸前，右拳置于头一侧，然后向前做摔人的动作。
（二）一手拇、食指揪一下胸前衣服。

腰带　yāodài

双手握拳，在腹前绕一下，然后同时向两侧一拉，模仿系腰带的动作。

七、举重运动

举重 jǔzhòng
双手握拳，掌心向上，置于肩前，然后同时向上举起，如举重状。

抓举 zhuājǔ
双手握拳，置于腰两侧，然后同时向上举起，模仿抓举的动作。

挺举 tǐngjǔ
双手握拳，从腰两侧向上提至肩前，掌心向上，然后同时向上举起，模仿挺举的动作。

蹲举 dūnjǔ
（一）左手横伸；右手食、中指微曲，指尖抵于左手掌心上。
（二）双手握拳，掌心向上，置于肩前，然后同时向上举起，如举重状。

试举 shìjǔ
（一）一手伸拇、小指，指尖朝上，拇指置于鼻翼一侧，小指弯动一下。
（二）双手握拳，掌心向上，置于肩前，然后同时向上举起，如举重状。

七、举重运动　151

力量举　lì·liàngjǔ

（一）一手握拳屈肘，用力向内弯动两下。

（二）双手握拳，掌心向上，置于肩前，然后同时向上举起，如举重状。

卧推　wòtuī

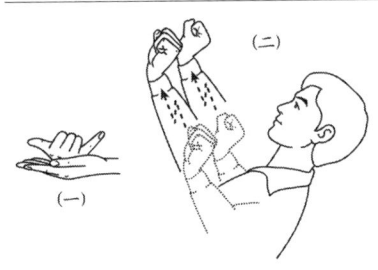

（一）左手横伸；右手伸拇、小指，手背向下，置于左手掌心上。

（二）身体后仰，双手握拳屈肘，置于胸前，然后向上推两下。

仰卧　yǎngwò

左手横伸；右手伸拇、小指，手背向下，置于左手掌心上。

放下　fàngxià

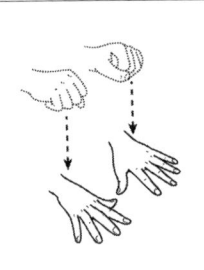

双手虚握，边向下移动边张开五指。

静止姿势　jìngzhǐ zīshì

（一）双手平伸，掌心向下，同时缓慢向下微按。

（二）左手横伸，掌心向下；右手直立，掌心向左，指尖抵于左手掌心。

（三）双手拇、食指成"⌊⌋"形，置于脸颊两侧，上下交替动两下。

深呼吸　shēnhūxī

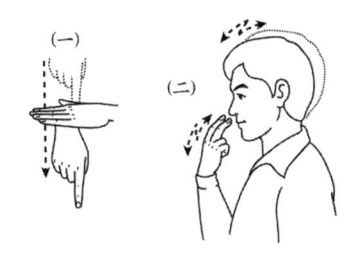

（一）左手横伸，掌心向下；右手伸食指，指尖朝下，从左手内侧向下移动较长距离。

（二）一手食、中指稍分开，指尖朝上，向鼻部上下移动两下，身体同时稍微后仰前倾，如呼吸状。

闭气　bìqì
　　一手拇、食、中指在鼻前捏合，同时口鼻做憋气状。

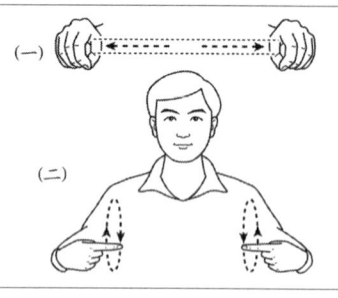

杠铃　gànglíng
　　（一）双手虚握，虎口左右相对，从中间向两侧移动。
　　（二）双手食指横伸，指尖左右相对，同时向前转动两圈。

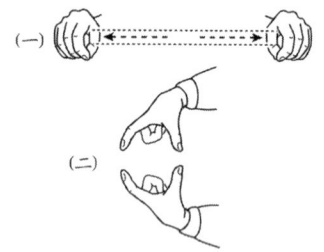

杠铃片　gànglíngpiàn
　　（一）双手虚握，虎口左右相对，从中间向两侧移动。
　　（二）双手拇、食指弯曲，虎口朝外，一上一下成大圆形。

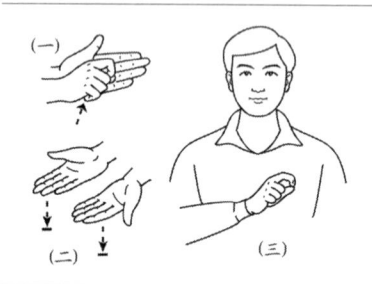

加重员　jiāzhòngyuán
　　（一）左手侧立；右手拇、食指捏成圆形，虎口朝左，贴向左手掌心。
　　（二）双手平伸，掌心向上，同时向下一顿。
　　（三）右手拇、食指捏成圆形，虎口朝内，贴于左胸部。

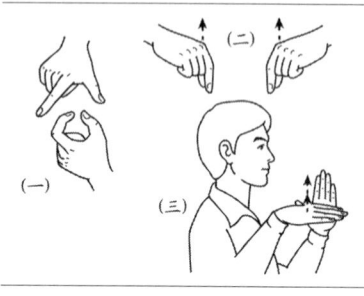

公斤级　gōngjīnjí
　　（一）双手拇、食指搭成"公"字形，虎口朝外。
　　（二）双手拇、食指相捏，指尖朝下，向上微移一下。
　　（三）左手直立，掌心向右；右手平伸，掌心向下，在左手掌心上向上一顿一顿移动几下。

力举凳　lìjǔdèng
　　左手食、小指直立，中、无名指横伸，拇指贴于中、无名指；右手五指与手掌成"⊓"形，中、无名指与左手中、无名指指尖相抵。

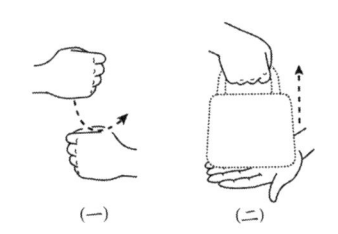

壶铃 húlíng

（一）双手握拳，虎口朝上，一上一下，右拳向下砸一下左拳，再向内移动。

（二）左手横伸，掌心向上；右手握拳，虎口朝左，置于左手上方，然后双手同时向上移动。

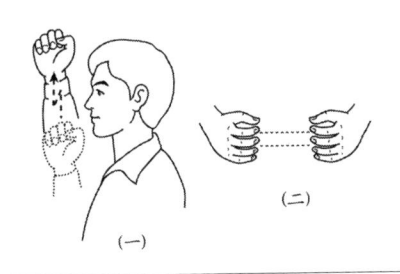

哑铃 yǎlíng

（一）一手虚握屈肘，然后向上反复举起，如举哑铃状。

（二）双手五指弯曲，指尖左右相对，虎口朝上，相距约10厘米。

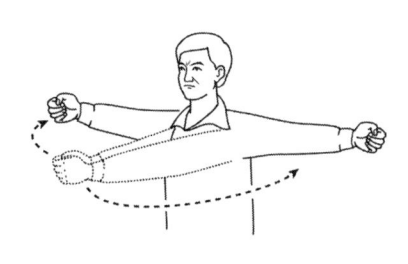

拉力器 lālìqì

双臂前伸，双手握拳相贴，虎口朝上，然后同时向两侧拉开，如拉拉力器状。

八、射击 射箭运动

1. 射击

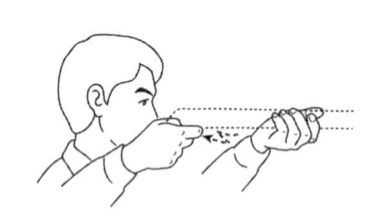

射击① (步枪) shèjī ① (bùqiāng)
双手如托步枪状，右手食指连续做勾动扳机的动作。
（可根据实际表示射击的动作）

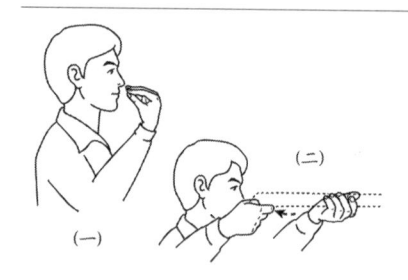

气步枪 qìbùqiāng
（一）一手打手指字母"Q"的指式，指尖朝内，置于鼻孔处。
（二）双手如托步枪状，右手食指做勾动扳机的动作。

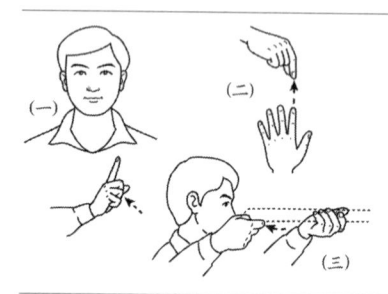

自选步枪 zìxuǎn bùqiāng
（一）右手食指直立，虎口朝内，贴向左胸部。
（二）左手直立，掌心向内，五指张开；右手拇、食指捏一下左手食指，然后向上移动。
（三）双手如托步枪状，右手食指做勾动扳机的动作。

射击② (手枪、扳机) shèjī ② (shǒuqiāng、bānjī)
一手伸拇、食指，食指尖朝前，弯动一下，如握手枪射击状。

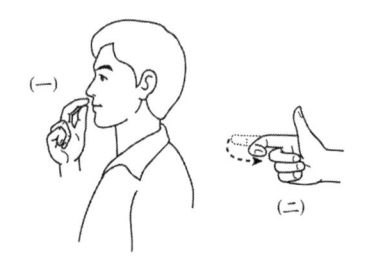

气手枪 qìshǒuqiāng
（一）一手打手指字母"Q"的指式，指尖朝内，置于鼻孔处。
（二）一手伸拇、食指，食指尖朝前，弯动一下，如握手枪射击状。

八、射击 射箭运动

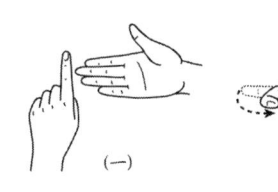

标准手枪 biāozhǔn shǒuqiāng
（一）左手食指直立；右手侧立，指向左手食指。
（二）一手伸拇、食指，食指尖朝前，弯动一下，如握手枪射击状。

运动手枪 yùndòng shǒuqiāng
（一）双手握拳屈肘，手背向上，虎口朝内，用力向后移动两下。
（二）一手伸拇、食指，食指尖朝前，弯动一下，如握手枪射击状。

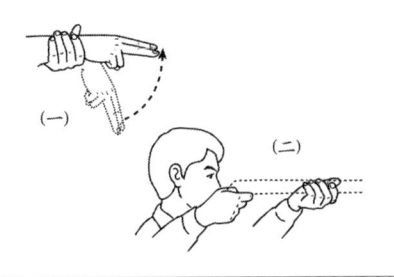

猎枪 lièqiāng
（一）左手握住右手腕；右手食、中指并拢，指尖朝下，手背向外，然后向上抬起，表示装弹后的双筒猎枪。
（二）双手如托猎枪状。

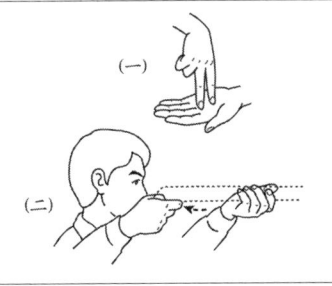

立射 lìshè
（一）左手横伸；右手食、中指分开，指尖朝下，立于左手掌心上。
（二）双手如托步枪状，右手食指做勾动扳机的动作。

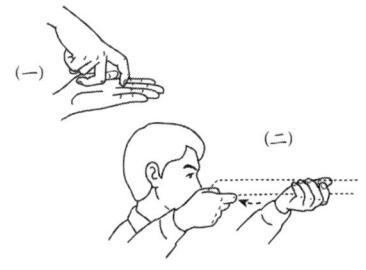

跪射 guìshè
（一）左手平伸；右手食、中指弯曲，一前一后，食指尖抵于左手掌心上，中指背贴于左手掌心上。
（二）双手如托步枪状，右手食指做勾动扳机的动作。

卧射 wòshè
（一）左手横伸；右手伸拇、小指，手背向上，置于左手掌心上。
（二）双手如托步枪状，右手食指做勾动扳机的动作。

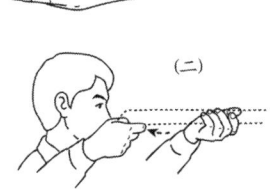

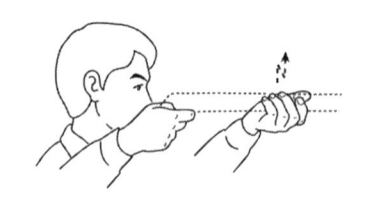

前托 qiántuō
双手如托步枪状，左手在前，向上微抬两下。

发射 fāshè
左手伸食指，指尖朝前，手背向左；右手食指做勾动扳机的动作，左手食指随之快速向前移动。

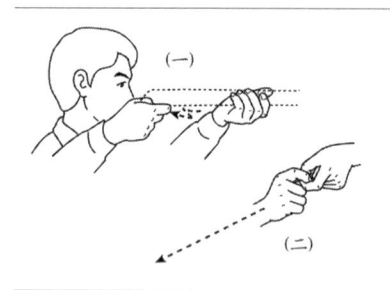

连发 liánfā
（一）双手如托步枪状，右手食指连续做勾动扳机的动作。
（二）双手拇、食指套环，向斜下方移动。

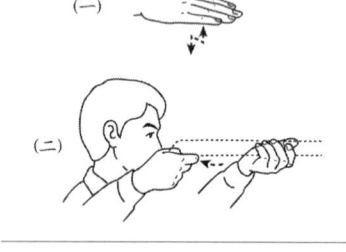

慢射 mànshè
（一）一手横伸，掌心向下，上下微动几下。
（二）双手如托步枪状，右手食指做勾动扳机的动作。

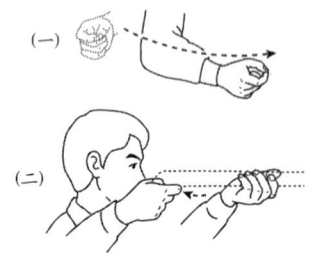

速射 sùshè
（一）一手拇、食指捏成圆形，向一侧快速划动。
（二）双手如托步枪状，右手食指做勾动扳机的动作。

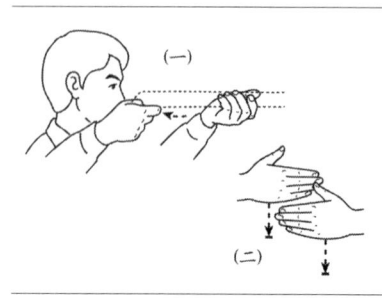

射程 shèchéng
（一）双手如托步枪状，右手食指做勾动扳机的动作。
（二）双手横立，掌心向内，一前一后，同时向下一顿。

八、射击 射箭运动

命中 mìngzhòng

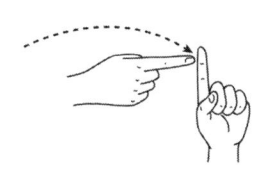

左手食指直立；右手伸食指，向左手做弧形移动并碰到左手食指尖。

命中率 mìngzhònglǜ

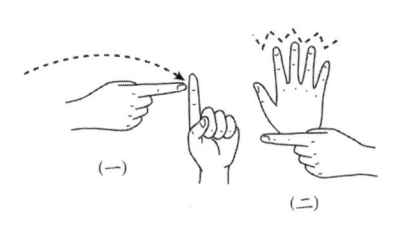

（一）左手食指直立；右手伸食指，向左手做弧形移动并碰到左手食指尖。
（二）左手食指横伸，手背向外；右手直立，手背向外，手腕贴于左手食指，五指张开，交替点动几下。

故障 gùzhàng

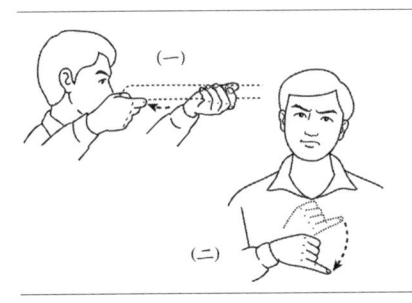

（一）双手如托步枪状，右手食指做勾动扳机的动作。
（二）右手伸小指，指尖朝左，向下甩动一下。
（此手势表示枪械出了故障）

卡弹 qiǎdàn

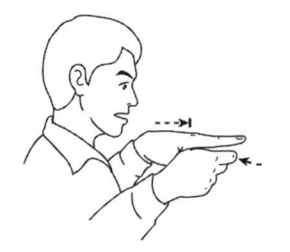

左手伸食指，指尖朝前，手背向上，置于右手上；右手食指做勾动扳机的动作，左手食指同时向前微动并一顿，面露疑惑的表情，表示枪械卡弹射不出去。

小口径 xiǎokǒujìng

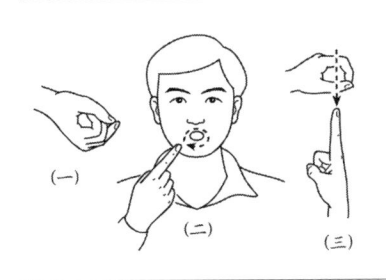

（一）一手拇、小指相捏，指尖朝上。
（二）一手伸食指，沿嘴部转动一圈，口张开。
（三）左手拇、食指捏成圆形，虎口朝内；右手食指直立，在左手圆形上向下划一下。

枪栓 qiāngshuān

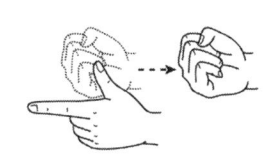

左手伸拇、食指，食指尖朝前；右手握拳，虎口朝右，置于左手拇指旁，然后向内拉动。

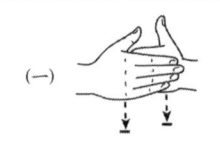

护板　hùbǎn
（一）左手伸拇指；右手横立，掌心向内，五指微曲，置于左手前，然后双手同时向下一顿。
（二）双手拇、食指张开，指尖朝下，虎口相对，从中间向两侧移动。

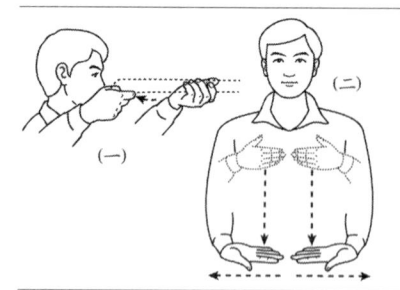

射击服　shèjīfú
（一）双手如托步枪状，右手食指做勾动扳机的动作。
（二）双手掌心贴于胸部，向下移至腹部，然后变为掌心向上，向两侧横划一下。

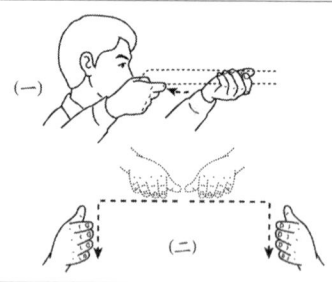

射击台　shèjītái
（一）双手如托步枪状，右手食指做勾动扳机的动作。
（二）双手平伸，掌心向下，先从中间向两侧平移，再折而下移成"冂"形。

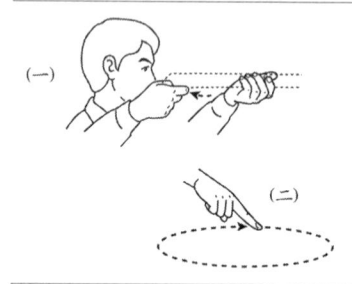

射击场（靶场）　shèjīchǎng（bǎchǎng）
（一）双手如托步枪状，右手食指做勾动扳机的动作。
（二）一手伸食指，指尖朝下划一大圈。

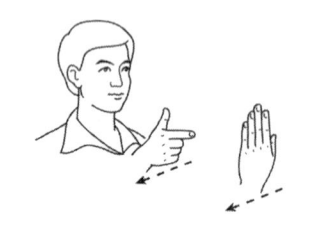

移动靶　yídòngbǎ
左手直立，掌心向内；右手伸拇、食指，食指尖指向左手掌心，双手同时向一侧移动。

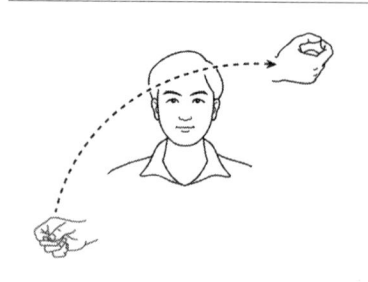

飞碟　fēidié
右手拇、食指捏成圆形，虎口朝上，从右下方向左上方快速做弧形移动。

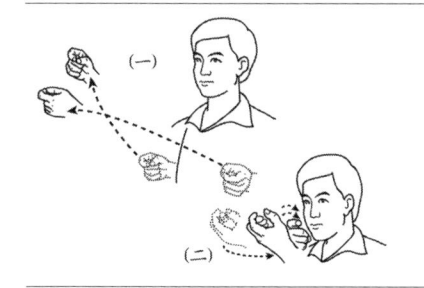

双向飞碟 shuāngxiàng fēidié

（一）双手拇、食指捏成圆形，虎口朝上，在身体两侧从下向上做交叉弧形移动。

（二）双手如托步枪状，朝前方不同方向，右手食指连续做两次勾动扳机的动作，如射击飞碟状。

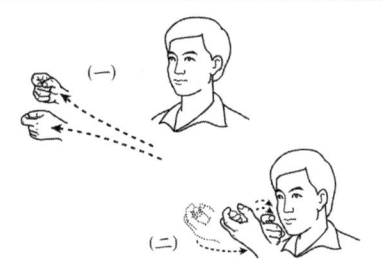

双多向飞碟 shuāngduōxiàng fēidié

（一）双手拇、食指捏成圆形，虎口朝上，同时从身前向前上方移动。

（二）双手如托步枪状，朝前方不同方向，右手食指连续做两次勾动扳机的动作，如射击飞碟状。

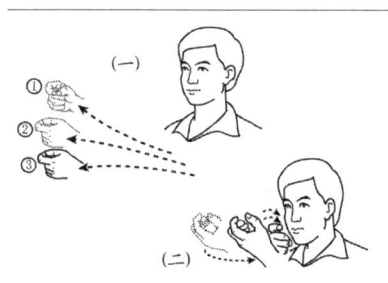

多向飞碟 duōxiàng fēidié

（一）双手拇、食指捏成圆形，虎口朝上，先右手再左手，依次从身前向前上方移动，左手再重复一次。

（二）双手如托步枪状，朝前方不同方向，右手食指连续做两次勾动扳机的动作，如射击飞碟状。

2. 射箭

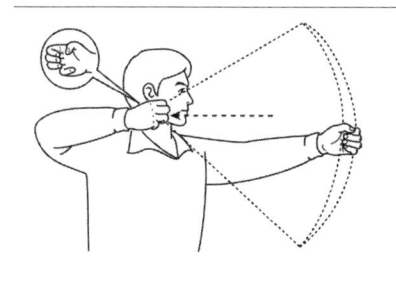

射箭（勾弦） shèjiàn（gōuxián）

头转向左侧，眼睛朝左看；左手握拳，手臂向左伸直如握弓状；右手食、中、无名指弯曲，从左向右移至嘴旁，如拉弦状。

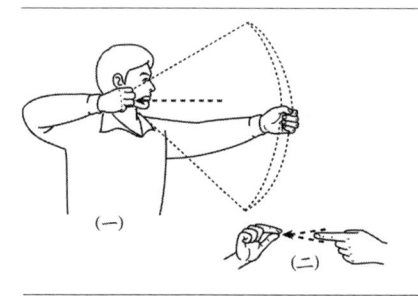

弓箭 gōngjiàn

（一）头转向左侧，眼睛朝左看；左手握拳，手臂向左伸直如握弓状；右手食、中、无名指弯曲，从左向右移至嘴旁，如拉弦状。

（二）左手食指横伸；右手拇、食指沿着左手食指尖边向右移动边相捏。

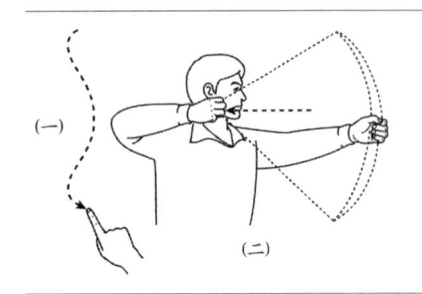

反曲弓 fǎnqūgōng

（一）一手伸食指，指尖朝前，划反曲弓的形状。

（二）头转向左侧，眼睛朝左看；左手握拳，手臂向左伸直如握弓状；右手食、中、无名指弯曲，从左向右移至嘴旁，如拉弦状。

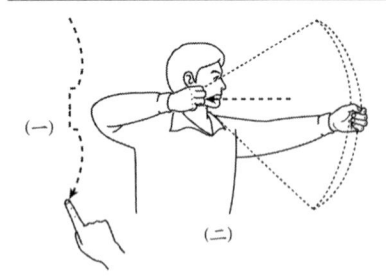

复合弓 fùhégōng

（一）一手伸食指，指尖朝前，划复合弓的形状。

（二）头转向左侧，眼睛朝左看；左手握拳，手臂向左伸直如握弓状；右手食、中、无名指弯曲，从左向右移至嘴旁，如拉弦状。

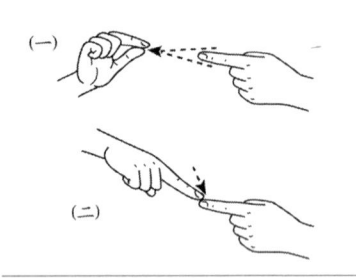

箭头 jiàntóu

（一）左手食指横伸；右手拇、食指沿着左手食指尖边向右移动边相捏。

（二）左手食指横伸；右手伸食指，点一下左手食指尖。

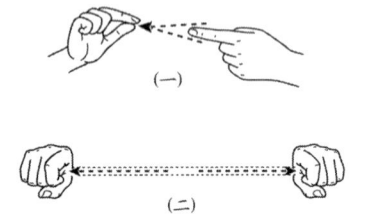

箭杆 jiàngān

（一）左手食指横伸；右手拇、食指沿着左手食指尖边向右移动边相捏。

（二）双手拇、食指捏成小圆形，虎口左右相对，从中间向两侧移动。

瞄准器 miáozhǔnqì

左手五指捏成圆形，虎口朝内；右手拇、食指搭成"+"形，置于左手圆形处。

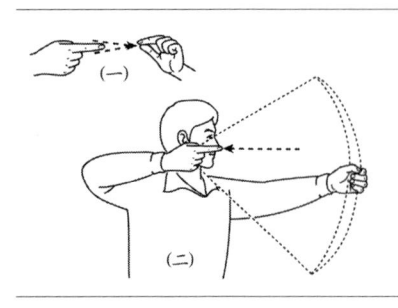

搭箭（上弓） dājiàn (shànggōng)

（一）右手食指横伸；左手拇、食指沿着右手食指尖边向左移动边相捏。

（二）头转向左侧，眼睛朝左看；左手握拳，手臂向左伸直如握弓状；右手食指横伸，从左向右移至嘴旁。

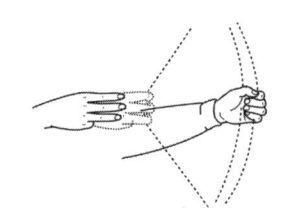

八、射击 射箭运动　161

离弦 líxián

头转向左侧，眼睛朝左看；左手握拳，手臂向左伸直如握弓状；右手食、中、无名指弯曲，置于嘴旁，然后突然伸直，表示箭离弦。

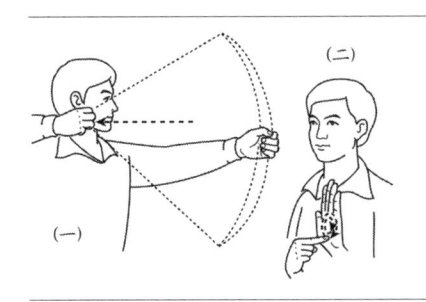

射箭靶 shèjiànbǎ

（一）头转向左侧，眼睛朝左看；左手握拳，手臂向左伸直如握弓状；右手食、中、无名指弯曲，从左向右移至嘴旁，如拉弦状。

（二）左手直立，掌心向外；右手伸食指，指尖朝内，在左手掌心上划两圈。

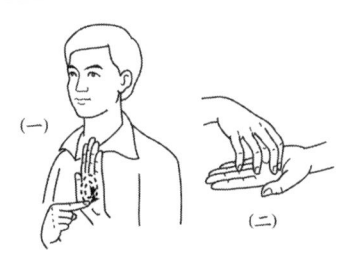

靶位 bǎwèi

（一）左手直立，掌心向外；右手伸食指，指尖朝内，在左手掌心上划两圈。

（二）左手横伸；右手五指弯曲，指尖朝下，置于左手掌心上。

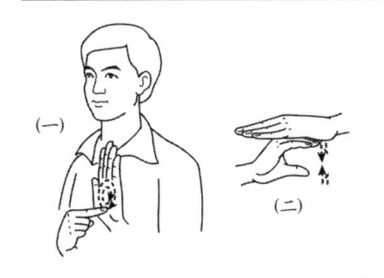

靶垫 bǎdiàn

（一）左手直立，掌心向外；右手伸食指，指尖朝内，在左手掌心上划两圈。

（二）左手横伸；右手五指成"⊐"形，指尖朝左，在左手掌心下捏动几下。

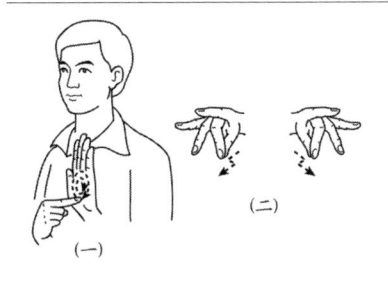

靶纸 bǎzhǐ

（一）左手直立，掌心向外；右手伸食指，指尖朝内，在左手掌心上划两圈。

（二）双手拇、中指相捏，指尖朝下，微抖几下。

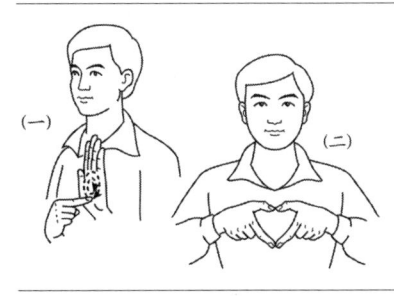

靶心 bǎxīn

（一）左手直立，掌心向外；右手伸食指，指尖朝内，在左手掌心上划两圈。

（二）双手拇、食指张开仿"♡"形，手背向外，置于胸部。

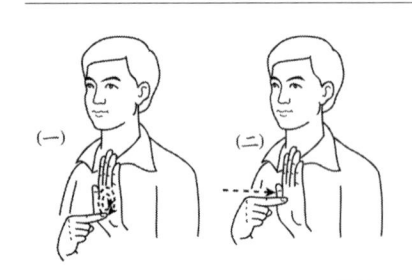

中靶点　zhòngbǎdiǎn
（一）左手直立，掌心向外；右手伸食指，指尖朝内，在左手掌心上划两圈。
（二）左手直立，掌心向外；右手伸食指，指尖朝内，移向左手掌心。

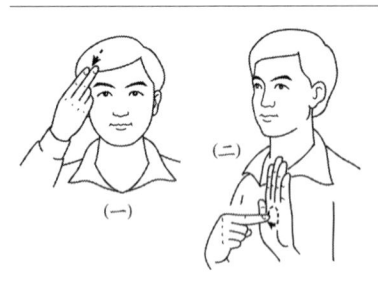

黑环　hēihuán
（一）一手打手指字母"H"的指式，摸一下头发。
（二）左手直立，掌心向外；右手伸食指，指尖朝内，在左手掌心上划一圈。

红环　hónghuán
（一）一手打手指字母"H"的指式，摸一下嘴唇。
（二）左手直立，掌心向外；右手伸食指，指尖朝内，在左手掌心上划一圈。

内环　nèihuán
（一）左手直立，掌心向外；右手伸食指，指尖朝内，点一下左手掌心。
（二）左手直立，掌心向外；右手伸食指，指尖朝内，在左手掌心上划一小圈，表示靶纸上最内侧的环。

外环　wàihuán
（一）左手直立，掌心向外；右手伸食指，指尖朝内，点一下左手掌外侧。
（二）左手直立，掌心向外；右手伸食指，指尖朝内，沿左手掌边缘划一圈，表示靶纸上最外侧的环。

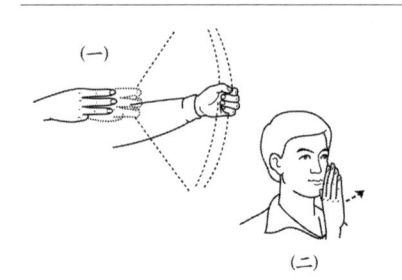

射偏　shèpiān
（一）头转向左侧，眼睛朝左看；左手握拳，手臂向左伸直如握弓状；右手食、中、无名指弯曲，置于嘴旁，然后突然伸直，表示箭离弦。
（二）头转向左侧，眼睛朝左看；右手直立，掌心向左，置于嘴中间，然后向左移动。
（可根据实际表示射偏的情况）

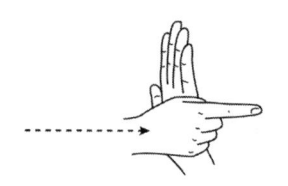

脱靶 tuōbǎ

左手直立，掌心向右；右手食指横伸，手背向外，从左手外侧移过左手。

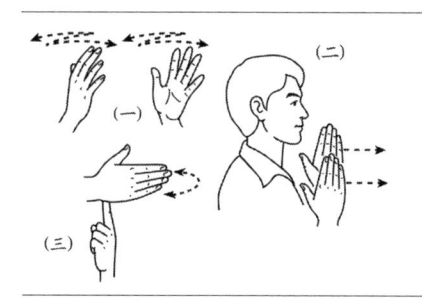

风向旗 fēngxiàngqí

（一）双手直立，掌心左右相对，五指微曲，左右来回扇动。

（二）双手直立，掌心左右相对，向前移动一下。

（三）左手食指直立；右手侧立，手腕抵于左手食指尖，左右摆动几下，如旗帜飘扬状。

九、击剑运动

击剑 jījiàn

左手五指张开，手背向外，置于左眼前，表示击剑帽；右手伸食指，指尖朝前，边晃动边向前刺，模仿击剑的动作。

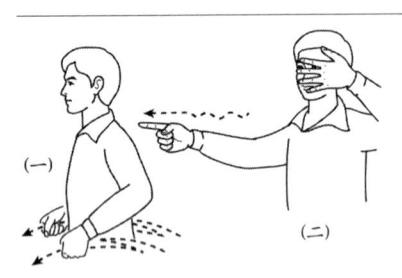

轮椅击剑 lúnyǐ jījiàn

（一）双手虚握，虎口朝前，在腰部两侧做向前转动轮子的动作。

（二）左手五指张开，手背向外，置于左眼前，表示击剑帽；右手伸食指，指尖朝前，边晃动边向前刺，模仿击剑的动作。

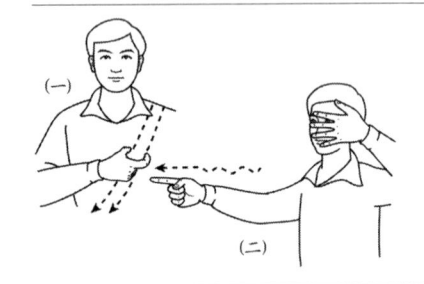

佩剑 pèijiàn

（一）右手拇、食指张开，指尖朝内，虎口朝上，从左肩划至右腰。

（二）左手五指张开，手背向外，置于左眼前，表示击剑帽；右手伸食指，指尖朝前，边晃动边向前刺，模仿击剑的动作。

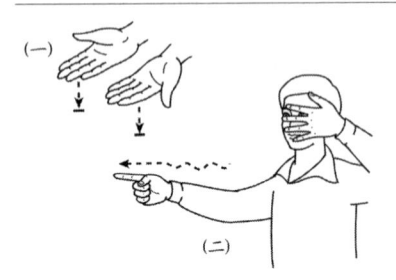

重剑 zhòngjiàn

（一）双手平伸，掌心向上，同时向下一顿。

（二）左手五指张开，手背向外，置于左眼前，表示击剑帽；右手伸食指，指尖朝前，边晃动边向前刺，模仿击剑的动作。

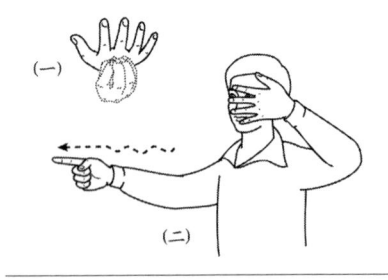

花剑 huājiàn

（一）一手五指撮合，指尖朝上，然后张开。

（二）左手五指张开，手背向外，置于左眼前，表示击剑帽；右手伸食指，指尖朝前，边晃动边向前刺，模仿击剑的动作。

九、击剑运动

直刺 zhícì
左手五指张开，手背向外，置于左眼前，表示击剑帽；右手伸食指，指尖朝前，向前突刺。

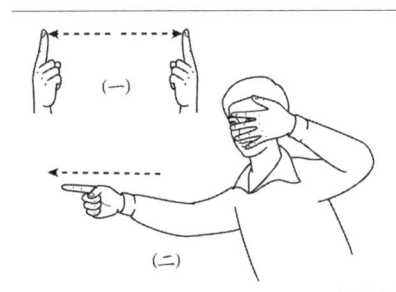

长刺 chángcì
（一）双手食指直立，指面左右相对，从中间向两侧拉开。
（二）左手五指张开，手背向外，置于左眼前，表示击剑帽；右手伸食指，指尖朝前，向前突刺。

闪躲 shǎnduǒ
一手伸食指，指向自己，头移向一侧，食指同时从旁移过，模仿躲避剑的动作。

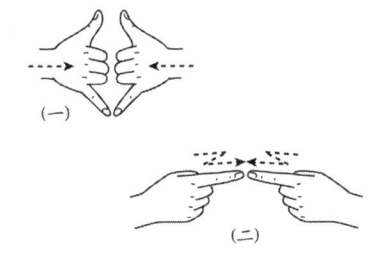

近身战 jìnshēnzhàn
（一）双手伸拇、小指，指尖左右相对，手背向外，从两侧向中间移动。
（二）双手食指横伸，手背向外，指尖互碰两下。

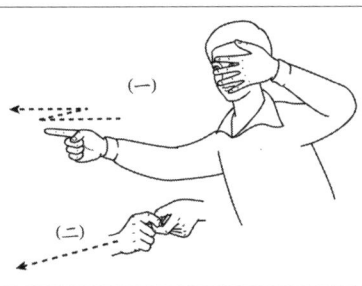

连续进攻 liánxù jìngōng
（一）左手五指张开，手背向外，置于左眼前，表示击剑帽；右手伸食指，指尖朝前，连续向前突刺。
（二）双手拇、食指套环，向斜下方移动。

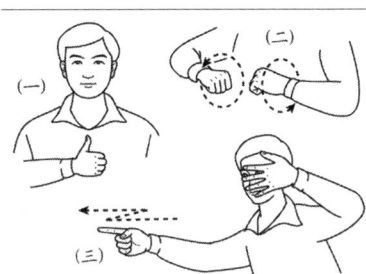

主动进攻 zhǔdòng jìngōng
（一）一手伸拇指，贴于胸部。
（二）双手握拳屈肘，前后交替转动两下。
（三）左手五指张开，手背向外，置于左眼前，表示击剑帽；右手伸食指，指尖朝前，连续向前突刺。

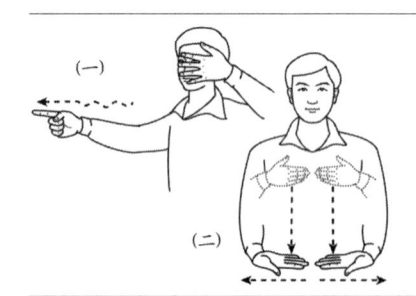

击剑服 jījiànfú

（一）左手五指张开，手背向外，置于左眼前，表示击剑帽；右手伸食指，指尖朝前，边晃动边向前刺，模仿击剑的动作。

（二）双手掌心贴于胸部，向下移至腹部，然后变为掌心向上，向两侧横划一下。

击剑鞋 jījiànxié

（一）左手五指张开，手背向外，置于左眼前，表示击剑帽；右手伸食指，指尖朝前，边晃动边向前刺，模仿击剑的动作。

（二）左手五指弯曲，掌心向上；右手平伸，掌心向下，指尖朝前，抵于左手。

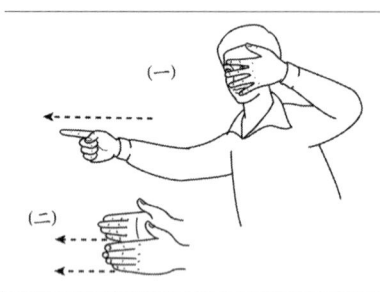

剑道 jiàndào

（一）左手五指张开，手背向外，置于左眼前，表示击剑帽；右手伸食指，指尖朝前，向前突刺。

（二）双手侧立，掌心相对，向前移动。

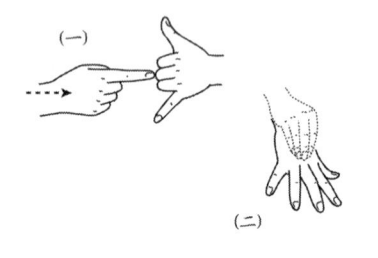

记分灯 jìfēndēng

（一）左手伸拇、小指，手背向外；右手食指横伸，手背向外，碰一下左手指背。

（二）一手五指撮合，指尖朝下，然后张开。

十、车类运动

自行车① zìxíngchē ①
左手平伸；右手食、中指前后叉开，指尖朝下，在左手掌心上向前移动。

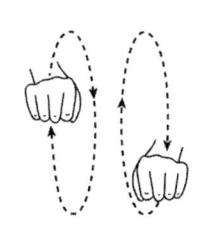

自行车② zìxíngchē ②
双手握拳，手背向上，在胸前前后交替转动两下，如骑自行车状。

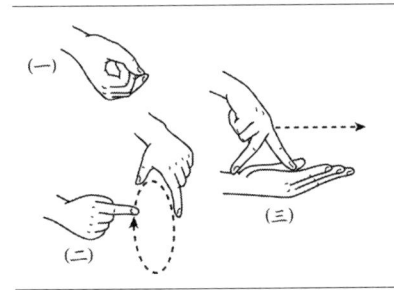

小轮车① xiǎolúnchē ①
（一）一手拇、小指相捏，指尖朝上。
（二）左手拇、食指成半圆形，指尖朝下；右手食指横伸，沿左手拇、食指转动一圈。
（三）左手平伸；右手食、中指前后叉开，指尖朝下，在左手掌心上向前移动。

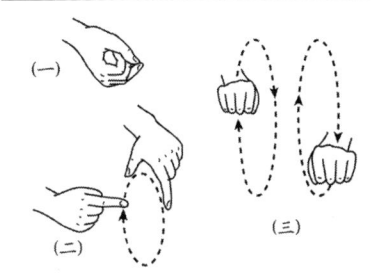

小轮车② xiǎolúnchē ②
（一）一手拇、小指相捏，指尖朝上。
（二）左手拇、食指成半圆形，指尖朝下；右手食指横伸，沿左手拇、食指转动一圈。
（三）双手握拳，手背向上，在胸前前后交替转动两下。

摩托车 mótuōchē
双手虚握，手背向上，上下颠动几下，如骑摩托车状。既表示"摩托车"的名词意思，又表示"骑摩托车"的意思。

赛车① sàichē ①

（一）双手伸拇指，上下交替动两下。
（二）双手握拳，手背向上，在胸前前后交替转动两下，表示赛自行车。
（可根据实际选择车型的手势）

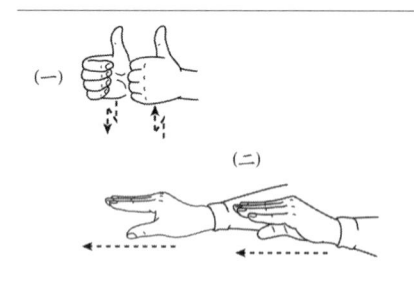

赛车② sàichē ②

（一）双手伸拇指，上下交替动两下。
（二）双手五指成"⊐"形，指尖朝前，一前一后，同时快速向前移动，表示赛汽车。
（可根据实际选择车型的手势）

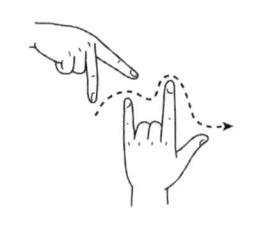

山地赛车① shāndì sàichē ①

左手拇、食、小指直立，手背向外，仿"山"字形；右手食、中指叉开，指尖朝下，在左手上做起伏状移动，表示山地自行车赛。

山地赛车② shāndì sàichē ②

左手拇、食、小指直立，手背向外，仿"山"字形；右手五指成"⊐"形，虎口朝内，在左手上做起伏状移动，表示山地汽车赛。

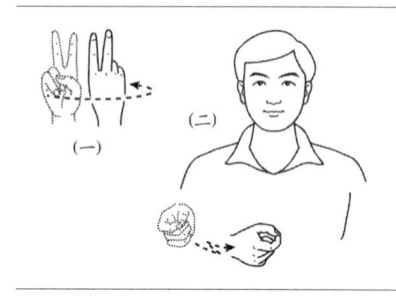

变速 biànsù

（一）一手食、中指直立分开，由掌心向外翻转为掌心向内。
（二）一手拇、食指捏成圆形，向一侧微晃几下。

尾随 wěisuí

双手伸拇、小指，指尖朝前，一前一后，同时向前移动。

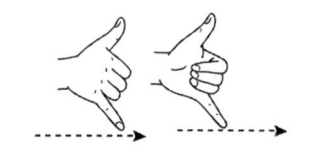

十、车类运动　169

刹车①　shāchē ①
　　双手五指微曲，手背向上，突然握拳，头同时前倾再复位。
　　（可根据实际表示刹车的具体动作）

刹车②　shāchē ②
　　左手五指成"匚"形，指尖朝前，向前移动；右手直立，掌心向外，突然用力向前下方一顿，掌心向下，左手随之停住，头同时前倾再复位。
　　（可根据实际表示刹车的具体动作）

超越　chāoyuè
　　双手伸食指，指尖朝前，手背向上，左手不动，右手向前移动。

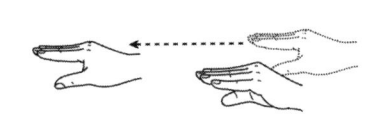

超车　chāochē
　　双手五指成"匚"形，指尖朝前，左手不动，右手向前移动。
　　（可根据实际选择车型的手势）

上坡①　shàngpō ①
　　左手斜伸，指尖朝右下方；右手食、中指叉开，指尖朝下，从左手指尖移向左臂，表示自行车上坡。
　　（可根据实际选择车型的手势）

上坡②　shàngpō ②
　　左手斜伸，指尖朝右下方；右手五指成"匚"形，虎口朝内，从左手指尖移向左臂，表示汽车上坡。
　　（可根据实际选择车型的手势）

下坡① xiàpō ①

左手斜伸，指尖朝右上方；右手食、中指叉开，指尖朝下，从左手指尖移向左臂，表示自行车下坡。
（可根据实际选择车型的手势）

下坡② xiàpō ②

左手斜伸，指尖朝右上方；右手五指成"冂"形，虎口朝内，从左手指尖移向左臂，表示汽车下坡。
（可根据实际选择车型的手势）

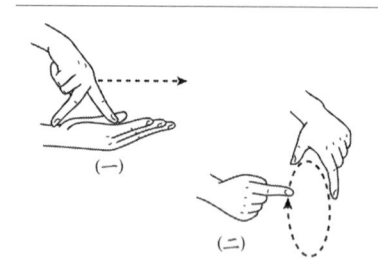

车轮① chēlún ①

（一）左手平伸；右手食、中指前后叉开，指尖朝下，在左手掌心上向前移动。
（二）左手拇、食指成半圆形，指尖朝下；右手食指横伸，沿左手拇、食指转动一圈。
（此手势表示自行车车轮）

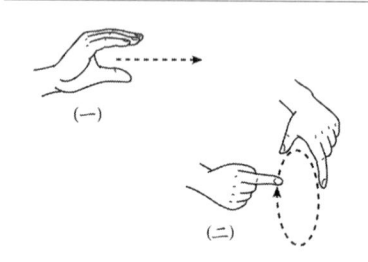

车轮② chēlún ②

（一）一手五指成"冂"形，指尖朝前，向前移动一下。
（二）左手拇、食指成半圆形，指尖朝下；右手食指横伸，沿左手拇、食指转动一圈。
（此手势表示汽车车轮）

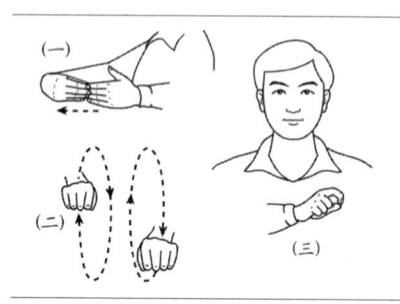

领骑员 lǐngqíyuán

（一）左手斜立，指尖朝右前方；右手捏住左手指尖，虎口朝上，双手同时向右前方移动。
（二）双手握拳，手背向上，在胸前前后交替转动两下。
（三）右手拇、食指捏成圆形，虎口朝内，贴于左胸部。

路标 lùbiāo

（一）双手侧立，掌心相对，向前移动。
（二）左手食指直立；右手打手指字母"ZH"的指式，指尖指向左手食指。

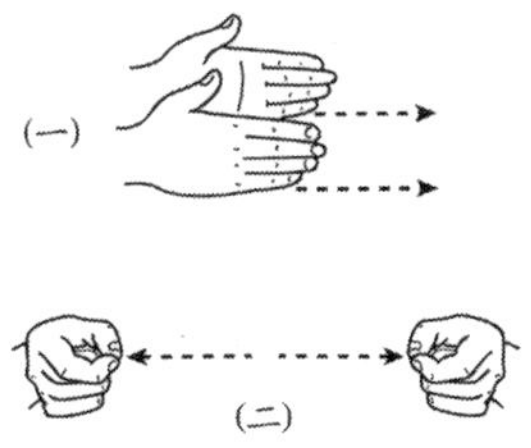

路线 lùxiàn
（一）双手侧立，掌心相对，向前移动。
（二）双手拇、食指相捻，虎口朝上，从中间向两侧拉开。

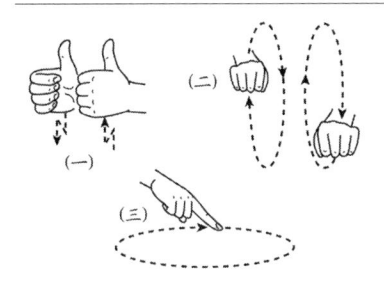

赛车场 sàichēchǎng
（一）双手伸拇指，上下交替动两下。
（二）双手握拳，手背向上，在胸前前后交替转动两下，表示赛自行车。
（三）一手伸食指，指尖朝下划一大圈。
（可根据实际选择车型的手势）

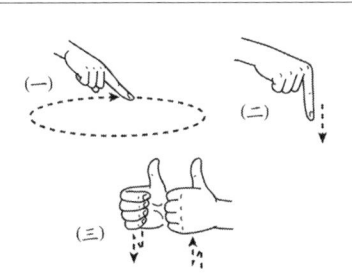

场地赛 chǎngdìsài
（一）一手伸食指，指尖朝下划一大圈。
（二）一手伸食指，指尖朝下一指。
（三）双手伸拇指，上下交替动两下。

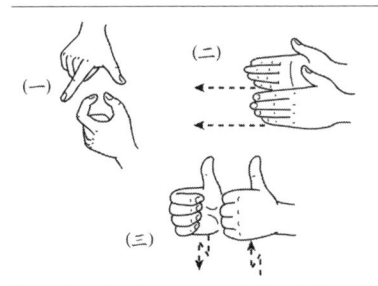

公路赛 gōnglùsài
（一）双手拇、食指搭成"公"字形，虎口朝外。
（二）双手侧立，掌心相对，向前移动。
（三）双手伸拇指，上下交替动两下。

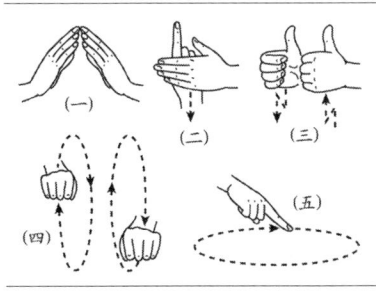

室内赛车场 shìnèi sàichēchǎng
（一）双手搭成"∧"形。
（二）左手横立；右手食指直立，在左手掌心内从上向下移动。
（三）双手伸拇指，上下交替动两下。
（四）双手握拳，手背向上，在胸前前后交替转动两下，表示赛自行车。
（五）一手伸食指，指尖朝下划一大圈。
（可根据实际选择车型的手势）

F1（世界一级方程式赛车）
F1 (Shìjiè Yījí Fāngchéngshì Sàichē)
（一）一手打手指字母"F"的指式。
（二）一手食指直立，掌心向外。
（三）双手五指成"⊐"形，指尖朝前，一前一后，同时快速向前移动，表示赛汽车。

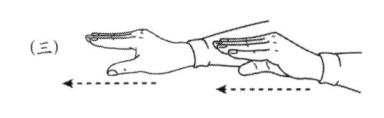

十一、拳击 跆拳道运动

拳击 quánjī
双手握拳抬起,一前一后,交替向前挥动,模仿拳击的动作。

拳术 quánshù
(一)双手握拳抬起,一前一后,交替向前挥动,模仿拳击的动作。
(二)双手横伸,掌心向下,互拍手背。

直拳 zhíquán
双手握拳,右臂用力前伸,模仿直拳的动作。

勾拳 gōuquán
双手握拳,右拳从下向上做弧形移动,模仿勾拳的动作。

摆拳 bǎiquán
双手握拳,右拳从右向左做弧形移动,模仿摆拳的动作。

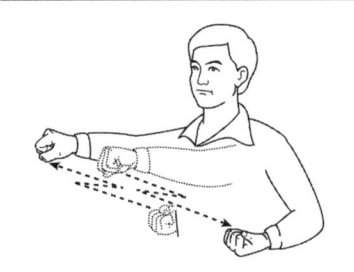

跆拳道　táiquándào
双手握拳屈肘，手背向下，先置于腰两侧，然后用力向前交替出拳，手背向上。
（此为韩国聋人手语）

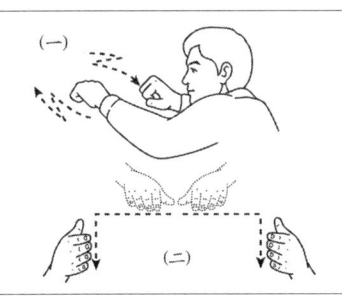

拳击台　quánjītái
（一）双手握拳抬起，一前一后，交替向前挥动，模仿拳击的动作。
（二）双手平伸，掌心向下，先从中间向两侧平移，再折而下移成"冂"形。

拳击手套　quánjī shǒutào
（一）双手握拳抬起，一前一后，交替向前挥动，模仿拳击的动作。
（二）左手握拳，手背向外，右手五指微曲，掌心向下，罩向左拳；然后右手握拳，手背向外，左手五指微曲，掌心向下，罩向右拳，仿拳击手套的外形。

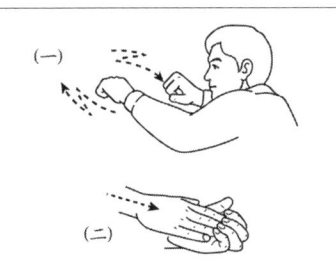

拳击鞋　quánjīxié
（一）双手握拳抬起，一前一后，交替向前挥动，模仿拳击的动作。
（二）左手五指弯曲，掌心向上；右手平伸，掌心向下，指尖朝前，抵于左手。

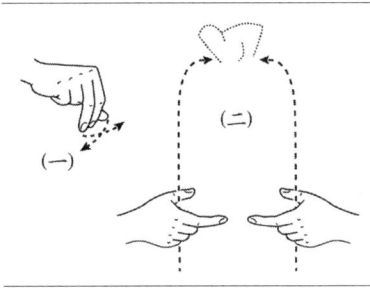

沙袋　shādài
（一）一手拇、食、中指相捏，指尖朝下，互捻几下。
（二）双手拇、食指成大圆形，虎口朝上，先向上移动较长距离再向中间微移，仿沙袋的外形。

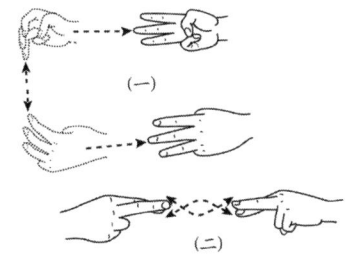

围绳　wéishéng
（一）双手食、中、无名指横伸分开，指尖相对，手背向外，然后向两侧移动，再折而向内移动，表示拳击台上的围绳。
（二）双手食、中指相叠，指尖相对，边向相反方向扭动边向两侧移动。

十二、马术运动

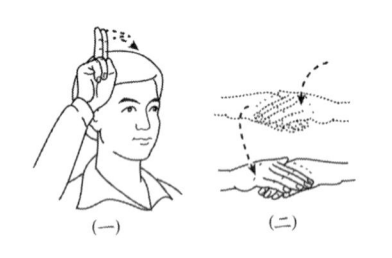

马术① mǎshù①
（一）一手食、中指直立并拢，虎口贴于太阳穴，向前微动两下，仿马的耳朵。
（二）双手横伸，掌心向下，互拍手背。

马术②（骑术） mǎshù②（qíshù）
（一）双手握拳，左手在下，右手在上，同时向后移动几下，模仿手握缰绳骑马的动作。
（二）双手横伸，掌心向下，互拍手背。

骑马 qímǎ
双手握拳，左手在下，右手在上，同时向后移动几下，模仿手握缰绳骑马的动作。

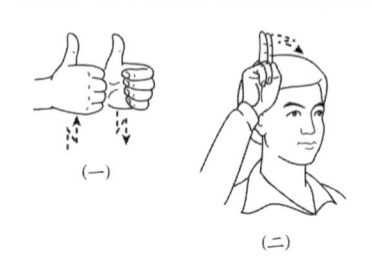

赛马 sàimǎ
（一）双手伸拇指，上下交替动两下。
（二）一手食、中指直立并拢，虎口贴于太阳穴，向前微动两下，仿马的耳朵。

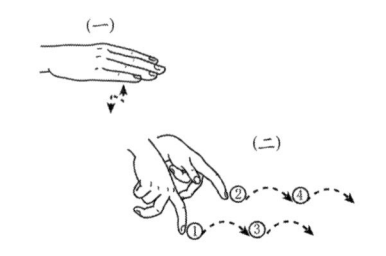

慢步 mànbù
（一）一手横伸，掌心向下，上下微动几下。
（二）双手食、中指前后叉开，指尖朝下，交替向前缓慢点动，模仿马缓慢行走的动作。

寻常慢步　xúncháng mànbù

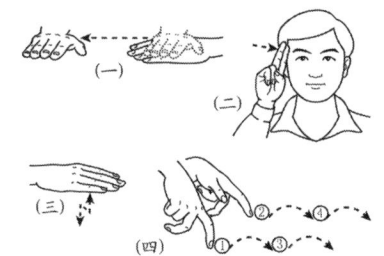

（一）左手横伸；右手平伸，掌心向下，从左手背上向右移动一下。
（二）一手食、中指直立并拢，掌心向外，向太阳穴碰一下。
（三）一手横伸，掌心向下，上下微动几下。
（四）双手食、中指前后叉开，指尖朝下，交替向前缓慢点动，模仿马缓慢行走的动作。

寻常快步　xúncháng kuàibù

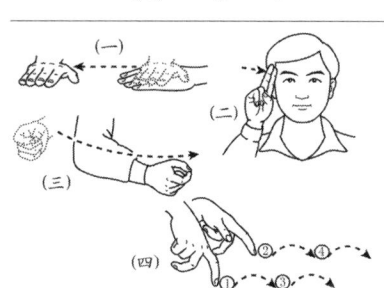

（一）左手横伸；右手平伸，掌心向下，从左手背上向右移动一下。
（二）一手食、中指直立并拢，掌心向外，向太阳穴碰一下。
（三）一手拇、食指捏成圆形，向一侧快速划动。
（四）双手食、中指前后叉开，指尖朝下，交替向前快速点动，模仿马快速行走的动作。

三日赛　sānrìsài

（一）一手中、无名、小指直立分开，掌心向外，中指尖抵于太阳穴，然后边向外移动边变为掌心向内。
（二）双手伸拇指，上下交替动两下。

障碍赛　zhàng'àisài

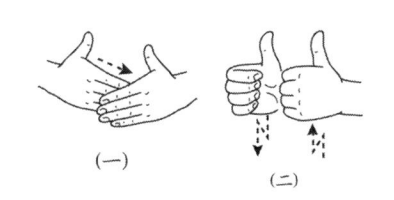

（一）左手侧立；右手横立，掌心向内，然后移至左手并停住，表示遇到障碍。
（二）双手伸拇指，上下交替动两下。

超越障碍　chāoyuè zhàng'ài

左手侧立；右手食、中指弯曲，指尖朝下，边弯动边移向左手，然后腾空越过左手，模仿马术运动中过障碍物的动作。

（可根据实际表示不同的障碍物）

盛装舞步　shèngzhuāng wǔbù

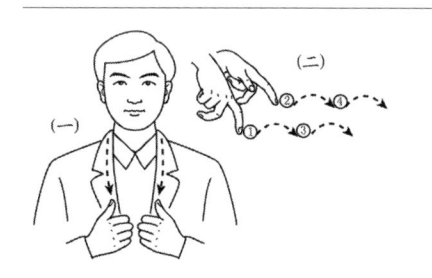

（一）双手伸拇指，手背向外，从颈部两侧向下方移动，表示马术骑手身着西服。
（二）双手食、中指前后叉开，指尖朝下，交替向前缓慢点动。

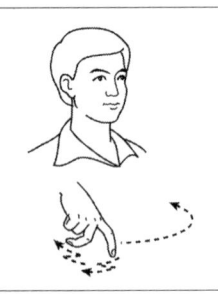

回转① huízhuǎn①
　　一手食、中指前后叉开，指尖朝下，边弯动边向内做弧形移动。

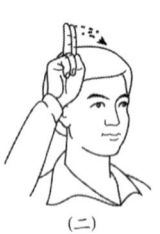

勒马 lèmǎ
　　（一）右手食指微曲，手背向外，置于嘴前，然后向右后方移动，头稍向后仰，模仿拉缰绳的动作。
　　（二）一手食、中指直立并拢，虎口贴于太阳穴，向前微动两下，仿马的耳朵。

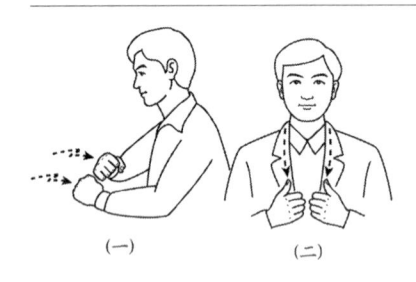

骑装 qízhuāng
　　（一）双手握拳，左手在下，右手在上，同时向后移动几下，模仿手握缰绳骑马的动作。
　　（二）双手伸拇指，手背向外，从颈部两侧向下方移动，表示马术骑手身着西服。

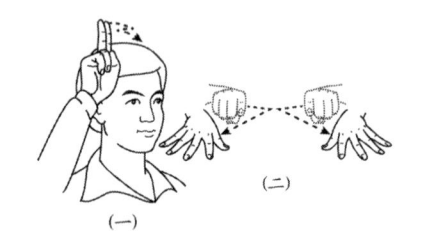

马具 mǎjù
　　（一）一手食、中指直立并拢，虎口贴于太阳穴，向前微动两下，仿马的耳朵。
　　（二）双手食指指尖朝前，手背向上，先互碰一下，再分开并张开五指。

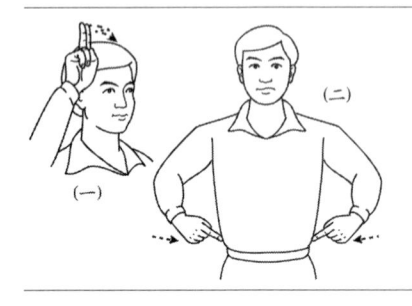

马刺 mǎcì
　　（一）一手食、中指直立并拢，虎口贴于太阳穴，向前微动两下，仿马的耳朵。
　　（二）双手伸食指，指一下腰两侧。

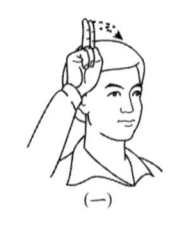

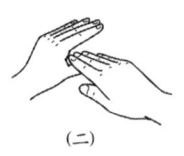

马镫 mǎdèng
　　（一）一手食、中指直立并拢，虎口贴于太阳穴，向前微动两下，仿马的耳朵。
　　（二）左手五指成"⊏"形，虎口朝内；右手平伸，掌心向下，食、中、无名指搭在左手拇指上。

十三、冰上 雪上运动

1. 滑冰

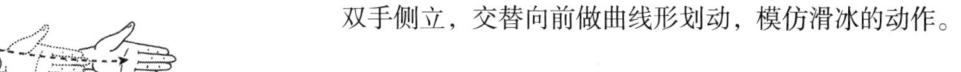

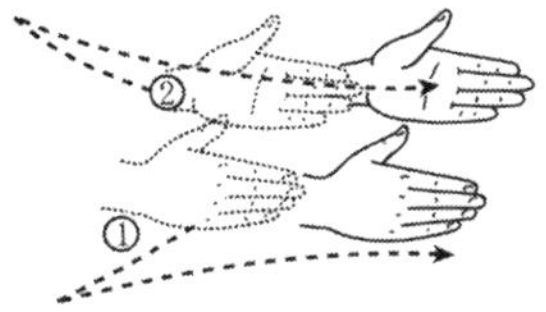

滑冰 huábīng
双手侧立，交替向前做曲线形划动，模仿滑冰的动作。

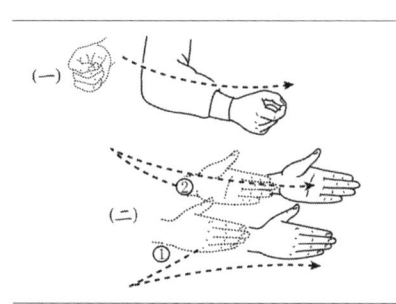

速度滑冰（速滑） sùdù huábīng（sùhuá）
（一）一手拇、食指捏成圆形，向一侧快速划动。
（二）双手侧立，交替向前做曲线形划动，模仿滑冰的动作。

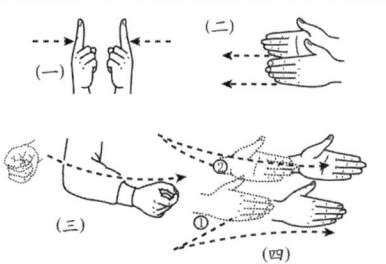

短道速滑 duǎndào sùhuá
（一）双手食指直立，指面左右相对，从两侧向中间移动。
（二）双手侧立，掌心相对，向前移动。
（三）一手拇、食指捏成圆形，向一侧快速划动。
（四）双手侧立，交替向前做曲线形划动，模仿滑冰的动作。

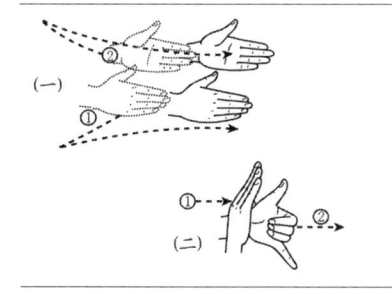

接力滑 jiēlìhuá
（一）双手侧立，交替向前做曲线形划动，模仿滑冰的动作。
（二）左手伸拇、小指，指尖朝前；右手直立，掌心向外，用力向前推一下左手，左手随之向前移动。

蹬冰 dēngbīng
左手五指成"匚"形，指尖朝前，表示冰；右手垂立，手背向外，在左手指背上用力向内杵一下，模仿蹬冰的动作。
（可根据实际表示蹬冰的动作）

下刀　xiàdāo

　　左手侧立；右手稍抬起，五指并拢，在左手旁向斜下方一顿，表示冰刀蹬在冰面上。
　　（可根据实际表示下刀的动作）

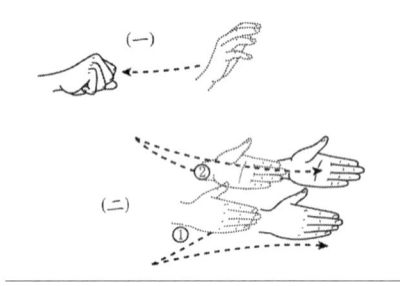

抢滑　qiǎnghuá

　　（一）一手五指微曲，掌心向前，边用力向后移动边握拳。
　　（二）双手侧立，交替向前做曲线形划动，模仿滑冰的动作。
　　（可根据实际表示抢滑的动作）

脱离滑道　tuōlí huádào

　　左手伸食指，指尖朝前，手背向上；右手食、中指微曲，指尖朝下，在左手旁向右前方移出。

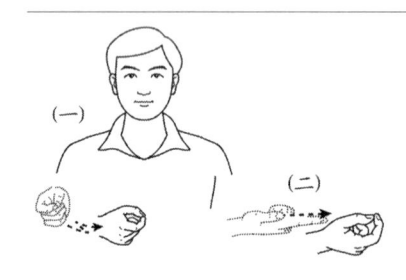

降速　jiàngsù

　　（一）一手拇、食指捏成圆形，向一侧微晃几下。
　　（二）一手食指横伸，手背向下，拇指尖按于食指根部，然后向指尖方向移动至拇、食指相捏。

踢人出局　tīrén chūjú

　　双手伸拇、小指，指尖朝前，右手小指碰向左手小指，左手随之歪倒并移出。

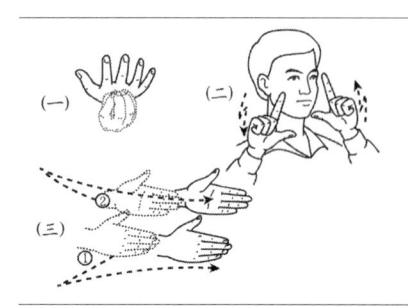

花样滑冰　huāyàng huábīng

　　（一）一手五指撮合，指尖朝上，然后张开。
　　（二）双手拇、食指成"⌐"形，置于脸颊两侧，上下交替动两下。
　　（三）双手侧立，交替向前做曲线形划动，模仿滑冰的动作。

十三、冰上 雪上运动　179

双人滑①（冰上舞蹈①、冰上表演①）
shuāngrénhuá ① (bīngshàng wǔdǎo ①、bīngshàng biǎoyǎn ①)

（一）左手食指斜伸；右手食、中指斜伸分开，手背向外，中指碰一下左手食指尖，表示两人。
（二）左手五指成"匚"形，虎口朝内；右手伸拇、小指，手背向外，在左手上向左做曲线形移动。

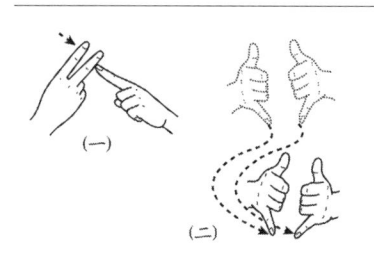

双人滑②（冰上舞蹈②、冰上表演②）
shuāngrénhuá ② (bīngshàng wǔdǎo ②、bīngshàng biǎoyǎn ②)

（一）左手食指斜伸；右手食、中指斜伸分开，手背向外，中指碰一下左手食指尖，表示两人。
（二）双手伸拇、小指，指尖朝前，同时向前做曲线形移动。

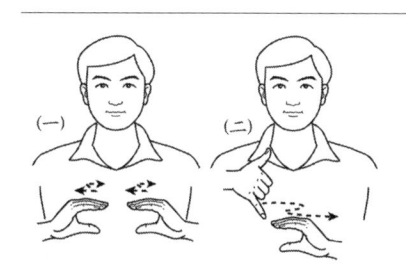

单人滑①（冰上舞蹈③、冰上表演③）
dānrénhuá ① (bīngshàng wǔdǎo ③、bīngshàng biǎoyǎn ③)

（一）双手五指成"匚匚"形，虎口朝内，左右微动几下，表示结冰。
（二）左手五指成"匚"形，虎口朝内；右手伸拇、小指，手背向外，在左手上向左做曲线形移动。

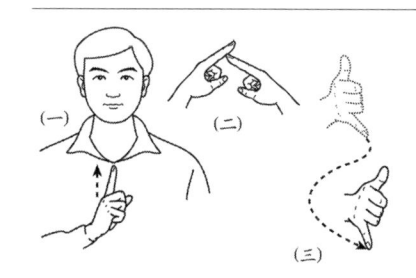

单人滑②　dānrénhuá ②
（一）一手食指直立，虎口贴于胸部，向上移动少许。
（二）双手食指搭成"人"字形。
（三）一手伸拇、小指，指尖朝前，向前做曲线形移动。

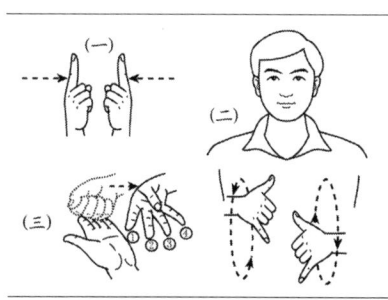

短节目　duǎnjiémù
（一）双手食指直立，指面左右相对，从两侧向中间移动。
（二）双手伸拇、小指，手背向外，前后交替转动两下。
（三）左手斜伸，掌心向后上方；右手握拳，在左手掌心上边向后微移边依次伸出食、中、无名、小指。

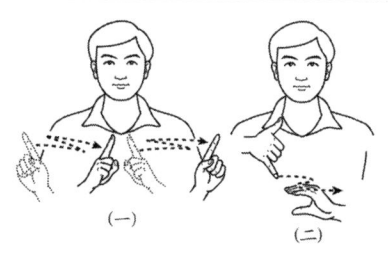

自由滑　zìyóuhuá
（一）双手食指直立，在胸前随意交替摆动几下。
（二）左手五指成"匚"形，虎口朝内；右手伸拇、小指，手背向外，在左手上向左做曲线形移动。

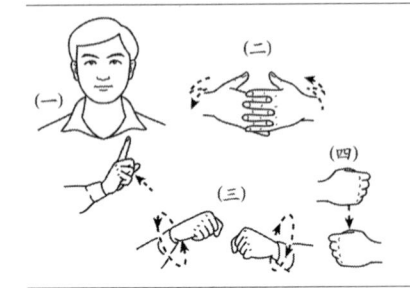

自编动作　zìbiān dòngzuò
（一）右手食指直立，虎口朝内，贴向左胸部。
（二）双手斜立，五指交叉相搭，交替扭动两下。
（三）双手握拳屈肘，前后交替转动两下。
（四）双手握拳，一上一下，右拳向下砸一下左拳。

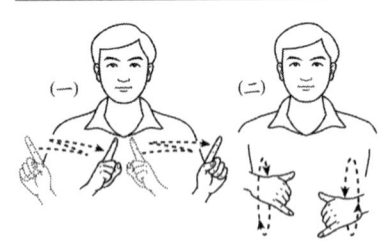

自由舞　zìyóuwǔ
（一）双手食指直立，在胸前随意交替摆动几下。
（二）双手伸拇、小指，手背向斜上方，交替向后转动两下。

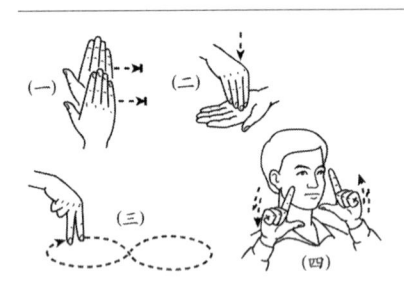

规定图形　guīdìng túxíng
（一）双手直立，掌心左右相对，向前一顿。
（二）左手横伸；右手五指撮合，指尖朝下，按向左手掌心。
（三）一手伸食、中指，指尖朝下，做"8"字形移动。
（四）双手拇、食指成"⌐"形，置于脸颊两侧，上下交替动两下。

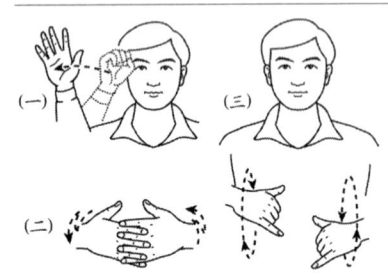

创编舞　chuàngbiānwǔ
（一）一手握拳，虎口贴于太阳穴，然后边向前移动边张开五指。
（二）双手斜立，五指交叉相搭，交替扭动两下。
（三）双手伸拇、小指，手背向斜上方，交替向后转动两下。

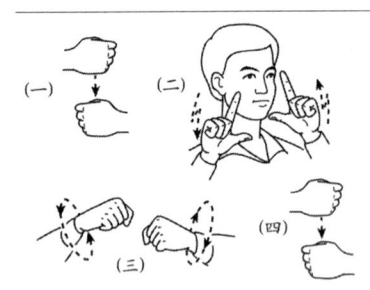

造型动作　zàoxíng dòngzuò
（一）双手握拳，一上一下，右拳向下砸一下左拳。
（二）双手拇、食指成"⌐"形，置于脸颊两侧，上下交替动两下。
（三）双手握拳屈肘，前后交替转动两下。
（四）双手握拳，一上一下，右拳向下砸一下左拳。

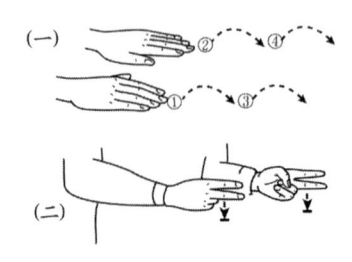

步法　bùfǎ
（一）双手平伸，掌心向下，交替向前移动几下。
（二）双手打手指字母"F"的指式，指尖朝前，向下一顿。

压步　yābù
双手侧立，右手移至左手左侧，左手随之向右后方移动。

横一字步　héngyīzìbù
左手平伸；右手食、中指叉开，食指尖朝上，中指尖朝下，在左手掌心上做曲线形移动。

鲍步　bàobù
左手平伸；右手伸拇、食、中指，食、中指弯曲，指尖朝下，在左手掌心上做曲线形移动。

接续步　jiēxùbù
左手平伸；右手伸拇、食、中指，食、中指指尖朝下，在左手掌心上交替向后划动一下。

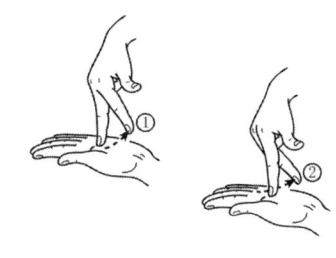

燕式接续步　yànshì jiēxùbù
左手平伸；右手伸拇、食、中、小指，食、中指指尖朝下，在左手掌心上交替向后划动一下。

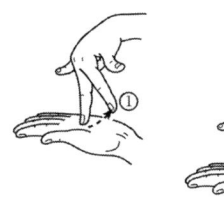

阿克塞尔跳　ākèsài'ěrtiào
左手平伸；右手伸拇、小指，指尖朝前，边从后向前移向左手掌心边跃起并转动几圈，然后转腕，指尖朝内，向外划出，模仿阿克塞尔跳向前起跳、向后落冰的动作。
（可根据实际表示阿克塞尔跳的转体周数）

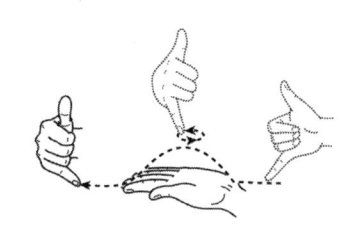

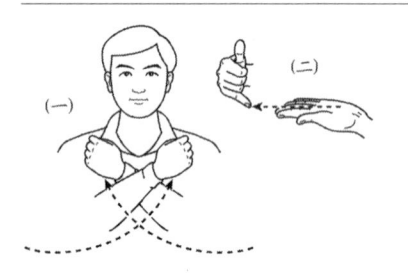

鲁兹跳（后外勾手跳） lǔzītiào (hòuwàigōushǒutiào)
（一）双手握拳，从两侧下方向中间上方做弧形移动，手臂交叉，手背向外。
（二）左手平伸；右手伸拇、小指，指尖朝内，在左手掌心上向外划出。

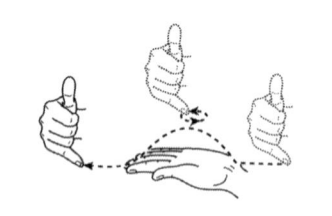

鲁卜跳（后外结环跳） lǔbǔtiào (hòuwàijiéhuántiào)
左手平伸；右手伸拇、小指，指尖朝内，边从后向前移向左手掌心边跃起并转动几圈，然后向外划出。

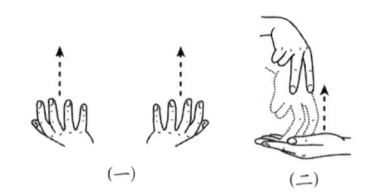

抛跳 pāotiào
（一）双手五指微曲，掌心向上，向上做抛物状。
（二）左手横伸；右手食、中指微曲，指尖朝下，先立于左手掌心上，然后迅速向上弹起。

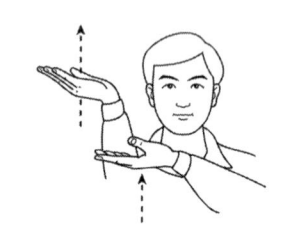

托举 tuōjǔ
双手横伸，掌心向上，一上一下，置于肩膀一侧，然后向上抬起，模仿花样滑冰托举的动作。
（可根据实际表示托举的动作）

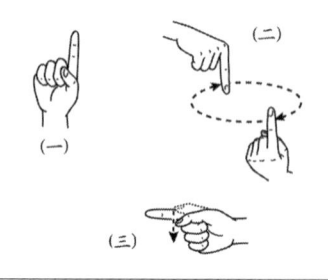

一周半 yīzhōubàn
（一）一手食指直立，掌心向外。
（二）双手伸食指，指尖上下相对，交替平行转动两圈。
（三）一手食指横伸，手背向外，拇指在食指中部划一下。
（可根据实际表示具体的圈数）

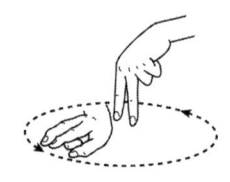

螺旋线 luóxuánxiàn
左手食、中指分开，指尖朝下；右手食、中指相叠，在左手下方绕左手逆时针转动几圈。

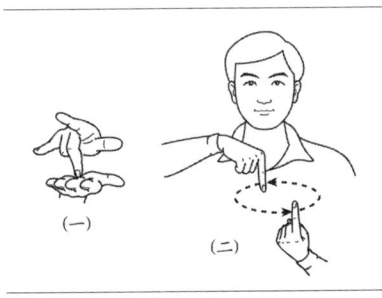

燕式旋转　yànshì xuánzhuǎn
（一）左手平伸；右手伸拇、食、中、小指，拇、食、小指指尖朝前，中指尖朝下，抵于左手掌心上。
（二）双手伸食指，指尖上下相对，交替平行转动两圈。

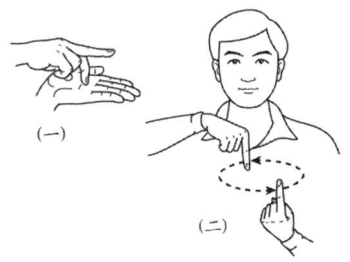

蹲式旋转　dūnshì xuánzhuǎn
（一）左手平伸；右手伸食、中指，中指尖朝前，食指弯曲，指尖朝下，抵于左手掌心上。
（二）双手伸食指，指尖上下相对，交替平行转动两圈。

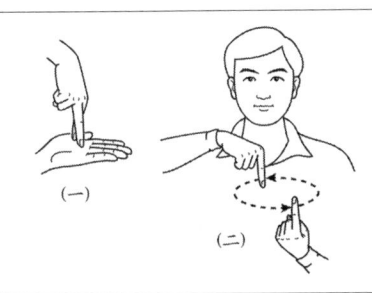

直立旋转　zhílì xuánzhuǎn
（一）左手平伸；右手食、中指相叠，指尖朝下，抵于左手掌心上。
（二）双手伸食指，指尖上下相对，交替平行转动两圈。

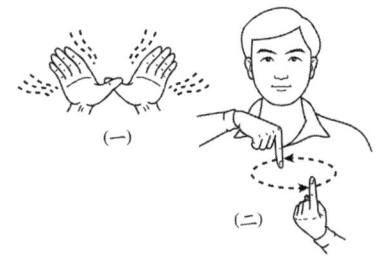

蝴蝶旋转　húdié xuánzhuǎn
（一）双手拇指相搭，其他四指扇动，如蝴蝶飞行状。
（二）双手伸食指，指尖上下相对，交替平行转动两圈。

倒滑　dàohuá
双手侧立，向内做曲线形划动。

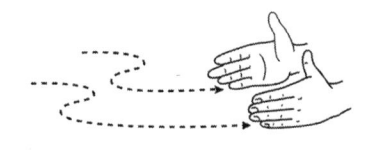

冰鞋　bīngxié
（一）双手侧立，交替向前做曲线形划动，模仿滑冰的动作。
（二）左手五指弯曲，掌心向上；右手平伸，掌心向下，指尖朝前，抵于左手。

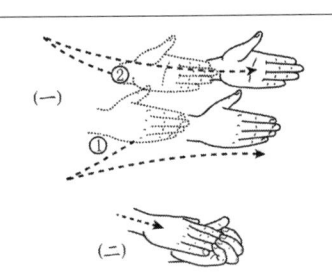

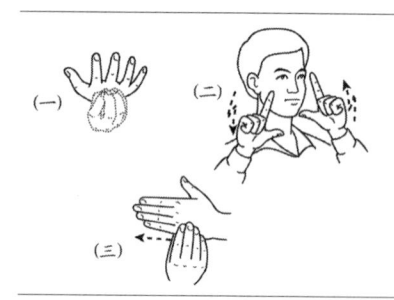

花样刀　huāyàngdāo
（一）一手五指撮合，指尖朝上，然后张开。
（二）双手拇、食指成"⌐⌐"形，置于脸颊两侧，上下交替动两下。
（三）左手横立，掌心向内；右手五指成"∪"形，夹住左手下缘，然后向右划动。

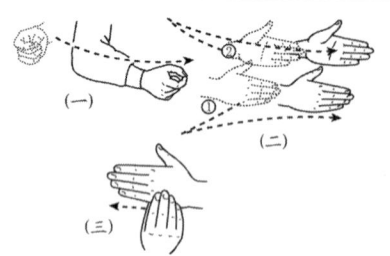

速滑刀　sùhuádāo
（一）一手拇、食指捏成圆形，向一侧快速划动。
（二）双手侧立，交替向前做曲线形划动，模仿滑冰的动作。
（三）左手横立，掌心向内；右手五指成"∪"形，夹住左手下缘，然后向右划动。

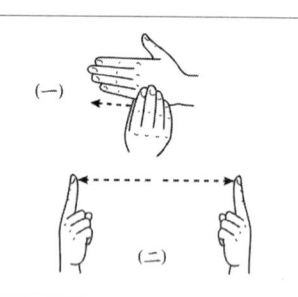

刀长　dāocháng
（一）左手横立，掌心向内；右手五指成"∪"形，夹住左手下缘，然后向右划动。
（二）双手食指直立，指面左右相对，从中间向两侧拉开。

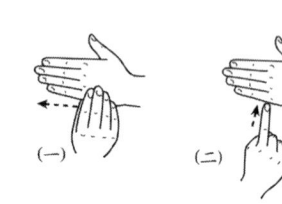

刀刃　dāorèn
（一）左手横立，掌心向内；右手五指成"∪"形，夹住左手下缘，然后向右划动。
（二）左手横立，掌心向内；右手伸食指，指一下左手下缘。

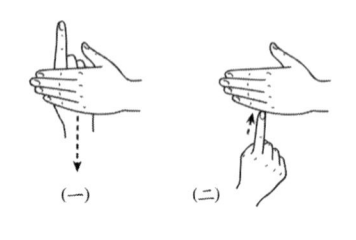

内刃　nèirèn
（一）左手横立；右手食指直立，在左手掌心内从上向下移动。
（二）左手横立，掌心向内；右手伸食指，指一下左手下缘。

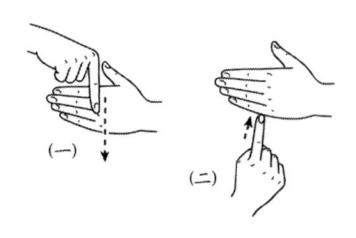

外刃　wàirèn
（一）左手横立；右手伸食指，指尖朝下，在左手背外向下指。
（二）左手横立，掌心向内；右手伸食指，指一下左手下缘。

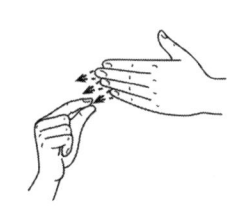

锯齿 jùchǐ

左手横立,掌心向内;右手拇、食指微张,虎口朝内,分别在左手中、无名、小指尖边向右微移边相捏,仿冰刀上的锯齿形状。

刀托 dāotuō

左手横立,掌心向内;右手五指成"∪"形,向上托住左手。

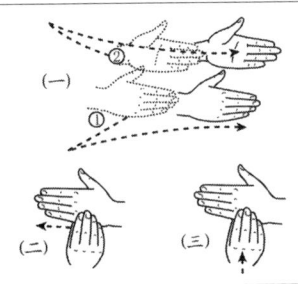

冰刀套 bīngdāotào

(一)双手侧立,交替向前做曲线形划动,模仿滑冰的动作。

(二)左手横立,掌心向内;右手五指成"∪"形,夹住左手下缘,然后向右划动。

(三)左手横立,掌心向内;右手五指成"∪"形,向上托住左手。

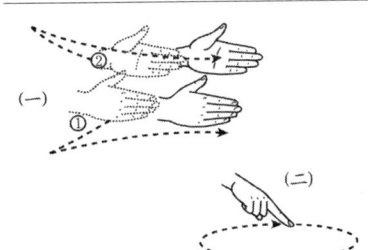

滑冰场 huábīngchǎng

(一)双手侧立,交替向前做曲线形划动,模仿滑冰的动作。

(二)一手伸食指,指尖朝下划一大圈。

2. 冰球

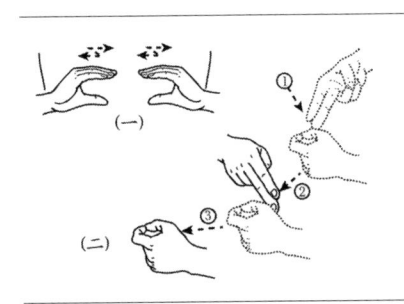

冰球 bīngqiú

(一)双手五指成"⊏⊐"形,虎口朝内,左右微动几下,表示结冰。

(二)左手拇、食指捏成圆形,虎口朝上;右手食、中指并拢,指尖朝下,边拨动左手边双手同时向前移动。

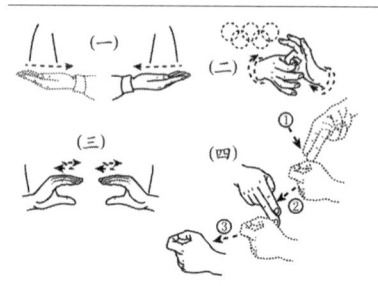

残奥冰球　Cán'ào bīngqiú

（一）双手横伸，掌心向上，交替在对侧上臂划一下，表示肢体不健全。
（二）双手拇、食指套环，其他三指微曲，向右侧微移，边转腕边做一次套环动作，然后向下微移，再边转腕边做一次套环动作。
（三）双手五指成"⊏⊐"形，虎口朝内，左右微动几下，表示结冰。
（四）左手拇、食指捏成圆形，虎口朝上；右手食、中指并拢，指尖朝下，边拨动左手边双手同时向前移动。

冰上雪橇球（冰雪橇曲棍球）
bīngshàng xuěqiāoqiú（bīngxuěqiāo qūgùnqiú）

（一）左手食、中指弯曲，指尖朝上；右手伸拇、小指，指尖朝前，置于左手上，双手同时向前移动。
（二）左手虚握，在上；右手食指弯曲，指尖朝上，在下，双手虎口朝前下方，同时拨动两下。

高杆击球　gāogān jīqiú

左手拇、食指捏成圆形，置于头前；右手食、中指并拢，指尖朝上，碰向左手圆形，左手随之向一侧移动。

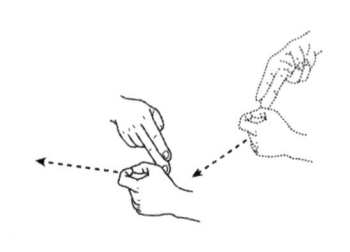

推球　tuīqiú

左手拇、食指捏成圆形，虎口朝上；右手食、中指并拢，指尖朝下，先指面贴于左手圆形，向前推动左手，再指甲贴于左手圆形，向前推动左手。
（可根据实际表示推球的动作）

拉射（平射）　lāshè（píngshè）

左手拇、食指捏成圆形，虎口朝上；右手食、中指并拢，指尖朝下，先左右拨动左手，再碰向左手圆形，左手随之向一侧移动。

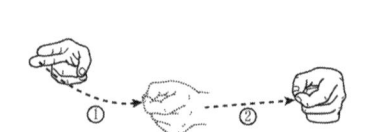

击射　jīshè

左手拇、食指捏成圆形，虎口朝上；右手食、中指并拢，指尖朝前，碰向左手圆形，左手随之向一侧移动，双手动作的幅度要大。

弹射　tánshè
　　左手拇、食指捏成圆形，虎口朝上；右手食、中指并拢，指尖朝前，碰向左手圆形，左手随之向一侧移动，双手动作的幅度要小。

挑射　tiǎoshè
　　左手拇、食指捏成圆形，虎口朝上；右手食、中指并拢，指尖朝前，挑向左手圆形，左手随之向斜上方移动。

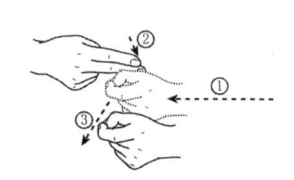

垫射　diànshè
　　左手拇、食指捏成圆形，虎口朝上，向右移动；右手食、中指并拢，手背向外，碰向左手圆形，左手随之向前移动。

勾球　gōuqiú
　　左手拇、食指捏成圆形，虎口朝上；右手食、中指并拢，手背向外，贴向左手食指，双手同时向内移动。

死球　sǐqiú
　　(一) 右手伸拇、小指，先直立，再向右转腕。
　　(二) 一手拇、食指捏成圆形，虎口朝上。

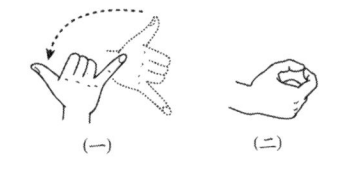

急停①　jítíng ①
　　(一) 双手五指弯曲，指尖抵于胸部，上下交替动几下，面露焦急的表情。
　　(二) 左手横伸，掌心向下；右手直立，掌心向左，指尖抵于左手掌心。

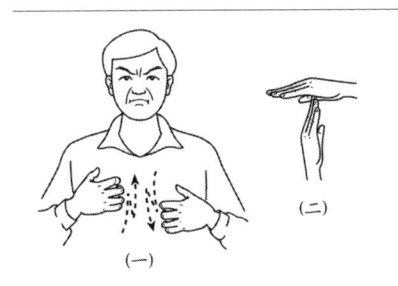

急停② jítíng ②

（一）双手侧立，交替向前做曲线形划动，模仿滑冰的动作。
（二）双手斜立，同时向斜下方一顿。
（可根据实际表示急停的情况）

臀部冲撞 túnbù chōngzhuàng

双手伸拇、小指，指尖朝前，右手小鱼际部碰向左手小鱼际部，左手随之向一侧移动。

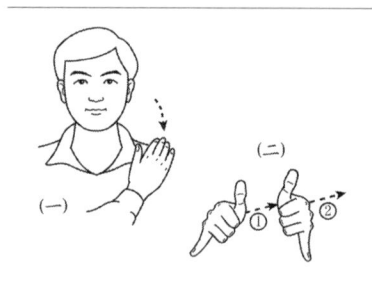

肩部冲撞 jiānbù chōngzhuàng

（一）右手拍一下左肩。
（二）双手伸拇、小指，指尖朝前，右手拇指斜向碰向左手拇指，左手随之向一侧移动。

球杆打人 qiúgān dǎrén

左手伸拇、小指，指尖朝前；右手食、中指并拢，指尖朝前，碰向左手。
（可根据实际表示击打的部位）

身体阻截 shēntǐ zǔjié

双手伸拇、小指，指尖朝前，左手向前移动，右手同时转到左手前，手背向外。

蝶式跪挡 diéshì guìdǎng

（一）双手食指弯曲，手背左右相对。
（二）双手拇、食、小指直立，掌心向外一推。

十三、冰上 雪上运动

侧躺挡球　cètǎng dǎngqiú 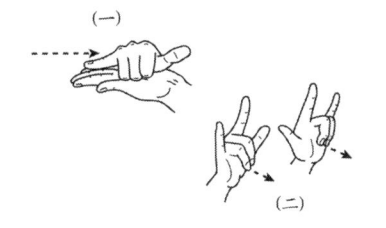
（一）左手横伸；右手伸拇、小指，手背向上，从右向左移至左手掌心上。
（二）双手拇、食、小指直立，掌心向外一推。

冰球刀　bīngqiúdāo 
（一）双手五指成"匚ㄋ"形，虎口朝内，左右微动几下，表示结冰。
（二）左手拇、食指捏成圆形，虎口朝上；右手食、中指并拢，指尖朝下，边拨动左手边双手同时向前移动。
（三）左手横立，掌心向内；右手五指成"∪"形，夹住左手下缘，然后向右划动。

冰球场　bīngqiúchǎng 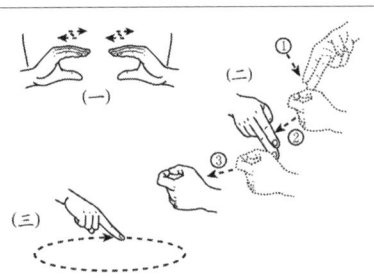
（一）双手五指成"匚ㄋ"形，虎口朝内，左右微动几下，表示结冰。
（二）左手拇、食指捏成圆形，虎口朝上；右手食、中指并拢，指尖朝下，边拨动左手边双手同时向前移动。
（三）一手伸食指，指尖朝下划一大圈。

争球点　zhēngqiúdiǎn 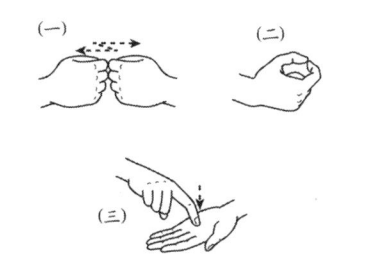
（一）双手握拳，指背相抵，左右用力推动两下。
（二）一手拇、食指捏成圆形，虎口朝上。
（三）左手横伸；右手伸食指，指尖朝下，在左手掌心上点一下。

争球圈　zhēngqiúquān 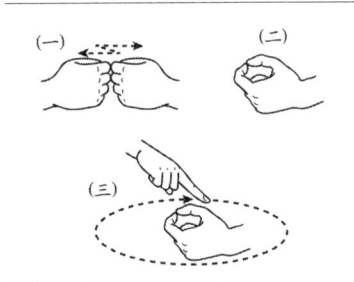
（一）双手握拳，指背相抵，左右用力推动两下。
（二）左手拇、食指捏成圆形，虎口朝上。
（三）左手拇、食指捏成圆形，虎口朝上；右手伸食指，指尖朝下，绕左手转动一圈。

开球点　kāiqiúdiǎn 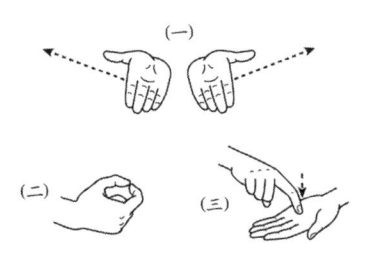
（一）双手斜伸，掌心向上，同时向两侧斜上方移动。
（二）一手拇、食指捏成圆形，虎口朝上。
（三）左手横伸；右手伸食指，指尖朝下，在左手掌心上点一下。

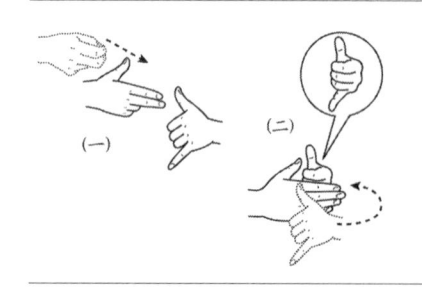

受罚席 shòufáxí

（一）左手伸拇、小指，手背向外；右手拇、食、中指相捏，边挥向左手边张开，食、中指并拢，面露严肃的表情。

（二）左手伸拇、小指，手背向外；右手横立，掌心向内，左手从右手前移入右手后，指尖朝前。

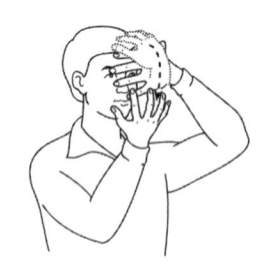

全护面罩 quánhù miànzhào

双手五指微曲张开，掌心向内，左手横立，置于头前，右手直立，从上向下绕左手转动半圈。

坐式冰橇 zuòshì bīngqiāo

左手食、中指并拢，指尖朝前，手背向上；右手伸拇、小指，指尖朝前，置于左手上，双手同时向前移动。

3. 冰壶

冰壶 bīnghú

（一）双手五指成"⊏⊐"形，虎口朝内，左右微动几下，表示结冰。

（二）一手虚握，虎口朝前，边向前缓慢移动边张开五指，身体前倾，模仿推冰壶的动作。

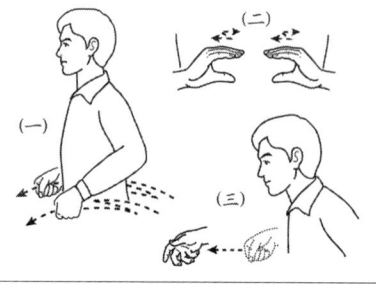

轮椅冰壶 lúnyǐ bīnghú

（一）双手虚握，虎口朝前，在腰部两侧做向前转动轮子的动作。

（二）双手五指成"⊏⊐"形，虎口朝内，左右微动几下，表示结冰。

（三）一手虚握，虎口朝前，边向前缓慢移动边张开五指，身体前倾，模仿推冰壶的动作。

擦冰（刷冰） cābīng (shuābīng)

双手虚握，虎口朝前下方，一上一下，同时前后移动两下，模仿擦冰的动作。

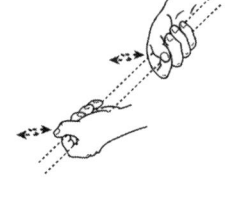

进营 jìnyíng

左手拇、食指成半圆形，虎口朝上；右手拇、食指捏成圆形，虎口朝上，从后向前移至左手虎口旁。

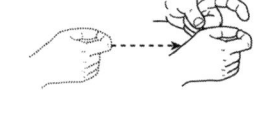

占位 zhànwèi

左手横伸；右手五指微曲，指尖朝下，边移向左手掌心边握拳。

旋球 xuánqiú

（一）双手伸食指，指尖上下相对，交替平行转动两圈。
（二）一手拇、食指捏成圆形，虎口朝上，从后向前做弧形移动。
（可根据实际表示冰壶旋转的方向）

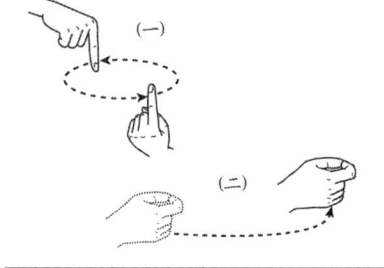

打定 dǎdìng

双手拇、食指捏成圆形，虎口朝上，左手在前，右手从后碰向左手后停住，左手随之向前移动。
（可根据实际表示打定的动作）

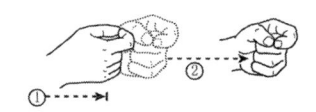

打甩 dǎshuǎi

双手拇、食指捏成圆形，虎口朝上，左手在前，右手从后碰向左手后左手向左前方移动，右手向右移动。
（可根据实际表示打甩的动作）

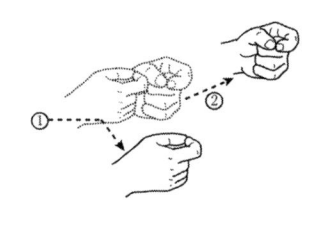

双飞 shuāngfēi

（一）双手拇、食指捏成圆形，虎口朝上，左右靠近。
（二）双手拇、食指捏成圆形，虎口朝上，左手在前，右手从后碰向左手。
（三）双手拇、食指捏成圆形，虎口朝上，左右靠近，然后同时向两侧斜前方移动。
（可根据实际表示双飞的动作）

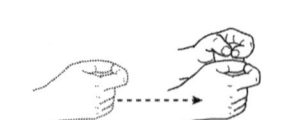

粘球 zhānqiú

双手拇、食指捏成圆形，虎口朝上，左手在前，右手从后移至左手旁，指尖相挨。

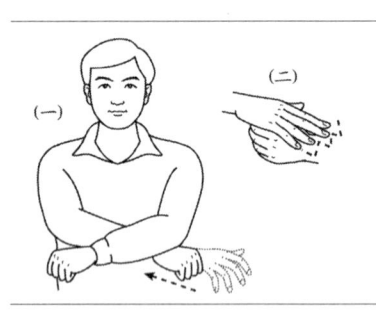

偷分 tōufēn

（一）左臂横伸，左手握拳，手背向上；右手五指张开，掌心向下，边从左臂下向右移动边握拳。
（二）左手虚握，虎口朝上；右手掌心贴于左手虎口，五指交替点动几下。

空局 kōngjú

双手五指捏成圆形，虎口朝内。

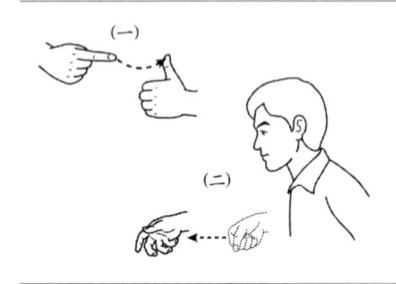

先手 xiānshǒu

（一）左手伸拇指；右手伸食指，碰一下左手拇指。
（二）一手虚握，虎口朝前，边向前缓慢移动边张开五指，身体前倾，模仿推冰壶的动作。

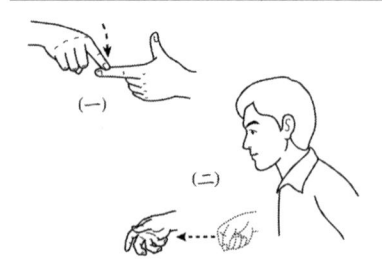

后手 hòushǒu

（一）左手伸拇、食指，食指尖朝右，手背向外；右手伸食指，敲一下左手食指尖。
（二）一手虚握，虎口朝前，边向前缓慢移动边张开五指，身体前倾，模仿推冰壶的动作。

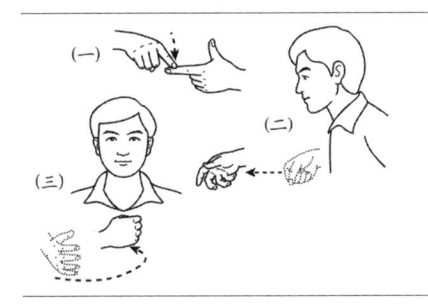

后手掷壶权（LSD） hòushǒu zhìhúquán

（一）左手伸拇、食指，食指尖朝右，手背向外；右手伸食指，敲一下左手食指尖。

（二）一手虚握，虎口朝前，边向前缓慢移动边张开五指，身体前倾，模仿推冰壶的动作。

（三）右手侧立，五指微曲张开，边向左做弧形移动边握拳。

一垒② yīlěi ②

左手横伸；右手食指直立，掌心向外，表示数字"1"，置于左手掌心上（表示"二垒"时，右手打数字"2"的手势，以此类推）。

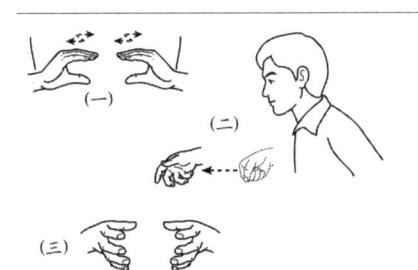

冰壶石 bīnghúshí

（一）双手五指成"凵凵"形，虎口朝内，左右微动几下，表示结冰。

（二）一手虚握，虎口朝前，边向前缓慢移动边张开五指，身体前倾，模仿推冰壶的动作。

（三）双手五指弯曲张开，虎口朝上，仿冰壶石的外形。

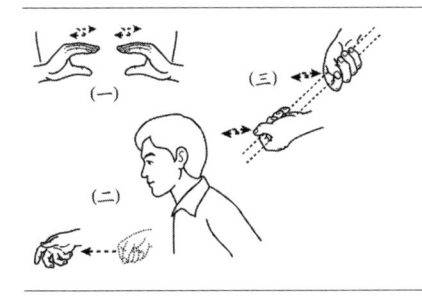

冰壶刷 bīnghúshuā

（一）双手五指成"凵凵"形，虎口朝内，左右微动几下，表示结冰。

（二）一手虚握，虎口朝前，边向前缓慢移动边张开五指，身体前倾，模仿推冰壶的动作。

（三）双手虚握，虎口朝前下方，一上一下，同时前后移动两下。

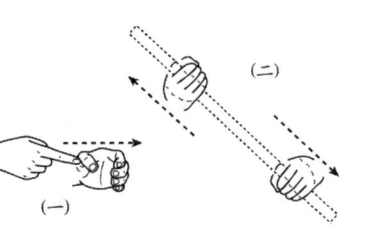

投壶手杖 tóuhú shǒuzhàng

（一）左手五指成半圆形，虎口朝上；右手伸食指，指尖抵于左手拇指，双手同时向前移动。

（二）双手虚握，斜向相贴，然后分别向斜上下方移动，仿手杖的形状。

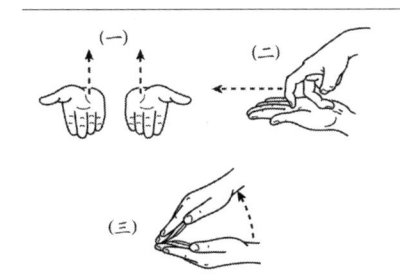

起滑器 qǐhuáqì

（一）双手平伸，掌心向上一抬。

（二）左手平伸；右手食、中指弯曲，一前一后，食指尖朝下，中指尖朝后，在左手掌心上向前移动。

（三）双手平伸，掌心相贴，左手在下不动，右手向上一抬。

大本营（营垒） dàběnyíng (yínglěi)

左手平伸，掌心向上；右手伸食指，指尖朝下，绕左手转动一圈。

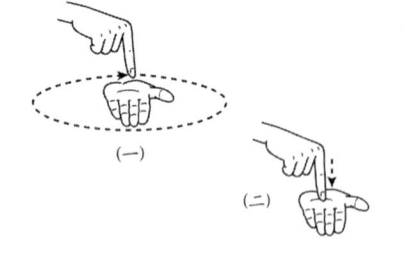

圆心 yuánxīn

（一）左手平伸，掌心向上；右手伸食指，指尖朝下，绕左手转动一圈。

（二）左手平伸，掌心向上；右手伸食指，指尖朝下，在左手掌心上点一下。

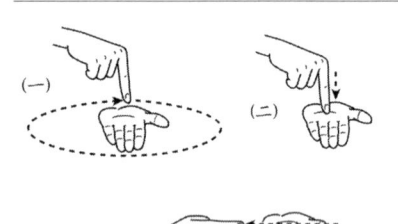

圆心线 yuánxīnxiàn

（一）左手平伸，掌心向上；右手伸食指，指尖朝下，绕左手转动一圈。

（二）左手平伸，掌心向上；右手伸食指，指尖朝下，在左手掌心上点一下。

（三）左手平伸，掌心向上；右手食指横伸，手背向外，在左手掌心上横划一下。

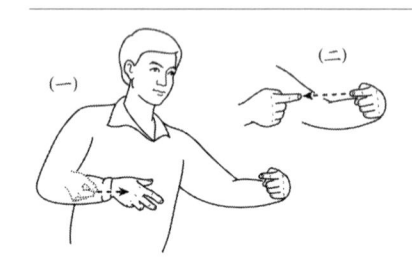

前掷线 qiánzhìxiàn

（一）左手食指横伸，手背向外；右手虚握，虎口朝前，在左手后边向前缓慢移动边张开五指，身体前倾，模仿推冰壶的动作。

（二）左手食指横伸，手背向外；右手食指横伸，手背向外，在左手食指旁横划一下。

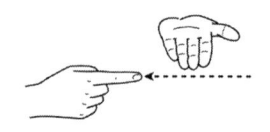

栏线 lánxiàn

左臂伸直，左手平伸，掌心向上；右手食指横伸，手背向外，在左手肘部和腕部各横划一下。

底线③ dǐxiàn ③

左手平伸，掌心向上；右手食指横伸，手背向外，在左手前横划一下。

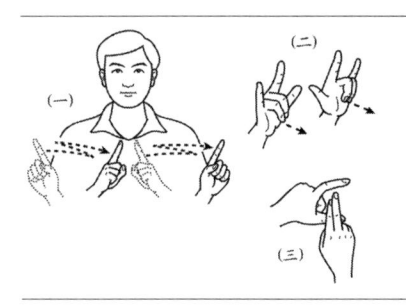

自由防守区（FGZ） zìyóu fángshǒuqū

（一）双手食指直立，在胸前随意交替摆动几下。
（二）双手拇、食、小指直立，掌心向外一推。
（三）左手拇、食指成"匚"形，虎口朝内；右手食、中指相叠，手背向内，置于左手"匚"形中，仿"区"字形。

4. 滑雪

滑雪（双板滑雪、双杖推撑滑行）
huáxuě（shuāngbǎn huáxuě、shuāngzhàng tuīchēng huáxíng）

身体前倾，双腿半蹲，双手握拳，置于身前并向后下方划动几下，如滑雪状。

高山滑雪 gāoshān huáxuě

一手食、中指微曲，指尖朝下，从上向前下方移动，如高山滑雪状。

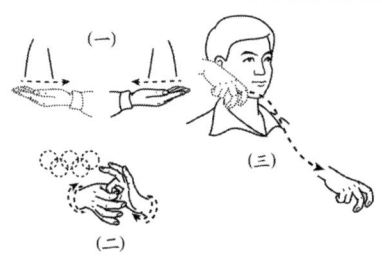

残奥高山滑雪 Cán'ào gāoshān huáxuě

（一）双手横伸，掌心向上，交替在对侧上臂划一下，表示肢体不健全。
（二）双手拇、食指套环，其他三指微曲，向右侧微移，边转腕边做一次套环动作，然后向下微移，再边转腕边做一次套环动作。
（三）一手食、中指微曲，指尖朝下，从上向前下方移动，如高山滑雪状。

速降滑雪（滑降①、回转②）
sùjiàng huáxuě（huájiàng①、huízhuǎn②）

一手食、中指微曲，指尖朝下，从上向前下方做左右回转的曲线形移动。

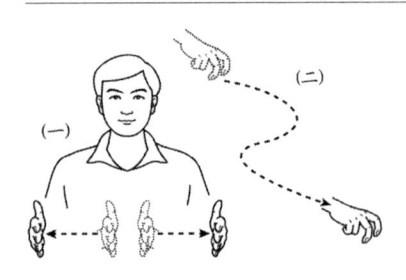

大回转 dàhuízhuǎn

（一）双手侧立，掌心相对，同时向两侧移动，幅度要大些。

（二）一手食、中指微曲，指尖朝下，从上向前下方做左右回转的曲线形移动，幅度要大些。

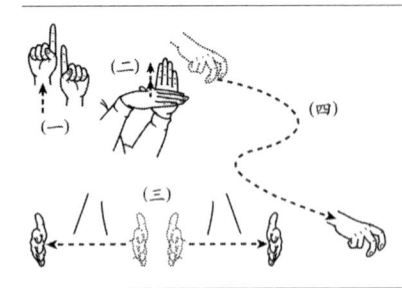

超级大回转 chāojí dàhuízhuǎn

（一）双手食指直立，掌心向外，左手不动，右手向上动一下。

（二）左手直立，掌心向右；右手平伸，掌心向下，在左手掌心上向上一顿一顿移动几下。

（三）双手侧立，掌心相对，同时向两侧移动，幅度要更大些。

（四）一手食、中指微曲，指尖朝下，从上向前下方做左右回转的曲线形移动，幅度要更大些。

滑降② huájiàng ②

左臂斜伸，手背向前上方，五指并拢；右手食、中指微曲，指尖朝下，从左上臂沿左手背向下划出。

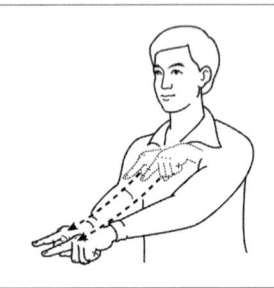

直滑降 zhíhuájiàng

双手伸食指，指尖朝前下方，手背向上，从上向前下方移动。

犁式滑降 líshì huájiàng

双手食指斜伸，手背向上，从上向前下方移动。

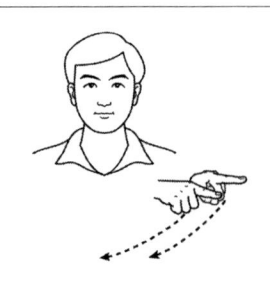

横滑降 hénghuájiàng

双手食指横伸，手背向上，从一侧后上方向另一侧前下方移动。

坐式滑雪双板 zuòshì huáxuě shuāngbǎn

左手食、中指弯曲，指尖朝上；右手伸拇、小指，指尖朝前，置于左手上，双手同时向前移动。

坐式滑雪单板 zuòshì huáxuě dānbǎn

左手食指弯曲，指尖朝上；右手伸拇、小指，指尖朝前，置于左手上，双手同时向前移动。

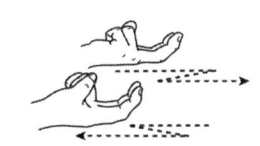

自由式滑雪① zìyóushì huáxuě ①

双手食、中指弯曲，指尖朝上，一前一后，交替向前划动两下。

（此为国际聋人手语）

自由式滑雪② zìyóushì huáxuě ②

（一）双手食指直立，在胸前随意交替摆动几下。

（二）左手食、中指分开，指尖朝前，手背向上；右手食、中指微曲，指尖朝下，立于左手食、中指上，双手同时向前移动（可根据实际情况省略动作二）。

（此为中国聋人手语）

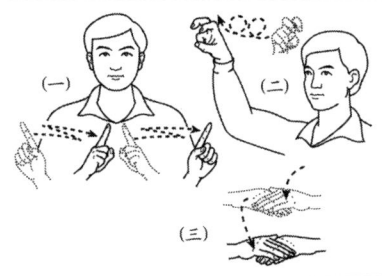

自由式滑雪空中技巧 zìyóushì huáxuě kōngzhōng jìqiǎo

（一）双手食指直立，在胸前随意交替摆动几下。

（二）一手食、中指弯曲，指尖朝下，在头前上方边转动边向前移动。

（三）双手横伸，掌心向下，互拍手背。

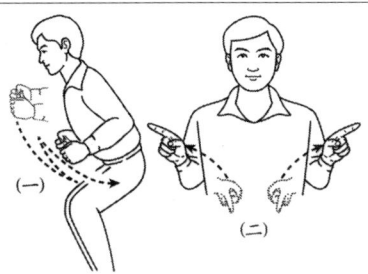

横一字跳 héngyīzìtiào

（一）身体前倾，双腿半蹲，双手握拳，置于身前并向后下方划动几下，如滑雪状。

（二）双手伸食指，指尖朝前下方，然后同时向两侧斜上方移动。

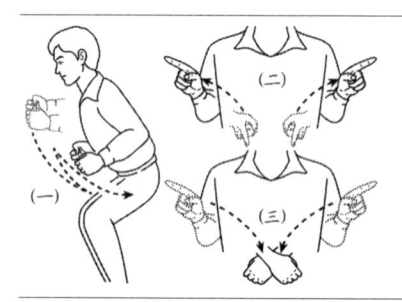

哥萨克式跳　gēsàkèshìtiào

（一）身体前倾，双腿半蹲，双手握拳，置于身前并向后下方划动几下，如滑雪状。

（二）双手伸食指，指尖朝前下方，然后同时向两侧斜上方移动。

（三）双手伸食指，指尖朝两侧斜上方，然后边向中间下方移动边握拳，手腕交叉相搭，手背向外。

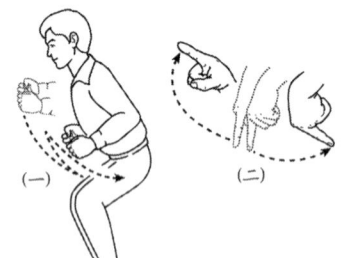

纵一字跳　zòngyīzìtiào

（一）身体前倾，双腿半蹲，双手握拳，置于身前并向后下方划动几下，如滑雪状。

（二）双手伸食指，指尖朝下，然后分别向前后方向弹起。

挺身后曲小腿 90 度　tǐngshēnhòuqūxiǎotuǐ 90 dù

左手食、中指分开，指尖朝前，手背向上；右手食、中指分开，指尖朝下，立于左手食、中指上，边双手同时向后上方移动边弯曲右手食、中指，左手食、中指指尖朝下。

直体翻腾　zhítǐ fānténg

一手食、中指直立分开，掌心向内，在头前上方边转动边向前移动，掌心向外。

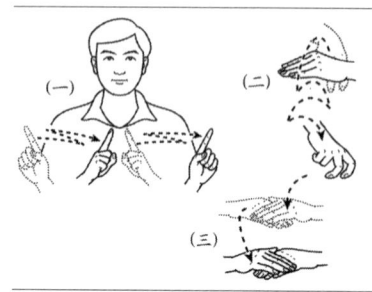

自由式滑雪雪上技巧　zìyóushì huáxuě xuěshàng jìqiǎo

（一）双手食指直立，在胸前随意交替摆动几下。

（二）左手横伸，手背拱起；右手食、中指微曲，指尖朝下，在左手上边左右跳动边向前移动。

（三）双手横伸，掌心向下，互拍手背。

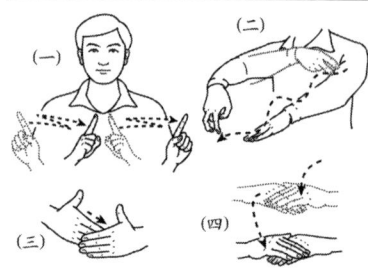

自由式滑雪坡面障碍技巧

zìyóushì huáxuě pōmiàn zhàng'ài jìqiǎo

（一）双手食指直立，在胸前随意交替摆动几下。

（二）左臂斜伸，手背向前上方，五指并拢；右手食、中指微曲，指尖朝下，从左上臂沿左手背向前下方做跳跃式移动。

（三）左手侧立；右手横立，掌心向内，然后移至左手并停住，表示遇到障碍。

（四）双手横伸，掌心向下，互拍手背。

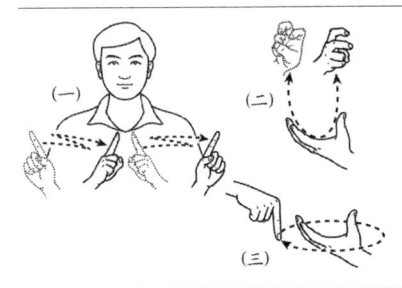

自由式滑雪 U 型场地　zìyóushì huáxuě U xíng chǎngdì

（一）双手食指直立，在胸前随意交替摆动几下。
（二）左手五指成"U"形，虎口朝外；右手食、中指弯曲，在左手掌心上来回做弧形移动，表示 U 型场地的滑雪动作。
（三）左手五指成"U"形，虎口朝外；右手伸食指，指尖朝下，绕左手转动一圈。

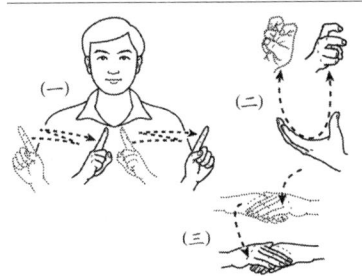

自由式滑雪 U 型场地技巧
zìyóushì huáxuě U xíng chǎngdì jìqiǎo

（一）双手食指直立，在胸前随意交替摆动几下。
（二）左手五指成"U"形，虎口朝外；右手食、中指弯曲，在左手掌心上来回做弧形移动，表示 U 型场地的滑雪动作。
（三）双手横伸，掌心向下，互拍手背。

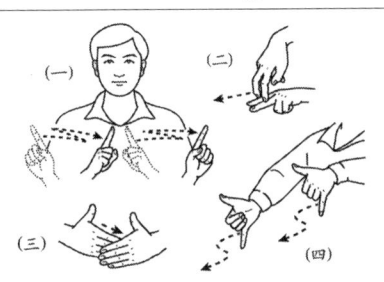

自由式滑雪障碍追逐　zìyóushì huáxuě zhàng'ài zhuīzhú

（一）双手食指直立，在胸前随意交替摆动几下。
（二）左手食、中指分开，指尖朝前，手背向上；右手食、中指微曲，指尖朝下，立于左手食、中指上，双手同时向前移动。
（三）左手侧立；右手横立，掌心向内，然后移至左手并停住，表示遇到障碍。
（四）双手伸拇、小指，指尖朝前，一前一后，同时向前下方做曲线形移动。

单板滑雪①　dānbǎn huáxuě ①

双手斜伸，手背向前上方，同时向前下方移动两下。
（此为国际聋人手语）

单板滑雪②　dānbǎn huáxuě ②

双手斜伸，手背向前上方，指尖朝前下方，一前一后，边左右微转手腕边向前下方做曲线形移动。
（此为中国聋人手语）

残奥单板滑雪　Cán'ào dānbǎn huáxuě

（一）双手横伸，掌心向上，交替在对侧上臂划一下，表示肢体不健全。
（二）双手拇、食指套环，其他三指微曲，向右侧微移，边转腕边做一次套环动作，然后向下微移，再边转腕边做一次套环动作。
（三）双手斜伸，手背向前上方，指尖朝前下方，一前一后，边左右微转手腕边向前下方做曲线形移动。

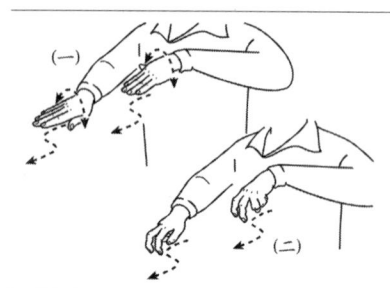

单板滑雪平行大回转　dānbǎn huáxuě píngxíng dàhuízhuǎn

（一）双手斜伸，手背向前上方，指尖朝前下方，一前一后，边左右微转手腕边向前下方做曲线形移动。

（二）双手食、中指微曲，指尖朝下，一前一后，同时向前下方做曲线形移动。

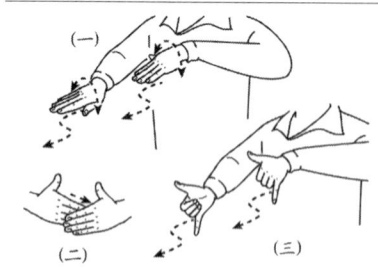

单板滑雪障碍追逐　dānbǎn huáxuě zhàng'ài zhuīzhú

（一）双手斜伸，手背向前上方，指尖朝前下方，一前一后，边左右微转手腕边向前下方做曲线形移动。

（二）左手侧立；右手横立，掌心向内，然后移至左手并停住，表示遇到障碍。

（三）双手伸拇、小指，指尖朝前，一前一后，同时向前下方做曲线形移动。

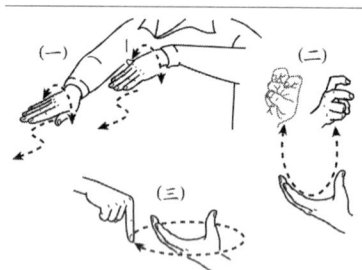

单板滑雪 U 型场地　dānbǎn huáxuě U xíng chǎngdì

（一）双手斜伸，手背向前上方，指尖朝前下方，一前一后，边左右微转手腕边向前下方做曲线形移动。

（二）左手五指成"U"形，虎口朝外；右手食、中指弯曲，在左手掌心上来回做弧形移动，表示 U 型场地的滑雪动作。

（三）左手五指成"U"形，虎口朝外；右手伸食指，指尖朝下，绕左手转动一圈。

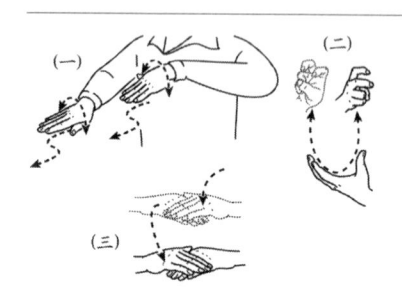

单板滑雪 U 型场地技巧
　dānbǎn huáxuě U xíng chǎngdì jìqiǎo

（一）双手斜伸，手背向前上方，指尖朝前下方，一前一后，边左右微转手腕边向前下方做曲线形移动。

（二）左手五指成"U"形，虎口朝外；右手食、中指弯曲，在左手掌心上来回做弧形移动，表示 U 型场地的滑雪动作。

（三）双手横伸，掌心向下，互拍手背。

跃起非抓板　yuèqǐ fēizhuābǎn

左手横伸；右手食、中指微曲，指尖朝下，抵于左手掌心上，然后双手同时向右上方移动，左手直立，掌心向左。

跃起倒立　yuèqǐ dàolì

左手横伸；右手伸拇、食、中、小指，食、中指分开，指尖朝下，抵于左手掌心上，手背向外，然后双手同时转腕并向上移动，左手掌心向下，右手掌心向外。

十三、冰上 雪上运动

倒立❷ dàolì ❷

左手横伸；右手食、中指分开，指尖朝下，抵于左手掌心上，手背向外，然后双手同时转腕并向上移动，左手掌心向下，右手掌心向外。

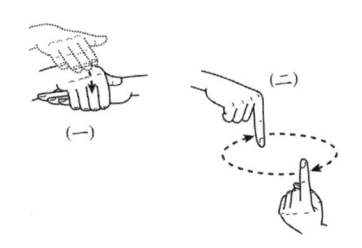

抓板旋转 zhuābǎn xuánzhuǎn

（一）左手横伸，手背向上；右手握住左手。
（二）双手伸食指，指尖上下相对，交替平行转动两圈。
（可根据实际表示旋转的度数）

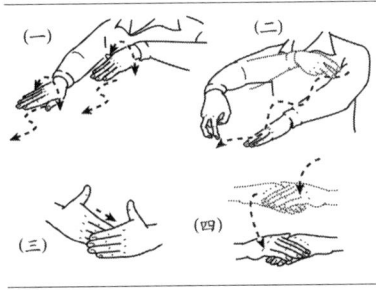

单板滑雪坡面障碍技巧
dānbǎn huáxuě pōmiàn zhàng'ài jìqiǎo

（一）双手斜伸，手背向前上方，指尖朝前下方，一前一后，边左右微转手腕边向前下方做曲线形移动。
（二）左臂斜伸，手背向前上方，五指并拢；右手食、中指微曲，指尖朝下，从左上臂沿左手背向前下方做跳跃式移动。
（三）左手侧立；右手横立，掌心向内，然后移至左手并停住，表示遇到障碍。
（四）双手横伸，掌心向下，互拍手背。

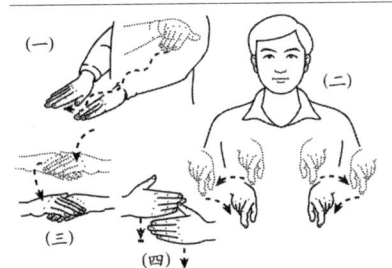

道具杆技巧段 dàojùgān jìqiǎoduàn

（一）双手斜伸，手背向前上方，指尖朝前下方，右手从左上臂沿左手背向前下方做起伏状移动。
（二）双手拇、食指弯曲，指尖朝下，向前方不同位置移动两下。
（三）双手横伸，掌心向下，互拍手背。
（四）双手横立，掌心向内，一前一后，同时向下一顿。

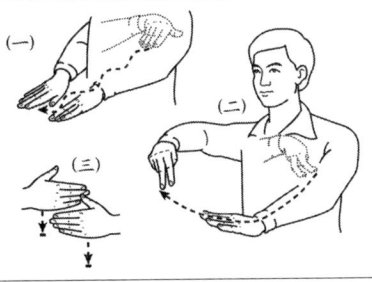

坡面跳跃段 pōmiàn tiàoyuèduàn

（一）双手斜伸，手背向前上方，指尖朝前下方，右手从左上臂沿左手背向前下方做起伏状移动。
（二）左臂斜伸，左手平伸，手背向上，五指并拢；右手食、中指微曲，指尖朝下，从左上臂移至左手背时两指伸直腾空。
（三）双手横立，掌心向内，一前一后，同时向下一顿。

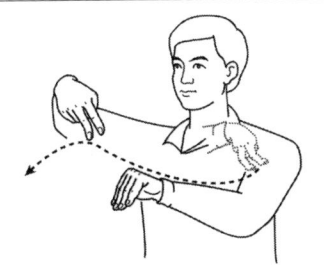

飞行 fēixíng

左臂向前屈肘，左手五指与手掌成"∧"形；右手食、中指微曲，指尖朝下，从左上臂移至左手背时两指伸直腾空，并向前下方移动。

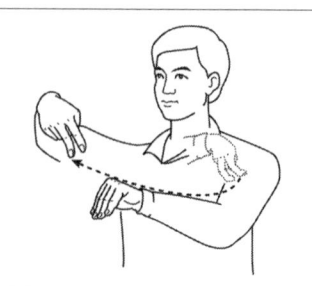

跳跃 tiàoyuè

左臂向前屈肘，左手五指与手掌成"∧"形；右手食、中指微曲，指尖朝下，从左上臂移至左手背时两指伸直腾空。

翻腾 fānténg

一手食、中指弯曲，指尖朝下，在头前上方边转动边向前移动。

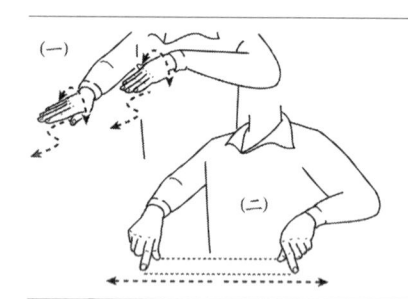

滑雪单板 huáxuě dānbǎn

（一）双手斜伸，手背向前上方，指尖朝前下方，一前一后，边左右微转手腕边向前下方做曲线形移动。

（二）双手拇、食指张开，指尖朝下，虎口前后相对，从中间向前后方向移动。

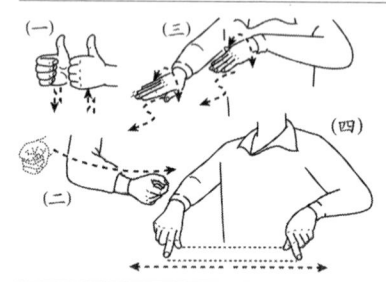

竞速滑雪板 jìngsù huáxuěbǎn

（一）双手伸拇指，上下交替动两下。

（二）一手拇、食指捏成圆形，向一侧快速划动。

（三）双手斜伸，手背向前上方，指尖朝前下方，一前一后，边左右微转手腕边向前下方做曲线形移动。

（四）双手拇、食指张开，指尖朝下，虎口前后相对，从中间向前后方向移动。

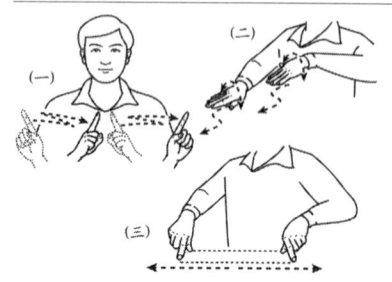

自由式滑雪板 zìyóushì huáxuěbǎn

（一）双手食指直立，在胸前随意交替摆动几下。

（二）双手斜伸，手背向前上方，指尖朝前下方，一前一后，边左右微转手腕边向前下方做曲线形移动。

（三）双手拇、食指张开，指尖朝下，虎口前后相对，从中间向前后方向移动。

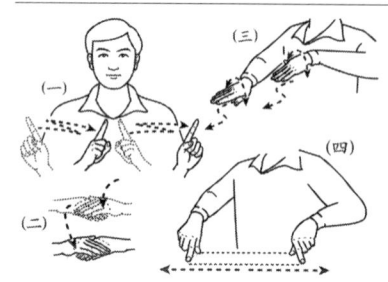

自由技巧板 zìyóu jìqiǎobǎn

（一）双手食指直立，在胸前随意交替摆动几下。

（二）双手横伸，掌心向下，互拍手背。

（三）双手斜伸，手背向前上方，指尖朝前下方，一前一后，边左右微转手腕边向前下方做曲线形移动。

（四）双手拇、食指张开，指尖朝下，虎口前后相对，从中间向前后方向移动。

十三、冰上 雪上运动 203

跳台滑雪　tiàotái huáxuě

左臂斜伸，左手平伸，手背向上，五指并拢；右手食、中指微曲，指尖朝下，从左上臂移至左手背时两指伸直腾空，并向前下方移动。

标准跳台　biāozhǔn tiàotái

（一）左手食指直立；右手侧立，指向左手食指。
（二）左臂斜伸，左手平伸，手背向上，五指并拢；右手食、中指微曲，指尖朝下，从左上臂移至左手背时两指伸直腾空。

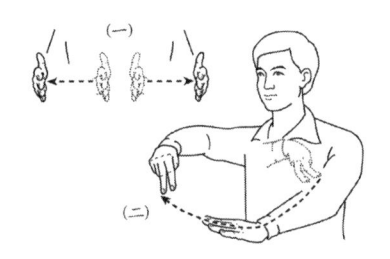

大跳台　dàtiàotái

（一）双手侧立，掌心相对，同时向两侧移动，幅度要大些。
（二）左臂斜伸，左手平伸，手背向上，五指并拢；右手食、中指微曲，指尖朝下，从左上臂移至左手背时两指伸直腾空。

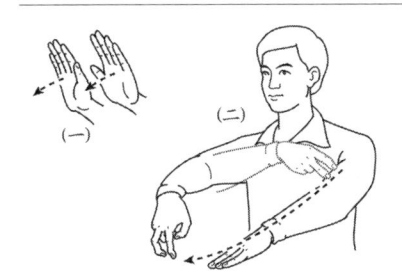

助滑　zhùhuá

（一）双手斜伸，掌心向外，按动一下，表示给人帮助。
（二）左臂斜伸，手背向前上方，五指并拢；右手食、中指微曲，指尖朝下，从左上臂沿左手背向下划出。

空中飞行　kōngzhōng fēixíng

左手食、中指分开，指尖朝前上方；右手食、中指分开，指尖朝下，斜立于左手食、中指上，双手同时向前上方移动。

着陆　zhuólù

左臂斜伸，手背向前上方，五指并拢；右手食、中指微曲，指尖朝下，从左上臂沿左手背向下划出后向左转腕，模仿停顿滑行的动作。
（可根据实际表示滑雪着陆的动作）

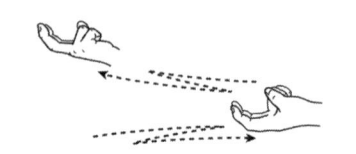

越野滑雪 yuèyě huáxuě

双手食、中指弯曲，指尖朝上，一前一后，交替向两侧斜前方划动两下。

（此为国际聋人手语）

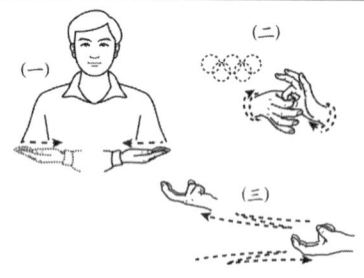

残奥越野滑雪 Cán'ào yuèyě huáxuě

（一）双手横伸，掌心向上，交替在对侧上臂划一下，表示肢体不健全。

（二）双手拇、食指套环，其他三指微曲，向右侧微移，边转腕边做一次套环动作，然后向下微移，再边转腕边做一次套环动作。

（三）双手食、中指弯曲，指尖朝上，一前一后，交替向两侧斜前方划动两下。

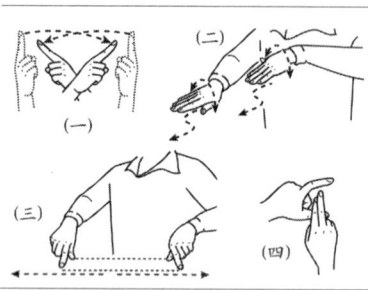

换板区 huànbǎnqū

（一）双手食指直立，然后左右交叉，互换位置。

（二）双手斜伸，手背向前上方，指尖朝前下方，一前一后，边左右微转手腕边向前下方做曲线形移动。

（三）双手拇、食指张开，指尖朝下，虎口前后相对，从中间向前后方向移动。

（四）左手拇、食指成"匚"形，虎口朝内；右手食、中指相叠，手背向内，置于左手"匚"形中，仿"区"字形。

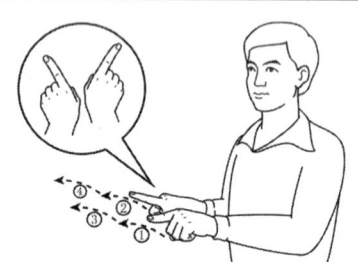

八字踏步 bāzì tàbù

双手伸食指，手背向上，成外八字形，然后交替向一侧一顿一顿移动，模仿滑雪运动员在转弯、上坡等无雪槽的地形中做出的八字踏步动作。

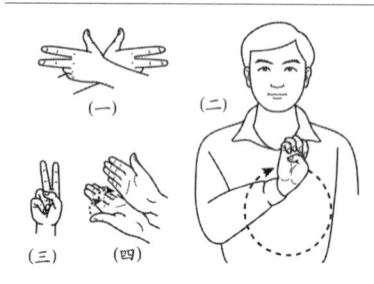

北欧两项 běi'ōu liǎngxiàng

（一）双手伸拇、食、中指，手背向外，手腕交叉相搭，仿"北"字形。

（二）一手拇指贴于掌心，其他四指弯曲，掌心向外，表示"欧洲"英文首字母"E"的指式，逆时针转动一圈。

（三）一手食、中指直立分开，掌心向外。

（四）左手平伸；右手斜立于左手掌心上，然后向右一顿一顿做弧形移动。

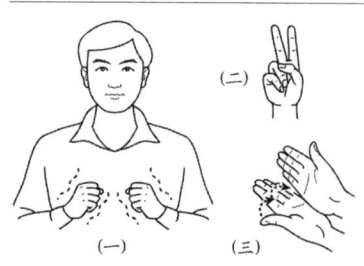

冬季两项 dōngjì liǎngxiàng

（一）双手握拳屈肘，小臂颤动几下，如哆嗦状。

（二）一手食、中指直立分开，掌心向外。

（三）左手平伸；右手斜立于左手掌心上，然后向右一顿一顿做弧形移动。

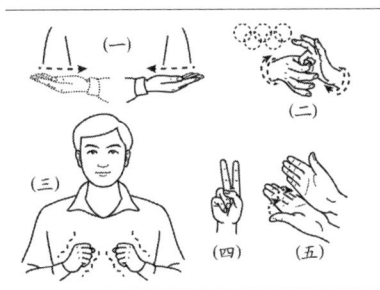

十三、冰上 雪上运动 205

残奥冬季两项　Cán'ào dōngjì liǎngxiàng

（一）双手横伸，掌心向上，交替在对侧上臂划一下，表示肢体不健全。
（二）双手拇、食指套环，其他三指微曲，向右侧微移，边转腕边做一次套环动作，然后向下微移，再边转腕边做一次套环动作。
（三）双手握拳屈肘，小臂颤动几下，如哆嗦状。
（四）一手食、中指直立分开，掌心向外。
（五）左手平伸；右手斜立于左手掌心上，然后向右一顿一顿做弧形移动。

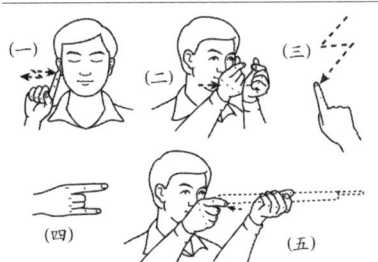

有声瞄准电子气枪　yǒushēng miáozhǔn diànzǐ qìqiāng

（一）一手食指直立，掌心向外，在耳边左右晃动两下，双眼闭拢。
（二）双手拇、食指搭成"十"字形，一前一后，一左一右，置于眼前，左手不动，右手从右向左移至左手后，与左手"十"字形重合。
（三）一手食指书空"丂"形。
（四）一手打手指字母"Z"的指式。
（五）双手如托步枪状，右手食指做勾动扳机的动作。

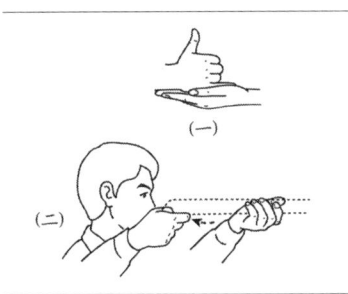

坐射　zuòshè

（一）左手横伸；右手伸拇、小指，置于左手掌心上。
（二）双手如托步枪状，右手食指做勾动扳机的动作。

校枪　jiàoqiāng

左手伸拇、食指，食指尖朝前，置于眼前；右手拇、食、中指弯曲，指尖朝左，在左手旁微转几下，左眼闭拢，如校枪状。

滑雪场　huáxuěchǎng

（一）身体前倾，双腿半蹲，双手握拳，置于身前并向后下方划动几下，如滑雪状。
（二）一手伸食指，指尖朝下划一大圈。

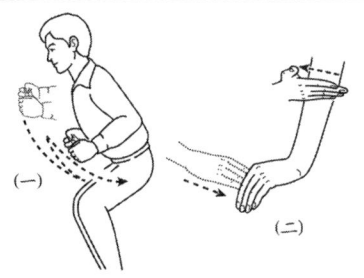

滑雪靴　huáxuěxuē

（一）身体前倾，双腿半蹲，双手握拳，置于身前并向后下方划动几下，如滑雪状。
（二）左手平伸，手背拱起；右手五指并拢，手背向上，插入左手掌心下，然后翻转为手背向下，在左臂上横划一下。

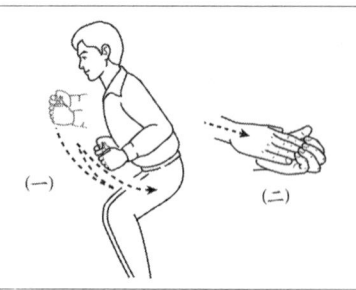

滑雪鞋　huáxuěxié

（一）身体前倾，双腿半蹲，双手握拳，置于身前并向后下方划动几下，如滑雪状。

（二）左手五指弯曲，掌心向上；右手平伸，掌心向下，指尖朝前，抵于左手。

（可根据实际表示滑雪鞋）

滑雪板（滑雪双板）　huáxuěbǎn（huáxuě shuāngbǎn）

（一）身体前倾，双腿半蹲，双手握拳，置于身前并向后下方划动几下，如滑雪状。

（二）双手食、中指弯曲，手背向下，边从外向内移动边伸直，仿滑雪板的外形。

固定器　gùdìngqì

左手横伸，掌心向上；右手平伸，掌心向下，从后向前移向左手掌心，左手握住右手。

（可根据实际表示固定器的样式）

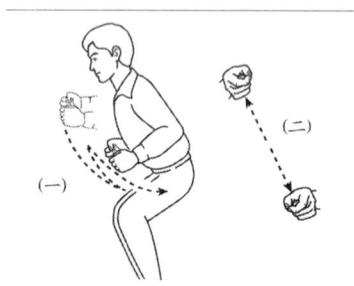

滑雪杖　huáxuězhàng

（一）身体前倾，双腿半蹲，双手握拳，置于身前并向后下方划动几下，如滑雪状。

（二）双手拇、食指捏成圆形，虎口朝上，斜向相贴，然后分别向斜上下方移动。

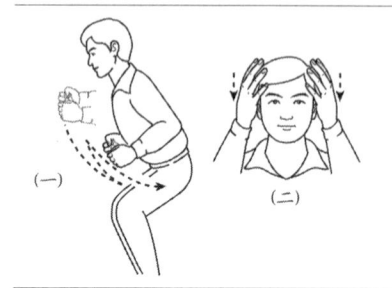

滑雪头盔　huáxuě tóukuī

（一）身体前倾，双腿半蹲，双手握拳，置于身前并向后下方划动几下，如滑雪状。

（二）双手直立，五指张开微曲，掌心对着头两侧，从上向下移动少许，模仿戴滑雪头盔的动作。

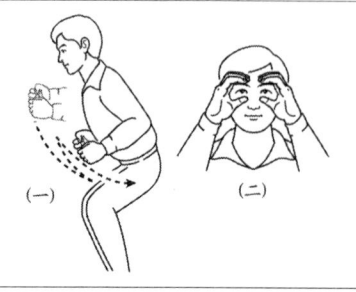

滑雪护目镜　huáxuě hùmùjìng

（一）身体前倾，双腿半蹲，双手握拳，置于身前并向后下方划动几下，如滑雪状。

（二）双手五指弯曲，指尖左右相对，虎口朝内，置于眼部。

（可根据实际表示滑雪护目镜）

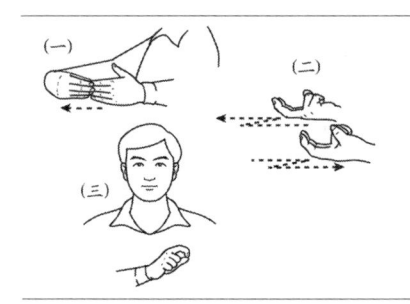

领滑员 lǐnghuáyuán

（一）左手斜立，指尖朝右前方；右手捏住左手指尖，虎口朝上，双手同时向右前方移动。

（二）双手食、中指弯曲，指尖朝上，一前一后，交替向前划动两下。

（三）右手拇、食指捏成圆形，虎口朝内，贴于左胸部。

障碍物 zhàng'àiwù

（一）左手侧立；右手横立，掌心向内，然后移至左手并停住，表示遇到障碍。

（二）双手食指指尖朝前，手背向上，先互碰一下，再分开并张开五指。

5. 雪车 雪橇

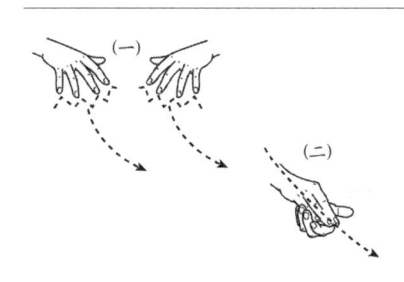

雪车 xuěchē

（一）双手平伸，掌心向下，五指张开，边交替点动边向斜下方缓慢下降，如雪花飘落状。

（二）左手五指弯曲，掌心向上，虎口朝外；右手手背拱起，从左手掌心向前下方移动。

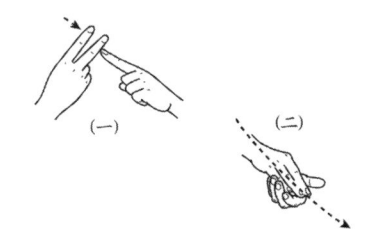

双人雪车① shuāngrén xuěchē ①

（一）左手食指斜伸；右手食、中指斜伸分开，手背向外，中指碰一下左手食指尖，表示两人。

（二）左手五指弯曲，掌心向上，虎口朝外；右手手背拱起，从左手掌心向前下方移动。

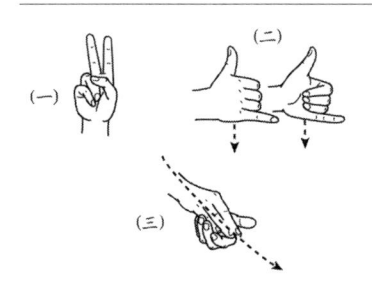

双人雪车② shuāngrén xuěchē ②

（一）一手食、中指直立分开，掌心向外。

（二）双手伸拇、小指，指尖朝前，一前一后，向下微移。

（三）左手五指弯曲，掌心向上，虎口朝外；右手手背拱起，从左手掌心向前下方移动。

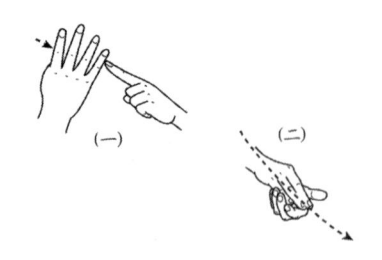

四人雪车①　sìrén xuěchē ①
（一）左手食指斜伸；右手食、中、无名、小指斜伸分开，手背向外，小指碰一下左手食指尖，表示四人。
（二）左手五指弯曲，掌心向上，虎口朝外；右手手背拱起，从左手掌心向前下方移动。

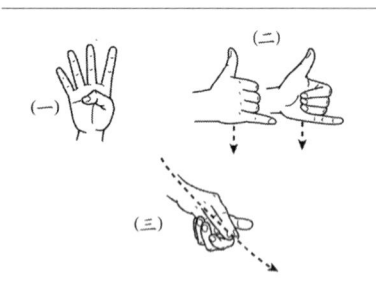

四人雪车②　sìrén xuěchē ②
（一）一手食、中、无名、小指直立分开，掌心向外。
（二）双手伸拇、小指，指尖朝前，一前一后，向下微移。
（三）左手五指弯曲，掌心向上，虎口朝外；右手手背拱起，从左手掌心向前下方移动。

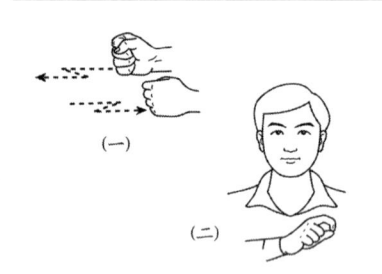

舵手　duòshǒu
（一）双手握拳，虎口朝上，前后交替扳动几下。
（二）右手拇、食指捏成圆形，虎口朝内，贴于左胸部。

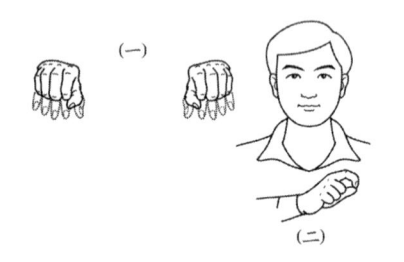

刹车手　shāchēshǒu
（一）双手五指微曲，手背向上，然后握拳，如捏闸状。
（二）右手拇、食指捏成圆形，虎口朝内，贴于左胸部。

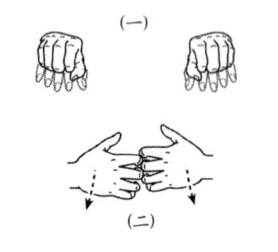

制动器　zhìdòngqì
（一）双手五指微曲，手背向上，然后握拳，如捏闸状。
（二）双手五指弯曲，食、中、无名、小指关节交错相触，向下转动一下。

推杆　tuīgān
（一）左手五指成"匚"形，指尖朝前；右手虚握，虎口朝左，置于左手右上方，双手同时向前移动。
（二）左手五指成"匚"形，指尖朝前；右手虚握，虎口朝左，置于左手右上方，向右移动少许。

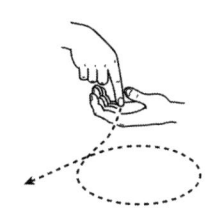

全旋弯道　quánxuán wāndào

左手五指弯曲，掌心向上，虎口朝外；右手伸食指，指尖朝下，在左手掌心上方边向前下方移动边转动一圈。

欧米茄弯道　ōumǐjiā wāndào

左手五指弯曲，掌心向上，虎口朝外；右手伸食指，指尖朝下，在左手掌心上方向前下方做"Ω"形移动。

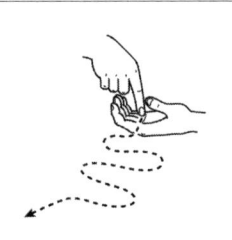

曲径弯道　qūjìng wāndào

左手五指弯曲，掌心向上，虎口朝外；右手伸食指，指尖朝下，在左手掌心上方向前下方做曲线形移动。

钢架雪车（雪橇①）　gāngjià xuěchē（xuěqiāo ①）

左手平伸，掌心向上；右手食、中指弯曲，指尖朝上，抵于左手背，双手同时向前下方移动。

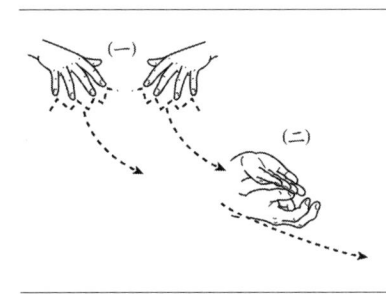

雪橇②　xuěqiāo ②

（一）双手平伸，掌心向下，五指张开，边交替点动边向斜下方缓慢下降，如雪花飘落状。

（二）左手平伸，掌心向上；右手食、中指弯曲，指尖朝上，拇、无名、小指相搭，贴于左手食、中、无名指指尖下，双手同时向前下方移动。

（可根据实际表示雪橇的样式）

缓冲器　huǎnchōngqì

左手平伸，掌心向上；右手五指成"⊐"形，虎口朝上，拇指背抵于左手中指尖，其他四指捏动几下。

6. 其他

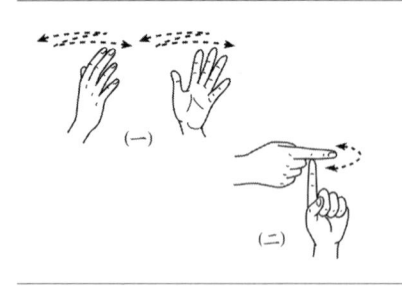

风向标 fēngxiàngbiāo
（一）双手直立，掌心左右相对，五指微曲，左右来回扇动。
（二）左手食指直立；右手伸食指，指尖朝前，置于左手食指上，左右微转。

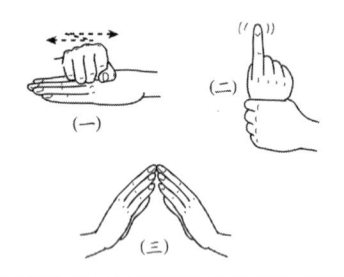

打蜡室 dǎlàshì
（一）左手横伸；右手握拳，在左手背上左右擦动几下。
（二）左手握拳，虎口朝上；右手食指直立，置于左手虎口上，晃动几下，表示蜡烛的火苗。
（三）双手搭成"∧"形。

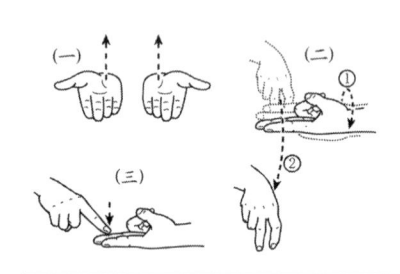

起滑门 qǐhuámén
（一）双手平伸，掌心向上一抬。
（二）左手食、中指横伸并拢，手背向外；右手食、中指微曲，指尖朝下，置于左手后，然后左手向前转腕，手背向下，右手向前下方移动。
（三）左手食、中指横伸并拢，手背向下；右手伸食指，指尖朝下，指一下左手食、中指。
（可根据实际表示起滑门的样式）

旗门① qímén①
双手五指成"⊐"形，指尖朝前，虎口左右相对，置于头前，先从中间向两侧平移，再折而下移。

旗门② qímén②
双手伸食、小指，指尖朝下，手背向外，从后向前下方一顿一顿移动几下。

三角旗 sānjiǎoqí

左手食指直立；右手拇、食指张开，指尖分别抵于左手食指指面和指尖，然后边向右移动边相捏。

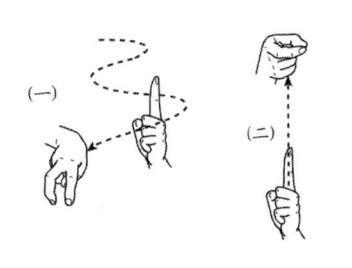

旗门杆（回旋杆） qíméngān (huíxuángān)

（一）左手食指直立；右手食、中指微曲，指尖朝下，边向前下方做曲线形移动边绕过左手食指。

（二）左手食指直立；右手拇、食指捏成圆形，虎口朝上，套在左手食指上，然后向上移动。

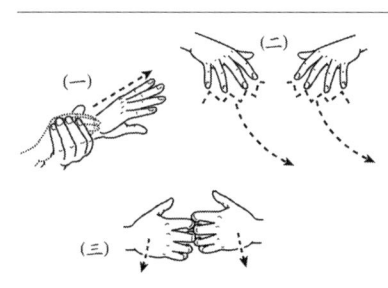

造雪机 zàoxuějī

（一）左手五指弯曲，掌心向上，虎口朝外；右手五指撮合，指尖朝前，边从左手掌心上向外移动边张开。

（二）双手平伸，掌心向下，五指张开，边交替点动边向斜下方缓慢下降，如雪花飘落状。

（三）双手五指弯曲，食、中、无名、小指关节交错相触，向下转动一下。

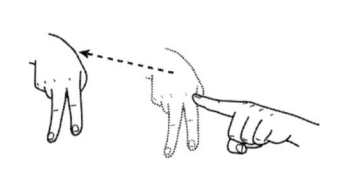

杆式拖牵 gǎnshì tuōqiān

左手伸食指，指尖朝前上方；右手食、中指分开，指尖朝下，沿左手食指向前上方移动。

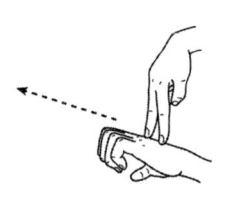

履带式索道 lǚdàishì suǒdào

左手五指弯曲；右手食、中指分开，指尖朝下，立于左手背上，双手同时向前上方移动。

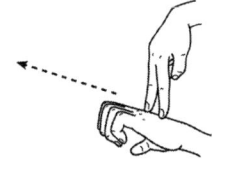

吊椅 diàoyǐ

左手伸食指，指尖朝前上方；右手食指弯曲，挂在左手食指上，沿左手食指向前上方移动。

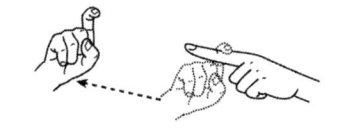

有轨缆车 yǒuguǐ lǎnchē

左手食、中指分开,指尖朝前上方;右手五指成"⊐"形,指尖朝前上方,置于左手背上,沿左手食、中指向前上方移动。

(可根据实际表示有轨缆车的样式)

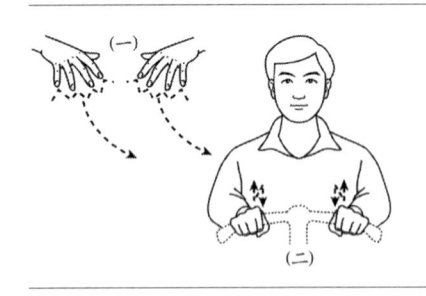

雪地摩托车 xuědì mótuōchē

(一)双手平伸,掌心向下,五指张开,边交替点动边向斜下方缓慢下降,如雪花飘落状。

(二)双手虚握,手背向上,上下颠动几下,如骑摩托车状。

十四、棋牌运动

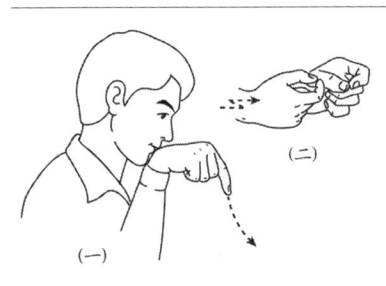

象棋 xiàngqí
（一）一手伸食指，指尖朝下，手腕贴于嘴部，然后向下移动，仿大象的鼻子。
（二）双手拇、食指捏成圆形，虎口朝上，左手在前不动，右手食指向前碰两下左手拇指。
（此手势既表示"象棋"的名词意思，又表示"下象棋"的意思）

国际象棋 guójì xiàngqí
（一）双手食、中指并拢，指尖朝前，从上向下做曲线形移动。
（二）一手伸食指，指尖朝下，手腕贴于嘴部，然后向下移动，仿大象的鼻子。
（三）一手拇、食、中指相捏，指尖朝下，向前移动几下，模仿下国际象棋的动作。
（此手势既表示"国际象棋"的名词意思，又表示"下国际象棋"的意思）

围棋 wéiqí
一手食、中指相叠，指尖朝下一点，模仿下围棋的动作。既表示"围棋"的名词意思，又表示"下围棋"的意思。

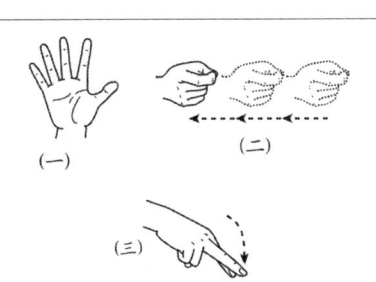

五子棋 wǔzǐqí
（一）一手五指直立张开，掌心向外。
（二）一手拇、食指捏成圆形，虎口朝上，向一侧一顿一顿移动几下，表示圆形的棋子。
（三）一手食、中指相叠，指尖朝下一点，模仿下五子棋的动作。
（此手势既表示"五子棋"的名词意思，又表示"下五子棋"的意思）

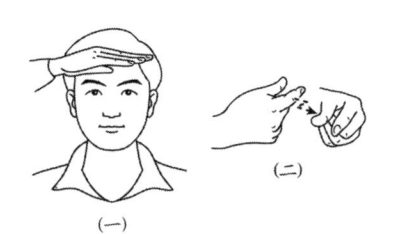

军棋 jūnqí
（一）右手横伸，掌心向下，置于前额，表示军帽帽檐。
（二）双手拇、食指成"匚匚"形，虎口朝上，左手在前不动，右手食指向前碰两下左手拇指。
（此手势既表示"军棋"的名词意思，又表示"下军棋"的意思）

跳棋 tiàoqí

左手平伸；右手拇、食、中指相捏，指尖朝下，在左手掌心上向前移动几下。既表示"跳棋"的名词意思，又表示"下跳棋"的意思。

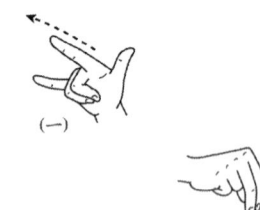

飞行棋 fēixíngqí

（一）一手伸拇、食、小指，手背向上，从低向高移动，如飞机起飞状。

（二）一手拇、食、中指相捏，指尖朝下，向前移动几下。

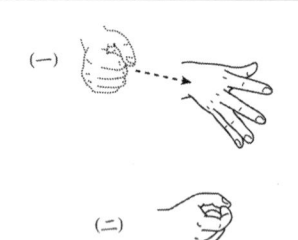

色子（骰子） shǎi·zi (tóu·zi)

（一）一手握拳，虎口朝上，边向一侧一甩边张开五指，模仿掷骰子的动作。

（二）一手拇、食指相捏，虎口朝上，如骰子大小。

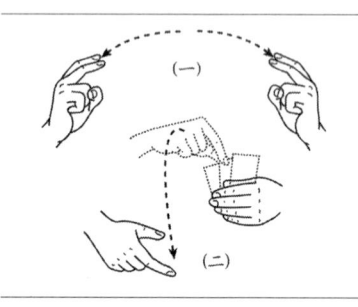

桥牌 qiáopái

（一）双手食、中指微曲分开，指尖相对，指背向上，从中间向两侧下方做弧形移动。

（二）左手五指撮合，指尖朝右；右手拇、食指相捏，在左手上向下一甩，模仿打桥牌的动作。

（此手势既表示"桥牌"的名词意思，又表示"打桥牌"的意思）

段 duàn

双手横伸，掌心向下，一上一下。

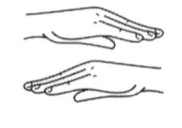

特级大师 tèjí dàshī

（一）左手横伸，手背向上；右手伸食指，从左手小指外侧向上伸出。

（二）左手直立，掌心向右；右手平伸，掌心向下，在左手掌心上向上一顿一顿移动几下。

（三）双手侧立，掌心相对，同时向两侧移动，幅度要大些。

（四）一手伸拇指，贴于胸部。

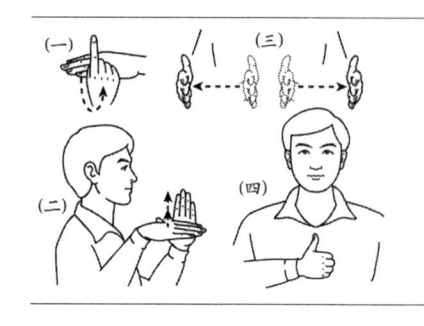

十五、其他运动项目

武术 wǔshù

　　双手直立，掌心朝向一左一右，五指张开，一前一后，然后边向后转动边握拳并互换位置，瞪眼闭嘴，面露坚毅的表情。
　　（可根据实际表示武术动作）

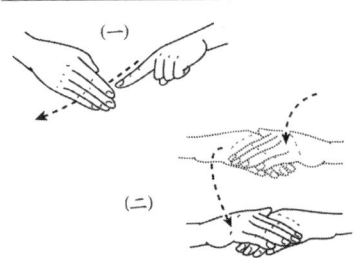

刀术 dāoshù

　　（一）左手伸食指，指尖朝前；右手五指并拢，在左手食指尖上削一下，如用刀削物状。
　　（二）双手横伸，掌心向下，互拍手背。

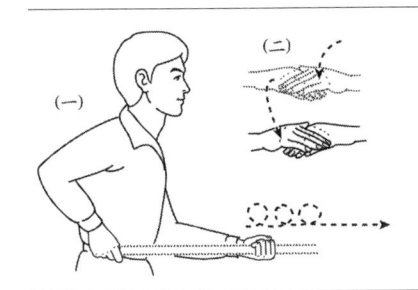

枪术 qiāngshù

　　（一）双手虚握，虎口朝外，一前一后，左手置于身前，右手置于身体一侧，边晃动边向前杵。
　　（二）双手横伸，掌心向下，互拍手背。

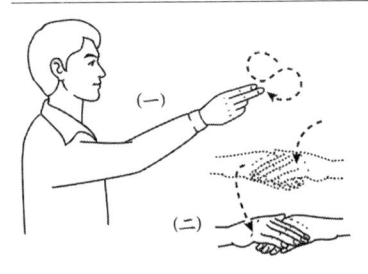

剑术 jiànshù

　　（一）一手食、中指并拢，指尖朝前上方，随意挥动几下。
　　（二）双手横伸，掌心向下，互拍手背。

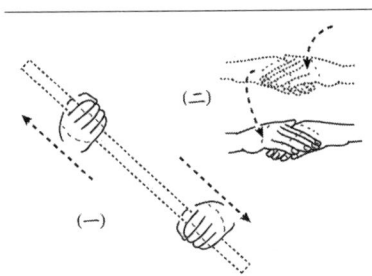

棍术 gùnshù

　　（一）双手虚握，斜向相贴，然后分别向斜上下方移动，仿棍棒的形状。
　　（二）双手横伸，掌心向下，互拍手背。

太极拳 tàijíquán

双手屈肘，五指微曲，左手横伸，掌心向下，置于腹部；右手横立，掌心向内，双手缓慢反向转动，然后双手互换位置，重复一次，模仿打太极拳的动作。

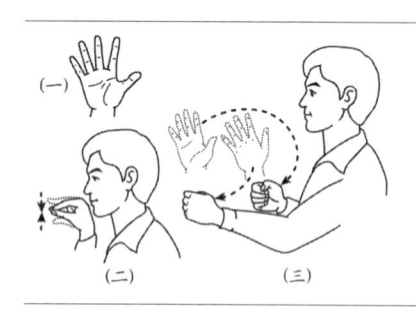

五禽戏 wǔqínxì

（一）一手五指直立张开，掌心向外。

（二）一手手背贴于嘴部，拇、食指先张开再相捏，仿鸡的嘴。

（三）双手直立，掌心朝向一左一右，五指张开，一前一后，然后边向后转动边握拳并互换位置，瞪眼闭嘴，面露坚毅的表情。

抱拳 bàoquán

左手斜伸，掌心向右下方；右手握拳，贴于左手掌心，虎口朝内，同时挺胸抬头，表情端庄。

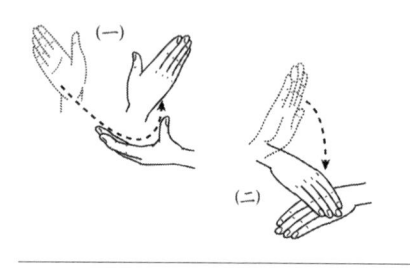

徒手 túshǒu

（一）左手斜伸，掌心向斜后方；右手食、中、无名、小指并拢，指尖朝前，小指外侧从右向左在左手虎口处刮一下。

（二）左手横伸，掌心向下；右手拍一下左手背。

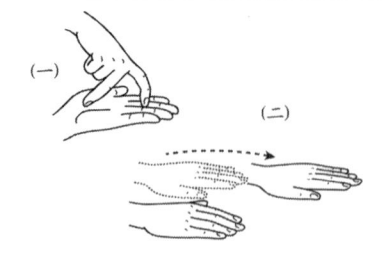

弓步（弓箭步） gōngbù (gōngjiànbù)

（一）左手平伸；右手食、中指前后叉开，指尖朝下，食指弯曲，中指伸直，置于左手掌心上，如弓步状。

（二）双手平伸，掌心向下，右手不动，左手向前移动一下。

（可根据实际表示弓步的动作）

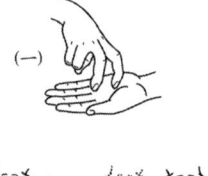

马步 mǎbù

（一）左手横伸；右手食、中指微曲分开，指尖朝下，置于左手掌心上，如练马步状。

（二）双手平伸，掌心向下，左手不动，右手向右移动一下。

十五、其他运动项目　217

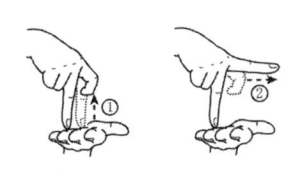

蹬腿　dēngtuǐ
　　左手横伸；右手食、中指分开，指尖朝下，立于左手掌心上，然后食指弯曲，向前弹动一下，模仿蹬腿的动作。

格挡　gédǎng
　　一手握拳抬起，虎口朝内，身体向一侧倾斜。
　　（可根据实际表示不同的格挡动作）

推掌①　tuīzhǎng①
　　双手握拳屈肘，手背向下，先置于腰两侧，然后用力向前交替伸出，手直立，掌心向外，五指并拢，再收回为起始动作，模仿武术推掌的动作。
　　（可根据实际表示不同的推掌动作）

挺身　tǐngshēn
　　一手直立，掌心向前，然后挺直，同时挺胸抬头。

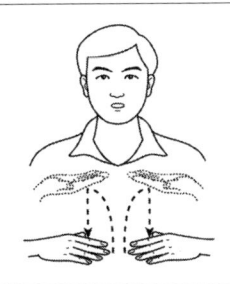

气功　qìgōng
　　双手横伸，掌心向上，先向上移动，再翻掌向下移动，嘴同时做呼吸状，模仿做气功的动作。
　　（可根据实际表示气功的动作）

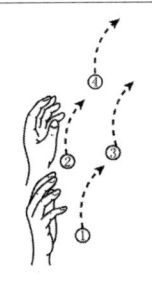

攀岩　pānyán
　　双手五指微曲，掌心向外，交替向上移动，模仿攀爬的动作。

登山 dēngshān

（一）左手横伸，手背拱起；右手食、中指分开，沿左手指背交替向上移动。

（二）一手拇、食、小指直立，手背向外，仿"山"字形。

漂流 piāoliú

左手横伸，掌心凹进，置于右手背上；右手五指张开，双手同时向左下方做波浪形移动，表示在激流中漂流。

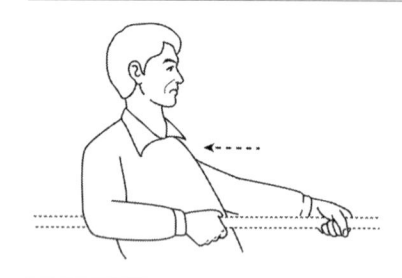

拔河 báhé

双手握拳，虎口朝外，一前一后，向自己方向拉动，身体随之后仰，面露用力的表情。

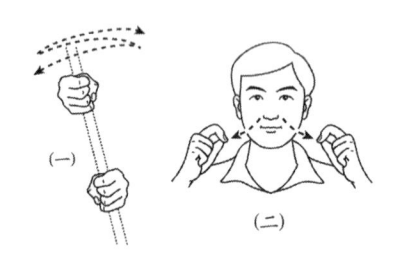

舞龙 wǔlóng

（一）双手握拳，虎口朝上，一上一下，左右来回摇动几下，模仿舞龙的动作。

（二）双手拇、食指相捏，从鼻下向两侧斜前方拉出，表示龙的两条长须。

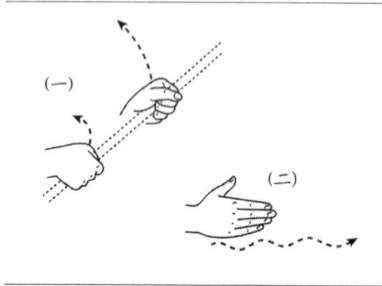

钓鱼 diàoyú

（一）双手如握鱼竿状，左手在前，右手在后，同时向上一挑。

（二）一手横立，手背向外，向一侧做曲线形移动（或一手侧立，向前做曲线形移动），如鱼游动状。

飞镖 fēibiāo

一手拇、食、中指相捏，向前一掷并张开，模仿投飞镖的动作。

十五、其他运动项目　219

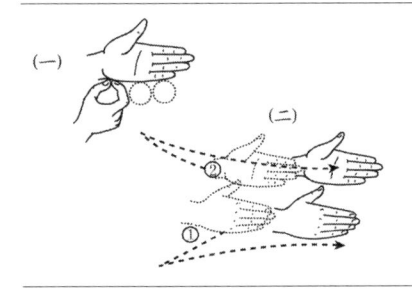

轮滑　lúnhuá
（一）左手侧立；右手拇、食指捏成圆形，在左手下缘贴几下，表示旱冰鞋上的轮子。
（二）双手侧立，交替向前做曲线形划动，模仿滑冰的动作。
（可根据实际表示轮滑的动作）

健美运动　jiànměi yùndòng
（一）双手握拳，捶一下胸部，挺胸抬头。
（二）一手伸拇、食、中指，食、中指并拢，先置于鼻部，然后边向外移动边缩回食、中指。
（三）双手握拳屈肘，手背向上，虎口朝内，用力向后移动两下。

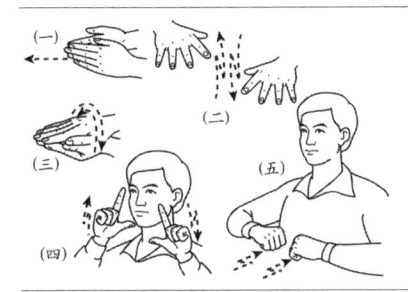

航海模型运动　hánghǎi móxíng yùndòng
（一）双手斜立，指尖相抵，向前移动，如船向前行驶状。
（二）双手平伸，掌心向下，五指张开，上下交替移动，表示起伏的波浪。
（三）双手平伸，掌心相合，手背拱起，左右翻转两下。
（四）双手拇、食指成"⌐⌐"形，置于脸颊两侧，上下交替动两下。
（五）双手握拳屈肘，手背向上，虎口朝内，用力向后移动两下。

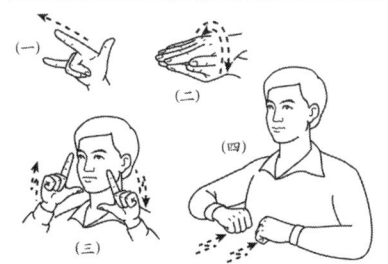

航空模型运动　hángkōng móxíng yùndòng
（一）一手伸拇、食、小指，手背向上，从低向高移动，如飞机起飞状。
（二）双手平伸，掌心相合，手背拱起，左右翻转两下。
（三）双手拇、食指成"⌐⌐"形，置于脸颊两侧，上下交替动两下。
（四）双手握拳屈肘，手背向上，虎口朝内，用力向后移动两下。

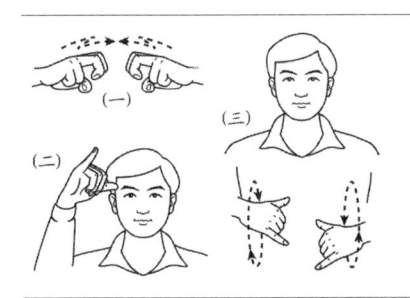

斗牛舞　dòuniúwǔ
（一）双手食、中指弯曲，手背向上，指关节互碰两下。
（二）一手伸拇、小指，拇指尖抵于太阳穴，小指尖朝前。
（三）双手伸拇、小指，手背向斜上方，交替向后转动两下。
（可根据实际表示斗牛舞的动作）

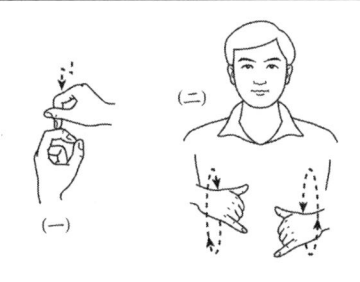

古典舞　gǔdiǎnwǔ
（一）左手拇、食指搭成"口"字形，虎口朝内；右手拇、食指搭成"十"字形，食指尖朝下，碰两下左手食指背。
（二）双手伸拇、小指，手背向斜上方，交替向后转动两下。
（可根据实际表示古典舞的动作）

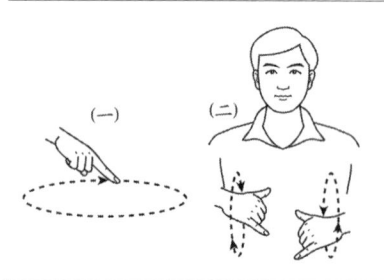

广场舞 guǎngchǎngwǔ

（一）一手伸食指，指尖朝下划一大圈。
（二）双手伸拇、小指，手背向斜上方，交替向后转动两下。
（可根据实际表示广场舞的动作）

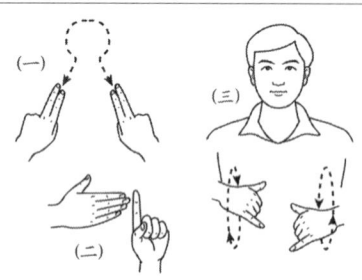

国际标准舞 guójì biāozhǔnwǔ

（一）双手食、中指并拢，指尖朝前，从上向下做曲线形移动。
（二）左手食指直立；右手侧立，指向左手食指。
（三）双手伸拇、小指，手背向斜上方，交替向后转动两下。
（可根据实际表示国际标准舞的动作）

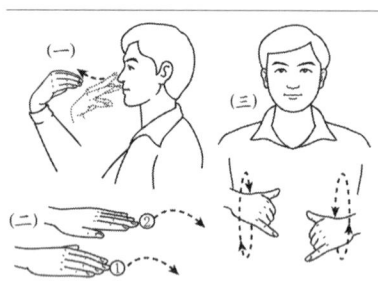

狐步舞 húbùwǔ

（一）一手五指张开，指尖对着嘴部，边向外移动边向上一翘，五指撮合。
（二）双手平伸，掌心向下，交替向前移动两下。
（三）双手伸拇、小指，手背向斜上方，交替向后转动两下。
（可根据实际表示狐步舞的动作）

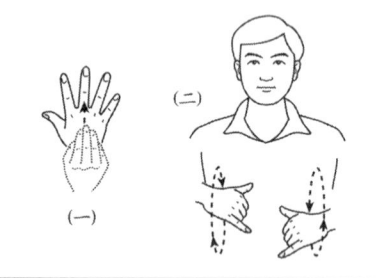

华尔兹 huá'ěrzī

（一）一手五指撮合，指尖朝上，边向上微移边张开。
（二）双手伸拇、小指，手背向斜上方，交替向后转动两下。
（可根据实际表示华尔兹的动作）

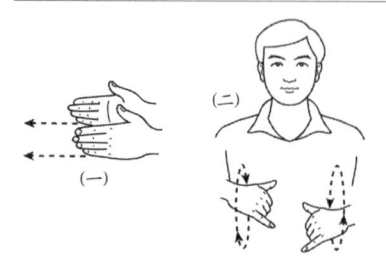

街舞 jiēwǔ

（一）双手侧立，掌心相对，向前移动。
（二）双手伸拇、小指，手背向斜上方，交替向后转动两下。
（可根据实际表示街舞的动作）

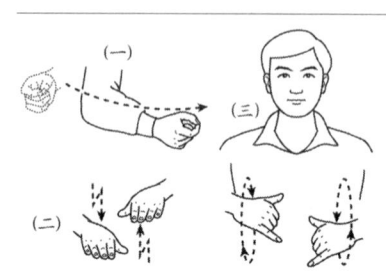

快步舞 kuàibùwǔ

（一）一手拇、食指捏成圆形，向一侧快速划动。
（二）双手平伸，掌心向下，一上一下交替移动。
（三）双手伸拇、小指，手背向斜上方，交替向后转动两下。
（可根据实际表示快步舞的动作）

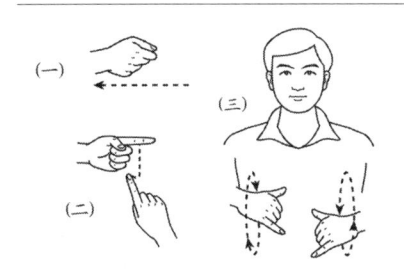

十五、其他运动项目

拉丁舞　lādīngwǔ
（一）一手握拳，向内拉动一下。
（二）左手食指横伸，手背向外；右手伸食指，指尖朝前，在左手食指下书空"丁"，仿"丁"字形。
（三）双手伸拇、小指，手背向斜上方，交替向后转动两下。
（可根据实际表示拉丁舞的动作）

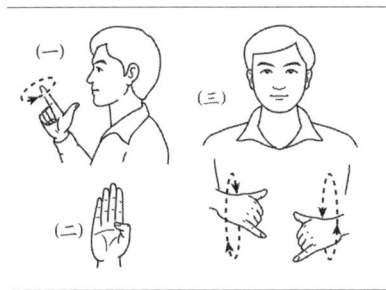

伦巴　lúnbā
（一）一手打手指字母"L"的指式，逆时针平行转动一下。
（二）一手打手指字母"B"的指式。
（三）双手伸拇、小指，手背向斜上方，交替向后转动两下。
（可根据实际表示伦巴的动作）

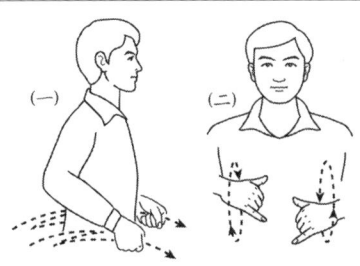

轮椅舞　lúnyǐwǔ
（一）双手虚握，虎口朝前，在腰部两侧做向前转动轮子的动作。
（二）双手伸拇、小指，手背向斜上方，交替向后转动两下。
（可根据实际表示轮椅舞的动作）

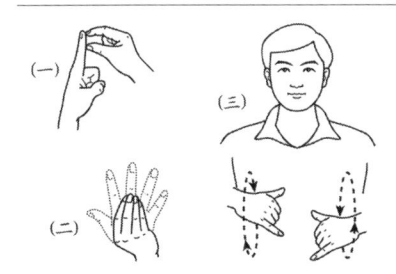

民族舞　mínzúwǔ
（一）左手食指与右手拇、食指搭成"民"字的一部分。
（二）一手五指张开，指尖朝上，然后撮合。
（三）双手伸拇、小指，手背向斜上方，交替向后转动两下。
（可根据实际表示不同民族的舞蹈动作）

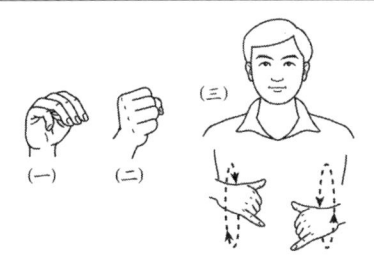

摩登舞　módēngwǔ
（一）一手打手指字母"M"的指式。
（二）一手打手指字母"D"的指式。
（三）双手伸拇、小指，手背向斜上方，交替向后转动两下。
（可根据实际表示摩登舞的动作）

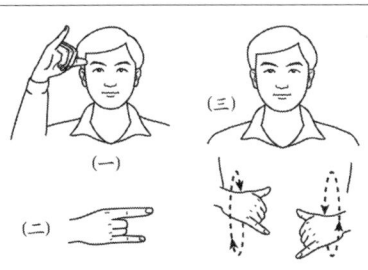

牛仔舞　niúzǎiwǔ
（一）一手伸拇、小指，拇指尖抵于太阳穴，小指尖朝前。
（二）一手打手指字母"Z"的指式。
（三）双手伸拇、小指，手背向斜上方，交替向后转动两下。
（可根据实际表示牛仔舞的动作）

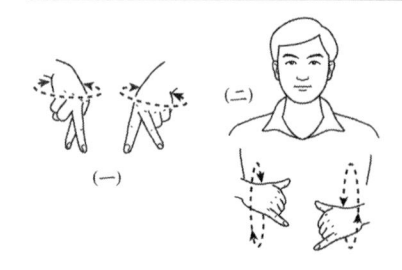

恰恰舞 qiàqiàwǔ

（一）双手食、中指分开，指尖朝下，左右来回转腕。

（二）双手伸拇、小指，手背向斜上方，交替向后转动两下。

（可根据实际表示恰恰舞的动作）

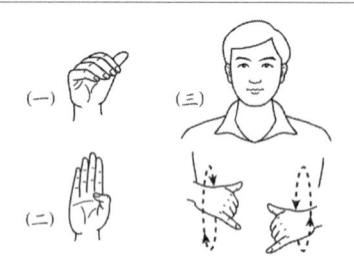

桑巴舞 sāngbāwǔ

（一）一手打手指字母"S"的指式。

（二）一手打手指字母"B"的指式。

（三）双手伸拇、小指，手背向斜上方，交替向后转动两下。

（可根据实际表示桑巴舞的动作）

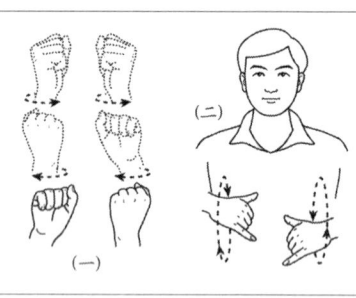

探戈 tàngē

（一）双手握拳，拳心左右相对，然后快速转两下手腕，拳心朝向一前一后，模仿探戈舞伴甩头的动作。

（二）双手伸拇、小指，手背向斜上方，交替向后转动两下。

（可根据实际表示探戈的动作）

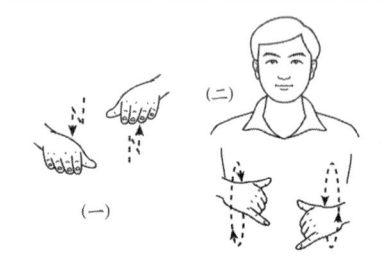

踢踏舞 tītàwǔ

（一）双手平伸，掌心向下，一上一下交替移动。

（二）双手伸拇、小指，手背向斜上方，交替向后转动两下。

（可根据实际表示踢踏舞的动作）

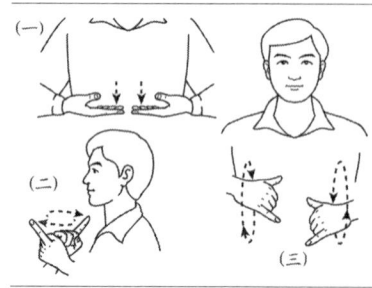

现代舞 xiàndàiwǔ

（一）双手横伸，掌心向上，在腹前向下微动一下。

（二）双手伸食指，手腕交叉相贴，然后前后转动，互换位置。

（三）双手伸拇、小指，手背向斜上方，交替向后转动两下。

（可根据实际表示现代舞的动作）

十六、体育教学手势

稍息① shàoxī ①

右手五指并拢，指尖朝下，从右腿处向右一挥（或右手五指并拢，指尖朝上，从头正前方向头右上方一挥），一般用于大场合。

稍息② shàoxī ②

双手五指并拢，拇指根部相挨成"∨"形，手背向上，左手不动，右手向右前方移动一下，一般用于教学场合。

立正① lìzhèng ①

右手五指并拢，指尖朝下，手背向右上方，向右腿处一挥（或右手五指并拢，指尖朝上，从头右上方向头正前方一挥），一般用于大场合。

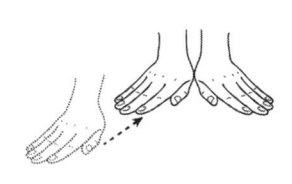

立正② lìzhèng ②

双手五指并拢，手背向上，左手不动，右手置于右前方，然后向左后方移动一下，双手拇指根部相挨成"∨"形，一般用于教学场合。

向左看齐 xiàngzuǒkànqí

预令：右手握拳屈肘，手背向外；左手食、中指直立分开，手背向内，双手置于肩部前上方。

动令：右手姿势不变；左手转腕，食、中指指向右手，指背向上。

（以听令者的角度确定左右方向）

向右看齐 xiàngyòukànqí
　　预令：左手握拳屈肘，手背向外；右手食、中指直立分开，手背向内，双手置于肩部前上方。
　　动令：左手姿势不变；右手转腕，食、中指指向左手，指背向上。
　　（以听令者的角度确定左右方向）

向前看 xiàngqiánkàn
　　预令：双手斜伸，掌心向前下方，置于胸前。
　　动令：双手食、中指斜伸分开，指尖朝前上方，掌心向前下方，然后转腕，指尖朝内。
　　（以听令者的角度确定前后方向）

向左转 xiàngzuǒzhuǎn
　　预令：左手直立，手背向外，置于左肩前上方；右手伸食指，指尖朝右，掌心向外。
　　动令：左手转动90度，手背向左；右手姿势不变。
　　（以听令者的角度确定左右方向）

向右转 xiàngyòuzhuǎn
　　预令：左手伸食指，指尖朝左，掌心向外；右手直立，手背向外，置于右肩前上方。
　　动令：左手姿势不变；右手转动90度，手背向右。
　　（以听令者的角度确定左右方向）

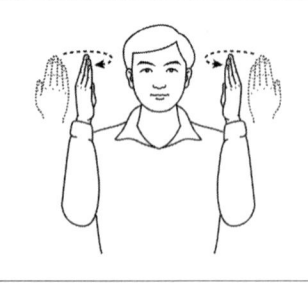

向左向右转 xiàngzuǒxiàngyòuzhuǎn
　　预令：双手直立，手背向外，置于肩部前上方。
　　动令：双手同时转动90度，掌心左右相对。
　　（以听令者的角度确定左右方向）

向后转 xiànghòuzhuǎn
　　预令：左手平伸，手背向上；右手直立，手背向外，置于右肩前上方。
　　动令：左手姿势不变；右手转动180度，手背向后。
　　（以听令者的角度确定前后方向）

半臂间隔　向前看齐　bànbì jiàngé xiàngqiánkànqí

　　预令：左手上抬，与肩齐平，左手横伸，手背向上。
　　动令：右手上抬，右手横伸，手背向上，贴于左臂下。

两臂前平举　向前看齐（一臂间隔　向前看齐）

　　liǎngbì qiánpíngjǔ xiàngqiánkànqí（yībì jiàngé xiàngqiánkànqí）

　　预令：左手上抬，与肩同高，左手侧立，手背向左。
　　动令：右手上抬，与肩同高，右手侧立，手背向右。

两臂侧平举　向中看齐　liǎngbì cèpíngjǔ xiàngzhōngkànqí

　　预令：双手垂立，掌心贴于腿两侧，然后同时侧抬约45度。
　　动令：双手同时从预令动作位置抬起，手背向上，与肩齐平。

两臂侧平举　向左看齐　liǎngbì cèpíngjǔ xiàngzuǒkànqí

　　预令：右手侧伸，手背向上，与肩齐平；左手垂立，掌心贴于腿一侧。
　　动令：右手不动；左手侧伸，手背向上，与肩齐平，头向右转。
　　（以听令者的角度确定左右方向）

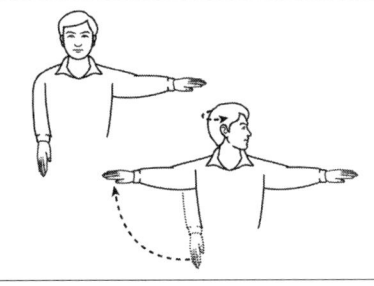

两臂侧平举　向右看齐　liǎngbì cèpíngjǔ xiàngyòukànqí

　　预令：左手侧伸，手背向上，与肩齐平；右手垂立，掌心贴于腿一侧。
　　动令：左手不动；右手侧伸，手背向上，与肩齐平，头向左转。
　　（以听令者的角度确定左右方向）

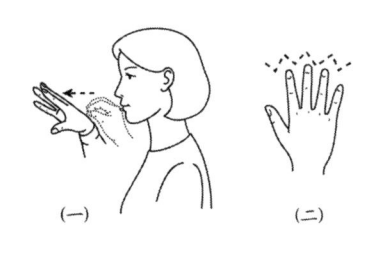

报数　bàoshù

　　（一）一手五指撮合，指尖朝前，置于嘴部，边向前移动边张开。
　　（二）一手直立，掌心向内，五指张开，交替点动几下。

横队　héngduì

双手并排直立，掌心向外，五指张开，左手不动，右手向右移动一下，然后右手置于左手后，再向右移动一下，表示一排排的队伍。

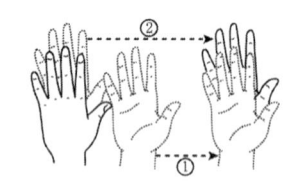

纵队　zòngduì

双手直立，五指张开，一前一后排成一列，左手不动，右手向后移动一下，然后右手置于左手右侧，再向后移动一下，表示一列列的队伍。

变换队形　biànhuàn duìxíng

（一）双手直立，五指张开，一前一后排成一列。
（二）一手食、中指直立分开，由掌心向外翻转为掌心向内。
（可根据实际表示变换队形的情形）

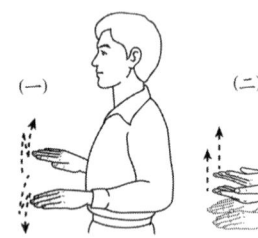

原地踏步走　yuándì tàbùzǒu

（一）双手平伸，掌心向下，一上一下交替移动。
（二）双手平伸，掌心向下，然后翻转为掌心向上，向上一抬。

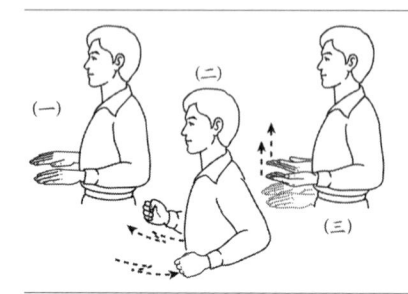

原地跑步走　yuándì pǎobùzǒu

（一）双手平伸，掌心向下。
（二）双手握拳屈肘，前后交替摆动两下，如跑步状。
（三）双手平伸，掌心向下，然后翻转为掌心向上，向上一抬。

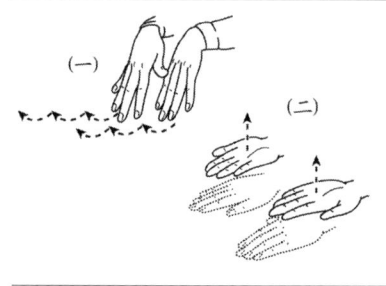

齐步走　qíbùzǒu

（一）双手五指张开，指尖朝下，手背向外，一前一后，边甩动边向前移动。
（二）双手平伸，掌心向下，然后翻转为掌心向上，向上一抬。

十六、体育教学手势

立定 lìdìng
　　预令：右手侧上举，掌心向外。
　　动令：右手快速有力地向左下方挥动，手背向外。

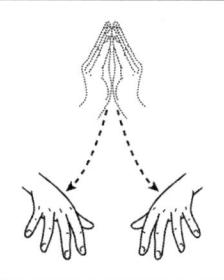

解散 jiěsàn
　　双手直立，掌心左右相合，手背拱起，边向下移动边张开五指。

蛙跳 wātiào
　　左手平伸；右手食、中指微曲，指尖朝下，先立于左手掌心上，然后边弯动边向前跳动，模仿蛙跳的动作。

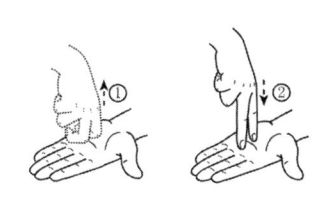

跪跳起 guìtiàoqǐ
　　左手横伸；右手食、中指弯曲，指背贴于左手掌心上，然后向上抬起，食、中指伸直分开，指尖朝下，立于左手掌心上。

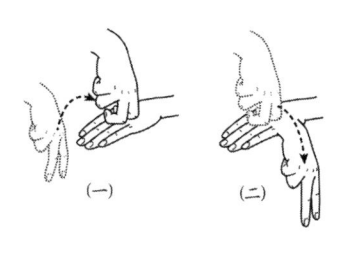

跳上成跪撑　向前跳下
tiàoshàngchéngguìchēng xiàngqiántiàoxià
　　（一）左手横伸；右手食、中指分开，指尖朝下，然后边弯曲边从后下方跃上左手，指背贴于左手背上。
　　（二）左手横伸；右手食、中指弯曲，指背贴于左手背上，然后向前下方跃下，食、中指伸直分开，指尖朝下。

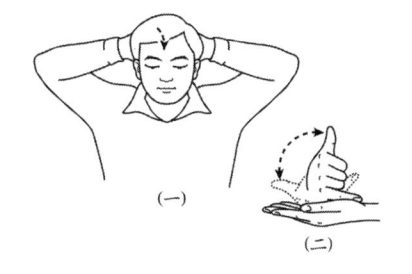

仰卧起坐 yǎngwòqǐzuò
　　（一）双手抱住头后部，头向前倾。
　　（二）左手横伸；右手伸拇、小指，手背向下，置于左手掌心上，然后立起，小指贴于左手掌心上，重复一次，模仿仰卧起坐的动作。

跪坐后躺下　guìzuòhòutǎngxià
左手平伸；右手食、中指弯曲，指背贴于左手掌心上，然后向下转腕。

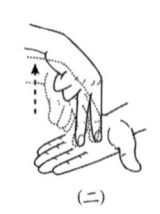

双人背靠背下蹲起立　shuāngrén bèikàobèi xiàdūn qǐlì
（一）双手伸拇、小指，手腕交叉相搭，手背相贴。
（二）左手横伸；右手食、中指微曲，指尖抵于左手掌心上，然后伸直。

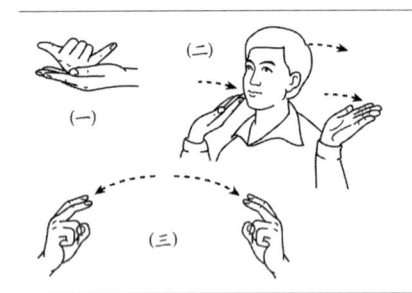

仰卧推起成桥　yǎngwòtuīqǐchéngqiáo
（一）左手横伸；右手伸拇、小指，手背向下，置于左手掌心上。
（二）身体后仰，双手五指并拢，置于肩上，然后向后推一下，掌心向上。
（三）双手食、中指微曲分开，指尖相对，指背向上，从中间向两侧下方做弧形移动。

握杆转肩　wògānzhuǎnjiān
双臂抬起，双手握拳，手背向上，然后向一侧转动，模仿握杆转肩的动作。
（可根据实际表示握杆转肩的动作）

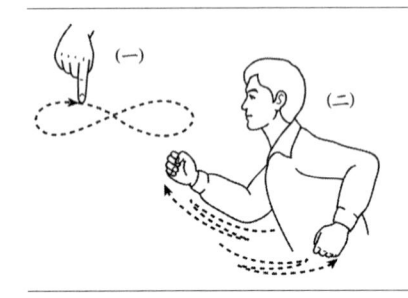

8字跑　8 zìpǎo
（一）一手伸食指，指尖朝下，书空"8"字形。
（二）双手握拳屈肘，前后交替摆动两下，如跑步状。
（可根据实际表示8字跑的动作）

持物跑　chíwùpǎo
左手握拳屈肘，前后摆动两下，如跑步状；右手五指微曲张开，掌心向上，置于腰一侧，表示手中持着物体。
（可根据实际表示持物跑的动作）

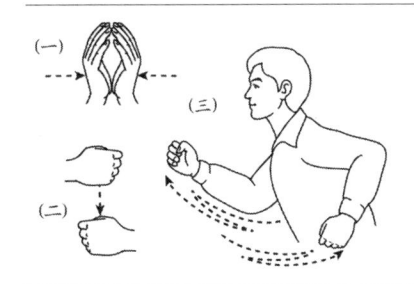

合作跑　hézuòpǎo

（一）双手直立，掌心左右相对，五指微曲，从两侧向中间移动。
（二）双手握拳，一上一下，右拳向下砸一下左拳。
（三）双手握拳屈肘，前后交替摆动两下，如跑步状。

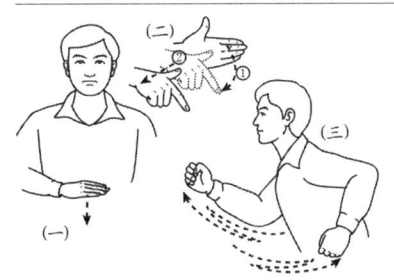

耐久跑　nàijiǔpǎo

（一）一手横伸，掌心向下，自腹部缓慢向下一按。
（二）左手侧立；右手伸拇、食指，拇指尖抵于左手掌心，食指边向下转动边向右移动，表示时间很长。
（三）双手握拳屈肘，前后交替摆动两下，如跑步状。

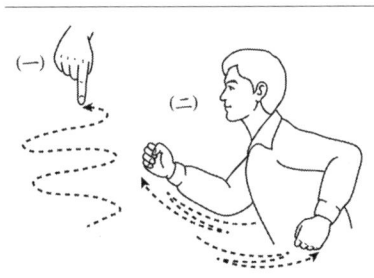

曲线跑　qūxiànpǎo

（一）一手伸食指，指尖朝下，向内做曲线形移动。
（二）双手握拳屈肘，前后交替摆动两下，如跑步状。

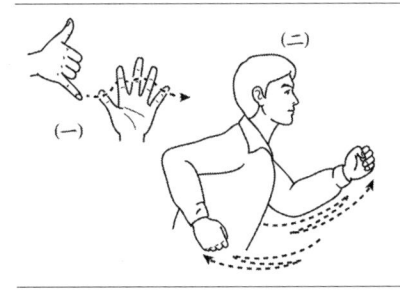

绕杆跑　ràogānpǎo

（一）左手直立，掌心向右，五指张开；右手伸拇、小指，指尖朝前，从后向前在左手各指指缝间绕行，模仿绕杆的动作。
（二）双手握拳屈肘，前后交替摆动两下，如跑步状。

往返跑　wǎngfǎnpǎo

（一）一手伸拇、小指，指尖朝前，先从内向外移动，再转腕向内移动。
（二）双手握拳屈肘，前后交替摆动两下，如跑步状。

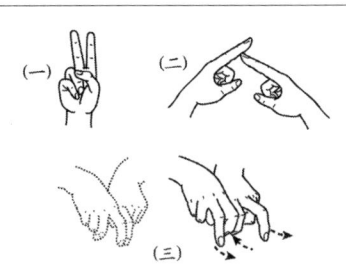

两人三足跑　liǎngrén sānzúpǎo

（一）一手食、中指直立分开，掌心向外。
（二）双手食指搭成"人"字形。
（三）双手食、中指微曲，食指并拢，指尖朝下，前后交替摆动几下，模仿两人三足跑的动作。

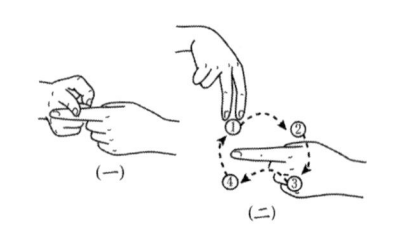

十字象限跳 shízì xiàngxiàntiào

（一）双手食指搭成"十"字形。

（二）左手食指横伸，手背向外；右手食、中指微曲，指尖朝下，沿左手食指右后方、左后方、左前方、右前方的顺序跳动，模仿十字象限跳的动作。

（可根据实际表示十字象限跳的动作）

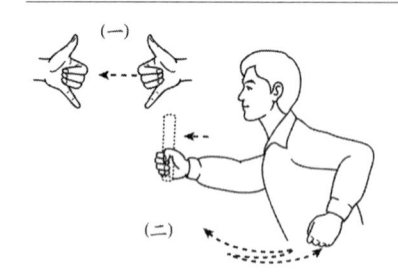

迎面接力 yíngmiàn jiēlì

（一）双手伸拇、小指，指尖左右相对，手背向外，左手不动，右手向左手移动。

（二）左手握拳屈肘，前后摆动两下，如跑步状；右手握拳，向前移动，如交接力棒状。

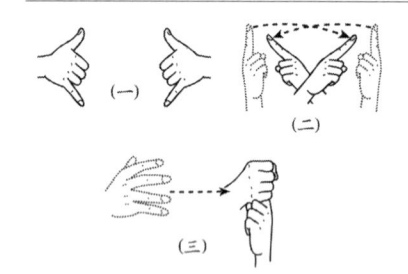

换位扶棒 huànwèi fúbàng

（一）双手伸拇、小指，指尖左右相对，手背向外。

（二）双手食指直立，然后左右交叉，互换位置。

（三）左手食指直立；右手五指张开，快速抓向左手食指。

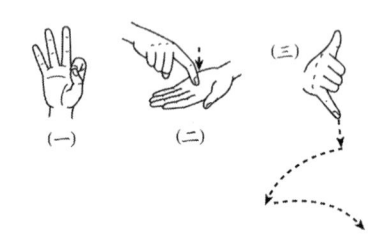

三点移动 sāndiǎn yídòng

（一）一手中、无名、小指直立分开，掌心向外。

（二）左手横伸；右手伸食指，指尖朝下，在左手掌心上点一下。

（三）一手伸拇、小指，指尖朝前，在不同地方点三下。

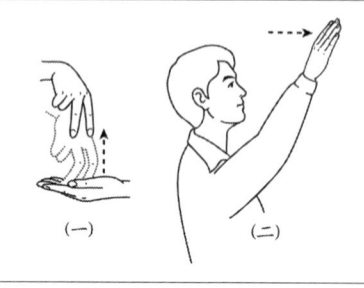

纵跳摸高 zòngtiào mōgāo

（一）左手横伸；右手食、中指微曲，指尖朝下，先立于左手掌心上，然后迅速向上弹起。

（二）一手直立上抬，掌心向外，向前拍一下。

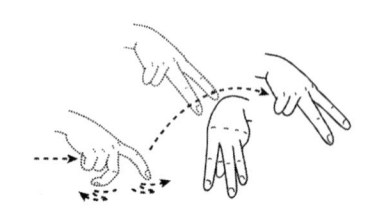

跳山羊①（山羊分腿腾跃①）
tiàoshānyáng ① (shānyáng fēntuǐ téngyuè ①)

左手伸拇、食、中、无名指，指尖朝下，小指弯回，表示山羊器械；右手伸食、中指，指尖朝下，边交替弯动边移向左手，然后在左手旁伸直腾空，越过左手。

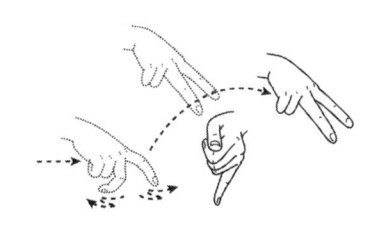

跳山羊②（山羊分腿腾跃②）
tiàoshānyáng ② (shānyáng fēntuǐ téngyuè ②)

左手伸拇、小指，手背向外，表示人弯腰扮山羊；右手伸食、中指，指尖朝下，边交替弯动边移向左手，然后在左手旁伸直腾空，越过左手。

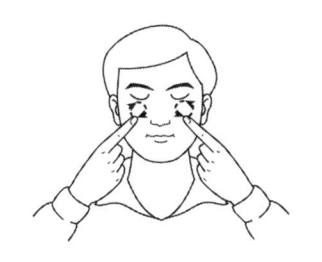

眼保健操 yǎnbǎojiàncāo

双手伸食指，指尖朝内，在眼睛下方轻轻按揉，双眼闭拢。

（可根据实际表示做眼保健操的动作）

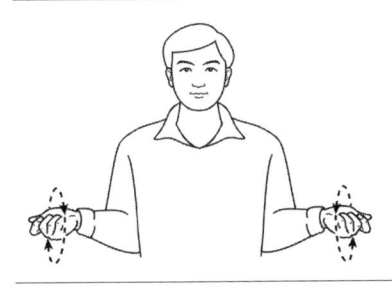

跳绳（向前摇） tiàoshéng (xiàngqiányáo)

双手虚握，置于身体两侧，同时向前摇动，模仿跳绳的摇绳动作。

交叉跳 jiāochātiào

双手虚握，置于身体两侧，然后同时向身前移动，双臂交叉相搭，再同时向两侧移动，置于身体两侧，重复一次，模仿交叉跳绳的摇绳动作。

向后摇 xiànghòuyáo

双手虚握，置于身体两侧，同时向后摇动，模仿跳绳向后摇的摇绳动作。

前摇交臂 qiányáojiāobì

双手虚握，双臂交叉相搭，同时向前摇动。

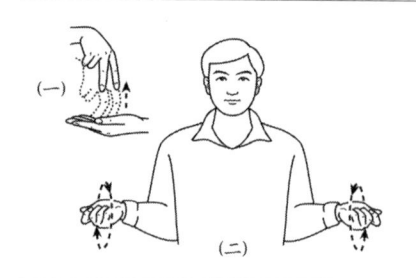

双摇　shuāngyáo

（一）左手横伸；右手食、中指微曲，指尖朝下，先立于左手掌心上，然后迅速向上弹起。

（二）双手虚握，置于身体两侧，同时快速向前摇动两下，模仿双摇跳绳的摇绳动作。

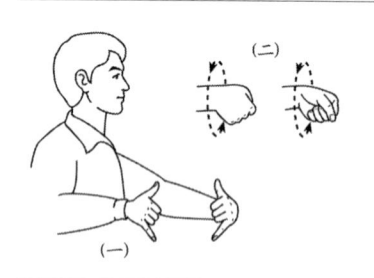

双人摇　shuāngrényáo

（一）双手伸拇、小指，指尖前后相对。

（二）双手虚握，一前一后，同时向一侧摇动，表示双人摇跳绳的摇绳动作。

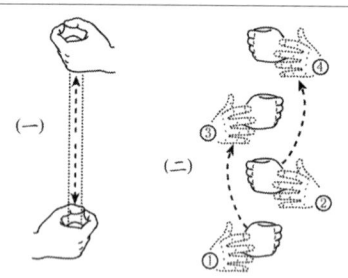

爬竿　págān

（一）双手拇、食指捏成圆形，虎口朝上，一上一下，分别向上下方向移动，表示竿。

（二）双手边交替抓握边向上移动，模仿爬竿的动作。

（此手势既表示"爬竿"的名词意思，又表示"爬竿"的动词意思）

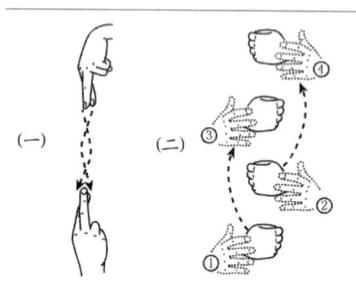

爬绳　páshéng

（一）双手食、中指相叠，指尖上下相对，左手在上不动，右手边扭动边向下移动。

（二）双手边交替抓握边向上移动，模仿爬绳的动作。

（此手势既表示"爬绳"的名词意思，又表示"爬绳"的动词意思）

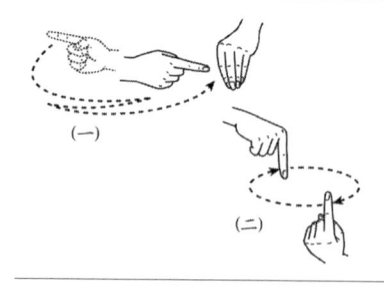

抽陀螺　chōutuóluó

（一）左手五指撮合，指尖朝下；右手伸食指，用力朝左手挥动两下，模仿抽陀螺的动作。

（二）双手伸食指，指尖上下相对，交替平行快速转动两圈。

荡秋千（秋千）　dàngqiūqiān（qiūqiān）

左手伸拇、小指；右手食、中指横伸，手背向上，置于左手下，然后双手同时前后摇动几下。

（可根据实际表示荡秋千的动作）

十六、体育教学手势

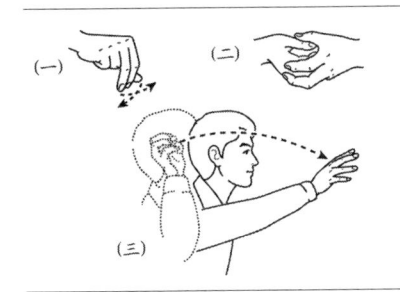

扔沙包 rēngshābāo

（一）一手拇、食、中指相捏，指尖朝下，互捻几下。
（二）双手五指弯曲，虎口朝上，左手包住右手，如沙包大小。
（三）一手虚握，自肩部上方向前一扔，五指张开，如扔沙包状。

踢毽子 tījiàn·zi

左手食、中、无名指直立分开；右手伸食、中指，食指向上弹击两下左手背，左手随之向上移动。

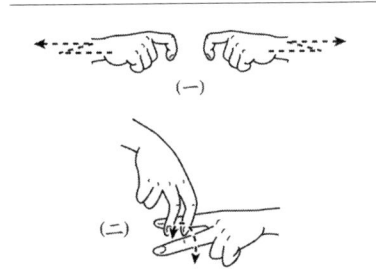

跳皮筋儿 tiàopíjīnr

（一）双手食指弯曲，指尖朝下，从中间向两侧来回拉动两下。
（二）左手食、中指横伸分开，手背向上；右手食、中指微曲，指尖朝下，在左手中指内外两侧跳动两下，表示跳皮筋儿。

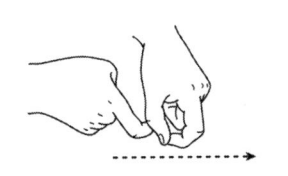

滚铁环 gǔntiěhuán

左手拇、食指捏成圆形，指尖朝下，虎口朝右；右手食指弯曲，指尖贴于左手拇指，双手同时向前移动，模仿滚铁环的动作。

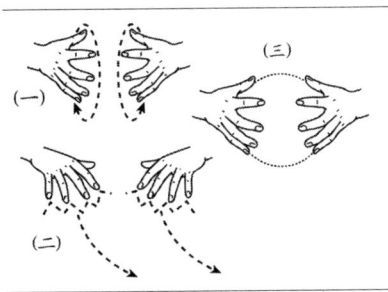

滚雪球 gǔnxuěqiú

（一）双手五指微曲张开，掌心左右相对，同时向前做滚动的动作。
（二）双手平伸，掌心向下，五指张开，边交替点动边向斜下方缓慢下降，如雪花飘落状。
（三）双手五指微曲张开，掌心左右相对，如雪球状。

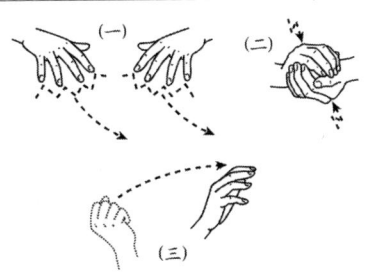

打雪仗 dǎxuězhàng

（一）双手平伸，掌心向下，五指张开，边交替点动边向斜下方缓慢下降，如雪花飘落状。
（二）双手五指微曲，掌心上下相对，然后做挤压的动作，如攥雪球状。
（三）一手虚握，自肩部上方向前一扔，五指张开，模仿扔雪球的动作。

斗鸡平衡　dòujī pínghéng

（一）双手伸食、中指，食指蜷曲，中指尖朝下，指背左右相对，边跳动边从两侧向中间移动，食指中节指关节互碰。

（二）双手侧伸，掌心向下，上下交替微移几下，然后双手保持平衡状态。

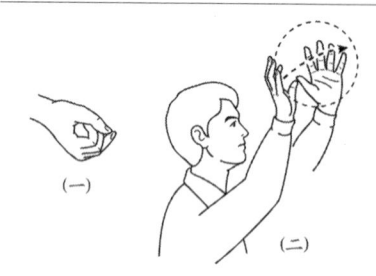

小篮球　xiǎolánqiú

（一）一手拇、小指相捏，指尖朝上。

（二）左手直立，掌心向右，五指微曲，置于头部前上方；右手五指张开，掌心向前，置于左手旁，然后手腕向前弯动一下，如投篮状。

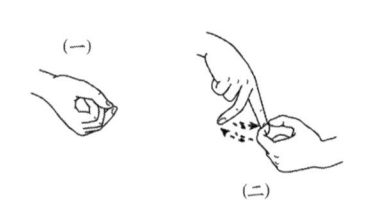

小足球　xiǎozúqiú

（一）一手拇、小指相捏，指尖朝上。

（二）左手拇、食指捏成圆形，虎口朝上；右手食、中指叉开，指尖朝下，交替弹击左手圆形，如踢足球状。

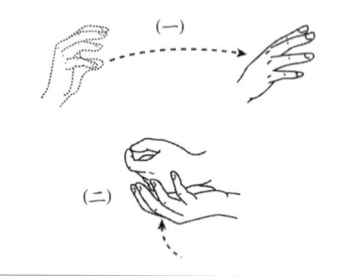

珍珠球　zhēnzhūqiú

（一）一手五指微曲，指尖朝前，自肩部上方向前一扔，五指张开，模仿扔珍珠球的动作。

（二）左手拇、食指捏成圆形，虎口朝上；右手五指微曲，掌心向上，从下向上移向左手，模仿捞珍珠球的动作。

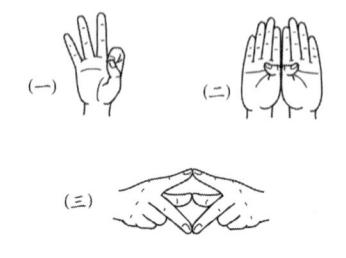

三门球　sānménqiú

（一）一手中、无名、小指直立分开，掌心向外。

（二）双手并排直立，掌心向外，食、中、无名、小指并拢，拇指弯回。

（三）双手拇、食、中指叉开，指尖左右相抵，成三棱锥状，仿三门球的形状。

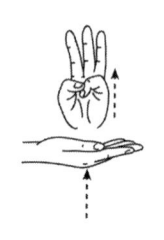

手扑球　shǒupūqiú

左手食、中、无名指直立分开，掌心向外；右手横伸，掌心向上，拍击左手腕，左手随之向上移动。

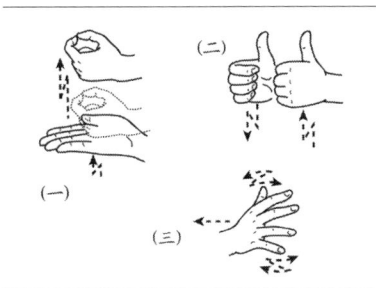

颠球比多 diānqiú bǐ duō

（一）左手拇、食指捏成圆形，虎口朝上；右手平伸，掌心向上，连续向上拍击左手，左手随之向上移动，模仿颠球的动作。

（二）双手伸拇指，上下交替动两下。

（三）一手侧立，五指张开，边抖动边向一侧移动。

（可根据实际表示颠球的动作）

端球比稳 duānqiú bǐ wěn

（一）右手平伸；左手拇、食指捏成圆形，虎口朝上，置于右手掌心上。

（二）双手伸拇指，上下交替动两下。

（三）右手平伸；左手五指弯曲，指尖朝下，抵于右手掌心上，向下一按。

（可根据实际表示端球的动作）

十七、律动教学手势

1. 课名和手部动作

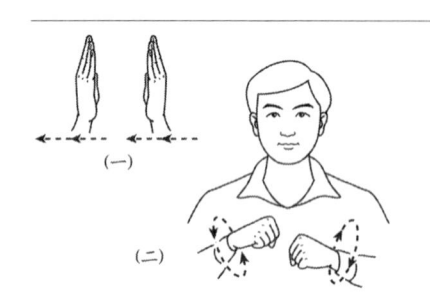

律动 lǜdòng
（一）双手直立，掌心左右相对，向一侧一顿一顿移动几下。
（二）双手握拳屈肘，前后交替转动两下。

方位 fāngwèi
（一）双手拇、食指搭成"□"形。
（二）左手横伸；右手五指弯曲，指尖朝下，置于左手掌心上。

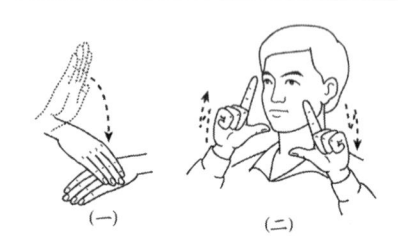

手型（手形） shǒuxíng (shǒuxíng)
（一）左手横伸，掌心向下；右手拍一下左手背。
（二）双手拇、食指成"└┘"形，置于脸颊两侧，上下交替动两下。

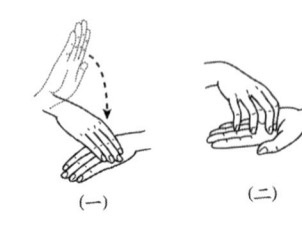

手位 shǒuwèi
（一）左手横伸，掌心向下；右手拍一下左手背。
（二）左手横伸；右手五指弯曲，指尖朝下，置于左手掌心上。

兰花掌 lánhuāzhǎng
一手直立，掌心向外，拇、中指指节靠近，其他三指翘起。

十七、律动教学手势

虎口掌 hǔkǒuzhǎng
一手虎口张开，掌心向前下方，拇指向下伸直，其他四指并拢。

兰花指 lánhuāzhǐ
一手拇、中指相捏，食指直立，无名、小指弯曲。

剑指 jiànzhǐ
一手食、中指并拢，指尖朝前上方，其他三指相捏。
（可根据实际表示剑指）

按掌 ànzhǎng
一手横伸，掌心向下，拇、中指指节靠近，其他三指翘起，置于腹前（男子为虎口掌手形）。
（可根据实际表示按掌的动作）

端掌 duānzhǎng
一手虎口张开，掌心向上，拇指向上伸直，其他四指并拢，置于腹前。

山膀 shānbǎng
右手侧伸，掌心向右，拇、中指指节靠近，其他三指翘起（男子为虎口掌手形）。
（可根据实际表示山膀的动作）

托掌 tuōzhǎng
　　一手上抬，置于头上方，掌心向上，拇、中指指节靠近，其他三指翘起（男子为虎口掌手形）。
　　（可根据实际表示托掌的动作）

提襟 tíjīn
　　右手五指弯曲，手背向上，虎口斜对着髋部。
　　（可根据实际表示提襟的动作）

扬掌 yángzhǎng
　　一手侧上举，掌心向斜上方，拇、中指指节靠近，其他三指翘起（男子为虎口掌手形）。
　　（可根据实际表示扬掌的动作）

双按掌 shuāng'ànzhǎng
　　双手横伸，掌心向下，拇、中指指节靠近，其他三指翘起，交叉置于腹前（男子为虎口掌手形）。

双山膀 shuāngshānbǎng
　　双手侧伸，掌心分别朝向左右两侧，拇、中指指节靠近，其他三指翘起（男子为虎口掌手形）。

双托掌 shuāngtuōzhǎng
　　双手上抬，置于头上方，掌心向上，拇、中指指节靠近，其他三指翘起，指尖左右相对（男子为虎口掌手形）。

十七、律动教学手势　239

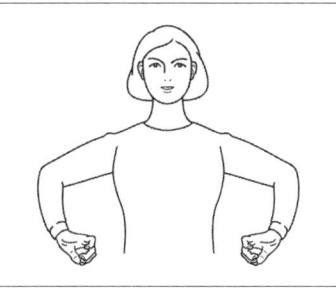

双提襟　shuāngtíjīn
　　双手五指弯曲，手背向上，虎口斜对着髋部。

双扬掌（斜托掌）　shuāngyángzhǎng (xiétuōzhǎng)
　　双手拇、中指指节靠近，其他三指翘起；左手侧伸，掌心向上；右手侧上举，掌心向斜上方（男子为虎口掌手形）。

山膀按掌　shānbǎng ànzhǎng
　　双手拇、中指指节靠近，其他三指翘起；左手侧伸，掌心向左；右手横伸，掌心向下，置于腹前（男子为虎口掌手形）。

山膀托掌（顺风旗）　shānbǎng tuōzhǎng (shùnfēngqí)
　　双手拇、中指指节靠近，其他三指翘起；左手侧伸，掌心向左；右手上抬，置于头上方，掌心向上（男子为虎口掌手形）。

托按掌　tuō'ànzhǎng
　　双手拇、中指指节靠近，其他三指翘起；左手横伸，掌心向下，置于腹前；右手上抬，置于头上方，掌心向上（男子为虎口掌手形）。

盖掌　gàizhǎng
　　一手侧上举，掌心向斜上方，拇、中指指节靠近，其他三指翘起，然后向前下方做弧形移动，成按掌手形（男子为虎口掌手形）。
　　（可根据实际表示盖掌的动作）

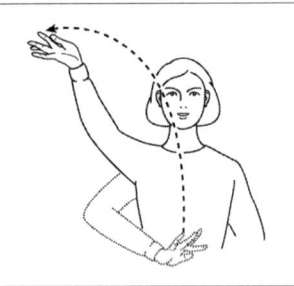

撩掌　liāozhǎng

一手横伸，掌心向下，拇、中指指节靠近，其他三指翘起，置于腹前，然后向侧上方做弧形移动，成扬掌手形（男子为虎口掌手形）。

（可根据实际表示撩掌的动作）

切掌　qiēzhǎng

一手横伸，掌心向下，拇、中指指节靠近，其他三指翘起，从头上方向下移动（男子为虎口掌手形）。

（可根据实际表示切掌的动作）

摊掌　tānzhǎng

一手直立，掌心向外，拇、中指指节靠近，其他三指翘起，先向内移动，再转腕，掌心向上，向前移动（男子为虎口掌手形）。

（可根据实际表示摊掌的动作）

推掌②　tuīzhǎng ②

一手平伸，掌心向上，拇、中指指节靠近，其他三指翘起，先向内移动，再转腕，掌心向外，向前移动（男子为虎口掌手形）。

（可根据实际表示推掌的动作）

冲掌　chōngzhǎng

双手拇、中指指节靠近，其他三指翘起；右手平伸，掌心向上，先向内移动，再转腕，掌心向外，向前移动；左手平伸，掌心向上，同时向内移动（男子为虎口掌手形）。

（可根据实际表示冲掌的动作）

勒马手　lèmǎshǒu

双手五指弯曲，虎口朝内，置于身前，模仿勒马手的动作。

扬鞭手 yángbiānshǒu

左手五指弯曲,虎口朝内,置于身前;右手食指直立,上举过头顶,模仿扬鞭手的动作。

2. 腿部动作

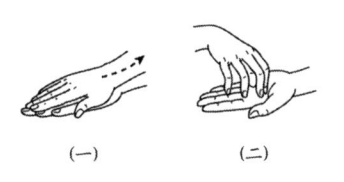

脚位 jiǎowèi

(一)双手平伸,手背向上,五指并拢,右手掌贴于左手背上,从前向后移动一下。

(二)左手横伸;右手五指弯曲,指尖朝下,置于左手掌心上。

勾脚 gōujiǎo

双手平伸,手背向上,五指并拢,靠在一起,然后左手不动,右手向上抬起,掌心向外,表示勾脚脚尖向上的动作。

(可根据实际表示勾脚的动作)

绷脚 bēngjiǎo

双手平伸,手背向上,五指并拢,靠在一起,然后向下转腕,指尖朝下,表示绷脚脚尖向下的动作。

(可根据实际表示绷脚的动作)

压腿 yātuǐ

左手伸食指,指尖朝前,手背向左,表示压腿杆;右手食、中指叉开,中指尖朝下,食指搭在左手食指上,向下压两下,模仿压腿的动作。

(可根据实际表示压腿的动作)

开胯 kāikuà
双手食指斜伸，手背向外，手腕靠拢。

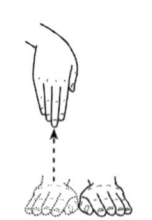

高吸腿 gāoxītuǐ
双手平伸，手背向上，五指并拢，靠在一起，然后左手不动，右手边向上抬起边变为指尖朝下，表示高吸腿脚面绷直的动作。
（可根据实际表示高吸腿的动作）

后吸腿 hòuxītuǐ
双手平伸，手背向上，五指并拢，靠在一起，然后左手不动，右手向内转腕，指尖朝内，表示后吸腿脚面绷直、腿向内弯曲的动作。
（可根据实际表示后吸腿的动作）

抬腿 táituǐ
左手横伸；右手食、中指分开，指尖朝下，立于左手掌心上，然后食指朝前方抬起，模仿抬腿的动作。
（可根据实际表示抬腿的动作）

踢腿 tītuǐ
双手伸食指，指尖朝下，然后交替向上抬起，指尖朝上，模仿踢腿的动作。
（可根据实际表示踢腿的动作）

弹腿 tántuǐ
左手伸食指，指尖朝下，手背向外，不动；右手食指弯曲，在左手旁向前弹动一下，模仿弹腿的动作。
（可根据实际表示弹腿的动作）

屈伸腿 qūshēntuǐ

左手横伸；右手食、中指微曲，指尖抵于左手掌心上，然后伸直，模仿屈伸腿的动作。

半蹲 bàndūn

（一）一手食指横伸，手背向外，拇指在食指中部划一下。
（二）左手横伸；右手食、中指微曲，指尖抵于左手掌心上。

全蹲 quándūn

（一）双手五指微曲，指尖左右相对，然后向下做弧形移动，手腕靠拢。
（二）左手横伸；右手食、中指微曲，指尖抵于左手掌心上。

盘坐 pánzuò

（一）双手食指弯曲，交叉相搭，表示两腿盘坐。
（二）左手横伸；右手伸拇、小指，置于左手掌心上。

双跪坐 shuāngguìzuò

（一）左手横伸；右手食、中指弯曲，指背贴于左手掌心上。
（二）左手横伸；右手伸拇、小指，置于左手掌心上。

直腿坐 zhítuǐzuò

（一）双手伸食指，指尖朝前，手背向上。
（二）左手横伸；右手伸拇、小指，置于左手掌心上。

正步　zhèngbù
　　双手平伸，手背向上，五指并拢，靠在一起，仿双脚并拢、脚尖朝前的正步步位。

小八字步　xiǎobāzìbù
　　（一）一手拇、小指相捏，指尖朝上。
　　（二）双手五指并拢，拇指根部相挨成"∨"形，手背向上，仿双脚脚跟靠拢、脚尖分开的小八字步步位。

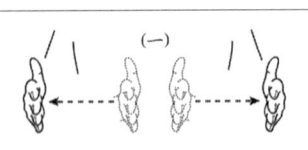

大八字步　dàbāzìbù
　　（一）双手侧立，掌心相对，同时向两侧移动，幅度要大些。
　　（二）双手斜伸，手背向上，五指并拢，相距远些，仿大八字步步位。

丁字步　dīngzìbù
　　双手五指并拢，左手腕抵于右手拇指外侧，手背向上，仿丁字步步位。

踏步（小踏步）　tàbù（xiǎotàbù）
　　双手五指并拢，拇指根部相挨成"∨"形，手背向上，如小八字步步位，然后左手不动，右手移至左手后方，手腕略抬，仿踏步步位。
　　（可根据实际表示踏步的动作）

点步　diǎnbù
　　（一）左手横伸；右手伸食指，指尖朝下，在左手掌心上点一下。
　　（二）双手平伸，掌心向下，一上一下交替移动。

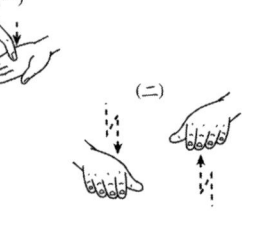

前点步　qiándiǎnbù

双手五指并拢，拇指根部相挨成"V"形，手背向上，如小八字步步位，然后左手不动，右手边向前做弧形移动边指尖朝下一顿，仿前点步步位。

（可根据实际表示前点步的动作）

旁点步　pángdiǎnbù

双手五指并拢，拇指根部相挨成"V"形，手背向上，如小八字步步位，然后左手不动，右手边向右做弧形移动边指尖朝下一顿，仿旁点步步位。

（可根据实际表示旁点步的动作）

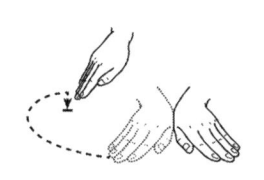

后点步　hòudiǎnbù

双手五指并拢，拇指根部相挨成"V"形，手背向上，如小八字步步位，然后左手不动，右手边向后做弧形移动边指尖朝下一顿，仿后点步步位。

（可根据实际表示后点步的动作）

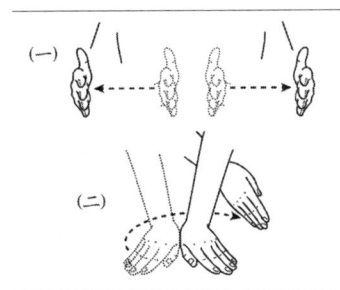

大掖步　dàyèbù

（一）双手侧立，掌心相对，同时向两侧移动，幅度要大些。

（二）双手五指并拢，拇指根部相挨成"V"形，手背向上，如小八字步步位，然后左手不动，右手边转腕向左手左后方移动边指尖朝斜下方，仿大掖步步位。

（可根据实际表示大掖步的动作）

后踢步　hòutībù

双手五指并拢，拇指根部相挨成"V"形，手背向上，如小八字步步位，然后左手不动，右手向内转腕，指尖朝内，仿后踢步步位。

（可根据实际表示后踢步的动作）

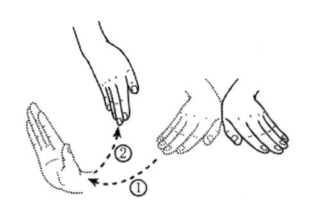

踵趾步　zhǒngzhǐbù

双手五指并拢，拇指根部相挨成"V"形，手背向上，如小八字步步位，然后左手不动，右手先向右前方移动，掌心向右下方，再向右后方移动，掌心向内，指尖朝下。

（可根据实际表示踵趾步的动作）

旁踵步　pángzhǒngbù

双手五指并拢，拇指根部相挨成"V"形，手背向上，如小八字步步位，然后左手不动，右手向右移动，掌心向右下方，模仿旁踵步一腿勾脚伸向旁边、脚跟着地的动作。

（可根据实际表示旁踵步的动作）

前踵步　qiánzhǒngbù

双手五指并拢，拇指根部相挨成"V"形，手背向上，如小八字步步位，然后左手不动，右手向前移动，掌心向前下方，模仿前踵步一腿勾脚伸向前边、脚跟着地的动作。

（可根据实际表示前踵步的动作）

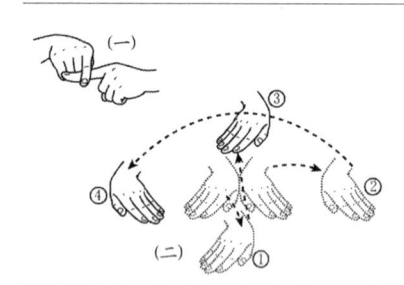

十字步（秧歌步）　shízìbù（yānggēbù）

（一）双手食指搭成"十"字形。

（二）双手五指并拢，拇指根部相挨成"V"形，手背向上，如小八字步步位，右手先向前移动，左手再向左移动，右手再向后移动，左手再向右移动，越过右手，模仿十字步的动作。

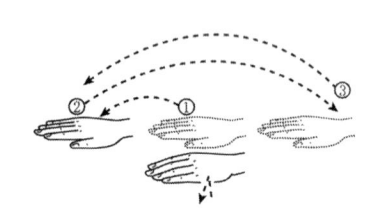

进退步　jìntuìbù

双手平伸，手背向上，五指并拢；右手先向前移动一下，左手同时微抬，向下拍一下；右手再向后移动一下，左手同时微抬，向下拍一下；右手再向前移动一下，模仿进退步的动作。

（可根据实际表示进退步的动作）

平踏步　píngtàbù

双手平伸，手背向上，五指并拢，交替向前移动几下。

退踏步　tuìtàbù

双手平伸，手背向上，五指并拢；右手先向后移动一下，左手同时微抬，向下拍一下；右手再向前移动一下，模仿退踏步的动作。

（可根据实际表示退踏步的动作）

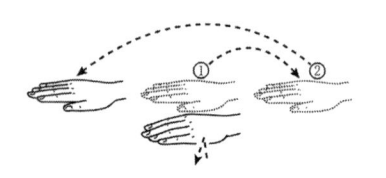

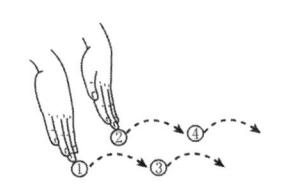

踮脚步　diǎnjiǎobù
　　双手五指并拢，指尖朝前下方，交替向前移动几下，模仿踮脚步双脚前脚掌着地、交替向前行走的动作。

小碎步　xiǎosuìbù
　　（一）一手拇、小指相捏，指尖朝上。
　　（二）双手五指并拢，指尖朝前下方，前后交替移动几下。

蹦跳步　bèngtiàobù
　　左手平伸；右手食、中指并拢，指尖朝下，在左手掌心上边弹起边向前跳，模仿蹦跳步的动作。

跑跳步　pǎotiàobù
　　左手平伸；右手伸食、中指，指尖朝下，在左手掌心上边交替弯动边向前移动，模仿跑跳步的动作。

踏点步　tàdiǎnbù
　　双手平伸，手背向上，五指并拢，左手向下一拍，右手边向上抬起边变为指尖朝下，然后双手重复一次。

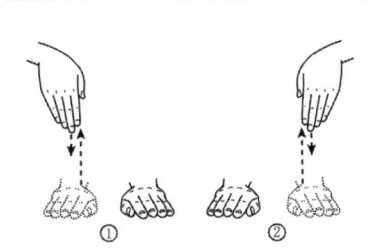

踏跳步　tàtiàobù
　　双手平伸，手背向上，五指并拢，左手不动，右手边向上抬起边变为指尖朝下，点动一下；然后右手平伸，手背向上，五指并拢，左手边向上抬起边变为指尖朝下，点动一下，模仿踏跳步的动作。

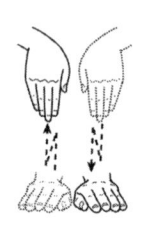

吸跳步　xītiàobù

双手平伸，手背向上，五指并拢，边交替向上抬起边变为指尖朝下，模仿吸跳步的动作。

三步一抬　sānbùyītái

双手平伸，手背向上，五指并拢，交替向下移动三次后，右手边抬起边向内转腕，模仿三步一抬的动作。

（可根据实际表示三步一抬的动作）

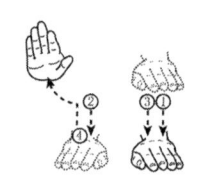

三步一撩　sānbùyīliāo

双手平伸，手背向上，五指并拢，交替向下移动三次后，右手边抬起边向外一甩，模仿三步一撩的动作。

（可根据实际表示三步一撩的动作）

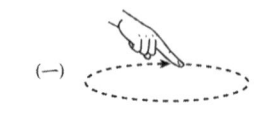

圆场步　yuánchǎngbù

（一）一手伸食指，指尖朝下划一大圈。

（二）双手平伸，手背向上，五指并拢，一前一后，交替向前移动几下。

（可根据实际表示圆场步的动作）

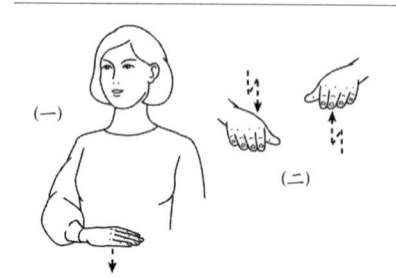

矮子步　ǎi·zibù

（一）一手横伸，掌心向下，自腹部向下一按。

（二）双手平伸，掌心向下，一上一下交替移动。

（可根据实际表示矮子步的动作）

跑马步　pǎomǎbù

（一）双手虚握，同时向后转两下手腕，模仿骑马拉缰绳的动作。

（二）双手平伸，掌心向下，一上一下交替移动。

（可根据实际表示跑马步的动作）

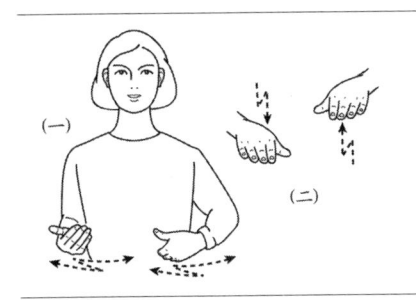

摇篮步 yáolánbù

（一）双手五指微曲，如抱婴儿状，在腹前左右摇晃两下。
（二）双手平伸，掌心向下，一上一下交替移动。
（可根据实际表示摇篮步的动作）

3. 乐器 节奏

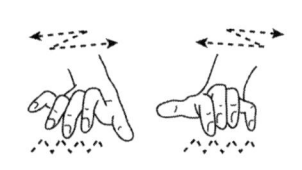

钢琴 gāngqín

双手五指弯曲，边交替灵活点动边左右移动，模仿弹钢琴的动作。

鼓 gǔ

双手伸食指，指尖朝前，上下交替动几下，如敲鼓状。
（可根据实际表示敲鼓的动作）

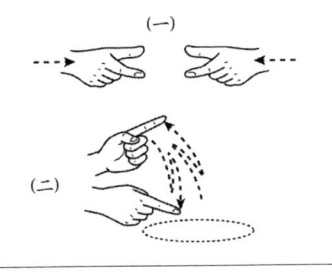

小鼓 xiǎogǔ

（一）双手拇、食指成大圆形，虎口朝上，同时从两侧向中间移动。
（二）双手伸食指，指尖朝前，上下交替动几下，如敲鼓状。
（可根据实际表示敲鼓的动作）

大鼓 dàgǔ

（一）双手拇、食指成大圆形，虎口朝上，同时从中间向两侧移动。
（二）双手伸食指，指尖朝前，上下交替动几下，如敲鼓状。
（可根据实际表示敲鼓的动作）

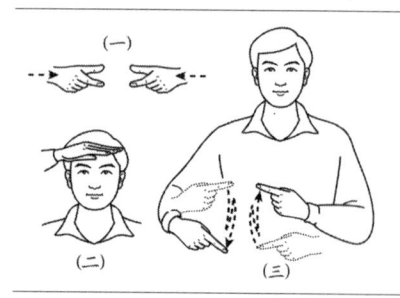

小军鼓 xiǎojūngǔ

（一）双手拇、食指成大圆形，虎口朝上，同时从两侧向中间移动。

（二）右手横伸，掌心向下，置于前额，表示军帽帽檐。

（三）双手食指横伸，手背向外，置于身体一侧，上下交替移动，模仿演奏小军鼓的动作。

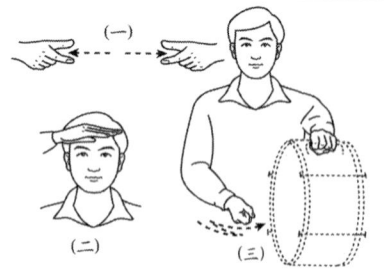

大军鼓 dàjūngǔ

（一）双手拇、食指成大圆形，虎口朝上，同时从中间向两侧移动。

（二）右手横伸，掌心向下，置于前额，表示军帽帽檐。

（三）左手虚握，手背向上；右手虚握，向左手下方做敲大军鼓的动作。

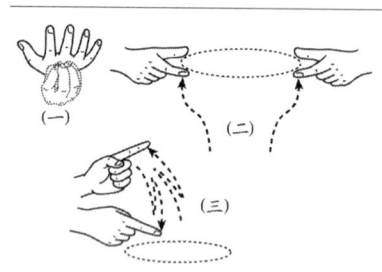

花盆鼓 huāpéngǔ

（一）一手五指撮合，指尖朝上，然后张开。

（二）双手拇、食指成大圆形，虎口朝上，从下向上做下细上粗的曲线形移动，仿花盆鼓的形状。

（三）双手伸食指，指尖朝前，上下交替动几下，如敲鼓状。

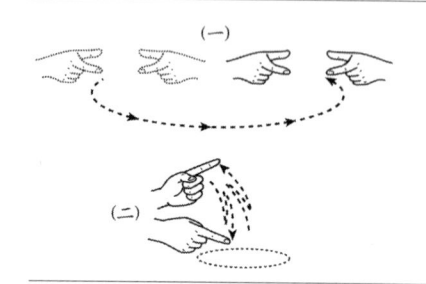

排鼓 páigǔ

（一）双手拇、食指成大圆形，虎口朝上，向一侧一顿一顿做弧形移动。

（二）双手伸食指，指尖朝前，上下交替动几下，如敲鼓状。

（可根据实际表示敲击排鼓的动作）

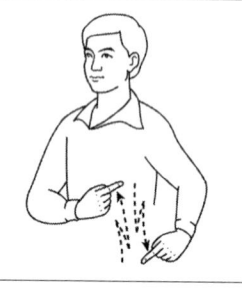

腰鼓 yāogǔ

双手食指横伸，手背向外，在左腰部上下交替动几下，如敲腰鼓状。

（可根据实际表示敲腰鼓的动作）

长鼓 chánggǔ

双手侧伸，掌心向下，置于身体两侧，向内拍动几下，如拍长鼓状。

（可根据实际表示拍击长鼓的动作）

铃鼓　línggǔ

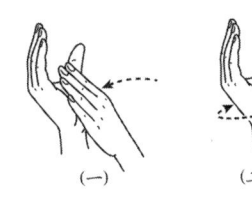

（一）右手抬起，五指成"U"形；左手拍一下右手掌心。
（二）右手抬起，五指成"U"形，来回转腕。

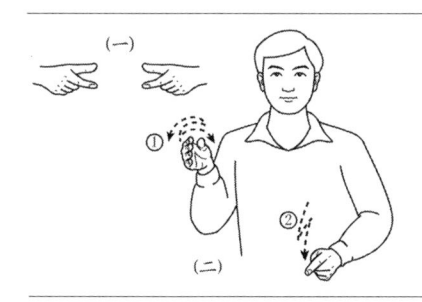

鼓板　gǔbǎn

（一）双手拇、食指成大圆形，虎口朝上。
（二）右手五指弯曲，虎口朝上，来回转腕，如打鼓板状，然后左手伸食指，指尖朝前，做敲鼓的动作。

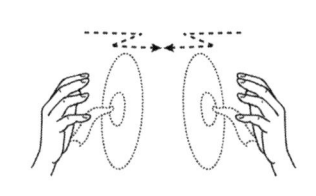

镲　chǎ

双手五指弯曲，掌心左右相对，从两侧向中间互碰两下，模仿打镲的动作。

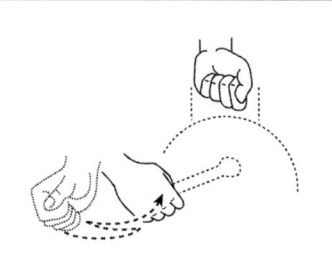

锣　luó

左手握拳如提锣状；右手握拳如持棒槌状，模仿敲锣的动作。

铙钹　náobó

双手五指弯曲，掌心斜向相对，同时向中间移动几下，模仿敲击铙钹的动作。

木鱼　mùyú

左手虚握，拇指按于食指中部；右手伸食指，敲两下左手拇指背，模仿敲木鱼的动作。

沙槌 shāchuí 
（一）一手拇、食、中指相捏，指尖朝下，互捻几下。
（二）双手握拳，虎口朝上，同时向前摇动几下，模仿晃动沙槌的动作。

碰铃 pènglíng 
双手拇、食指捏成圆形，虎口朝上，同时从两侧向中间互碰两下。

三角铁 sānjiǎotiě 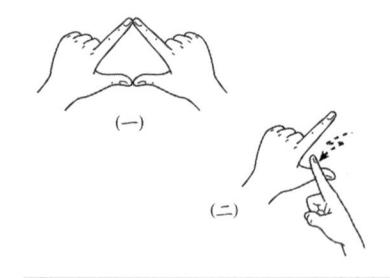
（一）双手拇、食指搭成"△"形，虎口朝内。
（二）左手拇、食指成"∠"形，虎口朝内；右手伸食指，敲两下左手拇指，模仿敲乐器三角铁的动作。

铝片琴 lǚpiànqín 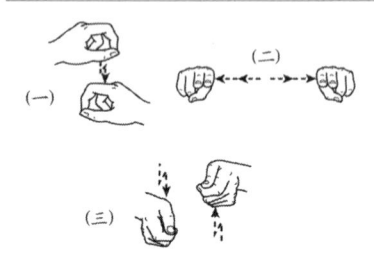
（一）双手拇、食指捏成圆形，虎口朝内，一上一下，左手向下碰两下右手。
（二）双手食、中指并拢，指尖朝前，手背向上，从中间向两侧一顿一顿移动几下。
（三）双手拇、食指相捏如握槌状，上下交替动几下，如敲击状。

响板① xiǎngbǎn ①
双手伸拇、食、中指，食、中指并拢，连续做开合的动作，指尖朝前。
（可根据实际表示使用响板的动作）

响板② xiǎngbǎn ②
（一）一手食指直立，掌心向外，在耳边左右晃动两下。
（二）一手五指撮合，指尖朝前，置于耳边，连续做开合的动作。
（可根据实际表示使用响板的动作）

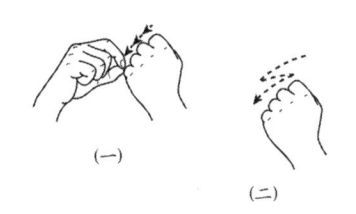

手串铃　shǒuchuànlíng

（一）左手握拳，手背向外；右手拇、食指相捏，虎口朝内，沿左手食、中、无名、小指根部一顿一顿移动，模仿手串铃的外形。

（二）一手握拳，做向前摇动的动作。

（可根据实际表示使用手串铃的动作）

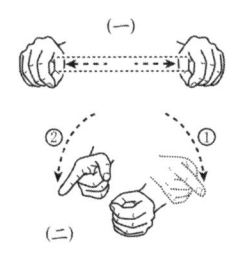

双响筒　shuāngxiǎngtǒng

（一）双手虚握，虎口左右相对，从中间向两侧移动。

（二）左手虚握，虎口朝上；右手伸食指，在左手两侧各敲一下。

节奏　jiézòu

双手按3/4拍音节（即咚嗒嗒—咚嗒嗒）连续击掌，第一下重拍，第二、三下轻拍。

（可根据实际表示节奏的动作）

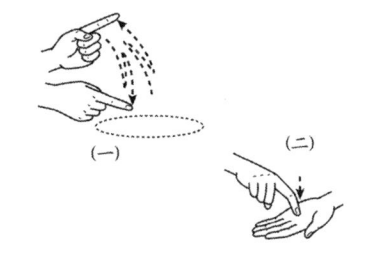

鼓点　gǔdiǎn

（一）双手伸食指，指尖朝前，上下交替动几下，如敲鼓状。

（二）左手横伸；右手伸食指，指尖朝下，在左手掌心上点一下。

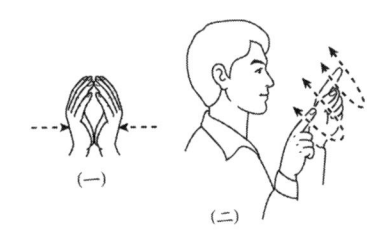

合奏　hézòu

（一）双手直立，掌心左右相对，五指微曲，从两侧向中间移动。

（二）双手伸食指，指尖朝前上方，模仿指挥乐曲的动作。

（可根据实际表示具体的指挥动作）

四二拍①　sì'èrpāi①

一手平伸，掌心向下，做两次"V"形移动，模仿指挥四二拍的动作，表示2/4拍音符。

四二拍② sì'èrpāi ②

（一）左手食指横伸，手背向上；右手食、中、无名、小指直立分开，手背向外，置于左手食指下，然后边移至左手食指上边食、中指直立，表示四分之二。

（二）左手横伸；右手平伸，手背向上，拍向左手掌心。

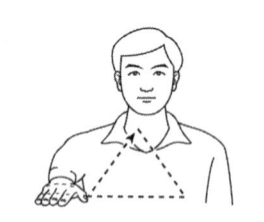

四三拍① sìsānpāi ①

一手平伸，掌心向下，做一次"△"形移动，模仿指挥四三拍的动作，表示3/4拍音符。

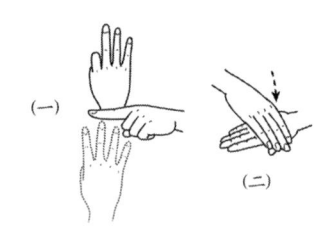

四三拍② sìsānpāi ②

（一）左手食指横伸，手背向上；右手食、中、无名、小指直立分开，手背向外，置于左手食指下，然后边移至左手食指上边中、无名、小指直立，表示四分之三。

（二）左手横伸；右手平伸，手背向上，拍向左手掌心。

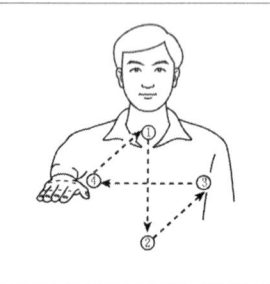

四四拍① sìsìpāi ①

一手平伸，掌心向下，先从上向下移动，再向左上方移动，然后平行向右移动，再向左上方移动，回到动作的起点，如"⩗"形，模仿指挥四四拍的动作，表示4/4拍音符。

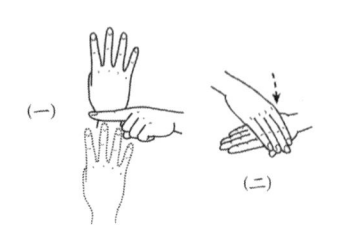

四四拍② sìsìpāi ②

（一）左手食指横伸，手背向上；右手食、中、无名、小指直立分开，手背向外，置于左手食指下，然后移至左手食指上，表示四分之四。

（二）左手横伸；右手平伸，手背向上，拍向左手掌心。

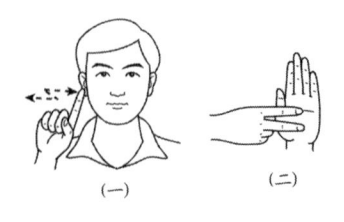

音符 yīnfú

（一）一手食指直立，掌心向外，在耳边左右晃动两下。

（二）左手直立，掌心向外；右手打手指字母"F"的指式，贴于左手掌心上。

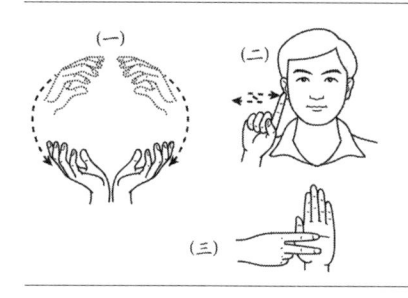

全音符①　quányīnfú ①

（一）双手五指微曲，指尖左右相对，然后向下做弧形移动，手腕靠拢。
（二）一手食指直立，掌心向外，在耳边左右晃动两下。
（三）左手直立，掌心向外；右手打手指字母"F"的指式，贴于左手掌心上。

全音符②　quányīnfú ②

右手五指捏成圆形，虎口朝内，稍向左倾斜，仿全音符的形状。

二分音符①　èrfēn yīnfú ①

（一）左手食指横伸，手背向上；右手食、中指直立分开，手背向外，置于左手食指下，然后边移至左手食指上边食指直立，表示二分之一。
（二）一手食指直立，掌心向外，在耳边左右晃动两下。
（三）左手直立，掌心向外；右手打手指字母"F"的指式，贴于左手掌心上。

二分音符②　èrfēn yīnfú ②

右手食指直立，其他四指相捏，手背向右，仿二分音符的形状。

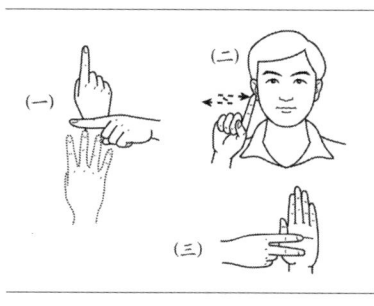

四分音符①　sìfēn yīnfú ①

（一）左手食指横伸，手背向上；右手食、中、无名、小指直立分开，手背向外，置于左手食指下，然后边移至左手食指上边食指直立，表示四分之一。
（二）一手食指直立，掌心向外，在耳边左右晃动两下。
（三）左手直立，掌心向外；右手打手指字母"F"的指式，贴于左手掌心上。

四分音符②　sìfēn yīnfú ②

右手食指直立，手背向右，仿四分音符的形状。

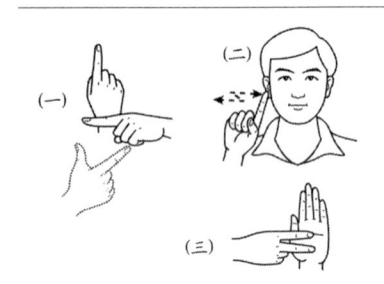

八分音符① bāfēn yīnfú ①

（一）左手食指横伸，手背向上；右手伸拇、食指，手背向外，置于左手食指下，然后边移至左手食指上边食指直立，表示八分之一。
（二）一手食指直立，掌心向外，在耳边左右晃动两下。
（三）左手直立，掌心向外；右手打手指字母"F"的指式，贴于左手掌心上。

八分音符② bāfēn yīnfú ②

右手食指直立，手背向右；左手伸食指，指尖朝右下方，指根抵于右手食指，手背向上，仿八分音符的形状。

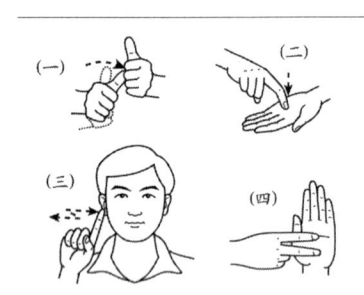

附点音符 fùdiǎn yīnfú

（一）双手伸拇指，左手在上不动，右手向左转动，拇指靠向左手掌心。
（二）左手横伸；右手伸食指，指尖朝下，在左手掌心上点一下。
（三）一手食指直立，掌心向外，在耳边左右晃动两下。
（四）左手直立，掌心向外；右手打手指字母"F"的指式，贴于左手掌心上。

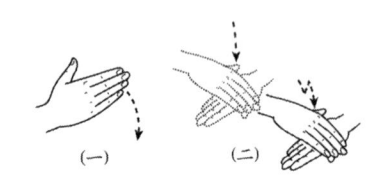

切分节奏（切分音） qiēfēn jiézòu（qiēfēnyīn）

（一）一手侧立，向下一切。
（二）左手横伸；右手平伸，手背向上，拍向左手掌心，第一下重拍，第二、三下轻拍，表示 3/4 拍（咚嗒嗒—咚嗒嗒）切分节奏。
（可根据实际表达切分节奏）

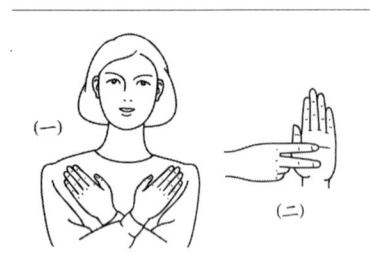

休止符 xiūzhǐfú

（一）双手交叉，手背向外，贴于胸部，表示休息的意思。
（二）左手直立，掌心向外；右手打手指字母"F"的指式，贴于左手掌心上。

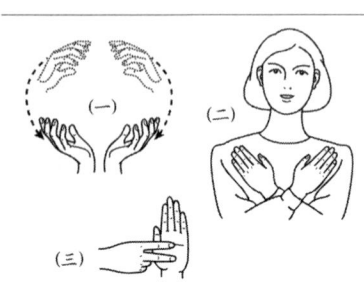

全休止符① quánxiūzhǐfú ①

（一）双手五指微曲，指尖左右相对，然后向下做弧形移动，手腕靠拢。
（二）双手交叉，手背向外，贴于胸部，表示休息的意思。
（三）左手直立，掌心向外；右手打手指字母"F"的指式，贴于左手掌心上。

全休止符②　quánxiūzhǐfú ②

左手横立，手背向外，五指张开，表示五线谱；右手食、中指横伸并拢，手背向外，贴于左手食指下，仿全休止符符号的形状。

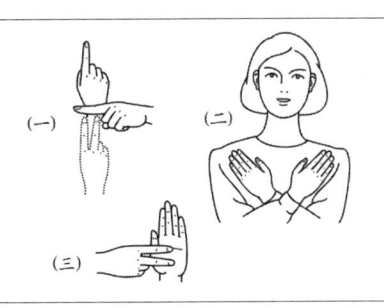

二分休止符①　èrfēn xiūzhǐfú ①

（一）左手食指横伸，手背向上；右手食、中指直立分开，手背向外，置于左手食指下，然后边移至左手食指上边食指直立，表示二分之一。
（二）双手交叉，手背向外，贴于胸部，表示休息的意思。
（三）左手直立，掌心向外；右手打手指字母"F"的指式，贴于左手掌心上。

二分休止符②　èrfēn xiūzhǐfú ②

左手横立，手背向外，五指张开，表示五线谱；右手食、中指横伸并拢，手背向外，贴于左手中指上，仿二分休止符符号的形状。

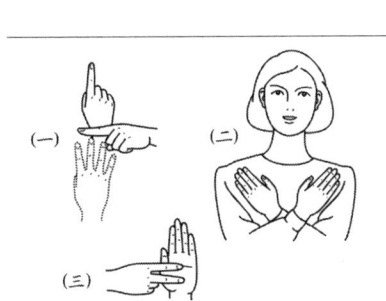

四分休止符①　sìfēn xiūzhǐfú ①

（一）左手食指横伸，手背向上；右手食、中、无名、小指直立分开，手背向外，置于左手食指下，然后边移至左手食指上边食指直立，表示四分之一。
（二）双手交叉，手背向外，贴于胸部，表示休息的意思。
（三）左手直立，掌心向外；右手打手指字母"F"的指式，贴于左手掌心上。

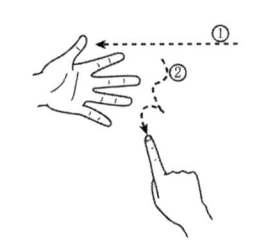

四分休止符②　sìfēn xiūzhǐfú ②

左手横立，手背向外，五指张开，向左移动一下，表示五线谱；右手伸食指，指尖朝前，在左手旁书空四分休止符符号。

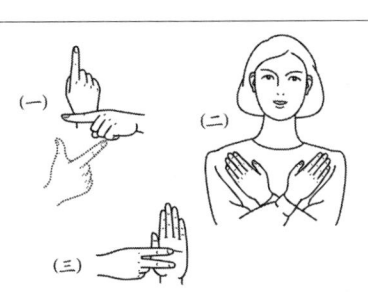

八分休止符①　bāfēn xiūzhǐfú ①

（一）左手食指横伸，手背向上；右手伸拇、食指，手背向外，置于左手食指下，然后边移至左手食指上边食指直立，表示八分之一。
（二）双手交叉，手背向外，贴于胸部，表示休息的意思。
（三）左手直立，掌心向外；右手打手指字母"F"的指式，贴于左手掌心上。

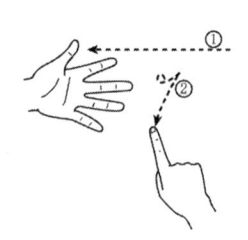

八分休止符② bāfēn xiūzhǐfú ②
　　左手横立，手背向外，五指张开，向左移动一下，表示五线谱；右手伸食指，指尖朝前，在左手旁书空八分休止符符号。

小节　xiǎojié
　　双手食指直立，指面左右相对，同时向前一顿。

小节线　xiǎojiéxiàn
　　双手食指直立，指面左右相对，同时向前一顿，然后向下移动。

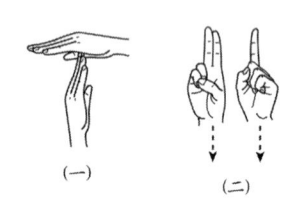

终止线　zhōngzhǐxiàn
　　（一）左手横伸，掌心向下；右手直立，掌心向左，指尖抵于左手掌心。
　　（二）左手食指直立，掌心向外；右手食、中指直立并拢，掌心向外，双手同时向下移动。

4. 京剧角色

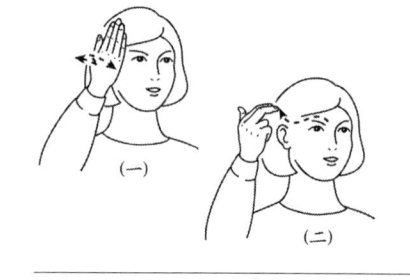

生　shēng
　　（一）一手直立，掌心贴于头一侧，前后移动两下，表示京剧生角扮演的是男性角色。
　　（二）右手打手指字母"SH"的指式，指尖朝左，在右眉处向右做"～"形移动。

旦 dàn
（一）一手拇、食指捏一下耳垂，表示京剧旦角扮演的是女性角色。
（二）右手拇、食指捏成圆形，虎口朝内，沿前额向右下方一顿一顿移动几下。

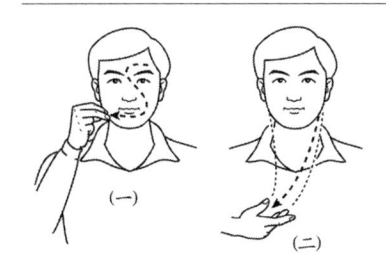

净 jìng
（一）右手拇、食、中指相捏，在面部做"S"形移动，表示京剧净角是脸画彩图的花脸角色。
（二）右手做捋长胡须的动作。

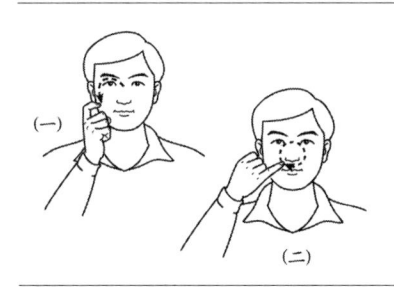

丑 chǒu
（一）右手食指弯曲，虎口朝内，在右眉处向右下方移动一下，表示京剧丑角一般是搞笑角色。
（二）一手伸小指，绕鼻子转动一圈。

十八、部分体育项目裁判手势

1. 田径裁判手势

各就位　gèjiùwèi
　　一手伸食指，指向正前方，手臂伸直。

预备　yùbèi
　　一手食指直立，掌心向外，上举过头顶。

2. 篮球裁判手势

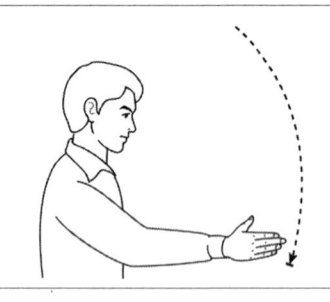

计时开始　jìshí kāishǐ
　　右手食、中、无名、小指并拢，掌心向左，上举过头顶，然后向下一顿，表示开始计时。

停止计时①　tíngzhǐ jìshí ①
　　一手直立，掌心向外，上举过头顶。

犯规③（犯规停止计时）　fànguī③（fànguī tíngzhǐ jìshí）
　　一手握拳，手背向内，上举过头顶。

24 秒计时复位　24 miǎo jìshí fùwèi
　　一手食指直立，掌心向外，上举过头顶，转动一圈。

跳球（争球）　tiàoqiú（zhēngqiú）
　　双手伸拇指，上举过头顶。

1分　1 fēn
　　一手食指直立，掌心向外，上举过头顶，然后手腕向前弯动一下，指尖朝下。

2分　2 fēn
　　一手食、中指直立分开，掌心向外，上举过头顶，然后手腕向前弯动一下，指尖朝下。

3分试投　3 fēnshìtóu
　　一手拇、食、中指直立分开，掌心向外，上举过头顶。

3 分投篮成功　3 fēn tóulán chénggōng
　　双手拇、食、中指直立分开，掌心向外，上举过头顶。

取消得分（取消比赛）　qǔxiāo défēn（qǔxiāo bǐsài）
　　双臂抬起，齐胸，双手横伸，手背向上，手腕交叉相搭，然后左右交错移动两下。

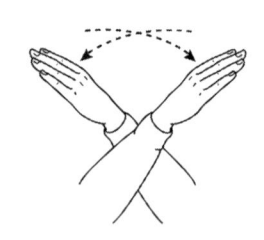

替换　tìhuàn
　　双手直立，掌心左右相对，然后交叉换位。

暂停①　zàntíng ①
　　一手伸食指，斜向抵于另一手掌心下，朝向申请方。

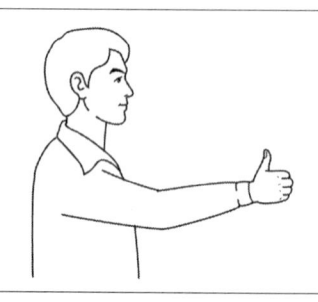

相互联系　xiānghù liánxì
　　一手向前伸拇指。

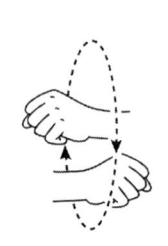

带球走步　dàiqiú zǒubù
　　双手握拳，前后交替转动两下。

两次运球（非法运球①） liǎngcì yùnqiú (fēifǎ yùnqiú ①)
双手平伸，掌心向下，在身前上下交替移动两下。

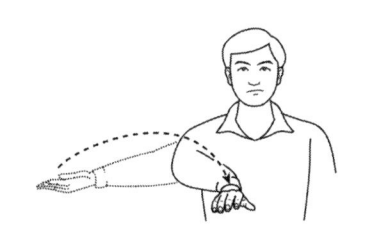

携带球（非法运球②） xiédàiqiú (fēifǎ yùnqiú ②)
一手侧伸，掌心向上，然后边向身前做弧形移动边翻转为掌心向下。

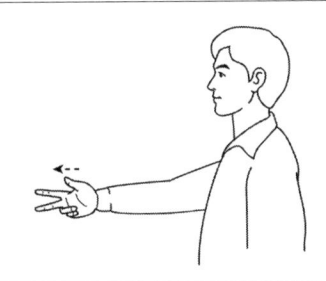

3秒违例 3 miǎo wéilì
一手拇、食、中指分开，指尖朝前，向前移动少许。

5秒违例 5 miǎo wéilì
一手五指张开，掌心向外，置于头一侧。

8秒违例 8 miǎo wéilì
左手拇、食、中指直立分开，掌心向外；右手五指张开，掌心向外，双手同时置于头两侧。

24秒违例 24 miǎo wéilì
一手食、中、无名、小指并拢，指尖朝下，碰两下肩部。

回场球（球回后场） huíchǎngqiú (qiúhuíhòuchǎng)
　　一手食、中指并拢，先向左下方指一下，再向右下方做弧形移动，然后向左下方做弧形移动。

比赛方向（出界方向） bǐsài fāngxiàng (chūjiè fāngxiàng)
　　一手侧伸，食、中指并拢，掌心向外。
（可根据实际表示手指的朝向）

故意脚球 gùyì jiǎoqiú
　　一脚稍抬起，一手伸食指（或食、中指），指一下抬起的脚，眼睛同时向下看。

非法用手 fēifǎ yòngshǒu
　　双手握拳，右拳向下碰一下左手腕。

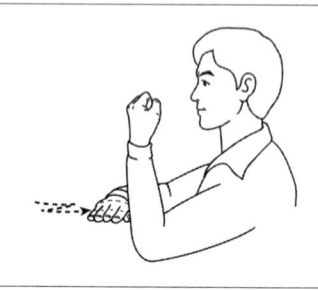

非法接触 fēifǎ jiēchù
　　左臂抬起，左手握拳，手背向外；右手横伸，掌心向下，向内碰两下左小臂。

用手推挡 yòngshǒu tuīdǎng
　　左手握住右手腕；右手直立，掌心向外，双手同时向前移动一下。

十八、部分体育项目裁判手势 265

阻挡 zǔdǎng
双手叉腰。

过分挥肘 guòfèn huīzhǒu
一手握拳屈肘，置于胸前，然后向后顶一下。

拉人 lārén
一手握住另一手手腕，然后用力向内拉动。

推人（徒手撞人） tuīrén（túshǒu zhuàngrén）
双手直立，掌心向外一推。

带球撞人 dàiqiú zhuàngrén
左手横立，掌心向内，五指微曲；右手握拳，向前砸向左手掌心。

勾人犯规 gōurén fànguī
左手五指弯曲，掌心向左，边向后移动边握拳；右手握拳，置于腰前。

击头 jītóu
一手五指微曲,碰一下同侧头部。

控球队犯规 kòngqiúduì fànguī
一手握拳,手背向上,手臂伸直,置于身前。

双方犯规 shuāngfāng fànguī
双手握拳,手背向内,在头上方交叉移动。

技术犯规 jìshù fànguī
左手斜伸,掌心向右下方;右手斜伸,手背向内,指尖斜向抵于左手掌心,双手在头上方搭成斜"T"字形。

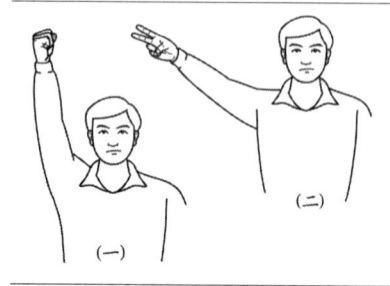

对投篮动作的犯规 duì tóulán dòngzuò·de fànguī
(一)右臂上举,右手握拳,虎口朝后。
(二)右手侧上举,食、中指分开,掌心向外,表示追罚两次球(可根据实际表示罚球的次数)。

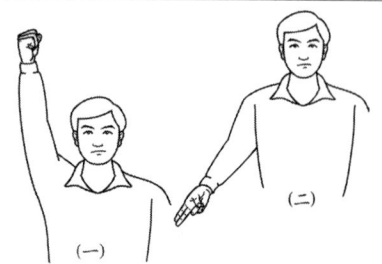

对非投篮动作的犯规 duì fēitóulán dòngzuò·de fànguī
(一)右臂上举,右手握拳,虎口朝后。
(二)右手食、中指并拢,指尖朝右下方,掌心向外。
(可根据实际表示对非投篮动作的犯规)

违反体育道德的犯规 wéifǎn tǐyù dàodé·de fànguī
　　右手握拳,手背向内,左手抓住右手腕,上举过头顶。

取消比赛资格的犯规 qǔxiāo bǐsài zīgé·de fànguī
　　双手握拳,手背向内,上举过头顶。

两次罚球 liǎngcì fáqiú
　　一手食、中指直立分开,掌心向外,置于头一侧。

三次罚球 sāncì fáqiú
　　一手拇、食、中指直立分开,掌心向外,置于头一侧。

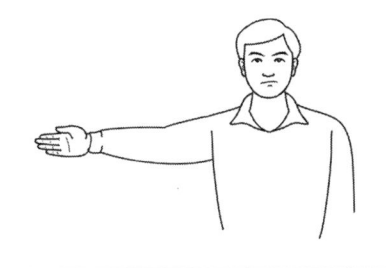

3. 排球裁判手势

指示球队发球 zhǐshì qiúduì fāqiú
　　一手侧伸,掌心向外,指向发球方。

发球② fāqiú ②
　　左手拇、食指相捏,置于嘴边,表示吹哨;右手侧伸,掌心向外,然后向左做弧形移动。

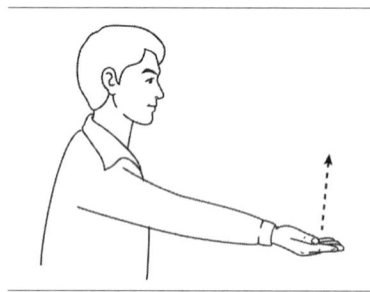

即行发球 jíxíng fāqiú
　　一手平伸,掌心向上,手臂伸直,指向发球方,然后向上一抬。

延误发球 yánwù fāqiú
　　一手拇、食、中指直立分开,掌心向外,置于头一侧,并向上移动。

延误警告 yánwù jǐnggào
　　一手持警告牌置于另一手手腕,上举过头顶。

驱逐出场 qūzhú chūchǎng
　　一手出示双警告牌。

取消资格 qǔxiāo zīgé
　　双手同时出示警告牌。

十八、部分体育项目裁判手势　269

界内球　jiènèiqiú
　　一手斜伸,掌心向后下方,手臂伸直。

界外球　jièwàiqiú
　　双手直立,掌心向内,向内移至头两侧。

持球①　chíqiú ①
　　一手平伸,掌心向上,向上一抬。

连击①　liánjī ①
　　一手食、中指直立分开,掌心向外,上举过头顶。

触网　chùwǎng
　　一手伸食指,指向网的一侧,然后划一条弧线,越至网的另一侧。

四次击球　sìcì jīqiú
　　一手食、中、无名、小指直立分开,掌心向外,上举过头顶。

后排队员过线扣球　hòupái duìyuán guòxiàn kòuqiú
　　一手直立，上举过头顶，然后向对侧倒下。

过网击球①　guòwǎng jīqiú ①
　　一手横伸，掌心向下，置于网上。

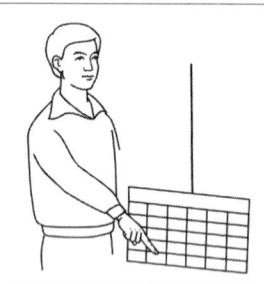

越过中线　yuèguò zhōngxiàn
　　一手伸食指，指向相应场区。

拦网犯规　lánwǎng fànguī
　　双手直立，掌心向外，上举过头顶。

位置错误（轮次错误）　wèi·zhì cuòwù (lúncì cuòwù)
　　一手伸食指，指尖朝下，在身前划一圈。

打手出界　dǎshǒu chūjiè
　　双手斜伸，上举过头顶，一手在另一手掌心上向外划动一下。

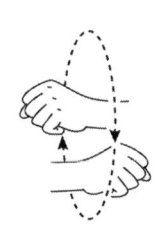

换人 huànrén
双手握拳，前后交替转动两下。

一局结束（一场结束） yījú jiéshù（yīchǎng jiéshù）
双手交叉，手背向外，贴于胸部。

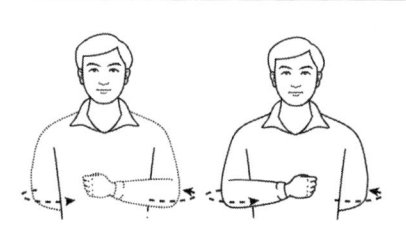

交换场地① jiāohuàn chǎngdì①
双手握拳屈肘，手背向外，绕身体两侧一前一后交替摆动。

回放 huífàng
双手伸食指，指尖朝前，在胸前划一个"□"形。

4. 足球裁判手势

直接任意球 zhíjiē rènyìqiú
左手侧立，手臂伸直，指向一侧；右手拇、食指相捏，置于嘴边，表示吹哨。

间接任意球　jiànjiē rènyìqiú
　　左手直立，掌心向外，上举过头顶；右手拇、食指相捏，置于嘴边，表示吹哨。

球门球　qiúménqiú
　　一手侧立，手臂伸直。

角球　jiǎoqiú
　　一手侧上举，掌心向外。

点球②　diǎnqiú ②
　　一手伸食指，指向点球的罚球点。

继续比赛①　jìxù bǐsài ①
　　双手侧立，掌心相对，手臂伸直，置于身前，同时左右摆动两下。

越位②　yuèwèi ②
　　一手握拳，上举过头顶。

5. 羽毛球裁判手势

换发球　huànfāqiú
一手侧伸,掌心向外,手臂屈肘,指向发球方。

第二发球（连击②）　dì'èr fāqiú（liánjī②）
一手食、中指直立分开,掌心向外,上举过头顶。

持球②（拖带）　chíqiú②（tuōdài）
一手平伸,掌心向上,手臂伸直。

过网击球②　guòwǎng jīqiú②
一手侧立,左右移动两下。

方位错误　fāngwèi cuòwù
一手伸食指,指尖朝下,在身体一侧划一圈。

发球违例① fāqiú wéilì ①
一手直立,掌心向内。
(此为边线裁判手势)

发球违例② fāqiú wéilì ②
一手横伸,掌心向下。
(此为边线裁判手势)

发球违例③ fāqiú wéilì ③
一手垂立,手臂伸直,从身体一侧一顿一顿移至身前。
(此为边线裁判手势)

发球违例④ fāqiú wéilì ④
身体前倾,一脚抬起,同侧手垂立,指向抬起的脚,眼睛同时向下看。
(此为边线裁判手势)

发球违例⑤ fāqiú wéilì ⑤
右手斜伸,掌心向左上方;左手五指张开,指尖抵于右手掌心,手背向外。
(此为边线裁判手势)

界外 jièwài
双手侧伸,掌心向外。
(此为边线裁判手势)

界内　jiènèi

身体前倾，一手斜伸，掌心向后下方，指向场内。

（此为边线裁判手势）

视线遮挡　shìxiàn zhēdǎng

双手手掌遮住眼睛。

（此为边线裁判手势）

6. 乒乓球裁判手势

练习两分钟　liànxí liǎngfēnzhōng

一手食、中指直立分开，掌心向外，上举过头顶。

停止练习　tíngzhǐ liànxí

一手直立，掌心向外，上举过头顶。

发球③　fāqiú ③

一手侧伸，掌心向上，指向发球方。

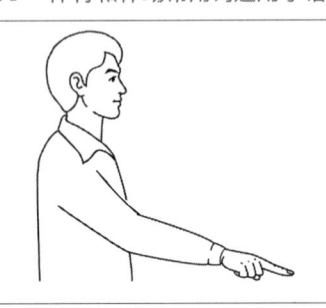

擦边球② cābiānqiú ②
　　一手伸食指，指向球台。

得分 défēn
　　一手握拳，手背向内，向上移过头顶（左侧选手得分举左手，右侧选手得分举右手）。

交换场地② jiāohuàn chǎngdì ②
　　双手交叉，手背向外，贴于胸部。

7. 柔道裁判手势

邀请运动员入场 yāoqǐng yùndòngyuán rùchǎng
　　双手侧伸，掌心向外，然后同时向中间做弧形移动，掌心左右相对。

提示运动员致礼 tíshì yùndòngyuán zhìlǐ
　　双手横伸，手背向上，指尖左右相对，与肩齐平。

暂停②　zàntíng ②
　　一手直立，掌心向外。

一本　yīběn
　　一手直立，掌心向外，上举过头顶。

一本取消　yīběn qǔxiāo
　　左手直立，掌心向外，上举过头顶；右手直立，掌心向左，上举过头顶，向左挥动两下。

技有　jìyǒu
　　左手横伸，掌心向下，与肩齐平，然后向左做弧形移动。

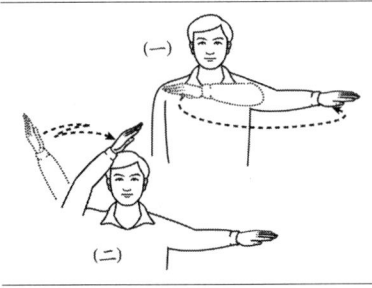

技有取消　jìyǒu qǔxiāo
　　（一）左手横伸，掌心向下，与肩齐平，然后向左做弧形移动。
　　（二）左手侧伸，掌心向下；右手直立，掌心向左，上举过头顶，向左挥动两下。

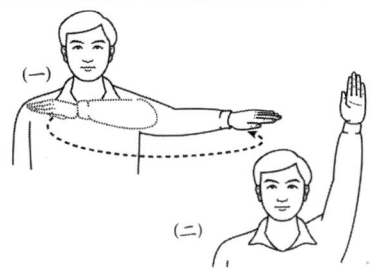

两次技有合并一本　liǎngcì jìyǒu hébìng yīběn
　　（一）左手横伸，掌心向下，与肩齐平，然后向左做弧形移动。
　　（二）左手直立，掌心向外，上举过头顶。

指导　zhǐdǎo
　　右手握拳，然后伸食指，指向犯规运动员。

犯规输　fànguīshū
　　左手握拳，然后伸食指，指向犯规运动员。

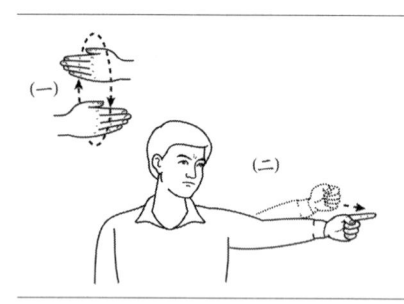

消极比赛或无战意　xiāojí bǐsài huò wúzhànyì
　　（一）双手横立，掌心向内，前后交替转动两下。
　　（二）左手握拳，然后伸食指，指向犯规运动员。

压制开始计时　yāzhì kāishǐ jìshí
　　身体前倾，一手平伸，掌心向下，指向运动员。

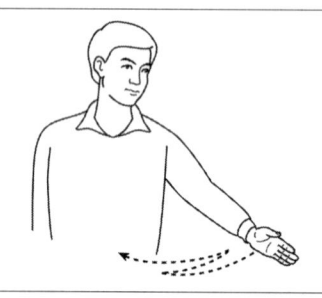

压制无效　yāzhì wúxiào
　　左手斜伸，掌心向右，然后向右摆动两下。

更正判决　gēngzhèng pànjué
　　一手平伸，掌心向下；另一手直立，上举过头顶，向对侧挥动一下。

宣告胜方　xuāngào shèngfāng
一手侧上举，掌心向外，指向胜方。

整理服装　zhěnglǐ fúzhuāng
双手斜伸，手背向上，手腕交叉相搭。

8. 跆拳道裁判手势

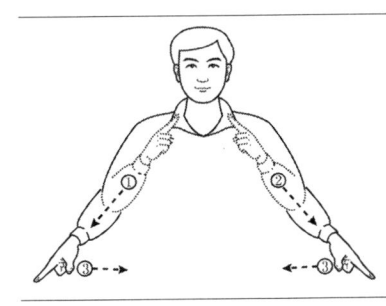

运动员上场　yùndòngyuán shàngchǎng
双手食指斜立，然后向下指向两侧，再从两侧向中间移动。

立正③　lìzhèng ③
双手直立，掌心左右相对，拇指贴于掌心。

敬礼　jìnglǐ
双手直立，掌心左右相对，拇指贴于掌心，然后同时向中间倒下，手背向上。

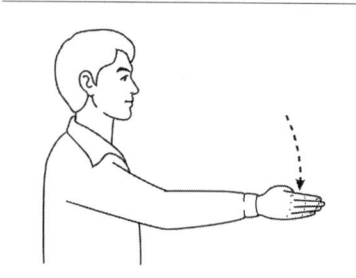

准备　zhǔnbèi
一手直立，拇指贴于掌心，然后向下一切，手臂伸直。

开始比赛　kāishǐ bǐsài
双手侧伸，掌心向外，拇指贴于掌心，手臂屈肘，然后同时向中间做弧形移动，掌心左右相对。

暂停③　zàntíng③
一手直立，拇指贴于掌心，置于同侧耳部，然后向前一切。

停止计时②　tíngzhǐ jìshí②
一手食指直立，置于同侧耳部，然后向前一挥。

扣分　kòufēn
一手食指直立，虎口朝内，向上移过头顶。

继续比赛②　jìxù bǐsài②
一手侧立，拇指贴于掌心，手臂伸直，然后屈肘，手直立。

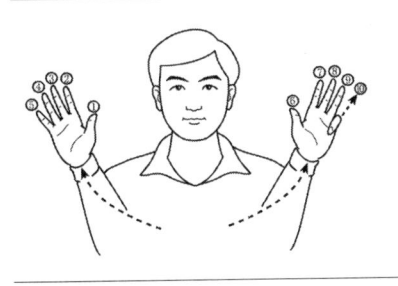

读秒（数秒） dúmiǎo (shǔmiǎo)
先右手后左手，五指逐一伸出。

宣布胜方 xuānbù shèngfāng
一手握拳，手背向外，置于胸前，然后边向一侧上方移动边伸出五指（左侧选手得分举左手，右侧选手得分举右手）。

9. 轮椅橄榄球裁判手势

准备比赛 zhǔnbèi bǐsài
一手伸拇指。

出入界 chūrùjiè
双手握拳，手背向外，左手不动，右手从内向外移过左手。

四人进入禁区 sìrén jìnrù jìnqū
一手食、中、无名、小指直立分开，掌心向外，上举过头顶。

离场 líchǎng
双手平伸，掌心向下，同时从中间向两侧移动。

哨前冲撞 shàoqián chōngzhuàng
双手握拳，一拳击打另一手拳心。

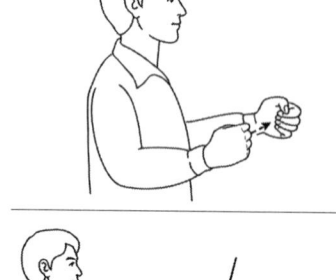

冲撞旋转 chōngzhuàng xuánzhuǎn
双手握拳屈肘，向右做弧形移动（或向上做弧形移动）。

故意犯规 gùyì fànguī
右手握拳，手背向内，左手抓住右手腕，上举过头顶。

取消资格的犯规 qǔxiāo zīgé·de fànguī
双手握拳，手背向内，上举过头顶。

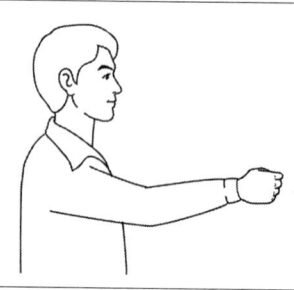

进攻犯规 jìngōng fànguī
一手握拳，向前伸出。

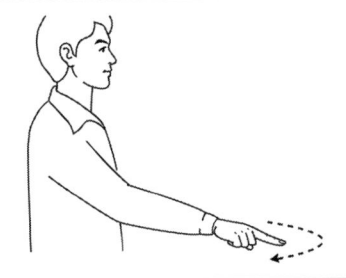

一米犯规 yīmǐ fànguī
一手伸食指,朝犯规地点划半圈。

出界违例 chūjiè wéilì
一手伸食指,指向出界位置。

裁判暂停 cáipàn zàntíng
左手横伸,掌心向下;右手食指直立,指尖抵于左手掌心。

进球② jìnqiú ②
一手食指直立,掌心向外,上举过头顶。

取消进球 qǔxiāo jìnqiú
双手五指张开,掌心向外,在头上方交叉移动。

10 秒手势 10 miǎo shǒushì
双手抱拳,虎口朝内。

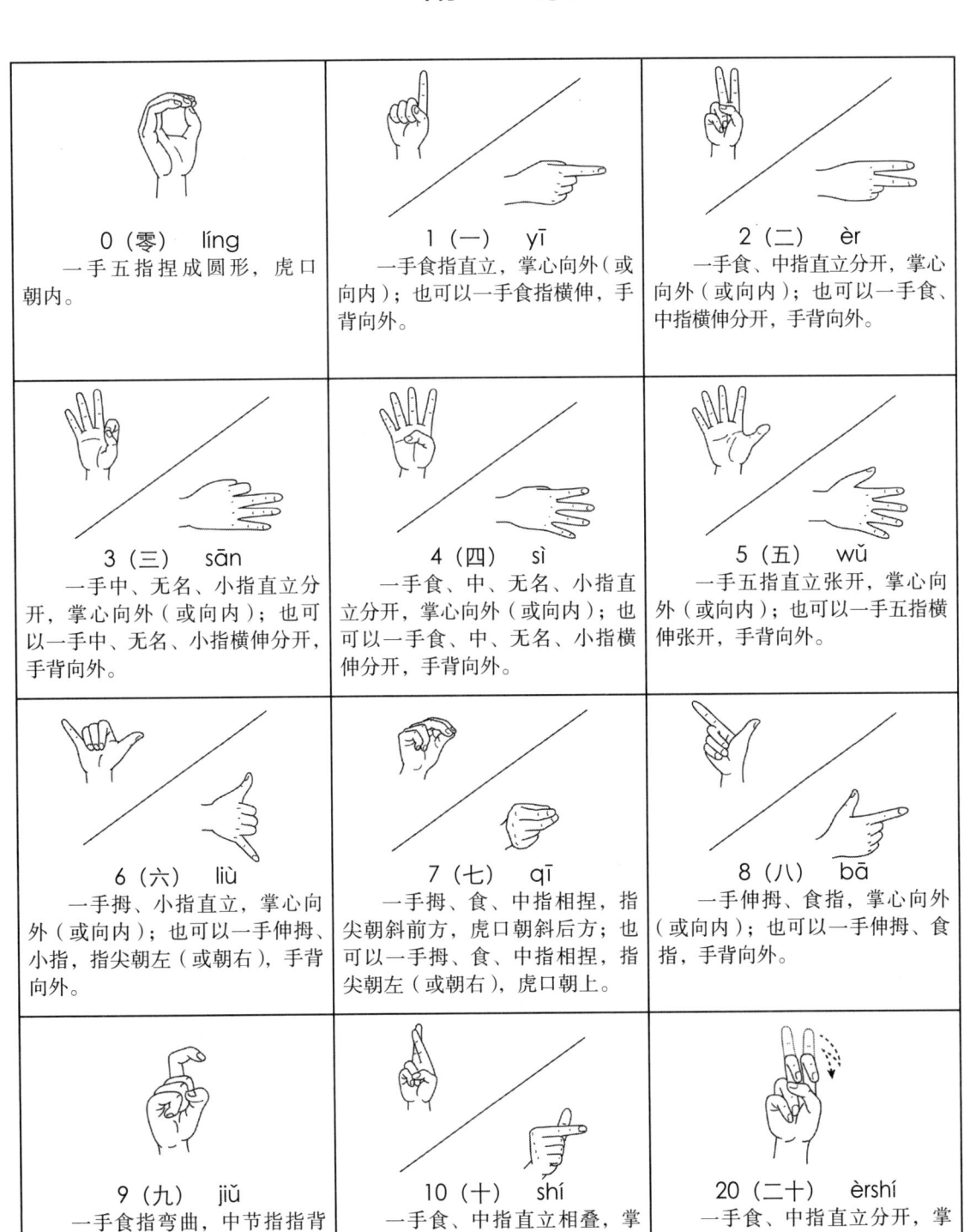

附 录

0（零） líng 一手五指捏成圆形，虎口朝内。	**1（一） yī** 一手食指直立，掌心向外（或向内）；也可以一手食指横伸，手背向外。	**2（二） èr** 一手食、中指直立分开，掌心向外（或向内）；也可以一手食、中指横伸分开，手背向外。
3（三） sān 一手中、无名、小指直立分开，掌心向外（或向内）；也可以一手中、无名、小指横伸分开，手背向外。	**4（四） sì** 一手食、中、无名、小指直立分开，掌心向外（或向内）；也可以一手食、中、无名、小指横伸分开，手背向外。	**5（五） wǔ** 一手五指直立张开，掌心向外（或向内）；也可以一手五指横伸张开，手背向外。
6（六） liù 一手拇、小指直立，掌心向外（或向内）；也可以一手伸拇、小指，指尖朝左（或朝右），手背向外。	**7（七） qī** 一手拇、食、中指相捏，指尖朝斜前方，虎口朝斜后方；也可以一手拇、食、中指相捏，指尖朝左（或朝右），虎口朝上。	**8（八） bā** 一手伸拇、食指，掌心向外（或向内）；也可以一手伸拇、食指，手背向外。
9（九） jiǔ 一手食指弯曲，中节指指背向上，虎口朝内。	**10（十） shí** 一手食、中指直立相叠，掌心向外（或向内）；也可以一手拇、食指搭成"十"字形。	**20（二十） èrshí** 一手食、中指直立分开，掌心向外（或向内），弯动两下。

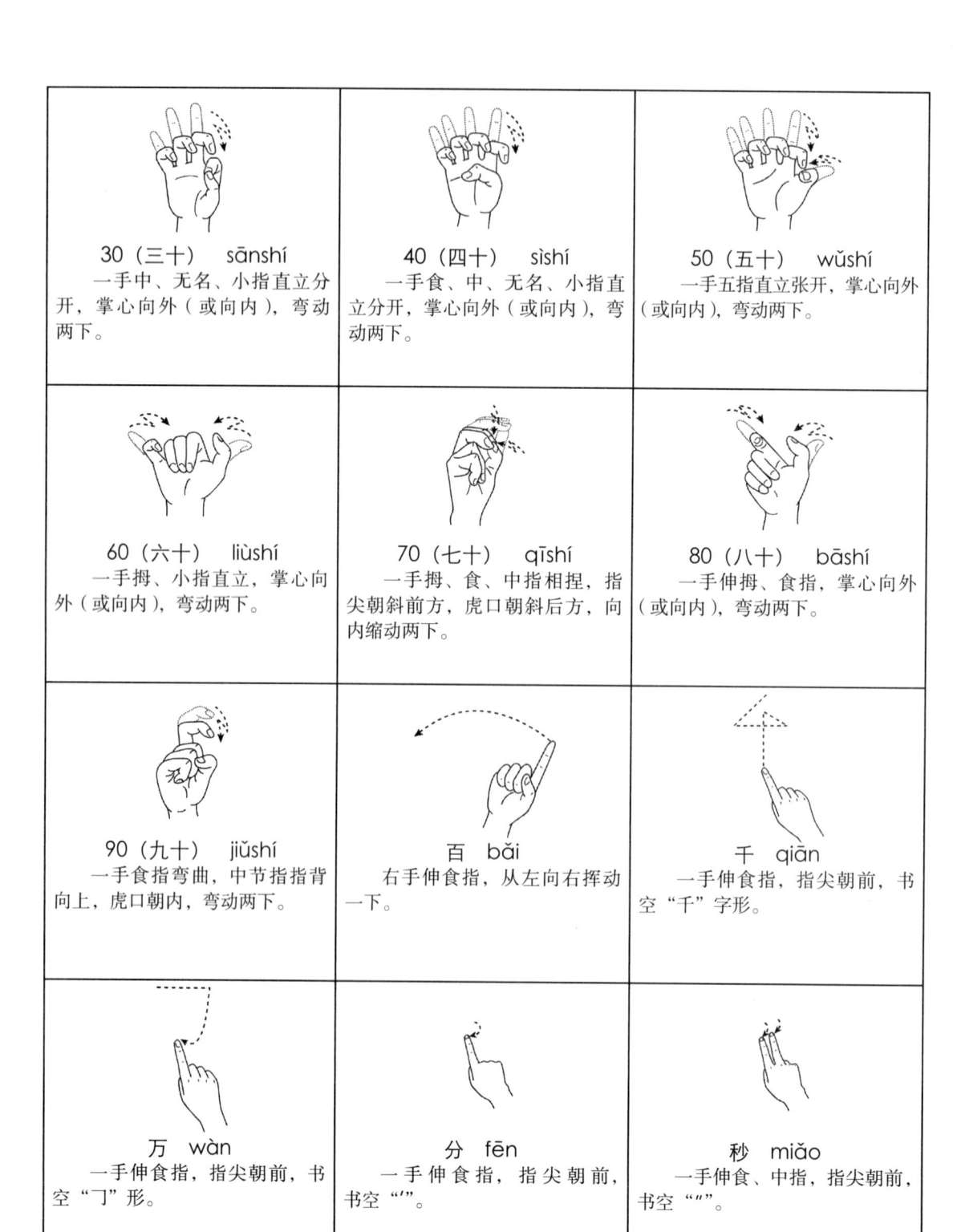

30（三十） sānshí
一手中、无名、小指直立分开，掌心向外（或向内），弯动两下。

40（四十） sìshí
一手食、中、无名、小指直立分开，掌心向外（或向内），弯动两下。

50（五十） wǔshí
一手五指直立张开，掌心向外（或向内），弯动两下。

60（六十） liùshí
一手拇、小指直立，掌心向外（或向内），弯动两下。

70（七十） qīshí
一手拇、食、中指相捏，指尖朝斜前方，虎口朝斜后方，向内缩动两下。

80（八十） bāshí
一手伸拇、食指，掌心向外（或向内），弯动两下。

90（九十） jiǔshí
一手食指弯曲，中节指指背向上，虎口朝内，弯动两下。

百 bǎi
右手伸食指，从左向右挥动一下。

千 qiān
一手伸食指，指尖朝前，书空"千"字形。

万 wàn
一手伸食指，指尖朝前，书空"刀"形。

分 fēn
一手伸食指，指尖朝前，书空""。

秒 miǎo
一手伸食、中指，指尖朝前，书空""。

汉语拼音索引

A

ākèsài'ěrtiào 阿克塞尔跳	181
ǎi·zibù 矮子步	248
āndǎ 安打	120
ānquán shànglěi 安全上垒	121
ānmǎ 鞍马	60
ànzhǎng 按掌	237
Àolínpǐkè 奥林匹克	13
Àolínpǐkè géyán 奥林匹克格言	13
Àolínpǐkè Yùndònghuì 奥林匹克运动会	13
Àotǐ Zhōngxīn 奥体中心	46
Àoyùncūn 奥运村	17
Àoyùnhuì 奥运会	13
Àozǔwěi 奥组委	55

B

bāfēn xiūzhǐfú① 八分休止符①	257
bāfēn xiūzhǐfú② 八分休止符②	258
bāfēn yīnfú① 八分音符①	256
bāfēn yīnfú② 八分音符②	256
bāzì tàbù 八字踏步	204
báhé 拔河	218
bǎchǎng 靶场	158
bǎdiàn 靶垫	161
bǎwèi 靶位	161
bǎxīn 靶心	161
bǎzhǐ 靶纸	161
bǎibì 摆臂	73
bǎiquán 摆拳	172
bǎituǐ 摆腿	73
bānjī 扳机	154
bānjiǎng 颁奖	42
bànbì jiàngé xiàngqiánkànqí 半臂间隔 向前看齐	225
bànchǎng 半场	102
bànchǎng jǐnbī 半场紧逼	87
bàndūn 半蹲	243
bànjuésài 半决赛	32
bàngcāo 棒操	61
bàngqiú① 棒球①	118
bàngqiú② 棒球②	118
bǎolíngqiú① 保龄球①	130
bǎolíngqiú② 保龄球②	130
bàomíng① 报名①	29
bàomíng② 报名②	29
bàoshù 报数	225
bàobìshuāi 抱臂摔	145
bàoquán 抱拳	216
bàoshuāi 抱摔	145
bàotuǐshuāi 抱腿摔	146
bàobù 鲍步	181
bàofālì 爆发力	6
bàolěngmén① 爆冷门①	36
bàolěngmén② 爆冷门②	36
běi'ōu liǎngxiàng 北欧两项	204
bèichuán 背传	91
bèifēi 背飞	92
bèifùtóu 背负投	147
bèiyuèshì tiàogāo 背越式跳高	69
běnlěi 本垒	118
běnlěidǎ 本垒打	120
bēngjiǎo 绷脚	241
bèngchuáng 蹦床	62
bèngtiàobù 蹦跳步	247
bíjiá 鼻夹	140
bǐfēn① 比分①	40
bǐfēn② 比分②	40
bǐsài 比赛	31
bǐsài dìdiǎn 比赛地点	31
bǐsài fāngxiàng 比赛方向	264
bìmùshì 闭幕式	20
bìqì 闭气	152
bìqiú 壁球	127
biānfēng 边锋	94
biānhòuwèi 边后卫	95
biānqiánfēng 边前锋	94
biānxiàn 边线	103
biānxiàn cáipàn① 边线裁判①	26
biānxiàn cáipàn② 边线裁判②	26
biānxiànqiú 边线球	99
biànhuàn duìxíng 变换队形	226
biànsù 变速	168
biànxiàng yùnqiú 变向运球	84
biāoqiāng 标枪	71
biāozhìpái 标志牌	79
biāozhǔn shǒuqiāng 标准手枪	155
biāozhǔn tiàotái 标准跳台	203
bīngdāotào 冰刀套	185
bīnghú 冰壶	190
bīnghúshí 冰壶石	193
bīnghúshuā 冰壶刷	193
Bīnglìfāng① 冰立方①	45
Bīnglìfāng② 冰立方②	45
bīngqiú 冰球	185
bīngqiúchǎng 冰球场	189
bīngqiúdāo 冰球刀	189
bīngshàng biǎoyǎn① 冰上表演①	179
bīngshàng biǎoyǎn② 冰上表演②	179
bīngshàng biǎoyǎn③ 冰上表演③	179
bīngshàng wǔdǎo① 冰上舞蹈①	179
bīngshàng wǔdǎo② 冰上舞蹈②	179
bīngshàng wǔdǎo③ 冰上舞蹈③	179
bīngshàng xuěqiāoqiú 冰上雪橇球	186
Bīngsīdài① 冰丝带①	45
Bīngsīdài② 冰丝带②	45
bīngxié 冰鞋	183
bīngxuěqiāo qūgùnqiú 冰雪橇曲棍球	186
Bīngyùhuán① 冰玉环①	47
Bīngyùhuán② 冰玉环②	47
Bīngzhīfān 冰之帆	45
bǔfáng 补防	86

bǔlán 补篮		83
bǔwèi 补位		9
bùdiǎn 步点		73
bùfǎ 步法		180
bùfú 步幅		73
bùpín 步频		73
bùqiāng 步枪		154

C

cābǎnqiú 擦板球		83
cābiānqiú① 擦边球①		109
cābiānqiú② 擦边球②		276
cābīng 擦冰		191
cáipàntái 裁判台		48
cáipànxí 裁判席		49
cáipànyuán 裁判员		26
cáipàn zàntíng 裁判暂停		283
cáipànzhǎng 裁判长		26
cǎishuǐ 踩水		133
cǎixiàn 踩线		76
Cán'ào bīngqiú 残奥冰球		186
Cán'àocūn 残奥村		17
Cán'ào dānbǎn huáxuě 残奥单板滑雪		199
Cán'ào dōngjì liǎngxiàng 残奥冬季两项		205
Cán'ào gāoshān huáxuě 残奥高山滑雪		195
Cán'àohuì① 残奥会①		13
Cán'àohuì② 残奥会②		14
Cán'àohuì jiàzhíguān 残奥会价值观		14
Cán'ào yuèyě huáxuě 残奥越野滑雪		204
cánjírén tǐyù 残疾人体育		8
cāochǎng 操场		43
cǎodì wǎngqiú 草地网球		113
cǎopíng 草坪		102
cèjiāochābù 侧交叉步		88
cèlì 侧立		63
cèshǒufān 侧手翻		64
cètǎng dǎngqiú 侧躺挡球		189
cèxuánqiú 侧旋球		108
cèyǒng 侧泳		132
cèshìsài 测试赛		32
cèyìng 策应		85
chǎ 镲		251
chǎnqiú 铲球		97
chángchuán 长传		98
chángchuánqiú 长传球		98
chángcì 长刺		165
chánggǔ 长鼓		250
chángqiú 长球		115

chángguīsài 常规赛		32
chǎngdì 场地		43
chǎngdìsài 场地赛		171
chāochē 超车		169
chāofēngsù 超风速		77
chāojí dàhuízhuǎn 超级大回转		196
chāoyuè 超越		169
chāoyuè zhàng'ài 超越障碍		175
chēlún① 车轮①		170
chēlún② 车轮②		170
chēnggān tiàogāo 撑杆跳高		70
chéngjì 成绩		40
chíqiú① 持球①		269
chíqiú② 持球②		273
chíqiú chùdì 持球触地		124
chíwùpǎo 持物跑		228
chōngcì① 冲刺①		77
chōngcì② 冲刺②		77
chōnglàng 冲浪		137
chōngzhǎng 冲掌		240
chōngzhuàng xuánzhuǎn 冲撞旋转		282
chóngfā 重发		116
chōudīqiú 抽低球		114
chōuqiān 抽签		29
chōuqiú 抽球		108
chōutuóluó 抽陀螺		232
chǒu 丑		259
chūfātái 出发台		139
chūjiè① 出界①		38
chūjiè② 出界②		38
chūjiè fāngxiàng 出界方向		264
chūjiè wéilì 出界违例		283
chūjú 出局		37
chūrùjiè 出入界		281
chūzúsǎo 出足扫		148
chùbì 触壁		133
chùjī 触击		121
chùwǎng 触网		269
chuánqiú 传球		84
chuàngbiānwǔ 创编舞		180
chuíxuán 垂悬		66
cuōqiú 搓球		108

D

dājiàn 搭箭		160
dázhèn 达阵		125
dǎdìng 打定		191
dǎlàshì 打蜡室		210
dǎpò jìlù 打破纪录		42
dǎshǒu chūjiè 打手出界		270
dǎshuǎi 打甩		191

dǎxuězhàng 打雪仗		233
dàbāzìbù 大八字步		244
dàběnyíng 大本营		194
dàgǔ 大鼓		249
dàhuíhuán 大回环		59
dàhuízhuǎn 大回转		196
dàjiǎngsài 大奖赛		17
dàjìnqū 大禁区		104
dàjūngǔ 大军鼓		250
dàtiàotái 大跳台		203
dàyèbù 大掖步		245
dàicāo 带操		61
dàiqiú 带球		96
dàiqiú zhuàngrén 带球撞人		265
dàiqiú zǒubù 带球走步		262
dānbǎn huáxuě① 单板滑雪①		199
dānbǎn huáxuě② 单板滑雪②		199
dānbǎn huáxuě U xíng chǎngdì 单板滑雪U型场地		200
dānbǎn huáxuě U xíng chǎngdì jìqiǎo 单板滑雪U型场地技巧		200
dānbǎn huáxuě píngxíng dàhuízhuǎn 单板滑雪平行大回转		200
dānbǎn huáxuě pōmiàn zhàng'ài jìqiǎo 单板滑雪坡面障碍技巧		201
dānbǎn huáxuě zhàng'ài zhuīzhú 单板滑雪障碍追逐		200
dāndǎ 单打		106
dāngàng① 单杠①		59
dāngàng② 单杠②		59
dānrénhuá① 单人滑①		179
dānrénhuá② 单人滑②		179
dānshǒu tóulán 单手投篮		82
dāntuǐ pínghéng 单腿平衡		67
dāntuǐtiào① 单腿跳①		70
dāntuǐtiào② 单腿跳②		70
dānxiàng 单项		31
dàn 旦		259
dàngqiūqiān 荡秋千		232
dāocháng 刀长		184
dāorèn 刀刃		184
dāoshù 刀术		215
dāotuō 刀托		185
dàobù 倒步		88
dàogōuqiú 倒钩球		98
dàohuá 倒滑		183
dàolì❶ 倒立❶		62
dàolì❷ 倒立❷		201
dàojùgān jìqiǎoduàn 道具杆技巧段		201
défēn 得分		276

défēnqū 得分区		129
dēngjì 登记		29
dēngshān 登山		218
dēngbīng 蹬冰		177
dēngdì 蹬地		77
dēngshuǐ 蹬水		133
dēngtuǐ 蹬腿		217
děngjí zhìdù 等级制度		7
dīqiú 低球		115
dǐzhǐbǎn 抵趾板		81
dǐxiàn① 底线①		103
dǐxiàn② 底线②		103
dǐxiàn③ 底线③		194
dǐxiànqiú 底线球		115
dìgǔnqiú 地滚球		97
dì'èrcì fāqiú 第二次发球		116
dì'èr fāqiú 第二发球		273
dì'èrmíng 第二名		41
dìsānmíng 第三名		42
dìyīcì fāqiú 第一次发球		116
dìyīmíng① 第一名①		41
dìyīmíng② 第一名②		41
diānqiú 颠球		96
diānqiú bǐ duō 颠球比多		235
diǎnbù 点步		244
diǎnqiú① 点球①		99
diǎnqiú② 点球②		272
diǎnjiǎobù 踮脚步		247
diànqiú 垫球		89
diàn shàng dòngzuò 垫上动作		68
diànshè 垫射		187
diàn·zi 垫子		80
diàohuán 吊环		60
diàoqiú 吊球		111
diàoyǐ 吊椅		211
diàoyú 钓鱼		218
diéshì guìdǎng 蝶式跪挡		188
diéyǒng 蝶泳		131
dīngzìbù 丁字步		244
dīngrén fángshǒu 盯人防守		12
dīngxié 钉鞋		80
dǐngqiáo 顶桥		147
dìngtī 定踢		125
dìngwèi yǎnhù 定位掩护		86
dōngdàozhǔ 东道主		27
dōngfāngshì 东方式		117
Dōng'àocūn 冬奥村		17
Dōng'àohuì 冬奥会		13
Dōngcán'àocūn 冬残奥村		18
Dōngcán'àohuì 冬残奥会		14
Dōngjì Àolínpǐkè Yùndònghuì 冬季奥林匹克运动会		13
dōngjì liǎngxiàng 冬季两项		204
dōngyǒng 冬泳		132
dòujī pínghéng 斗鸡平衡		234
dòuniúwǔ 斗牛舞		219
dúmiǎo 读秒		281
duānqiú bǐ wěn 端球比稳		235
duānxiàn 端线		103
duānzhǎng 端掌		237
duǎnchí 短池		138
duǎnchuán 短传		98
duǎnchuánqiú 短传球		98
duǎndào sùhuá 短道速滑		177
duǎnjiémù 短节目		179
duǎnjùlípǎo 短距离跑		74
duǎnpǎo 短跑		74
duǎnqiú 短球		115
duàn 段		214
duànqiú 断球		85
duànliàn❶ 锻炼❶		1
duànliàn❷ 锻炼❷		1
duìyī 队医		23
duì fēitóulán dòngzuò·de fànguī 对非投篮动作的犯规		266
duìgōng 对攻		107
duìkàngsài 对抗赛		16
duìshǒu 对手		25
duì tóulán dòngzuò·de fànguī 对投篮动作的犯规		266
duìzhèn 对阵		125
dūnjǔ 蹲举		150
dūnjùshì qǐpǎo 蹲踞式起跑		75
dūnshì xuánzhuǎn 蹲式旋转		183
duōxiàng fēidié 多向飞碟		159
duókuí 夺魁		42
duòshǒu 舵手		208

E

ěrsāi 耳塞		140
èrchuán 二传		91
èrchuánshǒu 二传手		90
èrcìqiú 二次球		93
èrfā 二发		116
èrfēn xiūzhǐfú① 二分休止符①		257
èrfēn xiūzhǐfú② 二分休止符②		257
èrfēn yīnfú① 二分音符①		255
èrfēn yīnfú② 二分音符②		255

F

fālìngqiāng 发令枪		79
fāqiú① 发球①		92
fāqiú② 发球②		268
fāqiú③ 发球③		275
fāqiú wéilì① 发球违例①		274
fāqiú wéilì② 发球违例②		274
fāqiú wéilì③ 发球违例③		274
fāqiú wéilì④ 发球违例④		274
fāqiú wéilì⑤ 发球违例⑤		274
fāshè 发射		156
fáqiú 罚球		38
fáqiúdiǎn 罚球点		105
fáqiúhú 罚球弧		105
fáqiúqū 罚球区		104
fáqiúxiàn 罚球线		89
fátī 罚踢		125
fānchuán 帆船		137
fānténg 翻腾		202
fānzhuǎn 翻转		135
fǎnbào 反抱		144
fǎncháng 反常		37
fǎnjiāo 反胶		110
fǎnqūgōng 反曲弓		160
fǎnshēn 反身		135
fǎnshǒu 反手		106
fǎntán chuánqiú 反弹传球		85
fǎnxīngfènjì zhōngxīn 反兴奋剂中心		56
fànguī① 犯规①		37
fànguī② 犯规②		37
fànguī③ 犯规③		261
fànguīshū 犯规输		278
fànguī tíngzhǐ jìshí 犯规停止计时		261
fāngwèi 方位		236
fāngwèi cuòwù 方位错误		273
fángshǒu 防守		11
fángshǒuqū 防守区		123
fàngqì 放弃		35
fàngxià 放下		151
fēibiāo 飞镖		218
fēidié 飞碟		158
fēixíng 飞行		201
fēixíngqí 飞行棋		214
fēifǎ jiēchù 非法接触		264
fēifǎ yòngshǒu 非法用手		264
fēifǎ yùnqiú① 非法运球①		263
fēifǎ yùnqiú② 非法运球②		263
fēnshù 分数		40
fēntuǐ① 分腿①		65
fēntuǐ② 分腿②		65

fēngxiàng 风向		143
fēngxiàngbiāo 风向标		210
fēngxiàngqí 风向旗		163
fēnggài 封盖		85
fēngshā 封杀		121
fēngwǎng 封网		112
fúdù 幅度		68
fǔwòchēng 俯卧撑		63
fǔwòshì tiàogāo 俯卧式跳高		69
fùhèliàng 负荷量		6
fùdiǎn yīnfú 附点音符		256
fùhégōng 复合弓		160
fùsài 复赛		31
fùcáipàn 副裁判		26
fùgōngshǒu 副攻手		90
fùbèi yùndòng 腹背运动		58

G

gàimào 盖帽		85
gàizhǎng 盖掌		239
gǎnshì tuōqiān 杆式拖牵		211
gǎnlǎnqiú 橄榄球		124
gāngjià xuěchē 钢架雪车		209
gāngqín 钢琴		249
gànglíng 杠铃		152
gànglíngpiàn 杠铃片		152
gāodīgàng 高低杠		60
gāodiào chuánqiú 高吊传球		99
gāo'ěrfūqiú① 高尔夫球①		126
gāo'ěrfūqiú② 高尔夫球②		126
gāogān jīqiú 高杆击球		186
gāopāofāqiú 高抛发球		107
gāoqiú 高球		115
gāoshān huáxuě 高山滑雪		195
gāotáituǐ 高抬腿		71
gāoxītuǐ 高吸腿		242
gāoyāqiú 高压球		114
gāoyuǎnqiú 高远球		111
gēsàkèshìtiào 哥萨克式跳		198
gédǎng 格挡		217
gèjiùwèi 各就位		260
gēngzhèng pànjué 更正判决		278
gèngkuài gènggāo gèngqiáng gèngtuánjié 更快 更高 更强 更团结		13
gōngzuò rényuán 工作人员		23
gōngbù 弓步		216
gōngjiàn 弓箭		159
gōngjiànbù 弓箭步		216
gōngjīnjí 公斤级		152
gōngkāisài 公开赛		16
gōnglùsài 公路赛		171

gōngyù 公寓		18
gōngfāng 攻方		11
gōnglán 攻栏		75
gōngyìngshāng 供应商		28
gōuduìjiǎoqiú 勾对角球		111
gōujiǎo 勾脚		241
gōuqiú 勾球		187
gōuquán 勾拳		172
gōurén fànguī 勾人犯规		265
gōushǒupiāoqiú 勾手飘球		92
gōuxián 勾弦		159
gǔdiǎnshì 古典式		144
gǔdiǎnwǔ 古典舞		219
gǔ 鼓		249
gǔbǎn 鼓板		251
gǔdiǎn 鼓点		253
gùdìngqì 固定器		206
gùjì 固技		148
gùyì fànguī 故意犯规		282
gùyì jiǎoqiú 故意脚球		264
gùzhàng 故障		157
Gùbàidàn 顾拜旦		56
guàbì 挂臂		66
guǎizhàng 拐杖		54
guānjiéjì 关节技		149
guānzhòng 观众		27
guànjūn 冠军		41
guànlán 灌篮		83
guǎngbō tǐcāo 广播体操		57
guǎngchǎngwǔ 广场舞		220
guīdìng dòngzuò 规定动作		135
guīdìng túxíng 规定图形		180
guīzé 规则		37
guìchēngshuāi 跪撑摔		145
guìlì 跪立		63
guìshè 跪射		155
guìtiàoqǐ 跪跳起		227
guìzuòhòutǎngxià 跪坐后躺下		228
gǔntiěhuán 滚铁环		233
gǔnxuěqiú 滚雪球		233
gùnshù 棍术		215
Guójì Àowěihuì 国际奥委会		54
guójì biāozhǔnwǔ 国际标准舞		220
Guójì Cán'ào Wěihuì 国际残奥委会		54
guójì xiàngqí 国际象棋		213
Guójiā Dōngjì Liǎngxiàng Zhōngxīn 国家冬季两项中心		48
guójiāduì 国家队		21
Guójiā Gāoshān Huáxuě Zhōngxīn 国家高山滑雪中心		46

Guójiā Sùhuáguǎn 国家速滑馆		45
Guójiā Tǐyùchǎng 国家体育场		44
Guójiā Tǐyùguǎn 国家体育馆		45
Guójiā Tǐyù Zǒngjú 国家体育总局		55
Guójiā Tiàotái Huáxuě Zhōngxīn 国家跳台滑雪中心		47
Guójiā Xuěchē Xuěqiāo Zhōngxīn 国家雪车雪橇中心		47
Guójiā Yóuyǒng Zhōngxīn 国家游泳中心		45
Guójiā Yuèyě Huáxuě Zhōngxīn 国家越野滑雪中心		47
guòdǐng chuánqiú 过顶传球		99
guòdù xùnliàn 过度训练		4
guòfēn huīzhǒu 过分挥肘		265
guògān 过杆		69
guòrén 过人		9
guòwǎng jīqiú① 过网击球①		270
guòwǎng jīqiú② 过网击球②		273
guòxiōngshuāi 过胸摔		145

H

hǎimiándiàn 海绵垫		80
hángbiāo 航标		142
hánghǎi móxíng yùndòng 航海模型运动		219
hángkōng móxíng yùndòng 航空模型运动		219
hángxiàn 航线		142
hángxiàng 航向		142
hǎoqiú 好球		122
hǎoqiúqū 好球区		123
hàomǎbù 号码布		53
hélǐ chōngzhuàng 合理冲撞		10
hézòu 合奏		253
hézuòpǎo 合作跑		229
hēihuán 黑环		162
héngchà 横叉		65
héngduì 横队		226
hénghuájiàng 横滑降		196
héngpāi 横拍		110
héngyīzìbù 横一字步		181
héngyīzìtiào 横一字跳		197
hónghuán 红环		162
hóngpái 红牌		39
hóngsèqiú 红色球		128
hòuchǎng 后场		103

hòuchèbù	后撤步	88
hòuchè fángshǒu	后撤防守	12
hòudiǎnbù	后点步	245
hòugǔnfān	后滚翻	64
hòukōngfān	后空翻	64
hòupái	后排	91
hòupái duìyuán guòxiàn kòuqiú 后排队员过线扣球		270
hòushǒu	后手	192
hòushǒu zhíhúquán 后手掷壶权		193
hòutībù	后踢步	245
hòuwàigōushǒutiào 后外勾手跳		182
hòuwàijiéhuántiào 后外结环跳		182
hòuwèi	后卫	95
hòuxītuǐ	后吸腿	242
húbùwǔ	狐步舞	220
húdù	弧度	67
húquānqiú	弧圈球	108
húlíng	壶铃	153
húdié xuánzhuǎn	蝴蝶旋转	183
hǔkǒuzhǎng	虎口掌	237
hùbǎn	护板	158
hùdāng	护裆	52
hùjiān	护肩	51
hùjǐng	护颈	51
hùjù	护具	50
hùmào	护帽	51
hùmiàn	护面	51
hùtóu	护头	51
hùtuǐ①	护腿①	52
hùtuǐ②	护腿②	53
hùtún	护臀	52
hùwàn	护腕	52
hùxī	护膝	53
hùxiōng	护胸	52
hùyāo	护腰	52
hùzhǒu	护肘	51
huājiàn	花剑	164
huāpéngǔ	花盆鼓	250
huāyàngdāo	花样刀	184
huāyàng huábīng	花样滑冰	178
huāyàng yóuyǒng	花样游泳	132
huábì	划臂	133
huá'ěrzī	华尔兹	220
huábīng	滑冰	177
huábīngchǎng	滑冰场	185
huábù①	滑步①	87
huábù②	滑步②	87
huájiàng①	滑降①	195
huájiàng②	滑降②	196
huálěi	滑垒	120
huáshuǐ	滑水	136
huáxuě	滑雪	195
huáxuěbǎn	滑雪板	206
huáxuěchǎng	滑雪场	205
huáxuě dānbǎn	滑雪单板	202
huáxuě hùmùjìng 滑雪护目镜		206
huáxuě shuāngbǎn 滑雪双板		206
huáxuě tóukuī	滑雪头盔	206
huáxuěxié	滑雪鞋	206
huáxuěxuē	滑雪靴	205
huáxuězhàng	滑雪杖	206
huàiqiú	坏球	122
huǎnchōngqì	缓冲器	209
huànbǎnqū	换板区	204
huànchēng	换撑	65
huàndàoqū	换道区	78
huànfāqiú	换发球	273
huànqì	换气	133
huànrén	换人	271
huànwèi fúbàng	换位扶棒	230
huángpái	黄牌	39
huīfù	恢复	7
huíchǎngqiú	回场球	264
huífàng	回放	271
huíxuángān	回旋杆	211
huízhuǎn①	回转①	176
huízhuǎn②	回转②	195
huìgē	会歌	21
huìhuī①	会徽①	20
huìhuī②	会徽②	20
huìqí	会旗	20
huìqí jiāojiē	会旗交接	21
hùnhé shuāngdǎ	混合双打	106
hùnhéyǒng	混合泳	131
huódòng	活动	2
huǒjù①	火炬①	19
huǒjù②	火炬②	19
huǒjù chuándì	火炬传递	19
huǒjùshǒu	火炬手	19
huǒzhǒng cǎijí	火种采集	19

J

jījiàn	击剑	164
jījiànfú	击剑服	166
jījiànxié	击剑鞋	166
jīqiúyuán	击球员	119
jīshè	击射	186
jītóu	击头	266
jīhuìqiú	机会球	115
jīfēn	积分	40
jīfēnsài	积分赛	33
jīběn jìshù	基本技术	2
jíxiángwù	吉祥物	19
jíbié	级别	41
jíxíng fāqiú	即行发球	268
jítíng①	急停①	187
jítíng②	急停②	188
jìfēnsài	计分赛	34
jìshí kāishǐ	计时开始	260
jìshíqì	计时器	49
jìshíyuán	计时员	25
jìfēndēng	记分灯	166
jìlù	纪录	42
jìlù bǎochízhě	纪录保持者	25
jìlù chuàngzàozhě 纪录创造者		25
jìqiǎo	技巧	62
jìshù fànguī	技术犯规	266
jìshù guānyuán	技术官员	27
jìshù wěiyuánhuì	技术委员会	56
jìshù xùnliàn	技术训练	3
jìyǒu	技有	277
jìyǒu qǔxiāo	技有取消	277
jìjūn	季军	42
jìxù bǐsài①	继续比赛①	272
jìxù bǐsài②	继续比赛②	280
jiāsài	加赛	117
jiāshísài	加时赛	33
jiāzhòngyuán	加重员	152
jiájī	夹击	85
jiǎdòngzuò	假动作	10
jiǎzhī	假肢	53
jiānbù chōngzhuàng 肩部冲撞		188
jiānjiǎ	肩甲	125
jiān zhǒu dàolì	肩肘倒立	65
jiǎnlù	检录	29
jiànjiē rènyìqiú	间接任意球	272
jiànxiē xùnliàn	间歇训练	3
jiàndào	剑道	166
jiànshù	剑术	215
jiànzhǐ	剑指	237
jiànměicāo	健美操	62
jiànměi yùndòng	健美运动	219
jiàngān	箭杆	160
jiàntóu	箭头	160
jiǎng	桨	142
jiàngsù	降速	178
jiāochābù	交叉步	88
jiāochā chuánqiú	交叉传球	98
jiāochā huànwèi	交叉换位	87
jiāochātiào	交叉跳	231
jiāochā yǎnhù	交叉掩护	86

jiāohuàn chǎngdì ①	交换场地①	271
jiāohuàn chǎngdì ②	交换场地②	276
jiāotì yùnqiú	交替运球	84
jiǎoqiú	角球	272
jiǎoqiúqū	角球区	104
jiǎojì	绞技	149
jiǎopǔ	脚蹼	140
jiǎowèi	脚位	241
jiàoqiāng	校枪	205
jiàoliàn	教练	23
jiēbóchē ①	接驳车①	48
jiēbóchē ②	接驳车②	48
jiēlì	接力	74
jiēlìbàng	接力棒	80
jiēlìhuá	接力滑	177
jiēshǒu	接手	119
jiēxùbù	接续步	181
jiēwǔ	街舞	220
jiézòu	节奏	253
jiéshù	结束	35
jiéjī	截击	116
jiěsàn	解散	227
jiènèi	界内	275
jiènèiqiú	界内球	269
jièwài	界外	274
jièwàiqiú	界外球	269
jīnpái	金牌	43
jǐnbiāosài	锦标赛	16
jìngōng	进攻	11
jìngōng fànguī	进攻犯规	282
jìngōngxiàn	进攻线	93
jìnqiú ①	进球①	100
jìnqiú ②	进球②	283
jìntuìbù	进退步	246
jìnyíng	进营	191
jìnshè	近射	100
jìnshēnzhàn	近身战	165
jìntái	近台	109
jìnwǎng	近网	112
jìnqū	禁区	104
jìnsài	禁赛	39
jìnglǚ	劲旅	22
jìngsài	径赛	72
jìng	净	259
jìngjì	竞技	1
jìngsài guīchéng	竞赛规程	29
jìngsài zhìdù	竞赛制度	28
jìngsù huáxuěbǎn	竞速滑雪板	202
jìngzǒu	竞走	72
jìnglǐ	敬礼	279

jìngzhǐ zīshì	静止姿势	151
jiùqiú	救球	92
jiùshēngquān	救生圈	140
jú	局	34
jǔzhòng	举重	150
jùlèbùduì	俱乐部队	21
jùchǐ	锯齿	185
juésài	决赛	32
jūnqí	军棋	213
jūnshì tǐyù	军事体育	8

K

kǎwèi	卡位	86
kāikuà	开胯	242
kāimùshì	开幕式	20
kāiqiú	开球	95
kāiqiúdiǎn	开球点	189
kāishǐ	开始	35
kāishǐ bǐsài	开始比赛	280
kèduì	客队	22
kèjiāncāo	课间操	57
kōngjú	空局	192
kōngzhōng fēixíng	空中飞行	203
kòngqiú	控球	96
kòngqiúduì fànguī	控球队犯规	266
kòufēn	扣分	280
kòulán	扣篮	83
kòuqiú	扣球	92
kòushā	扣杀	112
kuàlán	跨栏	75
kuàtiào	跨跳	67
kuàyuèshì tiàogāo	跨越式跳高	69
kuàibùwǔ	快步舞	220
kuàigōng	快攻	11
kuòxiōng yùndòng	扩胸运动	57

L

lādīngwǔ	拉丁舞	221
lākāi	拉开	100
lālìqì	拉力器	153
lālìsài	拉力赛	33
lārén	拉人	265
lāshè	拉射	186
lālācāo	啦啦操	62
lālāduì	啦啦队	27
lánhuāzhǎng	兰花掌	236
lánhuāzhǐ	兰花指	237
lánjiē	拦接	121
lántuǐshuāi	拦腿摔	145
lánwǎng	拦网	92

lánwǎng fànguī	拦网犯规	270
lánxiàn	栏线	194
lánsèqiú	蓝色球	129
lánbǎn	篮板	88
lánbǎnqiú	篮板球	84
lánjià	篮架	88
lánkuāng	篮筐	88
lánkuàng	篮框	88
lánqiú ①	篮球①	82
lánqiú ②	篮球②	82
lánqiúwǎng	篮球网	89
lánquān	篮圈	88
lèmǎ	勒马	176
lèmǎshǒu	勒马手	240
lěibāo	垒包	122
lěidiàn	垒垫	122
lěiqiú ①	垒球①	118
lěiqiú ②	垒球②	118
lèi	累	7
líchǎng	离场	282
líxián	离弦	161
líshì huájiàng	犁式滑降	196
lǐgōutuǐ	里勾腿	146
lìjǔdèng	力举凳	152
lì·liàngjǔ	力量举	151
lìdìng	立定	227
lìdìng tiàoyuǎn	立定跳远	70
lìshè	立射	155
lìwòchēng	立卧撑	63
lìzhèng ①	立正①	223
lìzhèng ②	立正②	223
lìzhèng ③	立正③	279
liánfā	连发	156
liánjī ①	连击①	269
liánjī ②	连击②	273
liánxù chuánqiú	连续传球	98
liánxù jìngōng	连续进攻	165
liánsài	联赛	16
liànxí	练习	2
liànxí liǎngfēnzhōng	练习两分钟	275
liànqiú	链球	72
liǎngbì cèpíngjǔ xiàngyòukànqí	两臂侧平举 向右看齐	225
liǎngbì cèpíngjǔ xiàngzhōngkànqí	两臂侧平举 向中看齐	225
liǎngbì cèpíngjǔ xiàngzuǒkànqí	两臂侧平举 向左看齐	225
liǎngbì qiánpíngjǔ xiàngqiánkànqí	两臂前平举 向前看齐	225
liǎngcì fáqiú	两次罚球	267
liǎngcì jìyǒu hébìng yīběn	两次技有合并一本	277

汉语拼音索引

拼音	词条	页码
liǎngcì yùnqiú	两次运球	263
liǎngmiàngōng	两面攻	107
liǎngrén sānzúpǎo	两人三足跑	229
liǎngtiào	两跳	117
liāozhǎng	撩掌	240
lièqiāng	猎枪	155
línggǔ	铃鼓	251
língkōng shèmén	凌空射门	100
lǐngduì	领队	22
lǐnghuáyuán	领滑员	207
lǐngpǎoyuán	领跑员	25
lǐngqíyuán	领骑员	170
lǐngxiān	领先	35
Lóng'àohuì	聋奥会	14
lǔbǔtiào	鲁卜跳	182
lǔzītiào	鲁兹跳	182
lùbiāo	路标	170
lùxiàn	路线	171
lǚpiànqín	铝片琴	252
lǚdàishì suǒdào	履带式索道	211
lǜdòng	律动	236
lúnbā	伦巴	221
lúncì cuòwù	轮次错误	270
lúnhuá	轮滑	219
lúnyǐ bīnghú	轮椅冰壶	190
lúnyǐ gǎnlǎnqiú	轮椅橄榄球	124
lúnyǐ jījiàn	轮椅击剑	164
lúnyǐ jìngsù	轮椅竞速	72
lúnyǐ lánqiú	轮椅篮球	82
lúnyǐ pīngpāngqiú	轮椅乒乓球	105
lúnyǐ wǎngqiú	轮椅网球	113
lúnyǐwǔ	轮椅舞	221
luó	锣	251
luóxuánxiàn	螺旋线	182
luòtī	落踢	124
luòwǎngqiú	落网球	111

M

mǎbù	马步	216
mǎcì	马刺	176
mǎdèng	马镫	176
mǎjù	马具	176
mǎlāsōng	马拉松	74
mǎqiú	马球	127
mǎshù①	马术①	174
mǎshù②	马术②	174
mànbù	慢步	174
mànshè	慢射	156
mángdào	盲道	49
mángrén ménqiú	盲人门球	128
mángrén pīngpāngqiú	盲人乒乓球	106
mángrén róudào	盲人柔道	147
mángrén zúqiú	盲人足球	94
ménqiú①	门球①	127
ménqiú②	门球②	127
miànzhào	面罩	125
miáozhǔnqì	瞄准器	160
miǎobiǎo	秒表	49
mínzúwǔ	民族舞	221
míngcì	名次	41
mìngzhòng	命中	157
mìngzhònglǜ	命中率	157
módēngwǔ	摩登舞	221
mótuōchē	摩托车	167
mótuōtǐng	摩托艇	137
mùyú	木鱼	251
mùbiāoqiú	目标球	128

N

nàijiǔpǎo	耐久跑	229
nàilì	耐力	5
nánzǐ xiàngmù	男子项目	30
nándù xìshù	难度系数	68
náobó	铙钹	251
nǎotān zúqiú	脑瘫足球	94
nèichǎng	内场	123
nèichǎngshǒu	内场手	119
nèihuán	内环	162
nèirèn	内刃	184
nèixiàn	内线	86
Niǎocháo①	鸟巢①	44
Niǎocháo②	鸟巢②	44
niúzǎiwǔ	牛仔舞	221
nǚzǐ xiàngmù	女子项目	30

O

| ōumǐjiā wāndào | 欧米茄弯道 | 209 |
| Ōuzhōubēi | 欧洲杯 | 15 |

P

págān	爬竿	232
páshéng	爬绳	232
páyǒng	爬泳	131
páigǔ	排鼓	250
páiqiú①	排球①	89
páiqiú②	排球②	89
páishuǐliàng	排水量	143
pānyán	攀岩	217
pán	盘	34
pánqiú	盘球	96
pánzuò	盘坐	243
pángdiǎnbù	旁点步	245
pángzhǒngbù	旁踵步	246
pāotiào	抛跳	182
pǎo	跑	73
pǎobù	跑步	73
pǎodào	跑道	77
pǎolěi	跑垒	120
pǎomǎbù	跑马步	248
pǎotiàobù	跑跳步	247
pǎozī	跑姿	76
pèijiàn	佩剑	164
pèihé	配合	10
pènglíng	碰铃	252
píhuátǐng	皮划艇	137
píláo	疲劳	7
piāoliú	漂流	218
piàowù zhōngxīn	票务中心	18
pīngpāngqiú①	乒乓球①	105
pīngpāngqiú②	乒乓球②	105
pīngpāngqiúpāi	乒乓球拍	109
pīngpāngqiútái	乒乓球台	109
píngfēn	平分	40
pínghéng①	平衡①	67
pínghéng②	平衡②	67
pínghéngmù	平衡木	60
píngjīqiú	平击球	114
píngjú	平局	41
píngshè	平射	186
píngtàbù	平踏步	246
píngxiōngqiú	平胸球	97
píngzhíqiú	平直球	97
pōdào	坡道	50
pōmiàn tiàoyuèduàn	坡面跳跃段	201
pòjìlù	破纪录	42
pūdǎng	扑挡	128
pǔyǒng	蹼泳	132

Q

qíbùzǒu	齐步走	226
qímǎ	骑马	174
qíshù	骑术	174
qízhuāng	骑装	176
qímén①	旗门①	210
qímén②	旗门②	210
qíméngān	旗门杆	211
qíshǒu	旗手	23
qǐdiǎn	起点	79
qǐdòng	起动	75
qǐháng	起航	142
qǐhuámén	起滑门	210
qǐhuáqì	起滑器	193

qǐpǎo	起跑	75
qǐpǎoqì	起跑器	80
qǐtiào	起跳	71
qìbùqiāng	气步枪	154
qìgōng	气功	217
qìshǒuqiāng	气手枪	154
qìquán	弃权	35
qiǎdàn	卡弹	157
qiàqiàwǔ	恰恰舞	222
qiānqiú	铅球	71
qiánchǎng	前场	102
qiándiǎnbù	前点步	245
qiánfān	前帆	141
qiánfēng	前锋	94
qiángǔnfān	前滚翻	63
qiánkōngfān	前空翻	64
qiánpái	前排	91
qiántuō	前托	156
qiányáojiāobì	前摇交臂	231
qiánzhìxiàn	前掷线	194
qiánzhǒngbù	前踵步	246
qiányǒng	潜泳	132
qiǎnshuǐchí	浅水池	138
qiāngshù	枪术	215
qiāngshuān	枪栓	157
qiángdù	强度	6
qiángduì	强队	22
qiánghuà xùnliàn	强化训练	3
qiǎngdào	抢道	76
qiǎngduàn	抢断	10
qiǎnggōng	抢攻	107
qiǎnghuá	抢滑	178
qiǎngpǎo	抢跑	76
qiáopái	桥牌	214
qiēfēn jiézòu	切分节奏	256
qiēfēnyīn	切分音	256
qiērù	切入	85
qiēzhǎng	切掌	240
qǐnjì	寝技	149
qiūqiān	秋千	232
qiúbàng	球棒	123
qiúcāo	球操	61
qiúgān dǎrén	球杆打人	188
qiúhuíhòuchǎng	球回后场	264
qiúménqiú	球门球	272
qiúménqū	球门区	104
qiúménxiàn	球门线	103
qiútóng	球童	28
qūyù liánfáng	区域联防	87
qūgùnqiú①	曲棍球①	127
qūgùnqiú②	曲棍球②	127
qūjìng wāndào	曲径弯道	209
qūxiànpǎo	曲线跑	229

qūzhú chūchǎng	驱逐出场	268
qūshēntuǐ	屈伸腿	243
qūtuǐtiào	屈腿跳	70
qǔxiāo bǐsài	取消比赛	262
qǔxiāo bǐsài zīgé·de fànguī	取消比赛资格的犯规	267
qǔxiāo défēn	取消得分	262
qǔxiāo jìnqiú	取消进球	283
qǔxiāo zīgé	取消资格	268
qǔxiāo zīgé·de fànguī	取消资格的犯规	282
quān	圈	79
quāncāo	圈操	61
quánchǎng	全场	102
quánchǎng jǐnbī	全场紧逼	87
quándūn	全蹲	243
quángōngquánshǒu 全攻全守		12
Quánguó Yùndònghuì 全国运动会		15
quánhù miànzhào 全护面罩		190
quánlěidǎ	全垒打	120
quánnéng	全能	31
quánshēn yùndòng 全身运动		58
quánxiūzhǐfú① 全休止符①		256
quánxiūzhǐfú② 全休止符②		257
quánxuán wāndào 全旋弯道		209
quányīnfú①	全音符①	255
quányīnfú②	全音符②	255
Quányùnhuì	全运会	15
quánjī	拳击	172
quánjī shǒutào	拳击手套	173
quánjītái	拳击台	173
quánjīxié	拳击鞋	173
quánshù	拳术	172

ràogānpǎo	绕杆跑	229
réndīngrén	人盯人	12
rénqiáng	人墙	101
rènyìqiú	任意球	99
rēngshābāo	扔沙包	233
róudào	柔道	147
róudàofú	柔道服	149
róulìqiú	柔力球	130
rùchǎngshì	入场式	20
rùchí	入池	132
rùshuǐ	入水	136
ruǎnfān	软翻	64

ruǎnshì wǎngqiú	软式网球	113
ruǎnwǎng	软网	113

S

sàichē①	赛车①	168
sàichē②	赛车②	168
sàichēchǎng	赛车场	171
sàilóngzhōu	赛龙舟	137
sàimǎ	赛马	174
sàitǐng	赛艇	137
sānbùkuàlán	三步跨篮	83
sānbùshànglán	三步上篮	83
sānbùyīliāo	三步一撩	248
sānbùyītái	三步一抬	248
sāncì fáqiú	三次罚球	267
sāndiǎn yídòng	三点移动	230
sānfēnxiàn	三分线	89
sān jí tiàoyuǎn	三级跳远	70
sānjiǎo chuánqiú	三角传球	99
sānjiǎofān	三角帆	141
sānjiǎoqí	三角旗	211
sānjiǎotiě	三角铁	252
sānménqiú	三门球	234
sānmǐxiàn	三米线	93
sānrìsài	三日赛	175
sāngbāwǔ	桑巴舞	222
shāchuí	沙槌	252
shādài	沙袋	173
shākēng	沙坑	81
shātān páiqiú	沙滩排球	90
shāchē①	刹车①	169
shāchē②	刹车②	169
shāchēshǒu	刹车手	208
shǎi·zi	色子	214
shānbǎng	山膀	237
shānbǎng ànzhǎng 山膀按掌		239
shānbǎng tuōzhǎng 山膀托掌		239
shāndì sàichē① 山地赛车①		168
shāndì sàichē② 山地赛车②		168
shānyáng fēntuǐ téngyuè① 山羊分腿腾跃①		230
shānyáng fēntuǐ téngyuè② 山羊分腿腾跃②		231
shǎnduǒ	闪躲	165
shàng'àn	上岸	133
shàngbànshí	上半时	34
shànggōng	上弓	160
shàngpō①	上坡①	169
shàngpō②	上坡②	169

shàngwǎng 上网	116	
shàngxuánqiú 上旋球	107	
shàoqián chōngzhuàng 哨前冲撞	282	
shàoxī① 稍息①	223	
shàoxī② 稍息②	223	
shěshēnjì 舍身技	148	
shèchéng 射程	156	
shèjī① 射击①	154	
shèjī② 射击②	154	
shèjīchǎng 射击场	158	
shèjīfú 射击服	158	
shèjītái 射击台	158	
shèjiàn 射箭	159	
shèjiànbǎ 射箭靶	161	
shèmén 射门	100	
shèpiān 射偏	162	
shèrù 射入	100	
shēnbàn chéngshì 申办城市	17	
shēnsù 申诉	40	
shēnzhǎn yùndòng 伸展运动	57	
shēntǐ dǎkāi 身体打开	135	
shēntǐ jiēchù 身体接触	12	
shēntǐ sùzhì 身体素质	4	
shēntǐ zǔjié 身体阻截	188	
shēnhūxī 深呼吸	151	
shēnshuǐchí 深水池	138	
shēng 生	258	
shéngcāo 绳操	61	
shènghuǒ cǎijí 圣火采集	19	
shènglì① 胜利①	36	
shènglì② 胜利②	36	
shèngzhuāng wǔbù 盛装舞步	175	
shībài① 失败①	36	
shībài② 失败②	36	
shīcháng 失常	37	
shīlì 失利	36	
shīwù 失误	37	
shízìbù 十字步	246	
shízì xiàngxiàntiào 十字象限跳	230	
shíjiānchā 时间差	93	
shíxīnqiú 实心球	72	
Shìjièbēi 世界杯	15	
Shìjiè Dàxuéshēng Yùndònghuì 世界大学生运动会	15	
Shìjiè Yījí Fāngchéngshì Sàichē 世界一级方程式赛车	171	
Shìjiè Zhōngxuéshēng Yùndònghuì 世界中学生运动会	15	
shìjǔ 试举	150	

shìtiào 试跳	71	
shìxiàn zhēdǎng 视线遮挡	275	
shìnèi sàichēchǎng 室内赛车场	171	
shǒuchuànlíng 手串铃	253	
shǒufān 手翻	64	
shǒujì 手技	148	
shǒupūqiú 手扑球	234	
shǒuqiāng 手枪	154	
shǒuqiú① 手球①	126	
shǒuqiú② 手球②	126	
shǒuwèi 手位	236	
shǒuxíng 手形	236	
shǒuxíng 手型	236	
shǒuzhàng 手杖	53	
shǒuchǎngyuán 守场员	119	
shǒufāng 守方	11	
shǒulěiyuán 守垒员	119	
shǒumén① 守门①	101	
shǒumén② 守门②	101	
shǒuményuán 守门员	95	
Shǒudū Tǐyùguǎn 首都体育馆	46	
Shǒugāng Huáxuě Dàtiàotái 首钢滑雪大跳台	46	
shòufáxí 受罚席	190	
shū① 输①	36	
shū② 输②	36	
shǔmiǎo 数秒	281	
shuābīng 刷冰	191	
shuāidǎo 摔倒	146	
shuāijiāo 摔跤	144	
shuāng'ànzhǎng 双按掌	238	
shuāngbǎn huáxuě 双板滑雪	195	
shuāngdǎ 双打	106	
shuāngduōxiàng fēidié 双多向飞碟	159	
shuāngfāng fànguī 双方犯规	266	
shuāngfēi 双飞	192	
shuānggàng① 双杠①	59	
shuānggàng② 双杠②	60	
shuānggàng bìqūshēn 双杠臂屈伸	60	
shuāngguìzuò 双跪坐	243	
shuāngrén bèikàobèi xiàdūn qǐlì 双人背靠背下蹲起立	228	
shuāngrénhuá① 双人滑①	179	
shuāngrénhuá② 双人滑②	179	
shuāngrén tiàoshuǐ 双人跳水	134	

汉语拼音索引　295

shuāngrén xuěchē① 双人雪车①	207	
shuāngrén xuěchē② 双人雪车②	207	
shuāngrényáo 双人摇	232	
shuāngshā 双杀	121	
shuāngshānbǎng 双山膀	238	
shuāngshǒu tóulán 双手投篮	82	
shuāngtíjīn 双提襟	239	
shuāngtuōzhǎng 双托掌	238	
shuāngwù 双误	116	
shuāngxiǎngtǒng 双响筒	253	
shuāngxiàng fēidié 双向飞碟	159	
shuāngyángzhǎng 双扬掌	239	
shuāngyáo 双摇	232	
shuāngzhàng tuīchēng huáxíng 双杖推撑滑行	195	
shuāngzhōngfēng 双中锋	82	
Shuǐlìfāng① 水立方①	45	
Shuǐlìfāng② 水立方②	45	
shuǐqiú① 水球①	136	
shuǐqiú② 水球②	136	
shuǐxiàn 水线	139	
shùnfēng 顺风	143	
shùnfēngqí 顺风旗	239	
sǐqiú 死球	187	
sìcì jīqiú 四次击球	269	
sì'èrpāi① 四二拍①	253	
sì'èrpāi② 四二拍②	254	
sìfēn xiūzhǐfú① 四分休止符①	257	
sìfēn xiūzhǐfú② 四分休止符②	257	
sìfēn yīnfú① 四分音符①	255	
sìfēn yīnfú② 四分音符②	255	
sìrén jìnrù jìnqū 四人进入禁区	281	
sìrén xuěchē① 四人雪车①	208	
sìrén xuěchē② 四人雪车②	208	
sìsānpāi① 四三拍①	254	
sìsānpāi② 四三拍②	254	
sìsìpāi① 四四拍①	254	
sìsìpāi② 四四拍②	254	
sùdù① 速度①	5	
sùdù② 速度②	5	
sùdù huábīng 速度滑冰	177	
sùhuá 速滑	177	
sùhuádāo 速滑刀	184	
sùjiàng huáxuě 速降滑雪	195	

sùshè	速射	156	tǐyù kāngfù	体育康复	8	tóngpái 铜牌	43
suǒbìchántuǐ	锁臂缠腿	146	tǐyù liáofǎ	体育疗法	8	tōufēn 偷分	192
			tǐyù qìxiè	体育器械	50	tōulěi 偷垒	121
T			tǐyù xiéhuì	体育协会	55	tóukuī 头盔	50
tàbǎn	踏板	81	tǐyù yòngpǐn	体育用品	50	tóuqiú 头球	96
tàbǎncāo	踏板操	62	tǐzhì	体质	5	tóu shǒu dàolì 头手倒立	66
tàbù	踏步	244	tǐzhuǎn yùndòng	体转运动	58	tóuhú shǒuzhàng	
tàdiǎnbù	踏点步	247	tìbǔ duìyuán	替补队员	24	投壶手杖	193
tàtiàobù	踏跳步	247	tìhuàn	替换	262	tóuqiú 投球	128
táiqiú	台球	126	tiánjìng	田径	69	tóushǒu 投手	118
táituǐ	抬腿	242	tiánsài	田赛	69	tóushǒubǎn 投手板	122
táiquándào	跆拳道	173	tiāobiān①	挑边①	29	tóushǒuquān 投手圈	122
tàijíquán	太极拳	216	tiāobiān②	挑边②	30	tóushǒu tǔdūn 投手土墩	122
tānzhǎng	摊掌	240	tiáozhěng xùnliàn	调整训练	3	tóuzhìqū 投掷区	129
tánshè	弹射	187	tiǎoqiú	挑球	111	tóuzhì qūyù 投掷区域	81
tántuǐ	弹腿	242	tiǎoshè	挑射	187	tóuzhìquān 投掷圈	81
tàngē	探戈	222	tiàobǎn tiàoshuǐ	跳板跳水	134	tóu·zi 骰子	214
Tāngmǔsībēi	汤姆斯杯	112	tiàofāqiú	跳发球	92	tūpò 突破	9
táotài	淘汰	37	tiàogāo	跳高	69	túshǒu 徒手	216
Tè'àohuì	特奥会	14	tiàogāogān	跳高杆	80	túshǒu zhuàngrén	
tèjí dàshī	特级大师	214	tiàogāojià	跳高架	80	徒手撞人	265
Tèshū Àolínpǐkè Yùndònghuì			tiàomǎ	跳马	60	túzhōngpǎo 途中跑	76
特殊奥林匹克运动会		14	tiàopíjīnr	跳皮筋儿	233	tuántǐcāo 团体操	59
tèxǔ shāngpǐn	特许商品	19	tiàoqí	跳棋	214	tuántǐsài 团体赛	33
téngkōng	腾空	71	tiàoqǐ dǐngqiú	跳起顶球	96	tuántǐ xiàngmù 团体项目	30
téngkōngqiú	腾空球	97	tiàoqǐ tóulán	跳起投篮	83	tuánzhǎng 团长	22
téngyuè	腾跃	67	tiàoqiú	跳球	261	tuīdǎng 推挡	109
téngqiú	藤球	130	tiàoshānyáng①	跳山羊①	230	tuīgān 推杆	208
tījiàn·zi	踢毽子	233	tiàoshānyáng②	跳山羊②	231	tuīqiú 推球	186
tīrén chūjú	踢人出局	178	tiàoshàng	跳上	68	tuīrén 推人	265
tītàwǔ	踢踏舞	222	tiàoshàngchéngguìchēng			tuīzhǎng① 推掌①	217
tītuǐ	踢腿	242	xiàngqiántiàoxià			tuīzhǎng② 推掌②	240
tītuǐ yùndòng	踢腿运动	58	跳上成跪撑 向前跳下		227	tuìtàbù 退踏步	246
tíjīn	提襟	238	tiàoshéng	跳绳	231	túnbù chōngzhuàng	
tílā	提拉	108	tiàoshuǐ	跳水	134	臀部冲撞	188
tíshì yùndòngyuán zhìlǐ			tiàoshuǐchí	跳水池	139	tuō'ànzhǎng 托按掌	239
提示运动员致礼		276	tiàotái huáxuě	跳台滑雪	203	tuōjǔ 托举	182
tǐcāo	体操	57	tiàotái tiàoshuǐ	跳台跳水	134	tuōqiú 托球	99
tǐcè yùndòng	体侧运动	58	tiàoxià	跳下	68	tuōzhǎng 托掌	238
tǐlì	体力	5	tiàoyuǎn	跳远	70	tuōdài 拖带	273
tǐnéng①	体能①	5	tiàoyuè	跳跃	202	tuōqiú 拖球	96
tǐnéng②	体能②	5	tiàoyuè yùndòng	跳跃运动	59	tuōbǎ 脱靶	163
tǐxíng①	体形①	4	tiěbǐng	铁饼	72	tuōlí huádào 脱离滑道	178
tǐxíng②	体形②	4	tiěrén sānxiàng	铁人三项	75		
tǐyù	体育	1	tíngqiú	停球	97	**W**	
tǐyùchǎng	体育场	43	tíngzhǐ jìshí①	停止计时①	260	wātiào 蛙跳	227
tǐyù dàibiǎotuán			tíngzhǐ jìshí②	停止计时②	280	wāyǒng 蛙泳	131
体育代表团		22	tíngzhǐ liànxí	停止练习	275	wàibàotuǐ 外抱腿	146
tǐyù dàodé	体育道德	8	tǐngjǔ	挺举	150	wàichǎng 外场	123
tǐyù duànliàn biāozhǔn			tǐngshēn	挺身	217	wàichǎngshǒu 外场手	119
体育锻炼标准		7	tǐngshēnhòuqūxiǎotuǐ 90 dù			wàihuán 外环	162
tǐyùguǎn	体育馆	44	挺身后曲小腿 90 度		198	wàirèn 外刃	184
tǐyùjiè	体育界	1	tōngxùnsài	通讯赛	16	wàixiàn 外线	86

汉语拼音索引

拼音	词条	页码
wāndào	弯道	78
wǎngqiú①	网球①	113
wǎngqiú②	网球②	113
wǎngfǎnpǎo	往返跑	229
wéifǎn tǐyù dàodé · de fànguī 违反体育道德的犯规		267
wéiguī	违规	38
wéilì	违例	38
wéiqí	围棋	213
wéishéng	围绳	173
wéigān	桅杆	141
wěisuí	尾随	168
wèimiǎn	卫冕	42
wèi·zhì cuòwù	位置错误	270
wèi·zhìqū	位置区	78
wòshè	卧射	155
wòtuī	卧推	151
wòfǎ	握法	117
wògānzhuǎnjiān	握杆转肩	228
wòhuái	握踝	146
wúxiào	无效	38
wúxiàoqū	无效区	129
wúzhàng'ài	无障碍	50
Wǔkēsōng Tǐyù Zhōngxīn 五棵松体育中心		46
wǔqínxì	五禽戏	216
wǔzǐqí	五子棋	213
wǔshù	武术	215
wǔlóng	舞龙	218

X

xīfāngshì	西方式	117
xītiàobù	吸跳步	248
xīshēngdǎ	牺牲打	120
xiàbànshí	下半时	35
xiàchén	下沉	134
xiàdāo	下刀	178
xiàdūn yùndòng	下蹲运动	58
xiàpō①	下坡①	170
xiàpō②	下坡②	170
xiàxuánqiú	下旋球	107
xiānshǒu	先手	192
xiǎnshìpíng	显示屏	49
xiàndài wǔxiàng	现代五项	74
xiàndàiwǔ	现代舞	222
xiànzhìqū	限制区	78
xiāngbào	相抱	144
xiāngchí	相持	147
xiānghù liánxì	相互联系	262
xiǎngbǎn①	响板①	252
xiǎngbǎn②	响板②	252
xiànghòuyáo	向后摇	231
xiànghòuzhuǎn	向后转	224
xiàngqiánkàn	向前看	224
xiàngqiányáo	向前摇	231
xiàngyòukànqí	向右看齐	224
xiàngyòuzhuǎn	向右转	224
xiàngzuǒkànqí	向左看齐	223
xiàngzuǒxiàngyòuzhuǎn 向左向右转		224
xiàngzuǒzhuǎn	向左转	224
xiàngmù	项目	30
xiàngqí	象棋	213
xiāoqiú	削球	108
xiāojí bǐsài huò wúzhànyì 消极比赛或无战意		278
xiǎobāzìbù	小八字步	244
xiǎogǔ	小鼓	249
xiǎojié	小节	258
xiǎojiéxiàn	小节线	258
xiǎojìnqū	小禁区	104
xiǎojūngǔ	小军鼓	250
xiǎokǒujìng	小口径	157
xiǎolánqiú	小篮球	234
xiǎolúnchē①	小轮车①	167
xiǎolúnchē②	小轮车②	167
xiǎosuìbù	小碎步	247
xiǎotàbù	小踏步	244
xiǎozúqiú	小足球	234
xiébǎn	斜板	129
xiéshēnyǐntǐ	斜身引体	65
xiétuōzhǎng	斜托掌	239
xiéxiànqiú	斜线球	114
xiédàiqiú	携带球	263
xīnwén zhōngxīn	新闻中心	18
xìnhàoqí	信号旗	79
xìnhàoqiāng	信号枪	79
xìnxī zhōngxīn	信息中心	18
xīngfènjì	兴奋剂	39
xiōngbù tíngqiú	胸部停球	97
xiōngqián chuánqiú 胸前传球		84
xiūzhěngqī	休整期	7
xiūzhǐfú	休止符	256
xuānbù shèngfāng 宣布胜方		281
xuāngào shèngfāng 宣告胜方		279
xuānshì	宣誓	21
xuánqiú	旋球	191
xuánzhuǎnqiú	旋转球	114
xuǎnbásài	选拔赛	33
xuěchē	雪车	207
xuědì mótuōchē 雪地摩托车		212
Xuěfēitiān	雪飞天	46
Xuěfēiyàn①	雪飞燕①	46
Xuěfēiyàn②	雪飞燕②	46
xuěqiāo①	雪橇①	209
xuěqiāo②	雪橇②	209
Xuěrúyì①	雪如意①	47
Xuěrúyì②	雪如意②	47
Xuěyóulóng①	雪游龙①	47
Xuěyóulóng②	雪游龙②	47
xúncháng kuàibù	寻常快步	175
xúncháng mànbù	寻常慢步	175
xúnbiānyuán	巡边员	27
xúnhuísài	巡回赛	17
xúnhuánsài	循环赛	33
xùnliàn	训练	2
xùnliànchǎng	训练场	44
xùnliàn jīdì	训练基地	44

Y

yābù	压步	181
yājì	压技	149
yāshuǐhuā	压水花	136
yātuǐ	压腿	241
yāxiànqiú	压线球	111
yāzhì kāishǐ jìshí 压制开始计时		278
yāzhì wúxiào	压制无效	278
yǎlíng	哑铃	153
yàjūn	亚军	41
Yàzhōubēi	亚洲杯	15
yánwù fāqiú	延误发球	268
yánwù jǐnggào	延误警告	268
yǎnhù	掩护	10
yǎnbǎojiàncāo	眼保健操	231
yǎnzhào	眼罩	53
yànshì jiēxùbù	燕式接续步	181
yànshì xuánzhuǎn 燕式旋转		183
yānggēbù	秧歌步	246
yángbiānshǒu	扬鞭手	241
yángfān	扬帆	141
yángzhǎng	扬掌	238
yǎngwò	仰卧	151
yǎngwòqǐzuò	仰卧起坐	227
yǎngwòtuīqǐchéngqiáo 仰卧推起成桥		228
yǎngyǒng	仰泳	131
yāodài	腰带	149
yāogǔ	腰鼓	250
yāojì	腰技	148
yāoqǐngsài	邀请赛	16
yāoqǐng yùndòngyuán rùchǎng 邀请运动员入场		276
yáolánbù	摇篮步	249

yàojiǎn	药检	39
yèyú yùndòngyuán	业余运动员	24
yībān xùnliàn	一般训练	2
yīběn	一本	277
yīběn qǔxiāo	一本取消	277
yībì jiàngé xiàngqiánkànqí	一臂间隔 向前看齐	225
yīchǎng jiéshù	一场结束	271
yīchuán	一传	91
yīfā	一发	116
yīhàowèi	一号位	91
yījú jiéshù	一局结束	271
yīlěi ①	一垒①	118
yīlěi ②	一垒②	193
yīmǐ fànguī	一米犯规	283
yīzhōubàn	一周半	182
yīxué fēnjí	医学分级	8
yídòng	移动	9
yídòngbǎ	移动靶	158
yìzhī	义肢	53
yìshù tǐcāo	艺术体操	61
yìshù yóuyǒng	艺术游泳	132
yīnfú	音符	254
yínpái	银牌	43
yǐndǎoyuán	引导员	25
yǐntǐxiàngshàng	引体向上	59
yīngyǎn	鹰眼	49
yíngfēng	迎风	143
yíngmiàn jiēlì	迎面接力	230
yínglěi	营垒	194
yíng ①	赢①	36
yíng ②	赢②	36
yìngdì gǔnqiú	硬地滚球	128
yǒngchíbì	泳池壁	138
yǒngdào	泳道	139
yǒngjìng	泳镜	140
yǒngkù	泳裤	140
yǒngmào	泳帽	139
yǒngyī	泳衣	139
yǒngqì juéxīn jīlì píngděng	勇气 决心 激励 平等	14
yòngshǒu tuīdǎng	用手推挡	264
yōuxiù xuǎnshǒu	优秀选手	24
Yóubóbēi	尤伯杯	112
yóuyǒng	游泳	131
yóuyǒngchí	游泳池	138
yǒuguǐ lǎnchē	有轨缆车	212
yǒushēng miáozhǔn diànzǐ qìqiāng	有声瞄准电子气枪	205
yǒuxiào ①	有效①	38
yǒuxiào ②	有效②	39
yòuxián	右舷	142
yúyuè qiángǔnfān	鱼跃前滚翻	63
yǔmáoqiú ①	羽毛球①	110
yǔmáoqiú ②	羽毛球②	111
yǔmáoqiúpāi	羽毛球拍	112
yùbèi	预备	260
yùsài	预赛	31
yuándì pǎobùzǒu	原地跑步走	226
yuándì tàbùzǒu	原地踏步走	226
yuándì tóulán	原地投篮	83
yuánchǎngbù	圆场步	248
yuánxīn	圆心	194
yuánxīnxiàn	圆心线	194
yuǎnshè	远射	100
yuǎntái	远台	109
yuèqǐ dàolì	跃起倒立	200
yuèqǐ fēizhuābǎn	跃起非抓板	200
yuèguò zhōngxiàn	越过中线	270
yuèwèi ①	越位①	101
yuèwèi ②	越位②	272
yuèyě huáxuě	越野滑雪	204
Yúndǐng Huáxuě Gōngyuán	云顶滑雪公园	48
yùndòng	运动	1
yùndòngchǎng	运动场	44
yùndònghuì	运动会	12
yùndòng jìnéng	运动技能	2
yùndòng jìshù	运动技术	2
yùndòng jiànjiàng	运动健将	24
yùndòngliàng	运动量	6
yùndòng shēnglǐ	运动生理	6
yùndòng shǒuqiāng	运动手枪	155
yùndòng xīnlǐ	运动心理	6
yùndòngyuán	运动员	23
yùndòngyuán shàngchǎng	运动员上场	279
yùndòng zhōuqī	运动周期	7
yùnqiú	运球	84

Z

zàntíng ①	暂停①	262
zàntíng ②	暂停②	277
zàntíng ③	暂停③	280
zànzhùshāng	赞助商	28
zàoxíng dòngzuò	造型动作	180
zàoxuějī	造雪机	211
zàoyuèwèi	造越位	101
zhānqiú	粘球	192
zhànwèi	占位	191
zhànxiān	占先	117
zhànshù	战术	9
zhànshù xùnliàn	战术训练	3
zhànlìshì qǐpǎo	站立式起跑	76
zhànlìshuāi	站立摔	145
zhǎngkòng	掌控	9
zhàng'àipǎo	障碍跑	74
zhàng'àisài	障碍赛	175
zhàng'àiwù	障碍物	207
zhēnzhūqiú	珍珠球	234
zhèn·shì	阵式	10
zhēngqiú	争球	261
zhēngqiúdiǎn	争球点	189
zhēngqiúquān	争球圈	189
zhēngxiānsài	争先赛	34
zhěnglǐ fúzhuāng	整理服装	279
zhěnglǐ huódòng	整理活动	4
zhèngbù	正步	244
zhèngjiāo	正胶	110
zhèngshǒu	正手	106
zhīchēng	支撑	65
zhíwěihuì	执委会	56
zhícì	直刺	165
zhídào	直道	78
zhíhuájiàng	直滑降	196
zhíjiē rènyìqiú	直接任意球	271
zhílì xuánzhuǎn	直立旋转	183
zhípāi	直拍	110
zhíquán	直拳	172
zhítǐ	直体	135
zhítǐ fānténg	直体翻腾	198
zhítuǐzuò	直腿坐	243
zhíxiànqiú	直线球	114
zhíyèsài	职业赛	32
zhíyè yùndòngyuán	职业运动员	24
zhǐdǎo	指导	278
zhǐshì qiúduì fāqiú	指示球队发球	267
zhìyuànzhě ①	志愿者①	27
zhìyuànzhě ②	志愿者②	28
zhìdòngqì	制动器	208
zhìxùcè	秩序册	30
zhíjièwàiqiú	掷界外球	98
zhōngchángjùlípǎo	中长距离跑	74
zhōngchángpǎo	中长跑	74
zhōngchǎng	中场	102
zhōngfēng	中锋	94
Zhōngguó Àowěihuì	中国奥委会	54

Zhōngguó Cán'ào Wěiyuánhuì		
中国残奥委员会		54
Zhōngguó Cánjírén Tǐyù Yùndòng Guǎnlǐ Zhōngxīn		
中国残疾人体育运动管理中心		55
zhōnghòuwèi 中后卫		95
Zhōnghuá Quánguó Tǐyù Zǒnghuì		
中华全国体育总会		55
zhōngquān 中圈		103
zhōngxiàn 中线		102
zhōngdiǎn 终点		79
zhōngzhǐxiàn 终止线		258
zhǒng·ziduì 种子队		22
zhǒng·zi xuǎnshǒu		
种子选手		24
zhǒngzhǐbù 踵趾步		245
zhòngbǎdiǎn 中靶点		162
zhòngcái wěiyuánhuì		
仲裁委员会		56
zhòngjiàn 重剑		164
zhǔcáipàn 主裁判		26
zhǔdòng jìngōng		
主动进攻		165
zhǔduì 主队		21
zhǔfān 主帆		141
zhǔgōngshǒu 主攻手		90
zhǔxítái 主席台		48
zhùgōng 助攻		11
zhùhuá 助滑		203
zhùlǐ 助理		23
zhùpǎodào 助跑道		78
zhùcè 注册		29
zhùcè hé zhìfú zhōngxīn		
注册和制服中心		18
zhuābǎn xuánzhuǎn		
抓板旋转		201
zhuājǔ 抓举		150
zhuālǐng 抓领		148
zhuānxiàng xùnliàn		
专项训练		3
zhuǎnshēn① 转身①		66
zhuǎnshēn② 转身②		134
zhuǎnshēn yùnqiú		
转身运球		84
zhuǎntǐ① 转体①		66
zhuǎntǐ② 转体②		66
zhuǎnxiàng 转向		143
zhuàngxiàn 撞线		77
zhuīzhúsài 追逐赛		34
zhǔnbèi 准备		280
zhǔnbèi bǐsài 准备比赛		281
zhǔnbèi huódòng 准备活动		4
zhǔnbèiqū 准备区		123

zhuólù 着陆		203
zìbiān dòngzuò 自编动作		180
zìxíngchē① 自行车①		167
zìxíngchē② 自行车②		167
zìxuǎn bùqiāng 自选步枪		154
zìxuǎn dòngzuò 自选动作		135
zìyóu fángshǒuqū		
自由防守区		195
zìyóuhuá 自由滑		179
zìyóu jìqiǎobǎn		
自由技巧板		202
zìyóurén 自由人		90
zìyóushì 自由式		144
zìyóushì huáxuě①		
自由式滑雪①		197
zìyóushì huáxuě②		
自由式滑雪②		197
zìyóushì huáxuě U xíng chǎngdì		
自由式滑雪 U 型场地		199
zìyóushì huáxuě U xíng chǎngdì jìqiǎo		
自由式滑雪 U 型场地技巧		199
zìyóushì huáxuěbǎn		
自由式滑雪板		202
zìyóushì huáxuě kōngzhōng jìqiǎo		
自由式滑雪空中技巧		197
zìyóushì huáxuě pōmiàn zhàng'ài jìqiǎo		
自由式滑雪坡面障碍技巧		198
zìyóushì huáxuě xuěshàng jìqiǎo		
自由式滑雪雪上技巧		198
zìyóushì huáxuě zhàng'ài zhuīzhú		
自由式滑雪障碍追逐		199
zìyóutī 自由踢		124
zìyóu tǐcāo 自由体操		59
zìyóuwǔ 自由舞		180
zìyóuyǒng 自由泳		131
zǒngjuésài 总决赛		32
zòngchā 纵叉		65
zòngduì 纵队		226
zòngtiào mōgāo 纵跳摸高		230
zòngyīzìtiào 纵一字跳		198
zújì 足技		148
zúqiú① 足球①		93
zúqiú② 足球②		93
zúqiúchǎng 足球场		101
zǔdǎng 阻挡		265
zǔlán 阻拦		11
zuǒxián 左舷		141
zuòshè 坐射		205
zuòshì bīngqiāo		
坐式冰橇		190
zuòshì huáxuě dānbǎn		
坐式滑雪单板		197

汉语拼音索引　299

zuòshì huáxuě shuāngbǎn		
坐式滑雪双板		197
zuòshì páiqiú 坐式排球		90

其他

1 fēn　1 分		261
2 fēn　2 分		261
3 fēnshìtóu　3 分试投		261
3 fēn tóulán chénggōng		
3 分投篮成功		262
3 miǎo wéilì　3 秒违例		263
4-2-4 zhèn·shì　4-2-4 阵式		95
5 miǎo wéilì　5 秒违例		263
8 miǎo wéilì　8 秒违例		263
8 zìpǎo　8 字跑		228
10 miǎo shǒushì　10 秒手势		283
24 miǎo jìshí fùwèi		
24 秒计时复位		261
24 miǎo wéilì　24 秒违例		263
F1		171
FGZ		195
LSD		193
U xínghuádào　U 形滑道		129
V zìxiàn　V 字线		130

笔画索引

一画

一本	277
一本取消	277
一号位	91
一发	116
一场结束	271
一传	91
一米犯规	283
一局结束	271
一周半	182
一垒①	118
一垒②	193
一般训练	2
一臂间隔 向前看齐	225

二画

二分休止符①	257
二分休止符②	257
二分音符①	255
二分音符②	255
二发	116
二传	91
二传手	90
二次球	93
十字步	246
十字象限跳	230
丁字步	244
八分休止符①	257
八分休止符②	258
八分音符①	256
八分音符②	256
八字踏步	204
人盯人	12
人墙	101
入水	136
入场式	20
入池	132
刀刃	184
刀长	184
刀术	215
刀托	185
力举凳	152
力量举	151

三画

三门球	234
三日赛	175
三分线	89
三次罚球	267
三米线	93
三级跳远	70
三步一抬	248
三步一撩	248
三步上篮	83
三步跨篮	83
三角帆	141
三角传球	99
三角铁	252
三角旗	211
三点移动	230
工作人员	23
下刀	178
下半时	35
下沉	134
下坡①	170
下坡②	170
下旋球	107
下蹲运动	58
大八字步	244
大本营	194
大回环	59
大回转	196
大军鼓	250
大奖赛	17
大掖步	245
大鼓	249
大禁区	104
大跳台	203
上弓	160
上半时	34
上网	116
上坡①	169
上坡②	169
上岸	133
上旋球	107
小八字步	244
小口径	157
小节	258
小节线	258
小军鼓	250
小足球	234
小轮车①	167
小轮车②	167
小鼓	249
小禁区	104
小碎步	247
小踏步	244
小篮球	234
山地赛车①	168
山地赛车②	168
山羊分腿腾跃①	230
山羊分腿腾跃②	231
山膀	237
山膀托掌	239
山膀按掌	239
广场舞	220
广播体操	57
门球①	127
门球②	127
义肢	53
弓步	216
弓箭	159
弓箭步	216
卫冕	42
女子项目	30
飞行	201
飞行棋	214
飞碟	158
飞镖	218
马术①	174
马术②	174
马步	216
马拉松	74
马刺	176
马具	176
马球	127
马镫	176

四画

开始	35
开始比赛	280
开胯	242
开球	95
开球点	189
开幕式	20
无效	38
无效区	129
无障碍	50
云顶滑雪公园	48
专项训练	3
艺术体操	61
艺术游泳	132
木鱼	251
五子棋	213
五棵松体育中心	46
五禽戏	216
支撑	65
太极拳	216
区域联防	87
尤伯杯	112
车轮①	170
车轮②	170
比分①	40
比分②	40
比赛	31
比赛方向	264
比赛地点	31
切入	85
切分节奏	256
切分音	256
切掌	240
中长距离跑	74
中长跑	74
中场	102
中华全国体育总会	55
中后卫	95
中国残疾人体育运动管理中心	55
中国残奥委员会	54
中国奥委会	54
中线	102
中圈	103
中锋	94
中靶点	162
内刃	184
内场	123
内场手	119
内环	162
内线	86
水立方①	45
水立方②	45
水线	139
水球①	136
水球②	136
牛仔舞	221
手扑球	234
手形	236
手技	148
手杖	53
手串铃	253
手位	236
手枪	154
手型	236
手球①	126
手球②	126
手翻	64
气手枪	154
气功	217
气步枪	154
长传	98
长传球	98
长刺	165
长球	115
长鼓	250
反手	106
反曲弓	160
反兴奋剂中心	56
反身	135
反抱	144
反胶	110
反常	37
反弹传球	85
分腿①	65
分腿②	65
分数	40
公开赛	16
公斤级	152
公寓	18
公路赛	171
风向	143
风向标	210
风向旗	163
勾人犯规	265
勾手飘球	92
勾对角球	111
勾弦	159
勾拳	172
勾球	187
勾脚	241
方位	236
方位错误	273
火炬①	19
火炬②	19
火炬手	19
火炬传递	19
火种采集	19
斗牛舞	219
斗鸡平衡	234
计分赛	34
计时开始	260
计时员	25
计时器	49
引导员	25
引体向上	59
丑	259
队医	23
双人背靠背下蹲起立	228
双人雪车①	207
双人雪车②	207
双人滑①	179
双人滑②	179
双人摇	232
双人跳水	134
双山膀	238
双飞	192
双中锋	82
双手投篮	82
双方犯规	266
双打	106
双托掌	238
双扬掌	239
双向飞碟	159
双杀	121
双多向飞碟	159
双杠①	59
双杠②	60
双杠臂屈伸	60
双杖推撑滑行	195
双板滑雪	195
双按掌	238
双响筒	253
双误	116
双提襟	239
双摇	232
双跪坐	243

五画

击头	266
击剑	164
击剑服	166
击剑鞋	166
击射	186
击球员	119
打手出界	270
打甩	191
打定	191
打破纪录	42

打雪仗	233	四分音符②	255	头球	96
打蜡室	210	四四拍①	254	头盔	50
正手	106	四四拍②	254	训练	2
正步	244	四次击球	269	训练场	44
正胶	110	生	258	训练基地	44
扑挡	128	失利	36	记分灯	166
扔沙包	233	失败①	36	民族舞	221
世界一级方程式赛车	171	失败②	36	出入界	281
世界大学生运动会	15	失误	37	出发台	139
世界中学生运动会	15	失常	37	出足扫	148
世界杯	15	用手推挡	264	出局	37
古典式	144	犯规①	37	出界①	38
古典舞	219	犯规②	37	出界②	38
节奏	253	犯规③	261	出界方向	264
本垒	118	犯规停止计时	261	出界违例	283
本垒打	120	犯规输	278	加时赛	33
左舷	141	外刃	184	加重员	152
右舷	142	外场	123	加赛	117
平分	40	外场手	119	皮划艇	137
平击球	114	外环	162	边后卫	95
平局	41	外抱腿	146	边线	103
平直球	97	外线	86	边线球	99
平射	186	冬季两项	204	边线裁判①	26
平胸球	97	冬季奥林匹克运动会	13	边线裁判②	26
平踏步	246	冬泳	132	边前锋	94
平衡①	67	冬残奥会	14	边锋	94
平衡②	67	冬残奥村	18	发令枪	79
平衡木	60	冬奥会	13	发射	156
东方式	117	冬奥村	17	发球①	92
东道主	27	鸟巢①	44	发球②	268
卡位	86	鸟巢②	44	发球③	275
卡弹	157	主队	21	发球违例①	274
北欧两项	204	主动进攻	165	发球违例②	274
占先	117	主帆	141	发球违例③	274
占位	191	主攻手	90	发球违例④	274
业余运动员	24	主席台	48	发球违例⑤	274
旦	259	主裁判	26	圣火采集	19
目标球	128	立正①	223	对手	25
申办城市	17	立正②	223	对阵	125
申诉	40	立正③	279	对攻	107
号码布	53	立卧撑	63	对投篮动作的犯规	266
田径	69	立定	227	对抗赛	16
田赛	69	立定跳远	70	对非投篮动作的犯规	266
四二拍①	253	立射	155	台球	126
四二拍②	254	闪躲	165		
四人进入禁区	281	兰花指	237	**六画**	
四人雪车①	208	兰花掌	236	吉祥物	19
四人雪车②	208	半场	102	扣分	280
四三拍①	254	半场紧逼	87	扣杀	112
四三拍②	254	半决赛	32	扣球	92
四分休止符①	257	半臂间隔 向前看齐	225	扣篮	83
四分休止符②	257	半蹲	243	托按掌	239
四分音符①	255	头手倒立	66	托举	182

笔画索引 303

托球	99	回场球	264	向右看齐	224
托掌	238	回转①	176	向后转	224
执委会	56	回转②	195	向后摇	231
扩胸运动	57	回放	271	向前看	224
地滚球	97	回旋杆	211	向前摇	231
场地	43	网球①	113	后卫	95
场地赛	171	网球②	113	后手	192
扬帆	141	先手	192	后手掷壶权	193
扬掌	238	传球	84	后外勾手跳	182
扬鞭手	241	乒乓球①	105	后外结环跳	182
耳塞	140	乒乓球②	105	后场	103
亚军	41	乒乓球台	109	后吸腿	242
亚洲杯	15	乒乓球拍	109	后空翻	64
机会球	115	休止符	256	后点步	245
过人	9	休整期	7	后排	91
过分挥肘	265	优秀选手	24	后排队员过线扣球	270
过网击球①	270	延误发球	268	后滚翻	64
过网击球②	273	延误警告	268	后撤防守	12
过杆	69	仲裁委员会	56	后撤步	88
过顶传球	99	任意球	99	后踢步	245
过度训练	4	伦巴	221	全场	102
过胸摔	145	华尔兹	220	全场紧逼	87
西方式	117	仰卧	151	全休止符①	256
压水花	136	仰卧起坐	227	全休止符②	257
压技	149	仰卧推起成桥	228	全运会	15
压步	181	仰泳	131	全攻全守	12
压制开始计时	278	自由人	90	全护面罩	190
压制无效	278	自由式	144	全身运动	58
压线球	111	自由式滑雪①	197	全国运动会	15
压腿	241	自由式滑雪②	197	全音符①	255
有轨缆车	212	自由式滑雪U型场地	199	全音符②	255
有声瞄准电子气枪	205	自由式滑雪U型场地技巧	199	全垒打	120
有效①	38	自由式滑雪坡面障碍技巧	198	全能	31
有效②	39	自由式滑雪板	202	全旋弯道	209
夺魁	42	自由式滑雪空中技巧	197	全蹲	243
达阵	125	自由式滑雪雪上技巧	198	会歌	21
死球	187	自由式滑雪障碍追逐	199	会旗	20
成绩	40	自由防守区	195	会旗交接	21
夹击	85	自由技巧板	202	会徽①	20
划臂	133	自由体操	59	会徽②	20
曲径弯道	209	自由泳	131	合作跑	229
曲线跑	229	自由滑	179	合奏	253
曲棍球①	127	自由舞	180	合理冲撞	10
曲棍球②	127	自由踢	124	创编舞	180
团长	22	自行车①	167	负荷量	6
团体项目	30	自行车②	167	名次	41
团体赛	33	自选动作	135	各就位	260
团体操	59	自选步枪	154	多向飞碟	159
吊环	60	自编动作	180	争先赛	34
吊球	111	向左向右转	224	争球	261
吊椅	211	向左转	224	争球点	189
吸跳步	248	向左看齐	223	争球圈	189
帆船	137	向右转	224	色子	214

冲刺①	77	寻常快步	175	技有	277
冲刺②	77	寻常慢步	175	技有取消	277
冲浪	137	阵式	10	坏球	122
冲掌	240	防守	11	攻方	11
冲撞旋转	282	防守区	123	攻栏	75
冰刀套	185	好球	122	抓板旋转	201
冰上表演①	179	好球区	123	抓举	150
冰上表演②	179	羽毛球①	110	抓领	148
冰上表演③	179	羽毛球②	111	扳机	154
冰上雪橇球	186	羽毛球拍	112	抢攻	107
冰上舞蹈①	179	观众	27	抢断	10
冰上舞蹈②	179	红色球	128	抢跑	76
冰上舞蹈③	179	红环	162	抢道	76
冰之帆	45	红牌	39	抢滑	178
冰玉环①	47	级别	41	抛跳	182
冰玉环②	47	纪录	42	投手	118
冰立方①	45	纪录创造者	25	投手土墩	122
冰立方②	45	纪录保持者	25	投手板	122
冰丝带①	45	巡边员	27	投手圈	122
冰丝带②	45	巡回赛	17	投壶手杖	193
冰壶	190			投球	128
冰壶石	193	**七画**		投掷区	129
冰壶刷	193	进攻	11	投掷区域	81
冰球	185	进攻犯规	282	投掷圈	81
冰球刀	189	进攻线	93	护头	51
冰球场	189	进退步	246	护肘	51
冰雪橇曲棍球	186	进球①	100	护板	158
冰鞋	183	进球②	283	护具	50
齐步走	226	进营	191	护肩	51
交叉传球	98	远台	109	护面	51
交叉步	88	远射	100	护胸	52
交叉换位	87	违反体育道德的犯规	267	护裆	52
交叉掩护	86	违规	38	护颈	51
交叉跳	231	违例	38	护帽	51
交换场地①	271	运动	1	护腕	52
交换场地②	276	运动手枪	155	护腰	52
交替运球	84	运动心理	6	护腿①	52
决赛	32	运动生理	6	护腿②	53
闭气	152	运动场	44	护膝	53
闭幕式	20	运动会	12	护臀	52
关节技	149	运动技术	2	志愿者①	27
汤姆斯杯	112	运动技能	2	志愿者②	28
兴奋剂	39	运动员	23	报名①	29
守门①	101	运动员上场	279	报名②	29
守门②	101	运动周期	7	报数	225
守门员	95	运动健将	24	花剑	164
守方	11	运动量	6	花盆鼓	250
守场员	119	运球	84	花样刀	184
守垒员	119	技巧	62	花样滑冰	178
安打	120	技术犯规	266	花样游泳	132
安全上垒	121	技术训练	3	杆式拖牵	211
军事体育	8	技术委员会	56	杠铃	152
军棋	213	技术官员	27	杠铃片	152

更正判决	278
更快 更高 更强 更团结	13
两人三足跑	229
两次运球	263
两次技有合并一本	277
两次罚球	267
两面攻	107
两跳	117
两臂侧平举 向中看齐	225
两臂侧平举 向左看齐	225
两臂侧平举 向右看齐	225
两臂前平举 向前看齐	225
医学分级	8
连击①	269
连击②	273
连发	156
连续传球	98
连续进攻	165
步枪	154
步法	180
步点	73
步幅	73
步频	73
盯人防守	12
时间差	93
助攻	11
助理	23
助跑道	78
助滑	203
里勾腿	146
围绳	173
围棋	213
足技	148
足球①	93
足球②	93
足球场	101
男子项目	30
钉鞋	80
体力	5
体形①	4
体形②	4
体转运动	58
体侧运动	58
体质	5
体育	1
体育代表团	22
体育用品	50
体育场	43
体育协会	55
体育疗法	8
体育界	1
体育馆	44
体育康复	8

体育道德	8
体育锻炼标准	7
体育器械	50
体能①	5
体能②	5
体操	57
伸展运动	57
低球	115
位置区	78
位置错误	270
身体打开	135
身体阻截	188
身体素质	4
身体接触	12
近台	109
近网	112
近身战	165
近射	100
坐式冰橇	190
坐式排球	90
坐式滑雪双板	197
坐式滑雪单板	197
坐射	205
角球	272
角球区	104
迎风	143
迎面接力	230
弃权	35
间接任意球	272
间歇训练	3
沙坑	81
沙袋	173
沙槌	252
沙滩排球	90
快攻	11
快步舞	220
补防	86
补位	9
补篮	83
即行发球	268
尾随	168
局	34
阿克塞尔跳	181
阻拦	11
阻挡	265
附点音符	256
劲旅	22
驱逐出场	268
纵一字跳	198
纵叉	65
纵队	226
纵跳摸高	230

体育道德	8
八画	
武术	215
现代五项	74
现代舞	222
规则	37
规定动作	135
规定图形	180
拔河	218
抽低球	114
抽陀螺	232
抽球	108
抽签	29
拐杖	54
拖带	273
拖球	96
顶桥	147
抵趾板	81
抱拳	216
抱腿摔	146
抱摔	145
抱臂摔	145
拉丁舞	221
拉人	265
拉力赛	33
拉力器	153
拉开	100
拉射	186
拦网	92
拦网犯规	270
拦接	121
拦腿摔	145
坡面跳跃段	201
坡道	50
抬腿	242
取消比赛	262
取消比赛资格的犯规	267
取消进球	283
取消资格	268
取消资格的犯规	282
取消得分	262
直立旋转	183
直体	135
直体翻腾	198
直拍	110
直刺	165
直线球	114
直拳	172
直接任意球	271
直道	78
直滑降	196
直腿坐	243
枪术	215

枪栓	157	侧交叉步	88	注册	29
卧射	155	侧泳	132	注册和制服中心	18
卧推	151	侧旋球	108	泳衣	139
欧米茄弯道	209	侧躺挡球	189	泳池壁	138
欧洲杯	15	佩剑	164	泳帽	139
转向	143	往返跑	229	泳道	139
转体①	66	爬泳	131	泳裤	140
转体②	66	爬竿	232	泳镜	140
转身①	66	爬绳	232	定位掩护	86
转身②	134	径赛	72	定踢	125
转身运球	84	舍身技	148	空中飞行	203
轮次错误	270	金牌	43	空局	192
轮椅击剑	164	刹车①	169	实心球	72
轮椅网球	113	刹车②	169	试举	150
轮椅乒乓球	105	刹车手	208	试跳	71
轮椅冰壶	190	命中	157	肩甲	125
轮椅竞速	72	命中率	157	肩肘倒立	65
轮椅舞	221	受罚席	190	肩部冲撞	188
轮椅橄榄球	124	鱼跃前滚翻	63	视线遮挡	275
轮椅篮球	82	狐步舞	220	刷冰	191
轮滑	219	变向运球	84	屈伸腿	243
软式网球	113	变换队形	226	屈腿跳	70
软网	113	变速	168	弧度	67
软翻	64	底线①	103	弧圈球	108
非法用手	264	底线②	103	降速	178
非法运球①	263	底线③	194	限制区	78
非法运球②	263	底线球	115	练习	2
非法接触	264	净	259	练习两分钟	275
虎口掌	237	盲人门球	128	终止线	258
国际标准舞	220	盲人乒乓球	106	终点	79
国际残奥委会	54	盲人足球	94		
国际象棋	213	盲人柔道	147	**九画**	
国际奥委会	54	盲道	49	珍珠球	234
国家队	21	放下	151	挂臂	66
国家冬季两项中心	48	放弃	35	封网	112
国家体育场	44	单人滑①	179	封杀	121
国家体育总局	55	单人滑②	179	封盖	85
国家体育馆	45	单手投篮	82	持物跑	228
国家速滑馆	45	单打	106	持球①	269
国家高山滑雪中心	46	单杠①	59	持球②	273
国家雪车雪橇中心	47	单杠②	59	持球触地	124
国家越野滑雪中心	47	单板滑雪①	199	项目	30
国家游泳中心	45	单板滑雪②	199	挺身	217
国家跳台滑雪中心	47	单板滑雪U型场地	200	挺身后曲小腿90度	198
固技	148	单板滑雪U型场地技巧	200	挺举	150
固定器	206	单板滑雪平行大回转	200	挑边①	29
钓鱼	218	单板滑雪坡面障碍技巧	201	挑边②	30
制动器	208	单板滑雪障碍追逐	200	挑射	187
垂悬	66	单项	31	挑球	111
季军	42	单腿平衡	67	指示球队发球	267
供应商	28	单腿跳①	70	指导	278
侧手翻	64	单腿跳②	70	垫上动作	68
侧立	63	浅水池	138	垫子	80

垫射	187	罚球	38	恰恰舞	222		
垫球	89	罚球区	104	举重	150		
按掌	237	罚球弧	105	宣布胜方	281		
带球	96	罚球线	89	宣告胜方	279		
带球走步	262	罚球点	105	宣誓	21		
带球撞人	265	罚踢	125	室内赛车场	171		
带操	61	钢架雪车	209	突破	9		
草地网球	113	钢琴	249	客队	22		
草坪	102	选拔赛	33	冠军	41		
荡秋千	232	秒表	49	退踏步	246		
故意犯规	282	种子队	22	勇气 决心 激励 平等	14		
故意脚球	264	种子选手	24	柔力球	130		
故障	157	秋千	232	柔道	147		
药检	39	重发	116	柔道服	149		
标志牌	79	重剑	164	垒包	122		
标枪	71	复合弓	160	垒垫	122		
标准手枪	155	复赛	31	垒球①	118		
标准跳台	203	段	214	垒球②	118		
相互联系	262	顺风	143	结束	35		
相抱	144	顺风旗	239	绕杆跑	229		
相持	147	保龄球①	130	绞技	149		
栏线	194	保龄球②	130				
面罩	125	信号枪	79	**十画**			
耐力	5	信号旗	79	起动	75		
耐久跑	229	信息中心	18	起点	79		
残疾人体育	8	追逐赛	34	起航	142		
残奥冬季两项	205	律动	236	起跑	75		
残奥会①	13	剑术	215	起跑器	80		
残奥会②	14	剑指	237	起滑门	210		
残奥会价值观	14	剑道	166	起滑器	193		
残奥冰球	186	胜利①	36	起跳	71		
残奥村	17	胜利②	36	换人	271		
残奥单板滑雪	199	急停①	187	换气	133		
残奥高山滑雪	195	急停②	188	换发球	273		
残奥越野滑雪	204	弯道	78	换位扶棒	230		
背飞	92	音符	254	换板区	204		
背传	91	前托	156	换道区	78		
背负投	147	前场	102	换撑	65		
背越式跳高	69	前帆	141	壶铃	153		
战术	9	前空翻	64	桥牌	214		
战术训练	3	前点步	245	桅杆	141		
点步	244	前排	91	格挡	217		
点球①	99	前掷线	194	校枪	205		
点球②	272	前锋	94	哥萨克式跳	198		
削球	108	前摇交臂	231	速降滑雪	195		
哑铃	153	前滚翻	63	速度①	5		
显示屏	49	前踵步	246	速度②	5		
界内	275	首钢滑雪大跳台	46	速度滑冰	177		
界内球	269	首都体育馆	46	速射	156		
界外	274	总决赛	32	速滑	177		
界外球	269	测试赛	32	速滑刀	184		
响板①	252	活动	2	配合	10		
响板②	252	恢复	7	破纪录	42		

原地投篮	83	颁奖	42	**十一画**			
原地跑步走	226	胸前传球	84				
原地踏步走	226	胸部停球	97	球门区	104		
顾拜旦	56	脑瘫足球	94	球门线	103		
哨前冲撞	282	凌空射门	100	球门球	272		
圆心	194	桨	142	球回后场	264		
圆心线	194	高山滑雪	195	球杆打人	188		
圆场步	248	高尔夫球①	126	球棒	123		
铁人三项	75	高尔夫球②	126	球童	28		
铁饼	72	高压球	114	球操	61		
铃鼓	251	高吊传球	99	掩护	10		
铅球	71	高吸腿	242	排水量	143		
特许商品	19	高远球	111	排球①	89		
特级大师	214	高抛发球	107	排球②	89		
特殊奥林匹克运动会	14	高杆击球	186	排鼓	250		
特奥会	14	高低杠	60	推人	265		
牺牲打	120	高抬腿	71	推杆	208		
造型动作	180	高球	115	推挡	109		
造雪机	211	准备	280	推球	186		
造越位	101	准备区	123	推掌①	217		
积分	40	准备比赛	281	推掌②	240		
积分赛	33	准备活动	4	教练	23		
秧歌步	246	疲劳	7	接力	74		
秩序册	30	离场	282	接力棒	80		
倒立❶	62	离弦	161	接力滑	177		
倒立❷	201	站立式起跑	76	接手	119		
倒步	88	站立摔	145	接驳车①	48		
倒钩球	98	竞技	1	接驳车②	48		
倒滑	183	竞走	72	接续步	181		
俱乐部队	21	竞速滑雪板	202	掷界外球	98		
俯卧式跳高	69	竞赛规程	29	控球	96		
俯卧撑	63	竞赛制度	28	控球队犯规	266		
健美运动	219	旁点步	245	探戈	222		
健美操	62	旁踮步	246	职业运动员	24		
射入	100	拳击	172	职业赛	32		
射门	100	拳击手套	173	基本技术	2		
射击①	154	拳击台	173	勒马	176		
射击②	154	拳击鞋	173	勒马手	240		
射击台	158	拳术	172	黄牌	39		
射击场	158	消极比赛或无战意	278	营垒	194		
射击服	158	海绵垫	80	检录	29		
射偏	162	读秒	281	救生圈	140		
射程	156	课间操	57	救球	92		
射箭	159	调整训练	3	副攻手	90		
射箭靶	161	通讯赛	16	副裁判	26		
徒手	216	难度系数	68	票务中心	18		
徒手撞人	265	预备	260	聋奥会	14		
航向	142	预赛	31	盛装舞步	175		
航空模型运动	219	桑巴舞	222	雪飞天	46		
航线	142	继续比赛①	272	雪飞燕①	46		
航标	142	继续比赛②	280	雪飞燕②	46		
航海模型运动	219			雪车	207		
途中跑	76			雪地摩托车	212		

词条	页码	词条	页码	词条	页码
雪如意①	47	领滑员	207	敬礼	279
雪如意②	47	脚位	241	落网球	111
雪游龙①	47	脚蹼	140	落踢	124
雪游龙②	47	脱离滑道	178	棒球①	118
雪橇①	209	脱靶	163	棒球②	118
雪橇②	209	象棋	213	棒操	61
常规赛	32	猎枪	155	棍术	215
眼保健操	231	旋转球	114	硬地滚球	128
眼罩	53	旋球	191	暂停①	262
啦啦队	27	着陆	203	暂停②	277
啦啦操	62	盖掌	239	暂停③	280
跃起非抓板	200	盖帽	85	掌控	9
跃起倒立	200	粘球	192	跑	73
累	7	断球	85	跑马步	248
圈	79	混合双打	106	跑步	73
圈操	61	混合泳	131	跑姿	76
铙钹	251	淘汰	37	跑垒	120
铝片琴	252	深水池	138	跑道	77
铜牌	43	深呼吸	151	跑跳步	247
铲球	97	弹射	187	跆拳道	173
银牌	43	弹腿	242	蛙泳	131
犁式滑降	196	骑马	174	蛙跳	227
移动	9	骑术	174	幅度	68
移动靶	158	骑装	176	黑环	162
第一名①	41	绳操	61	链球	72
第一名②	41	绷脚	241	锁臂缠腿	146
第一次发球	116			短节目	179
第二发球	273	**十二画**		短传	98
第二名	41	替补队员	24	短传球	98
第二次发球	116	替换	262	短池	138
第三名	42	搭箭	160	短球	115
偷分	192	越过中线	270	短距离跑	74
偷垒	121	越位①	101	短跑	74
停止计时①	260	越位②	272	短道速滑	177
停止计时②	280	越野滑雪	204	稍息①	223
停止练习	275	超车	169	稍息②	223
停球	97	超风速	77	等级制度	7
假动作	10	超级大回转	196	策应	85
假肢	53	超越	169	奥运会	13
得分	276	超越障碍	175	奥运村	17
得分区	129	提示运动员致礼	276	奥体中心	46
盘	34	提拉	108	奥林匹克	13
盘坐	243	提襟	238	奥林匹克运动会	13
盘球	96	裁判长	26	奥林匹克格言	13
舵手	208	裁判台	48	奥组委	55
斜托掌	239	裁判员	26	街舞	220
斜身引体	65	裁判席	49	循环赛	33
斜板	129	裁判暂停	283	鲁卜跳	182
斜线球	114	搓球	108	鲁兹跳	182
领队	22	握杆转肩	228	道具杆技巧段	201
领先	35	握法	117	滑水	136
领骑员	170	握踝	146	滑冰	177
领跑员	25	联赛	16	滑冰场	185

滑步①	87	跳山羊②	231			**十四画**	
滑步②	87	跳马	60				
滑降①	195	跳水	134	静止姿势	151		
滑降②	196	跳水池	139	截击	116		
滑垒	120	跳皮筋儿	233	摔倒	146		
滑雪	195	跳发球	92	摔跤	144		
滑雪双板	206	跳台滑雪	203	锻炼❶	1		
滑雪头盔	206	跳台跳水	134	锻炼❷	1		
滑雪场	205	跳远	70	舞龙	218		
滑雪护目镜	206	跳板跳水	134	鼻夹	140		
滑雪杖	206	跳起投篮	83	端线	103		
滑雪板	206	跳起顶球	96	端球比稳	235		
滑雪单板	202	跳高	69	端掌	237		
滑雪靴	205	跳高杆	80	旗门①	210		
滑雪鞋	206	跳高架	80	旗门②	210		
游泳	131	跳球	261	旗门杆	211		
游泳池	138	跳跃	202	旗手	23		
强化训练	3	跳跃运动	59	漂流	218		
强队	22	跳绳	231	慢步	174		
强度	6	跳棋	214	慢射	156		
登山	218	跪立	63	赛马	174		
登记	29	跪坐后躺下	228	赛车①	168		
缓冲器	209	跪射	155	赛车②	168		
		跪跳起	227	赛车场	171		
十三画		跪撑摔	145	赛龙舟	137		
鼓	249	路线	171	赛艇	137		
鼓板	251	路标	170				
鼓点	253	骰子	214	**十五画**			
摆拳	172	锣	251	撩掌	240		
摆腿	73	锦标赛	16	撑杆跳高	70		
摆臂	73	锯齿	185	撞线	77		
携带球	263	矮子步	248	鞍马	60		
摇篮步	249	腰技	148	横一字步	181		
摊掌	240	腰带	149	横一字跳	197		
靶心	161	腰鼓	250	横叉	65		
靶场	158	腹背运动	58	横队	226		
靶位	161	腾空	71	横拍	110		
靶纸	161	腾空球	97	横滑降	196		
靶垫	161	腾跃	67	橄榄球	124		
蓝色球	129	鲍步	181	踢人出局	178		
禁区	104	触击	121	踢毽子	233		
禁赛	39	触网	269	踢腿	242		
碰铃	252	触壁	133	踢腿运动	58		
输①	36	解散	227	踢踏舞	222		
输②	36	新闻中心	18	踏步	244		
瞄准器	160	数秒	281	踏板	81		
跨栏	75	滚铁环	233	踏板操	62		
跨越式跳高	69	滚雪球	233	踏点步	247		
跨跳	67	寝技	149	踏跳步	247		
跳下	68	障碍物	207	踩水	133		
跳上	68	障碍跑	74	踩线	76		
跳上成跪撑 向前跳下	227	障碍赛	175	踮脚步	247		
跳山羊①	230			蝶式跪挡	188		

蝶泳	131
蝴蝶旋转	183
箭头	160
箭杆	160
摩托车	167
摩托艇	137
摩登舞	221
潜泳	132
履带式索道	211

十六画

操场	43
燕式接续步	181
燕式旋转	183
颠球	96
颠球比多	235
整理服装	279
整理活动	4
踵趾步	245
赞助商	28
篮板	88
篮板球	84
篮架	88
篮框	88
篮球①	82
篮球②	82
篮球网	89
篮圈	88
篮筐	88
邀请运动员入场	276
邀请赛	16
壁球	127

十七画

擦边球①	109
擦边球②	276
擦冰	191
擦板球	83
螺旋线	182
赢①	36
赢②	36
臀部冲撞	188

十八画

藤球	130
蹦床	62
蹦跳步	247
翻转	135
翻腾	202
鹰眼	49

十九画

| 攀岩 | 217 |

蹼泳	132
蹲式旋转	183
蹲举	150
蹲踞式起跑	75
蹬水	133
蹬地	77
蹬冰	177
蹬腿	217
镲	251
爆发力	6
爆冷门①	36
爆冷门②	36

二十画

| 灌篮 | 83 |

其他

1分	261
2分	261
3分试投	261
3分投篮成功	262
3秒违例	263
4-2-4阵式	95
5秒违例	263
8秒违例	263
8字跑	228
10秒手势	283
24秒计时复位	261
24秒违例	263
F1	171
FGZ	195
LSD	193
U形滑道	129
V字线	130

图书在版编目（CIP）数据

体育和律动常用词通用手语 / 中国残疾人联合会组编；中国聋人协会，国家手语和盲文研究中心编 . -- 2 版 . -- 北京：华夏出版社有限公司，2024.8

（国家通用手语系列）

ISBN 978-7-5222-0596-0

Ⅰ．①体⋯ Ⅱ．①中⋯ ②中⋯ ③国⋯ Ⅲ．①体育－手势语－特殊教育－教材 Ⅳ．① H026.3 ② G762.4

中国国家版本馆 CIP 数据核字 (2023) 第 237742 号

Ⓒ 华夏出版社有限公司　未经许可，不得以任何方式使用本书全部及任何部分内容，违者必究。

体育和律动常用词通用手语

组　编　者	中国残疾人联合会
编　　　者	中国聋人协会　国家手语和盲文研究中心
项目统筹	曾令真
责任编辑	王一博
美术编辑	徐　聪
装帧设计	王　颖
责任印制	顾瑞清
出版发行	华夏出版社有限公司
经　　销	新华书店
印　　装	三河市少明印务有限公司
版　　次	2024 年 8 月北京第 2 版 2024 年 8 月北京第 1 次印刷
开　　本	787×1092　1/16 开
印　　张	21.75
字　　数	474 千字
定　　价	69.00 元

华夏出版社有限公司　地址：北京市东直门外香河园北里 4 号　邮编：100028
网址：www.hxph.com.cn　电话：（010）64663331（转）

若发现本版图书有印装质量问题，请与我社营销中心联系调换。